新世纪高等学校教材

U0646232

影视学基础课系列教材

黄会林　主编

中国电视艺术发展史教程

ZHONGGUO DIANSHI YISHU FAZHANSHI JIAOCHENG

黄会林 等 著

北京师范大学出版集团
BEIJING NORMAL UNIVERSITY PUBLISHING GROUP
北京师范大学出版社

图书在版编目（CIP）数据

中国电视艺术发展史教程/黄会林等著. —北京：北京师范大学出版社，2006.1（2025.8 重印）

（新世纪高等学校教材）

ISBN 978-7-303-07895-0

Ⅰ.①影… Ⅱ.黄… Ⅲ.①中国电视艺术发展-高等学校-教材②电视-艺术学校-高等学校-教材 Ⅳ.①J901

中国版本图书馆 CIP 数据核字（2004）第 115722 号

ZHONGGUO DIANSHI YISHU FAZHANSHI JIAOCHENG

出版发行：北京师范大学出版社 https://www.bnupg.com

北京市西城区新街口外大街 12-3 号

邮政编码：100088

印　　刷：北京虎彩文化传播有限公司

经　　销：全国新华书店

开　　本：730 mm×980 mm　1/16

印　　张：16.5

字　　数：290 千字

版　　次：2006 年 4 月第 1 版

印　　次：2025 年 8 月第 11 次印刷

定　　价：24.00 元

策划编辑：高东风　　　　　　责任编辑：高东风　王　强

美术编辑：毛　佳　　　　　　装帧设计：毛　佳

责任校对：李　菡　　　　　　责任印制：马　洁

版权所有　侵权必究

读者服务电话：010-58806806

如发现印装质量问题，影响阅读，请联系印制管理部：010-58806364

前　言

黄会林

　　20世纪艺术样式中发展最快的，大约要数刚刚诞生的电影和电视，即人们通常所说的影视艺术。与影视艺术迅猛发展相适应，影视教育成为艺术教育的重要内容。《影视艺术学科基础教程系列》正是北京师范大学艺术系为影视专业教学设计的一套系统教材。

　　艺术陪伴人类度过最初的蛮荒岁月，成为人类的精神家园和灵魂栖所。它是人们美的理想的凝聚与自由的象征。艺术属于大众，属于社会的每一个人。艺术来自于民间，也生长在民间，它的最高使命在于为大众服务。

　　影视艺术是最年轻的艺术样式，它凭借现代科学技术成为传播最广泛的一种现代艺术媒介。没有电的发明，没有光波、声波技术的发展，影视艺术也就无从谈起。同时，影视艺术也是现代工业的产物，它的发展离不开工业体制的运转。因此，它是一种不同于任何古老艺术样式的新型艺术。学习影视艺术，必须从它的本性出发，了解其基本特征，掌握其基本规律，这样才可能真正认识影视艺术，从事影视艺术研究、教学和创作。

　　电影电视是科技和工业的产物。但是，影视艺术的生成过程却不仅仅是现代科技发展的历史，也是人类艺术发展积累的结晶。中国古代就有灯影、皮影、木偶戏等艺术样式，反映了人们对活动影像的追求愿望。中国古典戏剧、诗词、绘画等艺术作品也常常运用特写、远景、中景等画面和画面组接的技巧，这为影视艺术的诞生和发展提供了美学的启示。当然，限于社会形态和科技水平，以农业文明为基础的封建社会不可能产生影视艺术。

　　电影诞生之后很快就传入中国，1895年卢米埃尔兄弟放映《火车进站》十年后，中国就拍出了戏曲片《定军山》。20世纪三四十年代，中国电影迎来了第一个高潮，80年代以后，中国电影又焕发出新的生机，赢得世界电影界的瞩目。从1905年诞生到2004年的今天，中国电影走过了一条艰难而又辉煌的世纪之路。

　　1958年，北京电视台（即现在的中央电视台）成立，这标志着中国电视的创生。从那时起尤其自改革开放以来，中国电视逐渐步入辉煌。发展至今，中国电视台数量、电视机拥有量，特别是电视观众覆盖面等数据显示，中国确已成为名副其实的电视第一大国。中国生产的电视剧、专题片、纪录片、综艺节目与新闻节目取得了引人注目的成就，出现了大量脍炙人口的作品。现在，电视已经成为大众重要的信息传播工具和娱乐形式。

中国影视发展的历史表明：影视虽然属于典型的舶来品，但是，中国影视并不是欧美影视的翻译版，而是具有鲜明的中国文化特征。因为，影视不仅仅是科技工业，也是美学与艺术。科技手段固然没有民族和国家的界限，然而美学与艺术却有明确的民族性格。因此，影视艺术输入中国的历史，也是它逐步本土化的过程。中国影视能否在世界上拥有它应当具有的地位，关键在于中国影视是否生成了具有民族特色的艺术风格。

中国文化源远流长，博大精深，有着健壮的生命力与宽厚的包容性。中国文化的发展历程，就是一部不断吸收异域文化、不断创造新文化的历史。吸收是为了创造，而不是取代我们固有的文化，所以，如何吸收就成为一个原则性的问题。我们认为，吸收必须以本民族的审美心理为支点，寻求异域文化与本土文化的交融，通过异域文化激活本土文化，使之焕发出更为灿烂的生机。

影视艺术是一种世界性艺术样式，同时又以美学特征和文化性格区分了不同民族与国家的艺术风格。如电影在发展中形成了苏联学派、法国学派、美国学派和日本学派等艺术流派。在一个世纪的历史发展中，中国影视艺术积累了不少成功的经验，也有不少失败的教训。而其中的核心问题正是中国影视艺术的民族特征。30—40年代、50—60年代、80—90年代，我们曾经出现了一大批具有中国民族风格的优秀作品，如《神女》、《十字街头》、《小城之春》、《乌鸦与麻雀》、《一江春水向东流》、《祝福》、《早春二月》、《林家铺子》、《林则徐》、《聂耳》、《甲午风云》、《董存瑞》、《平原游击队》、《小兵张嘎》；如《天云山传奇》、《巴山夜雨》、《城南旧事》、《骆驼祥子》、《黑炮事件》、《芙蓉镇》、《黄土地》、《红高粱》等等，为世界电影中国学派的创立打下了基础。但是，也有不少作品对西方电影生搬硬套，缺乏民族特色。在影视理论界，这种狂热西化现象就更为突出。影视美学中国文化特征模糊的现状，导致了中国影视艺术理论的严重滞后，影视艺术理论的滞后，就必然限制了中国影视艺术实践的健康发展。无可否认，中国电影和中国电视积累了相当丰富的创作实践经验；但是，理论界对本土创作缺乏全面的、系统的、本质的、富有理论高度的研究和总结，更没有以中国影视实践为支点，提出具有中国文化特征的影视理论。虽然有志于此者不乏其人，但由于种种原因，致使这一梦想至今未能如愿。一个不善于研究和总结本土艺术和文化的民族，不可能独立于世界之林，甚至不能很好地吸收其他民族的艺术和文化经验，因为它缺少立足的根基。面对争奇斗妍的西方影视理论，作为一个文化大国，我们总不免有些尴尬。有鉴于此，我们愿意和影视界的艺术家和理论家一道，在影视领域里摸索一条具有民族文化特色的中国之路。影视艺术中国学派的诞生，需要影视艺术家的努力，也需要影视理论家和研究者的深入研究。只有影视艺术的创作实践和理论研究都达到相当的高度，才有可能创造出富有中国作风、中国气派的影视艺术作品。

艺术是一个民族的美学纪念碑。影视艺术也是如此，它是特定民族和时代的形象表达，既是个人的，又是民族的、时代的。正如法国艺术理论家泰纳所说的："要了解一件艺术品，一个艺术家，一群艺术家，必须正确地设想他们所属的时代的精神和风俗概况。这是艺术品最后的解释，也是决定一切的基本原因。"❶ 深入时代、深入人民、深入民族，是一切伟大艺术的共同特征。

《影视艺术学科基础教程》旨在以中国美学为支点，观照中国影视艺术的发展，总结其成功的经验和失败的教训，为建立中国影视美学体系作出努力。

影视艺术是最年轻、也最有发展前途的艺术形式，希望同学们通过学习认识影视本性，掌握影视语言，了解影视发展历程，分析影视艺术作品，以中国美学的独特视点去研究影视艺术现象。既吸收世界影视艺术的精华，又坚持中国文化的民族特征，实现中国美学与西方美学在中国当代影视艺术实践中的汇融。只有这样，我们才能创造出具有现代意识与民族风格的影视作品，建立影视艺术的中国学派。

新的世纪已经到来，未来属于中国青年一代。

1997 年 6 月 18 日　北京

2004 年 9 月 25 日　修改

3

---

❶ ［法］泰纳：《艺术哲学》，傅雷译，7 页，北京，人民文学出版社，1994。

目　录

第九章
中国电视艺术理论建设

结　语

主要参考书目

后　记

绪　论

一、电视艺术及其发展

劳动创造了人类，人类在劳动中创造了艺术。艺术可以说是与人类相伴而生的。从最原始的"手之舞之，足之蹈之"到人类童年的神话传说，再到古老的岩石壁画，艺术伴随人类走过了漫长的历史。随着人类生产能力和艺术创造能力的提高，艺术分化出许多门类，开始了分门别类的发展，如音乐、舞蹈、绘画、戏剧、建筑、文学等等，各个门类都有了专门的艺术家，创造了至今令后人叹为观止的辉煌成就。

艺术史表明，艺术的发展总是和人类的生产工具、生产能力、科学技术水平相适应，总是和传播方式相适应。生产能力的提高，科学技术的进步，传播方式的变革，必然带来艺术的变革与创新。造纸技术带来了书法与绘画艺术的大发展，印刷技术带来了叙事文学的巨大繁荣与广泛传播，摄影技术带来了电影。20世纪电视传播技术的出现带来了电视艺术。电视艺术目前是艺术种类中最年轻的艺术。

电视艺术是电视这种技术载体、传播方式、表现形式派生出来的艺术样式。"电视艺术"概念可能包含两层含意：一层是电视作为传播工具的"传播"意义上的艺术，即如何使传播的内容得到更好的传达，比如新闻、体育、科技内容的更生动的传播，就有一个艺术性传达的问题，这是传播艺术学。另一层是通过电视载体、电视表现方式、电视传播特征创造的艺术作品，比如电视综艺晚会、电视专题文艺节目、电视剧等等。我们这里所讲的电视艺术，不是第一层内涵，而是第二层内涵，即通过电视的表现方式与传播特征创造的艺术作品，是通过审美接受完成的一种独特的艺术种类。第一层内涵之所以不是我们所说的电视艺术，因为它不是严格意义上的艺术，而只是对艺术概念的一种借用，更因为它不是通过审美环节完成接受。因此，电视艺术与非艺术的区别，根本一点在于是否通过审美方式完成接受。

在今天已经公认的事实是，电视艺术成为影响最大、接受者最多的一门艺术。但是，在20年前，甚至10年前，电视有没有艺术、是不是艺术，在中国电视理论界仍然是一个颇有争议的问题。这就说明了电视艺术的产生是一个从无到有、从小到大、从稚嫩到成熟的发展过程。因为电视并不是为着艺术而发明的，而是为着信息传播发明的，它首先是传播工具。电视艺术的产生也许是人类始料不及的一个意外收获。当然，电视艺术并不是一夜之间突然出现的，而是在电视传播过程中逐渐萌生的。一开始仅仅是对其他艺术形式的转播，比如舞台演出的转播，随之萌发了专门为电视传播而设计、编排的文艺节目；比如早期的直播电视剧，还没有脱开在固定场景中演出的模式。随后电视元素在电视艺术创作中的能动性进一步得到发挥，电视元素与其他艺术元素的有机结合，逐渐形成了不同于其他艺术形式的独特的电视艺术形式，比如电视剧，它不再是演出直播，既不是传统意义上的戏剧，也不是电影，它是依赖于电视载体、适合于电视传播特征、运用电视语言和表现手法创作的戏剧，以连续性为最明显的特征，这一特征是电影和传统戏剧所没有的。电视艺术实践及其成果证明了这门艺术蓬勃的生命力和广阔的发展前景。至今已经形成电视艺术学科。

电视艺术是最年轻的艺术，同时又是集文学、戏剧、电影、音乐、美术等多种艺术元素于一体的综合性艺术。因为这种综合性，决定了它必然是集体创作，是许多人艺术智慧的共同发挥与凝结。在中国，电视出现于 1958 年，但电视文艺的真正蓬勃发展以及广泛影响观众是在 1980 年以后。电视艺术的发展，不仅和电视传播技术发展息息相关，而且和经济发展息息相关。没有经济基础就不可能有电视文艺的发展。在市场经济条件下，电视艺术生产逐渐成为一种产业，成为电视文化产业的重要组成部分。

二、中国电视艺术发展史特质

法国文艺理论家泰纳在《艺术哲学》一书中指出："要了解一件艺术品，一个艺术家，一群艺术家，必须正确地设想他们所处的时代精神和风俗概况。这是艺术品最后的解释，也是决定一切的基本原因。"❶ 这里，风俗概况与民族性有关，准确地说，属于民族文化性格的范畴；时代精神则与时代性有关，涉及特定时期的社会发展状况。民族文化性格来自历史的纵向积累，是常量；社会环境受制于现实政治经济的发展状况，是变量。纵观中国电视艺术几十年的发展历程可以看出，正是时代精神和风俗概况这两个基本要素规约了其基本的艺术风貌，建构了其基本的传受关系，进而形成有中国民族特色并体现出鲜明时代精神的电视艺术作品。

（一）中国电视艺术之道德取向

中华民族千百年来形成的文化性格，对于中国电视艺术的创作和接受具有决定性的影响。

电影艺术诞生之后很快就传入中国，但在较长时期内，电影被视为舞台剧的

❶ ［法］泰纳：《艺术哲学》，傅雷译，7 页，北京，人民文学出版社，1994。

延伸，并冠以"影戏"之名，由此形成了与西方写实主义电影传统相区别的中国电影的影戏观，如注重戏剧性的故事情节，喜欢采用大团圆的结局，注重影片的教化功能，以及戏剧舞台式的银幕造型和通俗平易的叙事风格等等。电视艺术的发展也一样。电视艺术或电视文艺这一称谓本身，就带有鲜明的中国特色。我们知道，在西方，电视首先被作为一种大众传播媒介来看待，麦克卢汉的名言"人的延伸"以及"媒介即信息"（The Medium is the Message）表达了从信息传播角度给电视下定义这一普遍看法。其次，电视被认为是一种大众娱乐休闲方式，通俗性、大众性而非艺术性、文化性才是电视的本质特性。把电视看成一种艺术创作的手段，甚至是一种新的艺术形式，使之享有文学、音乐等其他艺术门类才配享有的崇高的地位，是中国电视的独特现象。

上述中国电视艺术特色，并非中国电视艺术创作者一厢情愿的结果，至少中国电视受众的期待、鼓励、鞭策、排斥等等欣赏态度，是隐藏在创作者背后的决定性因素。而艺术受众（也包括创作者）的审美取向，必然与民族的艺术心理和文化心理等因素有关。这么说并不是要否认存在着人类共同的审美倾向；人类共同的文化价值任谁也否认不了，只是我们现在的谈论对象——中国电视艺术之特质及其反映出的中国电视受众的审美接受心理，只能用民族文化性格来解释。

谈论中国电视受众的接受心理，必然涉及世世代代哺育、培养这种接受心理的中国艺术精神，而要澄清何为中国艺术精神，则不得不追溯到古老的美善、礼乐传统。李泽厚等人指出："中国艺术历来强调艺术在伦理道德上的感染作用，表现在美学上，便是高度强调美和善的统一。这成为中国美学的一个十分显著的特征。"❶ 礼和乐的关系也一样，对此徐复观说得很明白："我们可以推想，孔门之所以重视乐，并非是把乐与仁混同起来，而是出于古代的传承，认为乐的艺术，首先是有助于政治上的教化。更进一步，则认为可以作为人格的修养、向上，乃至也可以作为达到仁的人格完成的一种工夫。"❷

美附属于善，乐附属于礼，是我们民族对艺术的根本要求。这种以道德伦理为主导的价值取向，使中国电视艺术的发展主流呈现如下特征：

首先，是作品中表现出来的强烈的为人生、为社会、为国家的责任感，以及鲜明的时代精神和政治倾向。早在电视艺术草创时期的20世纪50年代，受当时大的政治环境影响，电视艺术就自觉肩负起教育人民、打击敌人的使命。第一部直播电视剧《一口菜饼子》，以解放后的农村为背景，通过姐姐向妹妹讲述一口菜饼子的故事，反映解放前她们全家的悲惨遭遇，告诫人们不要忘记过去的苦难。第一部电视纪录片《英雄的信阳人民》主要内容是歌颂群众抗灾夺丰收。第

❶ 李泽厚、刘纲纪：《中国美学史》（第一卷），23页，北京，中国社会科学出版社，1984。

❷ 徐复观：《中国艺术精神》，12页，上海，华东师范大学出版社，2001。

一部报道剧《党救活了他》以医护人员成功抢救被烧伤的上海钢铁厂工人这一真实事迹为题材，歌颂党的领导和新的社会制度。"文革"结束后，电视艺术同样是以对政治事件的参与和抒政治之情宣告自己复苏期的来临。1976年12月21日北京电视台（中央电视台前身）转播了《诗刊》社主办的诗歌朗诵会，此后一直到1978年，中国的电视屏幕上多次出现大规模的诗歌朗诵会这种艺术形式。此类节目政治色彩浓烈，符合当时历史条件下观众的需求，因而在观众中引起强烈的共鸣。从80年代末到90年代，主旋律类的电视艺术节目更是层出不穷，中央电视台1989年国庆40周年晚会《我爱你，中国》和庆祝中国共产党建党70周年文艺晚会《拥抱太阳》就是其中的突出代表。这些作品的共同特征是主题思想鲜明，作品自始至终围绕着歌颂祖国、歌颂党这一中心，同时艺术风格庄重严肃而豪迈，使思想性与艺术性达到完美的融合。

其次，中国电视艺术作品在创作者一方，强调美与善的统一；在接受者一方，则是将审美评价与道德评价结合起来，伦理道德因而成为作品传达思想的重要中介，以及观众获得的审美感的主要来源。道德至上历来是我国文学艺术的优良传统，屈原的《离骚》、文天祥的《正气歌》和《过零丁洋》，其中抒情主人公将他的政治信念寓于对自身松柏般的道德节操的袒露中，并且，恰恰因为这道德节操符合千百年来中华民族对一切仁人志士的想象和期望，才使《离骚》等诗篇具有了感人肺腑的力量。在一些主旋律的电视剧作品里，通常情况是，英雄人物首先作为道德楷模而受到受众的崇敬和爱戴，革命事业以革命者高尚的人格为前提来获得受众的理解向甚至追随。《英雄无悔》、《党员二愣妈》、《省委书记》以及《希望的田野》等"飞天奖"和"金鹰奖"获奖作品，就是其中的佼佼者。而在以大众性和通俗性著称的情感剧当中，对传统道德的推崇同样是这些剧作成功的关键。20世纪90年代电视连续剧《渴望》"热"遍中国大陆的现象显示，尽管经过了80年代所谓新启蒙运动，但广大观众对集传统美德于一身的刘慧芳一角的同情和爱，对薄情寡义的王家姐弟的恨，说明道德观和正义观在中国老百姓的审美心理中是多么根深蒂固。

第三，中国电视艺术继承了中国艺术讲究以情感人、以情动人的优良传统。唐代诗人白居易谈及自己的创作经验时曾提出影响深远的"根情说"："感人心者，莫先乎情，莫始乎言，莫切乎声，莫深乎义。诗者，根情、苗言、华声、实义。"（《与元九书》）白居易所说的"言、声"属于艺术作品的形式因素，"情、义"属于内容因素；并且，如果将"情"视为受众审美快感的来源，相当于美层面之东西的话，那么，"义"姑且可看作是作品的主题内容，相当于善层面的东西，于是，"根情"与"实义"的关系，就吻合了"情与理的统一"这一中国美学思想的基本特征。20世纪80年代，经历过"文革"浩劫的中国大陆，人心思定，这时新的大众艺术形式——电视艺术（包括电视剧、电视文艺节目等）开始进入民众的日常生活。肩负着为亿万患艺术"饥渴症"的中国受众提供精神食粮、同时又要为执政党的大政方针行宣传之责的中国电视界，仍然从"情"字入手创作电视文艺节目。譬如堪称新时期第一部电视剧的《凡人小事》，自觉讲述老百姓自己的故事，在日常生活中寻找普通人情感的闪光点。描写"文革"灾难的连续剧《蹉跎岁月》，则将对噩梦年代的控诉化成"一支歌，一支深情的歌，一支拨动人们心弦的歌……"，也是一支"哀而不伤"的青春之歌。自誉为"新年俗"的春节晚会，编导人员总是围绕一个个"情"字布局谋篇，亲情，民族情，爱国情，这些创作母题往往成为晚会创造美感、营造气氛、感动观众、掀起高潮的可靠保证。至于长时间里中国电视屏幕上专题片盛而纪录片衰，以及综艺晚会中屡见不鲜的"倪萍流泪"式的深情场面，原因皆在于传、受双方对情感这一审美中介的高度认可。"倪萍现象"风行于当代，用克拉考尔的话讲就是："明星是根据需要定做出来的。要解释他对观众的魔力，就必须承认那是因为他的银幕形象满足了当时很普遍的某些愿望——跟他所表现的或暗示的生活方式有联系的某些愿望。"❶ 此言不虚，因为很显然 20 世纪 80 年代和 90 年代在大陆热映的港台影视剧如《妈妈再爱我一次》、《星星知我心》以及美国好莱坞大片《泰坦尼克号》等，正是在用情打动大陆观众方面有不凡成就。我们的一些主旋律电视作品如《长征》、《希望的田野》等，同样摆脱了过去在塑造高级领导干部形象尤其是党的领袖形象时的意识形态束缚，而着重展示他们身上的人情味，从而取得了感染人和鼓舞人的良好功效。

（二）中国电视艺术之诗化风格

特定的内容是离不开相应的形式来表现的。中国电视受众以道德伦理作为审美接受的前提和动机，以情感作为审美接受的主体内容，这决定了中国电视艺术无论是在外在风格上还是在内部的创作观念上，都有别于讲究客观写实的西方电视作品，而呈现出浓郁的抒情写意的诗化追求。

首先，是民族化的叙事风格。影视作品是叙事的艺术，叙事可谓是影视作品的结构之本，也正是在各自持有的叙事观念上，显示出中西文化的差异所在。我们知道，电影代表了西方写实主义艺术观念的最高成就，而电视则是有史以来人类在寻求克服时空限制以迅速完整地传播信息的最好的大众传播媒介。只是无论是摹仿美学本性还是求真的传播学本性，它们跟中国传统的艺术精神（包括认识世界、反映世界的方式）以及中国艺术受众的审美期待视野之间尚存有相当距离。西方艺术的目的是客观摹仿，中国艺术的目的是主观表现；西方艺术家偏故事，中国艺术家重抒情；西方艺术以酷肖自然为最高境界，中国艺术讲究超形以

---

❶ 齐格弗里德·克拉考尔：《电影的本性——物质世界的复原》，邵牧君译，127 页，北京，中国电影出版社，1981。

得神，形神相融；西方艺术的创作方法是客观冷静的，中国艺术却要求主客合一，情景交融。在审美心理方面，西方的艺术传统是宣泄，是刺激，中国的艺术传统是"得意忘形"，是"大音希声，大象无形"和"羚羊挂角，无迹可求"。中西在电视艺术创作观念上的差异既反映在专题片（如《话说长江》、《西藏的诱惑》）跟纪录片（如《望长城》）之间的竞争对立的关系上，也反映在电视剧、电视文学（包括小说、电视诗歌散文）这类明显具有中国特色的电视节目中。由江苏电视台录制的上下集电视剧《秋白之死》，在叙事结构上就采用写意与写实相结合的手法。其中瞿秋白被捕、拒降到就义是贯穿全剧的情节主线，是实写；瞿秋白对往事的回忆和反思是全剧的心理线索，是虚写。这样整部作品就形成了纵横交错、虚实相应的诗化风格，以及凝重、深沉、悲怆的抒情氛围。剧中写意部分，编导创造性地运用画面、色彩、音响等元素以展示瞿秋白丰富复杂的内心世界，同时也有利于受众强烈情感的抒发。尤其是最后就义一场，导演以大写意的手法，表现瞿秋白视死如归又渴望归返自然的心境：深沉悲壮的无伴奏合唱代替了枪声，万物为之凝固，飞鸟停止翔翔，树叶飘零在半空，安详平静地躺在绿荫之中的瞿秋白，升腾，升腾在天地之间。抒情性、写意性、象征性的诗化风格，正是《秋白之死》一剧民族化特征的突出表现。根据艾芜同名小说改编的电视剧《南行记》，为了保留原著的散文化风格，编导者打破了小说的线形叙事结构，精心设计了三个纵横交错的电视剧时空：20年代末30年代初"我"首次南行；60年代"我"重返边寨；以及80年代的艾芜与剧中扮演"我"的演员的对话。独特的对话结构与多时空的穿插沟通了历史与现实，也造就了《南行记》一剧所特有的历史沧桑感，同时通过艾芜的谈话可以点出人生哲理，表达价值判断，有助于引导观众理解作品的深刻内涵，做到形散而神不散。最后《南行记》全剧画面拍摄讲究，构图、色彩和音乐都呈现非写实的风格化特征，在营造意境、渲染氛围的同时，给人以意无尽韵也无穷的审美感受。

民族化的叙事风格还表现在中国电视艺术作品依据先验的伦理价值和政治价值而对生活所作的集中、提炼和概括。西方艺术家希望客观忠实地再现现实，于是常常否认或回避有创作主体的价值立场存在这一事实。中国艺术从不否认或者试图消弭作品的倾向性和主观性，相反，鲜明的主观性和倾向性（以及革命文艺中的党性原则）恰恰是创作者吸引、感染接受者的主要手段。电视专题片（包括电视诗歌散文）不同于西方纪录片的地方就在于前者所反映出来的生活是经过主观感情改造过的生活，是诗化了的生活。

其次，致力于审美意境的营造。意境是中国美学的专用术语，它描述了中国艺术（包括诗、画、书法、园林等）所特有的一种属性或者审美体验。"意境"一词最早见于唐王昌龄的《诗格》，此后经过皎然、严羽、王国维、宗白华等人的阐释、发挥和总结，逐渐使其内涵固定于物我贯通、情景交融和虚实统一这三点。譬如宗白华先生对意境的解释是："以宇宙人生的具体为对象，赏玩它的色相、秩序、节奏、和谐，借以窥见自我的最深心灵的反映；化实景而为虚境，创形象以为象征，使人类最高的心灵具体化、肉身化，这就是'艺术境界'。艺术境界主于美。"❶ 可知，意境的获得既与主观性、抒情性、象征性和表现性等表达方式有关，也与情感、哲理等诗化的表达对象有关。

作为一种创作观念和受众的审美需求，意境对于电视艺术作品（以至影视作品）风格特征的形成影响很大。不仅在电视剧这样的叙事作品中编导者往往刻意营造深邃悠远的意境以表情达意，电视专题文艺、电视诗歌散文甚至电视综艺晚会也无不以情景交融的意境为艺术追求的最高目标。电视专题片《西藏的诱惑》在对西藏风土人情的揭示上，从艺术家的主观视角出发，不强调所谓客观的零度纪实，而着重表现艺术家的主观感受；不追求琐碎的细节的真实，而致力于西藏自然风光之美的展示和再创造。巍峨的喜马拉雅山，奔腾的雅鲁藏布江，圣洁的布达拉宫以及沧桑漫长的唐蕃古道，这一切经过艺术家情感的灌注和点染，构成了一种关于西藏和西藏精神的瑰丽奇特的意境。恰如片头的"创作者题记"中所言："西藏的诱惑，不仅因为它的历史，它的地理，更因为：西藏，是一种境界。"曾获得1993年亚广联纪录片大奖的《最后的山神》本以纪实美取胜，但创作者的创作目的既然是要达到"心灵的真实记录"，所以片中也精心设计了一些抒情性的段落（如孟金福老人吟咏古老的鄂伦春情歌之后，屏幕上出现了一组冬日山林的景象）和象征性的意象（如在片中多次出现的"山神头像"），形成全片的抒情意境，在借景抒情、托物寄情的同时，也使心灵具象化了。其他作品还有《沙与海》，创作者将"沙"跟"海"这两个互不相干的生活空间艺术地联系在一起，主要目的当然不是为了忠实记录牧民和渔民的日常生活，而是旨在通过非纪实性的画面和各种造型手法来营造笼罩全片的哲理意象，达到以情感染观众和以理启迪观众的效果。在一些主旋律作品如邓在军导演的1989年国庆晚会《我爱你，中国》里，为了突出政治主题，强化宣传效果，对象征性的意境、意象的运用就更为频繁。如该晚会开头，黎明时分，天安门广场上五星红旗冉冉升起，由上千人组成的三军仪仗队向国旗敬礼，随即一个藏族男孩用稚嫩嗓音唱起了《义勇军进行曲》，独唱的童音随即化为气势宏大的合唱，在歌声中电视画面依次叠印出珠穆朗玛峰顶的国旗、南极长城站的国旗和西沙群岛上的国旗……这一系列跨越时空的蒙太奇声画组合，不仅信息含量大，所表达的爱国情感炽烈，而且由于政治理念完全融化进了优美、完整的意境之中，而使思想性和艺术性呈水乳交融之势，在观众一方也不会引发对政治说教的抵触情绪。《我爱你，中国》的创作方法深刻地影响了90年代大型节庆晚会的编排模式。

❶ 宗白华：《美学散步》，69～70页，上海人民出版社，1981。

不可否认西方的电视艺术作品里同样也有一些情感性的环境表现，西方观众对之也能做到心领神会，但相比较而言，由于"强调诗的韵味和意境的审美追求，是我国传统艺术非常突出的特征"❶，所以情景交融、含蓄慰藉的诗化风格是中国影视受众最为熟悉的审美经验。类似经验他们曾经在唐诗宋词之韵味里、在水墨画之空灵山水中、在时空自由之戏曲舞台上充分享受过。因此对于中国电视艺术的创作者来说，只有到自己悠久的民族艺术宝库中去汲取营养，自觉铸就中国作风与中国气派，才能获得打开中国受众审美心灵的钥匙。

三、学习中国电视艺术发展史的目的和方法

中国电视艺术发展史，是电视艺术中国化的历史，也是电视艺术民族风格形成的历史，更是时代精神借助于电视艺术获得表达的历史，同时也是不断满足人民群众日益增长的对艺术与娱乐的迫切需求的历史。因此学习中国电视艺术发展史，目的当然首先是对这一段历史的感性体认，在此基础上，再谋求在理论层面和价值层面达到一种民族化意识的自觉培养，和受众为本意识的自觉树立。

我们都知道，对历史事实直观、感性的认识是一切知识的唯一来源，学习中国电视艺术发展史也不例外。相对于略显灰色的理论，历史尤其是历史的细节才是生动鲜活的。具体到电视艺术的学习和研究中，可以说没有对作品的细致鉴赏、对创作者心灵的细微体察、对创作过程的熟谙和对不断变迁着的作品外部环境（包括政治、经济、文化等方面）的深刻认识，就不会真正进入并理解电视艺术的发展历史。反之亦然。学习电视艺术发展史，其主要内容就是对经典作品的观赏、研读，对依照目前标准虽然算不上精品但却有着重要历史价值的作品的鉴别、评判，对各种创作方法和创作风格的剖析、选择，当然也包括对受众接受心理和接受行为的解析和阐释。王国维在《人间词话》中说"文学不应有隔"。当我们学习和研究的对象是电视艺术这种实践性很强并有着突出通俗性品格的大众文化作品时，尤其要警惕主观认识跟历史真相和历史细节之间出现"隔"的状况。

当然，单纯的感性认识不是学习的最终目的，对电视艺术史的感性体认在适当的时候必须向理论高度升华，唯此方能巩固感性认识的成果。恩格斯有一句曾被广泛引用的名言："一个民族要想登上科学的高峰，究竟是不能离开理论思维的。"❷需要指出的是，纯粹的理论也不是目的，只有当理论来自实践经验的正确总结，并可再被用于对实践过程的指导时才有意义。众所周知，作为大众传播媒介和新的艺术创作手段的电视是一种舶来品，其背后有着西方强势文化的背

---

❶ 黄会林：《新中国电影美学论》收录于《黄会林影视戏剧艺术论集》，53页，北京师范大学出版社，2002。

❷ 《马克思恩格斯选集》（第4卷），285页，北京，人民出版社，1995。

景，于是如何使电视艺术形式中国化——换言之，用电视艺术来深刻地反映中国人的情感和生活——便成为实践和理论两方面都迫切需要解决的大问题。其实中国电视艺术发展的正反经验已经告诉我们，只有走民族化道路，中国电视艺术才有希望。民族化作为一种理论方向，是我们对实践经验的总结，当我们以此来指导中国电视艺术的创作时，民族化便又成为一种价值观念和价值标准。在感性体认的基础上进一步学习、领会民族化道路对于中国电视艺术发展的重大意义，并自觉地在创作和研究中实践之，以提高电视艺术的创作水平和观众的欣赏水平，丰富民族艺术宝库，是我们学习中国电视艺术发展史的又一目的所在。

学习中国电视艺术发展史的第三个目的就是培养受众为本的观念。在艺术创作和艺术传播中以受众为本，既是我们长久以来所奉行的"群众路线"这一优良传统（从群众中来，到群众中去）在新时期的自然延伸，同时也是新的艺术生产方式和市场销售方式的必然要求。如果说"群众路线"意义上的受众为本观念有着浓厚的人本主义的色彩——要求尊重受众、贴近受众，不能总想着给他们一个"教训"，那么着眼于电视作为一种产业因而提出受众为本这一观念，则显然是文化市场的压力使然。是否忠实贯彻受众为本之观念，这在中国电视艺术几十年的发展历程中留下了正反两方面的经验和教训。20 世纪 60 到 70 年代，观众被视为政治教条灌输的对象，结果八九部"样板戏"一统电视屏幕，电视文艺园地几近凋零。80 年代是电视艺术的黄金时期。电视艺术之所以在该时期获得飞跃式发展，很大程度上应归因于受众为本观念的回归。电视艺术的创作者们卸下了沉重的说教包袱，也放弃了沿用多年的政治尺度，而致力于与观众平等地交流，为他们提供丰富多彩的艺术和娱乐。观众的积极参与和热情支持反过来为电视艺术提出了更高的要求，促使电视艺术创作水平不断提高。另外 90 年代出现的主旋律作品，其中具有较高艺术价值的必然也是深受观众喜爱和具有广阔市场前景的；与此相对，少数几部主旋律作品由于过分注重宣传，与观众的接受之间存有较大距离，结果既牺牲了艺术，也失去了观众、失去了市场。邓小平曾经讲过，贫穷不是社会主义。我们也可以说，过低的收视率也不是主旋律作品的固有特征。

最后谈谈学习中国电视发展史的方法。学习中国电视艺术发展史，关键要具备以下几个方法论意义上的视野。首先是实践的视野。所谓实践的视野一方面是说，分析问题应该从实践出发，而不是从观念出发；评判作品应该从事实出发，而不是从理论出发。另一方面，电视毕竟是一种技术性和操作性很强的艺术形式，在学习的过程中如果能把审读作品和实践创作结合起来，无疑将会更加深入地理解这几十年来电视艺术在艺术风格、创作方法和技术手段上的更替和进步。

其次，是民族化的视野。面临以影视为代表的西方强势文化的挑战，中国的电视艺术工作者和研究者在使电视艺术保持民族化品格进而增强民族化电视艺术作品的市场竞争力方面责无旁贷。民族化的涵义有两层：从内容方面讲，是强调用电视艺术形式来传播和宣扬我们民族优秀的价值观、道德观和文化传统，同时真实地表现历史和现实环境中中国人的生活经验和内心情感，以引起（中外）观众的理解和共鸣。从形式方面看，民族化的内容需要采用民族化的艺术表达方式，以适应以中国人为主体的观众群的欣赏口味。形式方面的具体内容前面讲过，这里不再赘述。当然对民族化的强调，并不意味着对西方一些先进的艺术创作理念和文化价值观的一概排斥，这一点想必大家能够理解。需要指出的是，中国电视艺术的创作实践和市场状况表明，民族化并不是空泛的道德号召，也不是人为强加于创作界和受众的外部枷锁，而是中国观众切切实实的欣赏要求。从这一意义上讲，民族化道路与受众为本理念并不矛盾。因为民族化的思想、情感特征和民族化的艺术表达方式正是观众所喜闻乐见的，以民族化作为"公约数"，有利于在艺术文本系统跟接受者的心理结构之间建立一种同构的关系，并可望取得最佳的传播效果。

还有文化的视野。所谓文化的视野，也就是一种拒绝媚俗、追求崇高的价值立场。电视艺术毕竟是一种新兴的艺术形式，与其他艺术门类千百年来所积累的文化遗产相比较，她基本上处于艺术的"童年"。通俗性、商业性和大众性加上现代化的传播手段使得电视艺术拥有着巨大的受众面及影响力，但同时较之于其他艺术种类也容易出现为了商业利益而牺牲艺术标准和放弃社会责任的现象。用古今中外的优秀文化来为电视艺术树立一个标尺，是电视艺术发展史的学习者和研究者的文化责任感的体现。这样做一方面有助于学习者和研究者在面对学习对象和研究对象时保持一种冷静和超然。加达默尔曾经说过："一个根本没有视域的人，就是一个不能充分登高远望的人，从而就是过高估价近在咫尺的东西的人。"❶ 另一方面，也是给电视艺术施加一定的督促之力，使其在制造娱乐的同时，不能忘记还有文化传承和文化创造的使命有待她来承担。

总之，具备了上述视野，一定会加深我们对中国电视艺术发展史的认识和理解，进而对短短几十年里电视艺术在创作和接受上的功过得失有一个相对客观公正的评价。最终，可以为中国电视艺术沿着民族化和现代化道路健康发展作好理论上的储备。

---

❶ 加达默尔：《真理与方法》（上卷），洪汉鼎译，388 页，上海译文出版社，1999。

第一章

中国电视剧艺术

1930年，英国广播公司（BBC）利用机械电视设备，播出了意大利剧作家皮兰德罗创作的多幕剧《花言巧语的人》（亦称《嘴里叼花的人》），这部声像俱备的电视作品成为世界上公认的第一部电视剧。此后，电视剧的创作逐渐成为世界各国电视创作的重头戏。

中国的电视剧创作始于1958年，从直播到录播，从短剧到长篇连续剧，从年产量几部到现在的年产量两万多部（集），在40余年的时间里，中国电视剧创作取得了巨大的进展。今天的中国电视剧，不仅在艺术创作上逐渐成熟，在社会文化生活中也占据了不容忽视的重要位置。

本章将对中国电视剧艺术的创作发展进行宏观描述，并对其中的重点创作现象进行具体分析。

第一节　电视剧艺术概述

经过70余年的发展，世界各国的电视剧艺术在外部形态上呈现出多种面貌。尽管人们对电视剧艺术有着多种理解，作为一种特殊的电视艺术品种，电视剧艺术的艺术本质还是较为明确的。在对中国电视剧艺术的发展进行整体勾勒之前，我们先对电视剧艺术的界定、分类、艺术特征等基本理论问题进行简要阐述。

一、电视剧艺术的界定与分类

电视剧，是以电视方式创作的戏剧作品。这个界定包含两层含义，其一，电视剧是一种戏剧作品，它在剧作上是参照戏剧艺术的创作规律的，包括剧作结构、情节推进方式、人物形象设定等方面。其二，电视剧是一种电视作品，它的创作不同于舞台戏剧之处在于，电视剧要以电视艺术特定的思维和语言方式进行创作。这两方面的限定，使得电视剧成为电视艺术中相对独特的一种艺术品种。

电视剧在几十年的发展中，出现了多种形态、多种风格、多种题材的作品，理论界对于电视剧作品的类型划分，也形成了多种标准。

例如，依据题材内容对电视剧进行类型划分。从题材内容方面笼统划分，可以将所有电视剧作品分作现实题材和历史题材两类，而每一类中又有大量题材方向，现实题材电视剧包含都市情感题材、教育题材、反腐倡廉题材、经济题材、农村题材、军警题材、儿童题材等等，历史题材电视剧也包含历史人物、宫廷斗争、历史战争等等多种题材内容。由于题材繁多，依据题材对电视剧艺术进行划分，在理论建构和实践指导方面并没有太多价值。

再如，依据风格对电视剧进行类型划分。有些理论研究从电视剧的创作风格角度出发，对电视剧进行命名，并对这些电视剧的风格类型进行创作规律探讨。纪实电视剧、诗化电视剧等即是这种分类标准下的命名。这样的研究对电视剧的实际创作有一定的规范和指导作用，但是由于电视剧创作风格多样，依据风格对电视剧艺术进行类别划分也难以做到全面、严谨。

适应艺术分类须科学、严谨和全面的要求，我们将采用体裁这一标准对电视剧的艺术类型进行划分。依据体裁，我们可将电视剧作品划分为电视短剧（含小品）、电视单本剧、电视连续剧和电视系列剧四类。

（一）电视短剧（含小品）

这是电视剧中篇幅最短的剧型。电视短剧长度不固定，从几分钟到几十分钟，但要短于常规电视剧一集（45分钟）的长度。而其中的电视小品则往往只有几分钟甚至一分钟的长度，由于篇幅短小，电视小品经常只是表现一个单一的小场景，在这一场景中发生的小情节。在中国，电视短剧的创作较多地出现在电视剧发展的初期，随着电视技术逐步发展，由于在叙事容量和市场利润方面并无优势，电视短剧的创作就日渐衰落了。电视小品更是近乎绝迹。有些电视小品依附于某些电视栏目生存，成为电视栏目的一部分。

（二）电视单本剧

电视单本剧是指长度在1—2集的电视剧。电视单本剧虽然篇幅短小，却也独立成篇，有着完整的情节、明确的主题、清晰的结构，是一种多在屏幕上一次性完成的电视剧形式。电视单本剧在中国电视剧发展初期曾有过辉煌时期，在20世纪80年代的时候也仍然保持了较好的发展势头，而且成为当时电视剧领域探索视听语言运用的主要阵地。而进入20世纪90年代之后，单本剧这种电视艺术形式也开始走向衰落，创作数量下降，创作质量方面较80年代也并没有明显提升。

（三）电视连续剧

电视连续剧指3集以上的电视剧。电视连续剧的主要人物、情节都是连贯的，整部作品讲述完整的故事，每集只播出整个情节的一部分，每集结尾处讲究留有悬念，吸引观众连续收视。中国电视连续剧的创作始于1980年，这种艺术体裁一出现即显现出强大的叙事优势，讲述曲折的故事、描摹复杂的人生、塑造丰满的形象，这些优势适应了观众的欣赏需求，因而电视连续剧很快地发展起来，到20世纪90年代之后，电视连续剧不折不扣地成为了中国电视剧领域的主力。

（四）电视系列剧

电视系列剧也是一种分集播出的电视剧，只不过与电视连续剧讲述连贯的故事不同，电视系列剧的每一集具有相对的独立性，每集讲述相对独立的故事，集与集之间没有情节内容上的必然的连续性。系列剧的主题、人物、风格、时代背景等是相同的、贯穿始终的，但每一集都讲述一个新的、独立的、完整的故事，每一集独立成篇，集与集之间的故事没有内容上的必然联系。这是电视系列剧创作的基本要求。相对于电视连续剧来说，电视系列剧更适合断续地观看。中国电视系列剧的创作出现于 20 世纪 80 年代中期，早期的电视系列剧有《小龙和小丽》、《聊斋》、《中国刑警》等。1990 年拍摄的电视系列剧《编辑部的故事》，是我国第一部室内情景喜剧，此后随着室内电视剧这种制作方式的日渐兴盛，电视系列剧也开始兴盛起来。后来播出的电视系列剧多数都是室内情景喜剧，如《我爱我家》、《闲人马大姐》、《炊事班的故事》等。

二、电视剧艺术的主要特征

电视剧艺术是电视艺术中的一个艺术品种，它首先具备所有电视艺术作品的共有特性。然而，电视艺术作品的种类繁多、形态各异，电视剧艺术同其他电视艺术品种的差异也相当明显。

电视剧艺术的主要特征可以从以下三个层面进行描述：

（一）视听叙事

电视剧作为生存在电视媒体上的一种视听作品，有着电视作品共有的、特定的视听表现体系，有着不同于其他艺术样式的语言系统。这一语言系统由各种视觉元素和听觉元素构成，这些元素依据人的现实视听认知规律进行组合，完成叙事任务。

电视艺术的视觉语言元素包括：作为电视艺术作品画面内容的人物、环境，作为画面属性的色彩、光影、景深、构图以及运动等。所有这些视觉语言元素，都是电视艺术在视觉层上进行艺术表达、含意呈现的必要手段。电视艺术的听觉语言元素包括：人声语言、音乐和音响，这些听觉元素是电视艺术在听觉层上的呈现工具。显然，以这些直接诉诸人的视听觉的语言元素作为叙事手段的电视艺术，有着不同于以文字进行叙事的文学艺术的创作规律。相对于直观的视听语言，文字语言的抽象性、概念性相对较强。文字语言作为文学作品唯一的艺术载体，就使得文学作品的形象思维具有更多的抽象性，文学作品对抽象的概念、思想等的直接展现更为自如。而视听语言的在直观表意上显而易见的优势，使得电视艺术作品能够以更接近世界本来面貌的方式，直接而又准确地进行形象的呈现和意义的传达。语言元素的差别，以及由此形成的受众接受方式的不同，决定了电视艺术创作同文学创作在思维方式、艺术规律上的明显不同。

电视艺术的媒介基础赋予了电视艺术视听语言以极大的自由度和表现力，电视艺术所使用的视听元素，能够以最接近人的现实视听经验的方式进行呈现、组合，逼真地重现人们对现实世界的视听感受。这种媒介优势，让电视作品的视听叙事不同于各种传统的视觉、听觉艺术以及综合视听的戏剧艺术的叙事。如果说，传统的视觉艺术，如绘画、建筑、雕塑等，受制于媒介物的静态存在；传统的听觉艺术，如音乐，受制于声音形象的模糊性；传统的视听艺术，如戏剧，受制于舞台时空关系的限定性，那么，电视艺术在再现世界的时空运动上所拥有的无可比拟的能力，就使得它的艺术传达具有了新的可能，在这样的语言优势下，电视艺术形成了特定的视听语言组合规律和句法结构。

语言元素的特点，不仅决定了作为艺术作品基本构成原则的艺术思维的特性，也进而决定了艺术作品中的各种结构规则和表现手法。电视剧作为电视视听艺术的一个品种，其艺术规律和艺术手段，首先就是基于其视听语言的叙事特性而存在的。由此，我们可以首先将电视剧艺术区别于生存在其他媒介物上的各种艺术样式。

（二）虚构叙事

尽管往往取材于现实生活，而且在拍摄时力求体现真实感，但是从本质来说，电视剧艺术的叙事是虚构叙事，电视剧是在讲述人为设定的故事。讲述人的故事，可以说是艺术作品最重要的创作目的之一，然而对于电视剧创作来说，需要强调的是，这个故事是预先设定的，包括故事描绘的时空环境、故事中活动的人物、故事的发生与推进，所有这些预设内容，都是饱含着创作者主观意图的。

同样作为电视艺术作品，电视纪录片和电视专题片等，则呈现出与电视剧全然不同的叙事特点，即真实叙事。在电视纪录片和电视专题片的创作中，人的故事同样也是创作的重点内容，但是不同之处在于，这些故事是真实发生在现实生活中的，故事的时空环境是真实的，故事的人物是生活中真实的当事人，故事的发生与推进不受创作者主观愿望的影响，而是在生活过程中自然发展。

叙事性质的不同，源于不同的创作目的，源于不同类型作品的不同创作要求。而具体到艺术创作过程中，就体现为不同的创作规律。纪录片和专题片的创作，需要在符合基本创作目的的前提下，最大限度地尊重生活，尽可能真实地还原生活的本来面貌，创作者的主观意图更多地体现在如何从生活中选取、挖掘能够为全片创作目的服务的内容进行重点展现。而电视剧的创作，适应虚构叙事的特点，就需要有更多的设计，包括从剧本环节即开始的情节设计、人物形象设计，实际摄制环节的场景设计、镜头设计等。这些环节的设计，体现出的恰恰是创作者对作品形式和内容的全方位的主观控制，而在此过程中，戏剧艺术对情节、人物、结构等的处理，电影艺术对场景、镜头的设计，可以为我们的电视剧创作提供有益的借鉴。

（三）连续叙事

占据电视剧主体的是电视连续剧，而它也是同电影故事片区别较大、有较强独特性的电视剧作品类型。作为连续叙事的作品，电视剧在情节叙事上有着不同于电影故事片的特殊规律。不同之处主要存在于剧作方面，在情节推进、人物塑造、剧作结构等方面，电视剧的创作都有着不同于电影故事片的特性。

如果说电影故事片更像是小说创作中的短篇小说的话，电视连续剧在创作上则更接近于长篇小说。电视连续剧，除了遵循戏剧文学"开端——发展——高潮——结局"的普遍的情节结构模式之外，还更多地借鉴了长篇小说、尤其是章回小说的篇章结构方法。中国古典章回体小说将一个完整的故事分作几十甚至上百个章节、回目来讲述，适应这种结构方式，章回小说也形成了一系列的结构法则。每一章回一般都会包含一至两个核心情节，在本章中进行充分的发展，这样，每一章回在情节上也有着一定的独立性、完整性；各章回之间在内容、情节上的关联，或是相当紧密，或是稍有延缓，或是以章回的转换之处作为情节的大的转换点，这些处理都相当自由；为保持章节之间的连贯，吸引读者持续阅读，章回体小说一般在前一章节的结尾处会有意设置一定的悬念，留在下一章回中进行解答，所谓"欲知后事，且观下回"，这样就在各章回之间建立较为紧密的关联。所有这些结构上的特点和规律，都是在长篇小说创作的长期发展中、在对读者接受心理的逐步适应中形成的，而且，读者在对它们进行接受的过程中，也已形成了一定的审美心理定势，在这种情况下，电视连续剧对长篇章回小说结构规律的借鉴，也就符合了观众对这种长篇叙事作品的接受习惯。电视连续剧的每一剧集，也往往都有一个或多个相对独立小情节，在本集中进行完整的演绎。剧集往往会在新的变化、新的矛盾出现时结尾，制造一定的悬念，挑起观众的观赏期待，以此保证观众对该剧的持续收视。下一集的开始情节，可以是直接延续前一集的剧情，也可以是跳开一个较大的时空，开始一段新的情节。作为一种长篇叙事体裁，电视连续剧对长篇小说结构方法的借鉴，是自然、合理的。

这样，经过视听叙事、虚构叙事、连续叙事这三个层面的限定，我们可以将电视剧艺术同其他艺术形式清晰地区分开来。

第二节　20 世纪 80 年代以前的
中国电视剧艺术

在欧美发达国家的电视事业经历了二十余年的发展之后，1958 年 5 月 1 日，中国第一座电视台——北京电视台（中央电视台前身）开始试播。其后，上海、哈尔滨、广州、天津、西安、武汉、长春等地也纷纷成立自己的电视台。在电视事业发展的基础上，电视剧的创作也迅速形成了规模。

一、起步：直播电视剧

北京电视台在试播期间，主要播出一些新闻性节目、政宣节目、纪录影片和歌舞、诗朗诵等文艺节目。1958 年 6 月 15 日，仍处在试播期间的北京电视台，在演播室内直播了根据《新观察》杂志发表的同名小说改编而成的电视剧《一口菜饼子》，正是这部时长 20 分钟的"直播电视小戏"，拉开了中国电视剧艺术的序幕。

《一口菜饼子》由陈庚编剧，胡旭、梅村导演，文英光、冀峰、化民摄像，中央广播实验剧团演出。主要演员有：孙佩云（饰姐姐）、李燕（饰妹妹）、余琳（饰童年妹妹）、王昌明（饰父亲）、李晓兰（饰母亲）。该剧讲述了这样一个故事：解放后的农村，一个小女孩吃过饭后，漫不经心地拿着一块枣丝糕逗小狗玩，被姐姐制止，姐姐向妹妹讲起了解放前她们一家人的悲惨遭遇。那时，父母携带着姐妹俩逃荒在外，父亲在路上病死，母亲也病倒在一个破草棚里。天下着雨，姐姐去地主家讨饭，地主非但不给，还放出恶狗咬伤了姐姐。姐姐逃回草棚后，年幼不懂事的妹妹哭闹着要东西吃，病危中的母亲从怀里掏出仅剩的一口菜饼子给了妹妹。姐姐让妹妹把这口菜饼子留给母亲吃，推让中，母亲含泪死去。妹妹听完姐姐对过去悲苦生活的哭诉，又看到了妈妈临终留下的那一口菜饼子，痛悔自己不该忘记曾经的苦难。这部电视剧采用了广播剧常用的第一人称串讲的叙事方式，由戏中的"姐姐"作为叙述者，带动情节的发展。

电视剧《一口菜饼子》播出前经过了紧张的准备和周密的排练，并由八一电影制片厂的美工师按照电影置景的要求和电视摄像的需要在狭小的演播室里搭了一台景，地上是柴草，角落里挂着蛛网，檐下流着雨水，水滴在地上的破碗里。这个破草棚的周围布满了照明灯具、活动吊竿话筒，两部摄像机拖着粗粗的线缆，从不同的角度摄取画面提供给导演选择切换，一切都按照事先制定的分镜头计划来进行，力求其整体效果近似现场拍摄的故事影片。在直播的过程中，导演借鉴了电影里最简单的剪辑手法，同时为了烘托气氛，说明环境，运用了一些空镜头，如破墙、蛛网、风雨、闪电、檐下滴水等等。演员的调度和表演也都按镜头的要求处理，在一定程度上对舞台剧程式的格局进行了突破。

由于密切配合了当时"忆苦思甜"、"节约粮食"的宣传精神，电视剧《一口菜饼子》播出后收到了较好的效果，后来该剧在 6 月 23 日又进行了再次演播，其后还曾经被改编为广播剧和话剧。

由于当时技术条件较为落后，还没有磁带录像设备，电视剧《一口菜饼子》采取的是黑白图像的直播方式，表演、摄像、录音、合成是在演播室内同时进行的。这一方面增加了各工作环节的难度，另一方面也使得直播电视剧真正成为了电视屏幕上转瞬即逝的艺术形式，今天的我们已无法再看到这部标志中国电视剧艺术发端的作品。

根据现存的资料客观地来看，《一口菜饼子》仍存在着诸多问题与不足，主要体现在过于重视宣传教育的功能，艺术表现稍嫌粗糙，人物形象不够鲜明等方面。但不管怎么说，《一口菜饼子》毕竟是标志了一种基于电子技术基础的全新的屏幕演剧艺术形式的出现，这种艺术形式有着不同于舞台演剧、广播剧以及电影的独立品性，对于这种新的电视艺术品种，中国的第一批电视剧编导们经过商讨，决定将其定名为"电视剧"。《一口菜饼子》播出之后，在长达八年的时间里，直播电视剧获得了长足的发展，涌现出了一批优秀剧作。时至今日，在电视剧这种艺术形式的创作方式、艺术表现以及基本面貌都发生了极大的改观之后，"电视剧"这一名称却仍旧得以沿用。

继《一口菜饼子》之后，1958年9月4日，也就是北京电视台正式开播的第三天，又播出了一部直播电视剧——《党救活了他》。该剧主要创作人员有——编剧：高方正；导演：胡旭、王扶林；摄像：文英光、李华、孔令铎；主演：陈玉磷（饰邱财康）、马友骏、王显等。这是一部非常注重纪实性的电视报道剧，记述了上海广慈医院的医护人员全力抢救为保护国家财产而大面积烧伤的炼钢工人邱财康，终于使他转危为安的动人事迹。这部电视剧是根据一篇报告文学编写的，从改编到播出，仅用了一个星期的时间。这部电视剧在艺术水准上比《一口菜饼子》有了很大的提高，剧情容量和演播规模也大得多，场景共包括两个演播室、一段走廊和三个景地，动用了三部摄像机，镜头剪接中还运用了实景和布景相结合的手法，收到了较好的效果。这部时效性极强的电视剧的播出一方面突出地体现出了电视传播迅速、及时的特性与优长，另一方面也进一步扩大了电视剧这一初兴的艺术形式的影响力。

1959年起，北京电视台将电视剧的创作播出当作了文艺节目的重头戏，仅1959年一年就播出了14部电视剧。而若从1958年《一口菜饼子》的播出算起，到1966年"文革"前夕，这八年的时间里，北京电视台共播出了整整90部电视剧，这一数字位居全国之冠。这些电视剧题材多样，内容丰富，或歌颂新人新事新生活；或批判不良社会现象；或配合中央政策，进行宣传教育；或塑造英雄形象，赞颂高尚情操；或弘扬民族精神；或将中外文学名著进行改编搬演，扩大观众视界。题材的日趋丰富带来了剧作类型的逐渐增多，与此同时，剧作的艺术水准和表现手法也时有突破。

1959年北京电视台播出的电视剧《火人的故事》，是"电视诗剧"的最初尝试。这部电视剧由孟浩编剧；孟浩、张弦导演；李树荫、张锡福、王显、陈铎、马加奇、梅承藻、陈玉磷、徐文燕等主演。该剧叙述的是中国人民志愿军在抗美援朝战争中攻占某高地的故事，在叙事方式上进行了大胆的尝试，剧中的演员所扮演的志愿军只做出各种形体造型，没有台词，整个故事的串讲则由一位朝鲜老大爷和三个儿童以诗朗诵的形式来进行。同年播出的电视剧《守岁》，由胡旭编剧、导演，文英光摄像，王昌明、梅村等主演。讲述在不同岗位工作的一家人，欢聚在除夕之夜，各自畅谈一年来的收获。以一个小小的家庭，反映出社会各行各业的面貌。电视剧《辛大夫和陈医生》，由王扶林导演，王显、王昌明、郝爱民等主演，讲述了这样一个故事：两个医生在对待同一个盲肠病人时产生了不同意见，陈医生墨守成规，坚持对病人开刀治疗，辛大夫则用针灸的新方法解除了病人的痛苦。这部电视剧通过这样一个喜剧性的小事件，宣传了破除迷信、解放思想的主题。电视剧《生活的赞歌》，由高方正编剧，王扶林、梅村导演，徐恩祥、高志煌等主演，反映了工业战线的技术革新；《一打手套》，由高方正编剧，梅村导演，徐恩祥等主演，讲述了关于节约劳保手套的故事；《新的一代》，由高方正编剧，王扶林、管远怀导演，王健、陈铎等主演，歌颂了某建筑系学生在参加首都十大建筑设计中争为新中国作贡献的先进事迹。此外，这一年播出的电视剧还有：《女状元》、《真假医生》、《合家欢》、《我的一家》、《娶了个好媳妇》、《穿花布拉吉的姑娘》、《月照东墙》和《老会计》。

1960年北京电视台共播出12部电视剧，分别是《一家人》、《幸福岭》、《老列兵站岗》、《比翼齐飞》、《孩子们的礼物》、《刘文学》、《少年运动员》、《李大娘》、《青春曲》、《新来的保育员》、《三头黄牛》和《相亲》。其中，《青春曲》由曹惠编剧，王扶林、梅村导演，李燕、梅承藻等主演，该剧配合"知识青年上山下乡"的号召，讲述了一个在城里读书的农村姑娘，中学毕业后拒绝留城工作，坚决回农村建设家乡的故事。《刘文学》由张庆仁编剧，许辂生、赵宏裔导演；王明远、沈乃忠摄像；徐文燕、陈聪、王明玉等主演，叙述了与地主恶霸作斗争的少年英雄刘文学的事迹。这是我国播出的第一部儿童电视剧。

1961北京电视台播出了13部电视剧，包括《养猪姑娘》、《耕耘记》、《桃园女儿嫁窝谷》、《窝车》、《球迷》、《回声》、《韩梅梅》、《荣誉》、《暴风雨中》、《扣子》以及儿童题材电视剧《红缨枪》、《小明为什么算不出算术》和根据民间传说改编的电视剧《长发妹》。《桃园女儿嫁窝谷》由冯忠谱同名小说改编而成，蔡骧编剧，白羽、梅村导演，王明远、王喜明摄像，冯英杰、余琳、刘湛若、王昌明等主演。该剧反映了生活富裕的桃园村的一个姑娘到县里开会的时候，认识了山里有名的穷村——窝谷村的年轻的生产队长，俩人很快产生了相互爱慕之情。但是当地人流传着一句话：有女莫嫁窝谷汉，嫁到窝谷吃不上饭。也正因如此，姑娘的父亲——一个果树种植的"老把式"坚决不同意这门亲事。年轻的生产队长决心改变家乡的落后面貌，带领社员们开垦荒山，种植果树。年轻人的勇气和意志终于打动了"老把式"，他不仅同意了女儿的婚事，还送来300棵树苗作嫁妆，"老把式"也亲自来到了窝谷村进行果树栽培的技术指导。《长发妹》的故事情节来自于民间传说。山妖霸占了乡亲们饮用的清泉，美丽的农家姑娘长发妹目睹了乡亲们的干渴之苦，决心为乡亲们夺回水源。她历尽千辛万苦，将生死安危置之不顾，终于战胜了恶魔，将泉水还给了乡亲们。

1962年是直播电视剧阶段的一个丰收年。这一年北京电视台播出的电视剧达到了18部之多，在当时的创作条件下，这个数字已经非常可观了。在18部电视剧中，儿童剧占到了6部，分别是：《蓉生在家里》《共同进步》《赵大化》《虾球传》《小松和小梅》《烟盒》。此外本年度的电视剧还有：《真正的帮助》《某某某同志》《莫里生案件》《白天使》《明知故犯》《送盐》《绿林行》《海誓》《白头偕老》《卫生大演习》《表》和《羊城一家人》。其中《明知故犯》《莫里生案件》《白天使》和《海誓》是国外题材电视剧。《明知故犯》由晓苗导演，由苏联独幕话剧改编而成。讲述的故事发生在沙俄时代，一个名叫杰尼斯的农民酷爱钓鱼，在制作渔具时，从铁轨上拧下一个螺丝做了渔具的坠子。为此，法庭传讯了他，最后他被以"明知故犯，破坏铁路"的罪名关进监狱。《莫里生案件》根据美国同名话剧改编，蔡骧编剧，蔡骧、梅村导演，王喜明、文英光、陈贵林摄像，纪维时、冯英杰、王浩、王显等主演。该剧真实地反映了20世纪50年代发生在美国的"芝加哥审判"案件，抗议美国的非美委员会对一些进步人士进行的迫害。《海誓》讲述了流传于日本民间的一个美丽而又悲凄的爱情故事。阿初姑娘爱上了大海对面小岛上的右近，贫困的右近不敢相信阿初的爱情，为考验阿初，右近约阿初每夜渡海相会，满100天后便与她成婚。从此，每天夜里，右近都为阿初点燃一盏明灯，阿初则风雨无阻地一次次向着灯火，向着心中的希望游去。就在第100天的晚上，当阿初满怀着对即将来到的幸福的憧憬渡海赴约时，海上突然翻起了巨浪，而右近也恰在这一天被恶势力杀害。在海中同大浪搏斗的阿初再也看不到右近为她点燃的灯火了，筋疲力尽的她终于带着满心的希望与幻想，沉入了海底。这部电视剧根据李季的同名叙事诗改编而成，以冯英杰的朗诵贯穿全剧，王扶林、滕敬德、金成导演。

1963年北京电视台播出电视剧11部，其中，电视剧《相亲记》播出后，在服务行业引起了不小的震动，这部电视剧根据柯岩同名话剧改编而成，由石梁编剧，蔡骧、梅村导演，文英光摄像，陈加芹、马加奇、田良、纪维时等主演。这是一部歌颂新社会新观念以及服务行业新面貌的喜剧作品。纱厂女工丁显祖的父亲在旧社会是某饭馆的"跑堂的"，因地位低下受尽歧视，后来在反动派的欺压下郁郁而死。因此，当于显祖与某饭店服务员沈林相爱时，遭到了母亲的极力反对。依照于母的意愿，要将于显祖许配给一个记者。于显祖的女朋友李亭亭与沈林同在一家饭店工作，在她的安排下，出现了这样一场喜剧性的相亲：记者有事不能赴约，沈林在这时被介绍给了于母，于母对"假记者"沈林嘘寒问暖，百般殷勤。后来，在众人的帮助下，于母也终于转过弯来，接受了沈林这个女婿。由于播出后反响强烈，这部电视剧当年就重复播出了4次，第二年还在广州电视台播出。同年播出的电视剧《江姐》，是根据罗广斌、杨益言同名长篇小说的片断改编而成的，该剧由蔡骧导演，胡家森、殷亮等主演。江姐接到上级的指示，要她到山里找爱人彭冈接头，组织农民运动。当她到达城门时，看到一颗血淋淋的头颅被反动派高悬在城头示众，她万万没有想到，这就是自己的丈夫彭冈的头颅。忍受着巨大的精神创伤，江姐毅然要求接替爱人的工作，继续为革命事业贡献着青春和生命。此外，这一年播出的电视剧还有《待客》、《活捉罗根元》、《火种》、《岭上人家》、《在节日的晚会上》、《搬家》和儿童剧《庄稼人》、《时间走啊走》、《要多长个心眼儿》。

1964 年北京电视台仅播出了六部电视剧：《小马克捡了个钱包》、《锣又响了》、《家庭问题》、《自豪》、《不当"小金鱼"》和《战斗在顶天岭上》。《战斗在顶天岭上》由高方正编剧，王扶林、梅村导演，田良、赵丽平、张建民、孔繁信主演。叙述了顶天岭上的青年气象工作者们，在大雪封山、气候恶劣、断电断粮的困难环境里，英勇奋战，克服重重困难，终于把气象预报及时发送出去的故事。由马联玉、果青编剧，郁富南、果青导演的儿童剧《不当"小金鱼"》讲述了小雷彤不让奶奶娇惯自己，偷偷承担了自己力所能及的家务事的故事。反映美国儿童生活的电视剧《小马克捡了个钱包》则讲述了这样一个故事：小马克的爸爸因为参加罢工被投进了监狱，妈妈又卧病在床，小马克为生活所迫到街上叫卖，要求干活。一个好心的穷医生愿意接济他，自尊的小马克却不愿意无功受禄，他拒绝了医生的好意。小偷偷走了医生的钱包，拿走钱后，将空钱包扔在了地上。小马克发现了钱包，交给了警察。谁知警察却和小偷勾结，诬陷小马克是小偷，小马克被关进了监狱。这部电视剧由刘厚民、马联玉编剧，果青、郁富南导演，陆锦康、李若君、赵钱孙等主演。

1965 年北京电视台播出电视剧 13 部，与往年不同的是，这 13 部电视剧中，儿童剧的比重大大增加，占到了半数以上。事实上，同今天的电视剧创作相比，直播电视剧时期对儿童剧创作始终是相当重视的，北京电视台在 8 年时间里播出的儿童剧占播出电视剧总量的 40％。所以也有人将这一时期称为儿童剧创作的"黄金时期"。1965 年北京电视台播出了 7 部儿童剧：《校队风格》、《瓜瓜看瓜》、《小珍送水》、《小英雄雨来》、《小八路》、《山里的孩子》和《小兵学解放军》。此外这一年还播出了电视剧《钱包》、《香荔枝树》、《南方汽笛》、《海螺》、《像他那样生活》和《常河叔叔》。

1966 年，北京电视台仅播出了一部电视剧《焦裕禄》。随后，史无前例的"文化大革命"便开始了，在"四人帮"的思想钳制下，北京电视台的电视剧创作陷入了瘫痪状态。《焦裕禄》也就成为了直播电视剧时期北京电视台创作的最后一部电视剧。这部电视剧根据党的好干部、河南兰考县委书记焦裕禄的真实事迹写成，由高方正编剧，胡家森、李晓兰导演，王喜明、王俊岭、刘瑞喜摄像，于孜建、谭蒂、刘佳等主演。全局共分 6 个场景，时长 100 分钟，是直播阶段最大型的电视报道剧。

在八年的电视剧直播阶段，由于受到技术的限制，北京电视台的电视节目不能传送到外地，为满足各地区人民的收看需求，全国各地迅速成立自己的电视台，播出自己的电视节目。上海电视台在 1958 年 10 月 25 日播出了自己的第一部电视剧《红色的火焰》，加上后来播出的《姊弟血》等，在八年时间里，上海电视台共播出电视剧 35 部。广州电视台于 1959 年播出了第一部电视剧《谁是姑爷》后，又播出了《长征路上》、《杨柳春风》、《黑掌柜》、《一百分不算满》等 30 多部电视剧。黑龙江电视台、天津电视台和长春电视台等地方台也陆续播出了自己创作的电视剧。在这一时期，还出现了优秀剧目巡回演播（如北京电视台的《相亲记》就曾在广州电视台演播），以及台与台之间联合制作电视剧（如黑龙江电视台和吉林电视台 1960 年共同制作播出的电视剧《三月雪》）的现象。到"文革"开始前，全国各省市电视台总共创作播出了近 200 部电视剧。

综合来看，起步时期的电视剧创作受到了技术条件和社会文化环境的极大限制，在艺术表现上呈现出许多不足之处，但是在八年的创作发展中仍取得了不小的成绩。主要包括：形成了最早的电视剧艺术样式和创作模式，培养了我国第一代电视剧创作人才，对电视剧基本语汇规则进行了多方面的探索，在情节结构、场面调度、镜头处理等各方面都进行了大胆的尝试，初步掌握了电视剧的一些艺术规律，从而为后来中国电视剧的进一步发展打下了良好的基础。站在今天回顾我国电视剧艺术的起步，我们可以感受到一种健康、积极、向上的气息，这种气息不仅得自于此时期电视剧丰富、深刻的思想内涵，更得自于中国第一代电视剧编导们对于剧作艺术表现的不懈追求与大胆尝试。在起步阶段，儿童电视剧、电视诗剧、电视报道剧等多种类型、多种题材的电视剧都获得了初步的发展，而尤为可贵的是，这些电视剧创作都非常注重把握社会动向，大多取材于现实生活，有着较强的现实意义。

当然，受时代环境和文化形态所限，起步中的中国电视剧也不可避免地存在着诸多不足。首先体现在观念上，当时的电视剧创作不可能摆脱"文艺为政治服务"的总方针的限制，因而尽管它具有反映社会生活迅速、表现时代精神快捷的优势，但从总体上考察，较多的是"宣传品"而非"艺术品"，取材面较窄，一些电视剧所歌颂的东西今天看来也未免有不当之处。其次，受创作条件所限，当时演播的电视剧的时间长度大多为 30 分钟左右，人物与场景都比较少，时空跨度较小，剧情相对简单，对生活的挖掘也不够深入。最后，从艺术形态上看，初期"直播电视小戏"在演播室内摄制的方式，使得剧作的舞台剧气息较浓，甚至于很多电视剧都是对原有舞台剧的直接搬演，舞台剧重在表演的特性也因此被起步期的中国电视剧毫不犹豫地加以继承。这种"表演型"的电视剧基本上遵循的仍是戏剧创作的模式，以戏剧的美学观点为其支撑点：它以戏剧的矛盾冲突为基础，遵循戏剧"开端——发展——高潮——结局"的情节结构模式，遵照时间、地点、动作同一的"三一律"要求，情节高度集中，重在刻画人物形象，具有较强的舞台"假定性"，电视的媒介特性还没有被充分展现出来。

二、电视技术发展与电视剧创作停滞

1966 年开始的"文化大革命"，给中国带来了十年浩劫，社会主义建设事业也从此遭到了建国以来最为严重的挫折。林彪、江青反革命集团为了达到篡党夺权的目的，首先就选择了文艺界作为突破口，不惜对已有的文艺成果大肆摧残，妄图通过控制国民思想进而控制一切。在"四人帮"的倒行逆施中，新中国的文艺事业遭到了毁灭性的打击，初兴不久的电视剧也惨遭没顶之灾。

1966 年 1 月底，江青赶到苏州，与林彪进行了秘密谋划，随即于 1966 年 2 月 2 日至 20 日在上海召开了"部队文艺工作座谈会"，林彪指令解放军总政治部派人到上海参加了会议。会上江青全面系统地抛出了她对文艺工作的意见，提出了"文艺黑线专政论"。会后又指示张春桥炮制出了《林彪同志委托江青同志召开的部队文艺工作座谈会纪要》。这个"纪要"全面否定了建国以来党领导的文艺事业，篡改了党的文艺方向和原则，并将"塑造无产阶级革命英雄形象"作为文艺工作"根本任务"提出。1966 年 4 月 10 日，中央批发了《部队文艺工作座谈会纪要》，江青的"文艺黑线专政论"向全国抛出。从此，灾难降临到了中国的文艺界。

在"四人帮"推行文化专制政策的过程中，电视这一媒介的"喉舌"作用也得到了重视。为配合"四人帮"的舆论宣传，5 月中旬，北京电视台做出了"关于宣传社会主义文化大革命"的一些安排，其中明确规定"文艺节目要从正面树立典型，宣传高举毛泽东思想红旗的好节目"。在 5 月下旬，北京电视台又出台了在无产阶级文化大革命中关于文艺节目的几项措施：

1. 编审人员加强政治责任心和阶级斗争观念，建立健全有关制度，层层负责，人人把关，保证电视屏幕上大放鲜花，不播毒草。

2. 注意编选以下几方面的优秀节目：

（1）宣传毛泽东思想的、塑造革命斗争中的英雄形象的、反映工农兵、为工农兵的、为社会主义服务的好的或较好的节目，特别是文化大革命中涌现出来的创社会主义之新、立无产阶级之异的在革命化、民族化、大众化方面有较大成就的优秀节目，其中属于样板性的要反复播出。

（2）紧密配合政治、中心任务和重大节日的宣传活动，编选旗帜鲜明、战斗性强、小型多样的文艺作品。

（3）积极扶植工农兵及青年学生的业余文艺活动，设立《工农兵文艺》专栏。

（4）根据电视文艺宣传的需要，自办一些文艺节目，如电视小品、电视剧。

3. 属于下列内容的"坏节目"一律不播：

（1）歪曲历史真实，专写错误路线的；

（2）描写英雄人物却是犯错误、歪曲英雄形象的；

（3）描写战争恐怖、渲染苦难，宣传和平主义的；

（4）专写中间人物的，丑化工农兵形象的；

（5）美化阶级敌人、模糊阶级界限、调和阶级斗争的；

（6）提倡资产阶级人道主义，宣扬人性论和所谓"人情味"的；

（7）写谈情说爱，宣扬资产阶级、小资产阶级思想感情的；

（8）传统剧目，包括帝王将相、才子佳人和鬼戏，不管中国或外国的一律不播。

4. 外国艺术团体的演出要区别对待。有些国家艺术代表团的节目受西方影响很大，虽然领导同意转播，但在播出镜头处理上也需注意不要突出落后部分。

5. 扩大节目来源，加强采访工作。❶

1967年5月10日，江青《谈京剧革命》一文公开发表，从此，经江青插手创作的八个"革命样板戏"作为一枝独秀占领了全国的舞台，也占领了电视屏幕，其他文艺样式则或被改造，或被淘汰。随着八个样板戏向全国的推出，江青也不失时机地自诩为"文艺旗手"。1968年5月23日，上海《文汇报》发表了为样板戏总结经验的《让文艺舞台永远成为宣传毛泽东思想的阵地》的文章，强调指出了文艺创作的"三突出原则"，紧接着姚文元又将"三突出"创作原则进一步概括为：在所有人物中突出正面人物；在正面人物中突出英雄人物；在英雄人物中突出主要英雄人物。正是这种违背文艺创作规律与原则的荒唐主张，竟被"四人帮"推崇为"创作社会主义文艺的极其重要的经验"，说它"反映了无产阶级文艺创作的基本规律"，并将其规定为"无产阶级文艺创作的重要原则"。不仅如此，对于塑造主要英雄人物，"四人帮"还做出了具体的规定，首先，主要英雄人物要"高大完美"，"起点要高"，并且始终掌握第一把交椅；其次，在一部作品里，主要英雄人物只能有一个，其他人物要始终处于陪衬地位。在这样严格而又荒谬的控制下，中国的文艺创作不可避免地走向了彻底的概念化、平面化，人物形象也完全脸谱化。而在所有的文艺作品中，最符合"四人帮"制定的这些条条框框的，无疑当推八部样板戏。

在这样严格的限制下，在全社会的文化高压下，起步不久的电视剧也遭到了毁灭性的打击。

---

❶ 以上材料转引自吴素玲：《中国电视剧发展史纲》，53～54页，北京广播学院出版社，1997。

需要我们注意的是，尽管电视剧艺术创作受到严格限制，电视技术设备的发展却并没有间断。早在 1967 年，我国就已经有了磁带录像设备。这一年，北京电视台用录像设备拍摄播出了一部黑白电视剧《考场上的斗争》，该剧根据当时报纸上发表的一篇新闻报道编写而成。王景愚、康静修编剧；杨宗镜、金元成、康静修导演；王明远摄像；郑乾龙、杨宗镜、王培力等主演。剧中的中国留苏学生在某大学参加一次考试，就肖洛霍夫的小说《一个人的遭遇》的评价问题，在考场上与教师发生了争论，如何评价正义的反法西斯战争成为争论的焦点。这部内容上体现出鲜明时代特点的电视剧，是北京电视台在十年"文革"中拍摄的唯一一部电视剧。

彩色电视试验也成为这一时期电视技术发展的重点。早在 20 世纪 50 年代，刘少奇同志就曾经两次提出应着手研制彩色电视。1960 年 5 月，中央广播事业局经过一年的努力，终于建立了一座彩色电视台，采用的是美国的 NTSC 制式。然而，国家经济困难和频繁的政治运动阻断了彩色电视研制的进程，直至 1968 年 11 月，彩色电视制式的研究才再次被提上日程。当时，美国的 NTSC、法国的 SECAM、德国的 PAL 制式已经形成了世界彩色电视的三大制式，中国虽是发展中国家，却也希望能够自创制式，并为此打响了一场全国范围的攻坚战。1972 年美国总统尼克松访华，美国三大广播公司先进的卫星通讯设备让中国电视界相形见绌，终于，中国做出了从国外引进彩电技术设备的决定。经过一番周密的考察，中国采用了与 D 制黑白电视兼容的德国 PAL 彩电制式，全称为 PAL/D 制。

1973 年 5 月 1 日，北京电视台开始了彩色电视试播，同年，上海电视台、天津电视台、成都电视台也开始了彩电试播。电视彩色化的进程在全国范围内展开了。然而，与电视技术的迅猛发展不相协调的是，自从彩色电视试播到"文革"结束，在几年时间里，全国仅有两部电视剧播出，这两部电视剧分别是 1975 年上海电视台录播的电视剧《公社党委书记的女儿》和《神圣的职责》。两部电视剧均反映知识青年上山下乡、扎根农村的内容。

在"文革"的整整十年间，全国的电视剧创作几乎完全处于瘫痪状态，我国第一代优秀电视剧创作人员被剥夺了创作权，直播时期积累下的创作经验、技巧被搁置，电视剧事业的发展停滞不前。

三、电视剧创作的复苏

1976 年 10 月，"文化大革命"终于以"四人帮"的粉碎而宣告结束，新时期也正是伴随着"文革"梦魇的渐渐消逝而开始。当受尽极"左"路线迫害的人们从噩梦中醒转，对往事进行着追悔与诅咒的时候，当社会关注的中心从笼罩在浪漫光环下的革命英雄行为转向令人尴尬的现实生存状况的时候，当全党工作着重点从全民精神控制逐渐转向社会经济建设的时候，历史悄悄地焕发出了生机，社会恢复了正常的秩序，文化艺术也重新现出了光彩。

1979 年 5 月 3 日，中共中央批转了中国人民解放军总政治部的请示报告，决定撤销 1966 年 2 月林彪委托江青召开炮制的《部队文艺工作座谈会纪要》。正是这个"纪要"曾将"塑造无产阶级革命英雄形象"作为文艺工作"根本任务"提出。这样，作为一种反叛或反弹，在新时期的文学艺术创作中，"人性"、"人的价值"、"人的自由"、"人的需要"、"人的本质"、"人的自然欲望"等以人为出发点和归宿点的命题，得到了极大程度的张扬。应该说，这是对长期遭受禁锢的文学艺术创作的一次较为彻底的解禁。全新的时代背景，促使每一个从"文革"这场政治巨变中走出来的中国人都开始了对历史、对社会、对自身的深刻反省。一时间，推翻专制主义、争取民主自由、呼唤个人价值和地位，成为整个社会的主流思潮，也成为文学艺术创作的主要思想倾向。

在全社会拨乱反正的形势下，在文学界、电影界"解放思想，冲破禁区"的号召中，我国的电视事业也终于在历经了长期的消沉之后，萌发出了勃勃生机。

早在 1973 年的时候，北京电视台的彩色电视节目就已开始通过京津、京沪微波线路向外地传送，到文革结束后的 1977 年底，全国已有 26 个省、市、自治区可以通过微波线路接收到北京电视台的节目。1978 年 5 月 1 日，原北京电视台改名为中央电视台，时隔一年之后，1979 年 5 月 18 日，北京市也成立了自己的北京电视台，并开始正式试播。此时，29 个省、市、自治区都已建立了自己的电视台。中国的电视业呈现出了一个崭新的局面。

新时期政治、经济、文化政策的调整也为电视剧事业的复苏与发展提供了广阔的天地，以 1978 年 5 月播出的彩色电视剧《三家亲》为起点，中国电视剧迎来了全新的发展。这部电视剧根据同名戏剧改编，由许欢子、蔡小晴导演，反映的内容是主张勤俭节约办婚事，反对农村在婚事上铺张浪费的旧传统。这部电视剧是新时期播出的第一部电视剧，也是有史以来第一部完全在实景中录制的电视剧，真实地再现了农村的生活场景。继《三家亲》之后，这一年还播出了《窗口》、《教授和他的女儿》、《痛苦与欢乐》、《安徒生和他的童话：卖火柴的小女孩》、《爸爸和妈妈谁好》、《奔腾吧！小骏马》以及《来历不明的黑鲨鱼》七部电视剧，其中后四部是儿童电视剧。这些电视剧作为电视事业刚刚恢复时期的作品，其艺术质量仍显粗糙。但考虑到当时落后的技术条件、零散的创作队伍与有限的创作经费，这八部电视剧还是值得肯定的。

1979 年 8 月 18 日至 8 月 27 日，中央广播事业局为解决电视节目的来源问题，召开了首次全国电视节目会议，号召全国有条件的电视台都大办电视剧，为庆祝中华人民共和国成立三十周年举办全国电视节目大联播做好准备。并决定立即进口国外的电影电视片，为国内电视剧创作提供借鉴。在政策鼓励下，这一年，上海、湖南、山东、天津、广东、黑龙江、河北等省市电视台都开始生产电视剧。

1979 年中央电视台共播出电视剧 19 部，包括中央电视台制作的六部电视剧：《他们》、《岳云新传》、《有一个青年》以及《文学宝库》中播出的儿童电视剧《灰姑娘》、《万卡》和《七个铜板》；上海电视台制作的五部电视剧：《玫瑰香奇案》、《永不凋谢的红花》、《约会》、《选择》和《祖国的儿子》；广东电视台制作的三部电视剧：《神圣的使命》（与中国广播艺术团电视剧团合作）、《谁最能》和《小哥俩》；浙江电视台制作的电视剧《保险高兴》；天津电视台制作的电视剧《人民选"官"记》；河北电视台制作的电视剧《海浪》；黑龙江电视台制作的电视剧《从森林里来的孩子》以及湖南电视台制作的电视剧《爸爸病危》。其中，反映青年人奋发图强的电视剧《有一个青年》，反映烈士张志新事迹的《永不凋谢的红花》，描写自卫反击战的《祖国的儿子》和反映家庭关系的《爸爸病危》，播出后都引起了较大反响。

《有一个青年》是由张洁同名小说改编而成的电视单本剧，由中央电视台录制。张洁、许欢子编剧；蔡晓晴导演；白钢、陆矛摄像。故事梗概：因"文革"而失去正常学习机会的青年电焊工顾明华，是一个积极上进的青年。为提高焊接产品的质量，他利用业余时间大量阅读国内外焊接技术方面的资料。在学习过程中，一位素不相识的姑娘徐薇给了他许多的帮助。顾明华被徐薇的刻苦钻研精神所震撼，并由钦佩、敬慕而产生爱情。在共同的理想鼓舞下，他们走在了一起，并肩前进。这部电视剧真实地反映了十年动乱给一代青年带来的精神创伤，展现了他们在新的历史时期努力学习、要求上进、追回被贻误时光的可贵精神，有着积极的现实意义。该剧获第一届（1981 年度）全国电视剧评选优秀单本剧一等奖。

《永不凋谢的红花》由上海电视台录制。黄允编剧；李莉导演；袁建华、王胜华、万树泉摄像。该剧讲述了被"四人帮"迫害的烈士张志新的故事：张志新是一个共产党员，因为真诚地阐述了自己对人生、对政治的见解而被"四人帮"的专政机关关押、审讯。为了坚持真理，她不得不抛下了一对小儿女，不得不在离婚书上签字，也不得不离开年迈的双亲。在"四人帮"的牢房里，她拿着一朵用手纸做的、从门上刮下来的红漆染的红花，庄严地纪念党的生日。她还自创了歌曲《谁之罪》，在牢房中带着脚镣高歌。她的坚贞不屈最终激怒了"四人帮"的爪牙，在受尽了折磨之后，她倒在了刑场上。然而，那朵红花却留在了人们心中，永不凋谢。这部电视剧讴歌了张志新为真理而献身的精神，控诉了"四人帮"的罪恶。

电视剧创作的复苏令人欣慰，然而从艺术创作的角度衡量 1978 年、1979 年的电视剧作品，我们也不无遗憾地看到，在这些电视剧中，舞台剧的痕迹仍然清晰可寻，在创作观念、场景转换、情节设置、表现手法上，这些电视剧依旧没有跳出直播时期的旧框子，而是延续了直播电视剧所采用的舞台剧的表演和创作模式，并没有对电视的特性做出进一步的探索。尽管自 1967 年起即采用了录播这种新的传播形式，电视剧艺术在这一漫长的时期里，却并没有呈现出鲜明独特的艺术品格。

第三节 20世纪80年代以来的中国电视剧艺术

一、20世纪80年代的中国电视剧艺术

（一）电视剧的初期发展

1. 发展概况

20世纪80年代前半期，可以说是中国电视剧的初步发展时期。在这一时期，电视事业整体上的快速发展，有力地促进了电视剧的创作。在年产量迅速增加的同时，电视剧的创作适应当时的社会文化环境，紧扣现实生活，在题材上不断拓展，并先后出现了伤痕、反思、改革、社会主义建设等题材热点。

1980年是电视剧复苏以来的第一个丰收年，这一年中央电视台共播出电视剧131部，仅在国庆期间举办的全国电视节目联播，就播出了全国各电视剧录制单位创作的电视剧47部。这一丰硕成果无疑是1979年电视节目会议号召"大办电视剧"的结果。这一年的创作题材范围广泛，对工业战线、农村生活、军旅生活、青年面貌、儿童生活、知识分子生活、商业活动等都有较多的展现。同时在剧作风格上也"百花齐放"，有正剧、喜剧，也有悲剧、讽刺剧。从整体上看，这一年的创作体现出了较强的现实主义创作倾向，历史题材与外国题材电视剧较少。涌现出的优秀作品有《凡人小事》、《女友》、《乔厂长上任》、《瓜儿甜蜜蜜》、《现在正是早晨》、《光明的天使》、《何日彩云归》、《好好叔叔》、《唢呐情话》、《微笑》、《鹊桥仙》等。

在电视单本剧创作大发展的同时，值得一提的是，在1980年，我国还录制了第一部电视连续剧《敌营十八年》（9集），于1981年2月在中央电视台播出，虽然这部电视剧因质量粗糙、漏洞百出而遭到了观众的批评，但从此以后，电视剧的长篇叙事功能被发掘了出来，甚而至于出现了今天电视连续剧取代电视单本剧、占尽荧屏风光的现状。

在论及20世纪80年代前半期电视剧创作的时候，不可忽视的一个基础，就是电视事业的大发展。据统计，1979年全国仅有电视机485万台，而到1985年初，全国就已有电视机5000万台，是六年前的十倍。观众人数也增加至两亿人。1979年中央电视台播出的电视剧仅有19部，而到1986年，全国电视剧年产量就已达1500部（集）左右。这两组数字的对比是新时期电视事业大发展的最形象的说明。

1980年10月，中央电视台和中国戏剧家协会联合召开了电视剧座谈会，对

电视剧的创作提出一些建议。11 月，中央电视台、北京电视台、中国戏剧家协会和中国电影家协会又联合召开了电视剧本创作座谈会，首都的文学、戏剧工作者和新闻界人士 60 余人参加了座谈，提出了诸如电视剧风格应多样化、应多为儿童创作电视剧、在反映现实生活上思想要解放一些、要创作具有我国民族特色的电视剧、要消除话剧痕迹等主张。1981 年 3 月，第一次电视剧编导业务研讨会召开，全国各电视台及中国广播艺术团电视剧团、北京广播学院电视导演系共 60 多人参加了这次会议。会议明确了提高电视剧质量的迫切性，强调了电视剧创作要注重社会效果的重要性。1981 年 4 月，第三次全国电视节目会议在北京召开，会议对 1980 年到 1981 年播出的电视节目进行了评选，有 28 部电视剧获奖，这一全国性的电视剧评奖活动从此坚持一年举办一次，1983 年开始正式命名为"全国电视剧'飞天奖'"。1982 年 1 月，中国电视剧艺术委员会成立，这一委员会做了大量促进电视剧生产的实际工作。3 月 1 日，全国电视剧座谈会在北京举行，会议总结了以往电视剧创作经验，规划了 1982 年的电视剧创作题材，并讨论了如何提高电视剧的创作质量等问题。5 月，广播电视部成立。9 月，我国第一家电视制片厂——北京电视制片厂（北京电视艺术中心前身）在北京成立。1983 年 3 月，第一届"大众电视金鹰奖"评奖活动举办；10 月，中国电视剧制作中心正式成立。这些实际举措，为电视剧创作提供了必要的动力。

2. 题材

20 世纪 80 年代前半期的中国电视剧创作，大量集中于现实题材，人们的现实生活和心理状态成为电视剧创作关注的重点。电视剧创作在这一时期，成为了对人们新生活和新面貌的有力折射。

伴随着新时期的到来，神州大地迅速地换上了新装。政治的开明、经济的腾飞、文化艺术的活跃，都让人确确实实地感受到了新时代不同于过去时代的活力与自主、激情与振奋。于是，伴随着改革洪潮的涌起，被蒙上污垢的心灵重新清净，被贬弃的美德重新生辉，蹉跎了的意志重新振奋，沉睡的豪情被重新唤醒……春风徐徐吹来，一切都焕发出了新的生机。在新时代的感召下，经历了苦难的几代中国人很快地从"文革"遗留下的创痛中抬起头来，将热情投向了全新的生活、多彩的世界，以一种崭新的精神面貌谱写着自己在新时代的华彩乐章。

文学艺术的创作也迅速地扣住了时代的脉搏，抚摸精神伤痕、咀嚼内心哀痛，继而全力展现新时代里人们的新生活、新面貌、新观念。在新的文艺政策的鼓励与刺激下，文艺事业取得了前所未有的繁荣。

在年产量迅速增加的同时，电视剧的创作题材也大大拓展。从 1980 年开始，反映新生活、新时代的优秀电视剧作品纷纷涌现，这些作品除体现出强烈的时代精神之外，也大大促进了电视剧创作在反映生活的广度、深度上的拓展。我们可以从历年获"飞天奖"与"金鹰奖"的优秀电视剧作品里，看出新时期电视剧创作对生活的多侧面反映。

伤痕题材的电视剧有：《女友》（1980）、《新岸》（1981）、《蹉跎岁月》（1982）、《今夜有暴风雪》（1984）、《雾失楼台》（1985）、《大林莽》（1986）等。

改革题材的电视剧有：《乔厂长上任》（1980）、《女记者的画外音》（1983）、《新闻启示录》（1984）、《走向远方》（1984）、《新星》（1985）等。

反映服务行业新面貌的电视剧有：《卖大饼的姑娘》（1981）。

歌颂共产党员好干部的电视剧有：《凡人小事》（1980）、《你是共产党员吗》（1981）、《燃烧的心》（1983）、《走进暴风雨》（1983）等。

反映新社会对失足青年的挽救的电视剧有：《现在正是早晨》（1980）、《寻找回来的世界》（1985）等。

反映新时代里青年人精神面貌的电视剧有：《有一个青年》（1980）、《宝贝》（1980）、《赤橙黄绿青蓝紫》（1982）、《弯弯的石径》（1982）、《第九个售货亭》（1983）、《生命的故事》（1983）、《明姑娘》（1982）、《小巷情话》（1985）等。

弘扬民族美德的电视剧有：《第五家邻居》（1982）、《家风》（1982）、《卖瓜不说瓜甜》（1982）等。

反映社会主义建设的电视剧有：《矿长》（1982）、《眷恋》（1986）等。

塑造新时代英雄形象的电视剧有：《紧急起飞》（1983）、《燕儿窝之夜》（1983）、《冠军从这里起飞》（1985）、《长江第一漂》（1986）等。

反映农村新面貌的电视剧有：《吉庆有余》（1982）、《她从画中走出来》（1983）、《雪野》（1986）、《冤家》（1986）等。

批判落后观念与意识、展现新旧观念冲突的电视剧有：《不该将兄吊起来》（1985）、《大年初一》（1986）、《白色山岗》（1988）、《丹姨》（1986）、《太阳从这里升起》（1986）、《大马路小胡同》（1987）等。

展现军警风貌的电视剧有：《她们和战争》（1985）、《凯旋在子夜》（1986）、《便衣警察》（1987）等。

这些电视剧从多个侧面、多个角度，构成了对新时期生活的全方位折射。其中，伤痕题材和改革题材由于准确地符合了这一时代的社会心态，因而先后成为电视剧创作的热点题材。

（1）"伤痕"题材电视剧

"伤痕文学"是"文革"后最早出现的文学现象。十年动乱造成了中国社会的悲剧，而刚刚从噩梦中醒转的人们，又怎能不对这一事件投以最深切的关注。终于摆脱了"四人帮"思想钳制的文学界，急切地要在文学创作中说出憋闷已久的心里话，发出压抑了多年的呐喊。于是一时间，揭露"四人帮"的罪行、控诉动乱造成的不幸、抚慰内心的伤痕的文学作品大量涌现出来。1978 年卢新华的小说《伤痕》的发表，在社会上引起了强烈的震动，这一阶段的同主题的文学作品也因此而被命名为"伤痕文学"。这一时期"伤痕小说"的代表作品有：《班主任》（刘心武）、《伤痕》（卢新华）、《我是谁》（宗璞）、《一个冬天的童话》（遇罗锦）、《生活的路》（竹林）、《蹉跎岁月》（叶辛）、《代价》（陈国凯）、《我应该怎么办》（陈国凯）、《记忆》（张弦）、《盼》（戴晴）、《许茂和他的女儿们》（周克芹）、《土牢情话》（张贤亮）、《爬满青藤的木屋》（古华）、《从森林里来的孩子》（张洁）等。

事实上，不仅在文学领域，就是在绘画领域、电影领域以及电视剧领域也都纷纷涌现了大量的"伤痕"作品。绘画界涌现了连环画《枫》等优秀作品。电影界也拍出了《神圣的使命》、《苦难的心》、《于无声处》、《婚礼》、《苦恼人的笑》、《生活的颤音》、《小街》、《枫》、《天云山传奇》等一批表现"文革"黑暗现实，直面人民悲惨遭遇的影片。

电视剧创作受这股时代潮流的影响，也将目光投向了那一段不堪回首的历史，投向了动荡的社会中人们苦不堪言的生活，创作出了许多引人深思的"伤痕电视剧"。其中的优秀作品有1980年的电视单本剧《女友》，1981年的电视单本剧《新岸》，1982年的电视连续剧《蹉跎岁月》，1984年的电视连续剧《今夜有暴风雪》，1985年的电视单本剧《雾失楼台》，以及1986年的电视单本剧《大林莽》。其中，《今夜有暴风雪》已经明显地于伤痕之外附加了反思的主题。

《蹉跎岁月》可以说是此时期"伤痕电视剧"的代表作品。这是中央电视台1982年录制的4集电视连续剧，根据叶辛同名小说改编而成。编剧：叶辛；导演：蔡晓晴；摄像：丁力，张志壮；主演：郭旭新（饰柯碧舟），肖雄（饰杜见春），赵越（饰邵玉蓉）。该剧获第三届（1982年度）全国优秀电视剧"飞天奖"电视连续剧一等奖、优秀导演奖、优秀女演员奖（肖雄）、鼓励奖（赵越）。获第一届"大众电视金鹰奖"（1982年度）优秀电视连续剧奖、优秀男演员奖（郭旭新）、优秀女演员奖（肖雄）。

1980年，叶辛的长篇小说《蹉跎岁月》发表以后，在社会上引起了强烈的反响。这部小说描写了一代青年在十年动乱中的不同遭遇，并将重点放在对他们的奋进精神和高尚情操的表现上，呈现出了健康积极的基调。电视连续剧《蹉跎岁月》，汲取了小说原著的精髓，遵循了改编艺术的创作原则，是一部优秀的电视艺术作品。"岁月蹉跎志犹存"，是小说《蹉跎岁月》的立意，也是改编后的电视剧的主题。据叶辛自己介绍，创作这部长篇小说有三个主要的动机：一是写一写反动"血统论"对一代人的戕害；二是写一写这一代年轻人走过的路，经历的思想历程；三是要写出当年那些知青各不相同的形象，和他们之间迥然不同的命运。这三个方面在电视剧中得到了不同程度的保留和深化，构成了电视剧的深厚思想内涵。

电视连续剧《蹉跎岁月》，通过展现一代知青在十年动乱期间走过的一条艰难而又坎坷的路，描写他们从消沉到振作、奋进的思想历程，歌颂他们在逆境中追求真理的奋斗精神，对知青问题做出了历史的评价，引导人们从新的角度去正确认识当代知青。因剧作写的是十年动乱时期，时间跨度大，其结构形态采取的是时空纵向发展的方式，故而矛盾冲突不够多，戏剧性显得略微弱了一些。在情节安排上，有些地方也显得过于刻意，不够自然。但总体来看，《蹉跎岁月》仍不失为一部优秀的"伤痕电视剧"。

四集电视连续剧《今夜有暴风雪》由山东电视台 1984 年拍摄而成。该剧根据梁晓声的同名小说改编，李德顺、孙周编剧；孙周导演；刘允良摄像。主要演员有：任梦（饰裴晓芸）、王咏歌（饰曹铁强）、傅丽莉（饰郑亚茹）、吕毅（饰刘迈克）、孙敏（饰小瓦匠）。

这是继《蹉跎岁月》之后的又一部知青题材的电视剧佳作。该剧以波澜壮阔的知识青年上山下乡运动为时代背景，选取知青返城的前夜作为矛盾爆发的焦点，通过塑造曹铁强、裴晓芸、刘迈克、郑亚茹、匡富春、小瓦匠等一批知识青年的艺术形象，真实地再现了东北建设兵团 40 万青年的欢乐与痛苦、追求和失望、奋斗与徘徊、光荣和梦想。热情赞颂了这一代青年在历史的悲剧面前不屈不挠、积极向上的精神风貌，呼唤人们对这段已经失去的岁月进行更为深刻的历史反思。电视剧播出后，反响热烈，赞誉如潮，特别是引起了与剧中人物有类似经历的观众的强烈共鸣。该剧获得第五届（1984 年度）全国优秀电视剧"飞天奖"电视连续剧一等奖、优秀导演奖（孙周）、优秀男配角奖（孙敏）、优秀摄像奖（刘允良）、优秀音响奖（唐敬睿、杨青青）、优秀音乐奖（王云之）。第三届（1984 年度）"大众电视金鹰奖"优秀连续剧奖、最佳女主角奖（任梦）、最佳男配角奖（吕毅）。

知青时代的退潮，在历史的沙滩上留下了斑斑驳驳的水迹和闪闪发光的贝壳，如何看待这道曾经悲壮的风景，如何采撷这些曾经灿烂的贝壳，成为历来知青题材文艺作品面临的首要问题。对于这样一段历史，不少人看到的是令人痛心疾首的时代谬误，想到的是可悲可笑的政治风潮，但也有人可以从中听出辉煌壮丽的青春舞曲，感觉到强劲有力的人生脉搏。电视剧《蹉跎岁月》，已经一改谈起知青生活就"扼腕切齿"的情绪，把主旋律定在了"岁月蹉跎志犹存"的更高层次上。而到了电视剧《今夜有暴风雪》，同小说一脉相承的电视剧在主题定位、素材处理和矛盾冲突上又朝理想境界跨出了新的一步。

特定历史条件下的上山下乡是一场失败的运动，但是并不能因此全面否定上山下乡的美好初衷和时代意义。这场运动的谬误在于极"左"路线完全改变了它的内涵，而不在于扎根边疆、建设边疆的伟大号召。知识青年们在北大荒乃至各地边疆创造的业绩及其革命英雄主义精神，不应该因为时代的谬误而被一笔抹煞。《今夜有暴风雪》所试图唤起的不仅仅是对那场时代悲剧的激愤，更主要的是以青春血汗在谬误年代里创造英雄业绩的豪情，和对人生价值的深层思索。这部剧的主题用主人公曹铁强的话来说就是："我们付出和失掉了许多，但是，我们得到的要比失去的更有分量。"

围绕这一主题的确定，该剧在生活素材的选取和组织上，也注重选取能够表现知识青年对待事业、爱情和人生的态度和思想的事件及经历，着重突现他们在苦难中成长、在磨炼中成熟的心理历程。为更好地结构全剧，更有效地突出矛盾，创作者选取知青返城前夜激烈紧张的斗争作为故事的切入点，通过这一夜与十年知青生活回忆的时空穿插来全面塑造人物形象，揭示人物内心世界。

此外，电视剧《今夜有暴风雪》在视听手段运用上也可圈可点。该剧在摄像、音响、音乐等方面都有着突出的表现，尤其是其对画面语言的自如运用，给当时的电视观众留下了深刻的印象。

电视连续剧《今夜有暴风雪》所表现的那段历史已经过去了，然而它所展现的一切，将引导人们从新的高度去思考那已逝去的年代。

（2）改革题材电视剧

在"反思"、"伤痕"这类文艺创作潮流洪峰退去之后，社会改革主题文艺作品的创作暗合了人们面对飞速发展的社会经济、日新月异的现实生活的欣喜、兴奋与对社会急剧发展中的矛盾问题的困惑、茫然的情绪，成为了现实题材文艺创作的重要一翼。值得注意的是，改革题材创作虽也一度产生过几次小的创作高峰，但终没有彻底地成为某一时期的文艺创作核心与主流。在新时期社会经济发展的各个阶段，都出现过一批优秀的改革题材文艺创作，然而饱受政治动乱之苦的中国民众却已很难再将热情倾注在纯粹的政治上，改革题材文艺创作也大多体现出了人们对主体的"人"的关注，对瞬息万变的现实生活中人们的种种际遇、种种反应、种种心态的描摹。

在新时期初的创作中，改革题材电视剧中的优秀作品有：《乔厂长上任》（1980）、《女记者的画外音》（1983）、《新闻启示录》（1984）、《走向远方》（1984）、《新星》（1985）等。这些改革题材的电视剧将镜头对准了我们沸腾的现实生活，热情讴歌改革大业，积极塑造改革家的艺术形象，反映了时代精神，把握了历史的趋势与主流，触及了改革的根本问题，谱写了改革时代的宏伟乐章。

短篇电视剧《乔厂长上任》根据蒋子龙小说改编，由中央电视台录制。李宏林编剧；王岚、赖淑君导演。"文革"这一页翻过之后，历史进入了新的时期。经济在复苏，生活在改变，国家在发展。刚刚过去的历史不仅给每个人心灵留下了创伤，给每个建设者留下了难题，也给刚上任的厂长乔光仆留下了一个艰难而复杂的烂摊子。乔光仆有着极强的事业心和非凡的魄力，不谋私利，不搞特权，凭着一股热情和高度的责任感，大刀阔斧地进行着工厂建设。然而，改革与保守、前进与停滞、民主与法制的种种矛盾却接二连三地摆到了他的面前。这个以建设"四化"为己任的厂长没有回避矛盾，没有悲观气馁，也没有随便应付。历尽了悲欢离合，尝遍了痛苦滋味，乔光仆在矛盾中前进着，一天比一天坚强。这部电视剧揭示了现实生活中各种矛盾、改革过程中各种现象，通过乔光仆这一形象给观众以深刻的人生启示。该剧获 1981 年全国第一届优秀电视剧评选二等奖。

《女记者的画外音》是一部纪实性的电视剧，由浙江电视台 1983 年录制而成。张光照、奚佩兰编剧；奚佩兰导演；王殿臣摄像。该剧以一个女记者在双燕服装厂的采访贯穿全篇，通过女记者的所见所闻，讲述了双燕厂年轻的厂长锐意改革、大胆创新，将一个破旧的小厂改造成为一个大型现代化工厂的事迹。厂长这一新型企业家的形象在剧中得到了充分的刻画，不仅展现了他的一系列改革措施，如探索高效的工作方式，推行严明的管理体制，建立紧张的生产秩序，开拓新的产品销路等等，还以一系列耐人寻味的生活细节，展示了改革者的精神世界，不仅有现代的观念、求新的精神，也有倔强的个性和不可避免的弱点、缺点、疏漏，从而将一个立体的、真实的人物呈现在观众的面前，并适时适地提出了应如何对待改革者前进过程中的错误的现实问题。在颂扬企业改革的同时，这部电视剧也抨击了企业经营中因循守旧、畏缩不前的陋习。该剧不仅紧扣时代主旋律，在艺术风格上的创新也引人注目，播出后受到观众和电视剧界的一致好评，并一举夺得第四届全国优秀电视剧"飞天奖"电视单本剧一等奖。

继《女记者的画外音》之后，浙江电视台于 1984 年又推出了一部纪实性的短篇电视剧《新闻启示录》，由张光照编剧；张光照、戚健导演。这部电视剧熔纪实性、政论性、新闻性与故事性于一炉，通过南亚大学管理体制、人事制度的改革，塑造了几位新闻记者和"新书记"、"人事处长"等有思想、有文化、有情感的改革者形象，阐明了大力进行改革开放，把管理、人事搞活，把新闻工作搞上去，是时代赋予我们的重任的道理。该剧将体制改革和新闻改革交织在一起，相辅相成，彼此呼应，多侧面、多角度、全方位地反映了改革时代的沸腾生活。在结构上，多视点和板块式纵横交错，复调式的情节线索和系列化的人物形象是其突出特征。在艺术表现上，依据声画艺术的要求，将戏剧性的情节结构、电影化的蒙太奇组接、电视艺术的纪实手法，乃至于新闻报道、纪录片等统统拿来为我所用，从而创造出了独特的艺术风格。这部电视剧获第五届全国优秀电视剧"飞天奖"电视单本剧一等奖、优秀剪辑奖。

与《新闻启示录》同获第五届"飞天奖"电视单本剧一等奖的《走向远方》，也是这一时期改革题材电视剧中的优秀作品。这部电视剧由湖南电视台录制，孙卓、王宏编剧；王宏导演；杨蔚摄像。"文革"中父母双亡的孤儿周梦远被李桂英收养，在十余年的共同生活中，李桂英全家给与了周梦远亲人般的温暖。在改革开放的年代，周梦远凭自己的才学被选为街道小厂兴华机械厂的厂长，为了使工厂起死回生，周梦远决心进行革新，采取了一系列措施，包括改善工人的年龄结构、进行扩大再生产、实行浮动工资制等等。然而这些有利于工厂发展的举措，却因同私人感情发生了碰撞而在实施过程中屡屡受阻。当周梦远坚持推行革新政策，并使得小厂焕发出了勃勃生机的时候，他与李桂英一家的感情也破裂了。带着无法说出的伤痛，周梦远离开了兴华机械厂。这部电视剧以街办小厂的改革经历与改革者悲剧遭际为切入生活的视角，把普通的人际关系与最新的改革事业放在一起观照，从最复杂、隐秘、微妙的人际情感网络中挖掘生活，深入民族文化的心理结构中审视生活，把人引向对历史严肃深沉的思考。创作者启示人们：改革的艰辛不仅仅只是跨越技术、物质等种种障碍，更严重而艰巨的是清除情感和道德领域中的历史积垢，重建一种新的、更加美好的感情世界。

在这一时期的改革题材电视剧中，《新星》称得上是一部优秀的现实主义力作。《新星》，太原电视台 1985 年摄制。原著：柯云路；编剧：朱芷、李新；导演：李新；美工：王振华；摄像：王子庆；主要演员：周里京（饰李向南）、鲁非（饰顾荣）、刘冬（饰林虹）。这部政论性强、人物众多、关系复杂、旁白深刻的 12 集电视连续剧，何以在"大众电视金鹰奖"的评比中，一路过关斩将，以113029 票的最高票数，荣获优秀电视连续剧奖，并在接踵而来的第六届全国优秀电视剧"飞天奖"的评选中再创辉煌，勇夺连续剧二等奖和优秀男配角两个奖项，因为它触动了我们时代的最敏感的神经——改革。

柯云路的长篇小说《新星》1984 年面世，立即引起社会舆论的广泛关注，它以细腻的笔触描绘了中国北方的一个山区小县——古陵，在社会变革的时代大潮中经历的风风雨雨，涵盖和浓缩了中国基层县治的概貌，全景式地展现了城乡各界的政治、经济体制改革和社会主义建设的历史画卷。1985 年，太原电视台将《新星》改编为 12 集同名电视连续剧搬上屏幕，全方位地再现了原著中所描写的社会生活、政治斗争和不同人物的生活轨迹，保持了原著锋芒毕露的锐气，气势昂扬的基调，抨击腐败，呼唤改革，塑造了具有典型意义的 20 世纪 80 年代的"新星"——锐意改革、积极进取的青年改革家李向南的形象。在历史与现实交汇融合的浪尖上展现李向南的魄力和才干，既有鲜明的时代感，也有历史所遗留下来的文化积淀。

《新星》的艺术风格以朴实见长，并没有特别值得推崇的艺术成就，甚至在人物角色设置和性格塑造等方面还有一些明显的不足。如果评论一部电视剧单以艺术成就论高下的话，《新星》也许不是一部很优秀的作品。但事实上，《新星》刚一"升起"，就轰动了全国，收视率之高，反响之强烈，无论是誉之非之，都不应该漠视这一重要的社会文化现象。改革既是我们这个时代最大的政治，也是一场拥有无限丰富内涵的时代变革的活剧。《新星》以恢宏的气势、广阔的画面，形象地反映了我国人民为了民族富强、国家昌盛而进行的伟大改革。歌颂了意气风发、锐意进取的改革者，鞭挞了阻挠改革、只求利己、不求利民的落后保守人物。充分表达了当前中国人民的共同心愿，用电视艺术的形式为人民群众呼唤改革、抨击保守。它能够在亿万电视观众中引起强烈共鸣，也是理所当然的。

3. 综评

在这一时期，中国的电视剧作品无论是内容、篇幅、题材还是艺术水准，都有了很大的开拓。

综观此时期的电视剧创作，大多取材于真实的社会现实生活，充满了强烈的时代精神，有着浓郁的生活气息。镜头也开始由聚焦于"高大全"式的英雄人物而转向普通人，观众与屏幕人物的距离大大缩短了。此时期的电视剧在艺术表现上也进行了相当的探索。但站在今天回首，我们也不难看出其中的不足：首先，有些作品反映出的"教化"意识比较强烈，其思想价值远远超越艺术形象。其次，大多过于重视作品的叙事功能，满足于完整地讲述故事，而忽略了作品的艺术审美功能，从而几乎没有出现在艺术表现上独树一帜的电视剧作品。再次，从艺术形态的特殊角度来看，这一时期电视剧创作可以说仍是遵循直播时期的老路子，虽然加入了具有时代特色的内容，却没有依托更为先进的技术条件、从电视剧艺术自身形态特性出发、在艺术手法和本体趋向上进行新的开拓。舞台演剧的痕迹仍是鲜明地体现于许多电视剧作品中。

（二）电视剧艺术的转型

从新中国成立到十年"文革"，中国社会的历史进程不可避免地带有了冒进、急功近利的色彩，今天看来，其中某些阶段的做法难免显得荒谬。在这近 30 年时间里，我国文艺事业同社会历史进程紧密相随，同政治事件紧密相连，文艺事业的基本面貌在一定程度上就成为了政治环境的反射。建国后的文艺创作配合政治宣传，着重强调艰苦斗争的胜利、强调英勇献身的伟大、追求高大的英雄形象。而到了"文革"阶段，"塑造无产阶级革命英雄形象"则被作为文艺工作的"根本任务"提出，在这样的时代文化背景下，英雄主义美学成为了统治文艺界的主导美学思想，英雄形象的塑造也由此开始了闹剧式的、极端的变异。

作为对长期以来文艺界英雄主义创作模式的反叛，新时期以来的文学艺术创作中，"人性"、"人的价值"、"人的自由"、"人的需要"、"人的本质"、"人的自然欲望"等以人为出发点和归宿点的命题，得到了极大程度的张扬，人性人情的方方面面都得到了淋漓尽致的展现，平民主义与人本主义的飙升，也就成为新时期文学艺术风貌发生极大改观的第一个重要表现。从 1979 年到 20 世纪末，崇高美学思想逐渐回落（或螺旋上升），审美追求呈现多元化、多层次化的趋向，强调整体上的人与自然、个人与社会、主体与客体关系的和谐，从而也就为各种风格类型的审美创造的合理性提供了广阔的天地和有力的依据。与"文革"前文学艺术相比，新时期以来的文学艺术表现出了这样的特点："由政治型向社会型的变化，由单纯的教育型向多样的审美型的变化，由基本模式向独立创造型的变化，由艺术方法的单一型向艺术方法的多元型的变化。"❶ 这一转化过程是渐进的、缓慢的，同时也是坚定的、明确的。

在改革开放逐渐深入、电子技术迅速发展、商品经济大潮涌动的过程中，社会审美观念、审美心理、审美理想一步步地由政治枷锁中挣脱出来，开始了向当代美学的自由、和谐主题的转型。到 80 年代中期，一种全新的审美观念开始在整个社会文化领域确立，并进而影响到具体的文学艺术创作观念的转变。这种审美观念的转变是全方位的，其直接结果就是音乐、绘画、文学、电影、电视等艺术样式审美范式的突破。这种突破不仅局限于题材内涵的拓展，更因借助了全新的艺术话语和激进的艺术表现而呈现出某种"先锋"的品格。事实上，站在今天回望 80 年代中后期的中国文艺界，我们不无遗憾地看到了这种今天早已失落的"先锋文艺"的洪潮。这种以知识分子精英文化为基石的文艺主潮，在特定的时代以特定的面目出现，却又在现实生活面前匆匆退场，不由得我们不对其命运感慨唏嘘。然而这种"先锋文艺"毕竟曾为我们唱响一个时代的劲歌，曾给我们带来一种心灵的震撼，它们可说是 80 年代中后期的一种"时代宣言"。

在音乐界，当邓丽君带来的"靡靡之音"在年轻人中悄悄传唱的时候，当台湾的校园歌曲以其抒情的曲调、轻松直露的歌词对沉睡的大陆音乐界进行着冲击的时候，中国的本土音乐也孕育着新的变革，呈现出蓄势待发的局面。在一阵轻柔的、随意的、自然的、亲切的流行歌曲取代了"文革"时期发展出来的表忠心、颂功德的所谓"战地新歌"之后，终于，中国摇滚音乐的先锋——崔健以一首《一无所有》重重地叩开了中国本土流行音乐的大门，那沉重深切的自我剖白、完全个人化的歌词、略嫌喧嚣的音乐，无不在国人心中引起强烈震撼。

在绘画界，如果说 1979 年举办的"星星美展"还只是显露出对"文革"的控诉、对思想钳制、"文化高压"的不满，1985 年的"国际青年美展"、1986 年的"当代中国油画展"和 1989 年的"中国现代艺术大展"则毫无疑问地成为中国实验美术运动的宣言。也正是在 1989 年的这次画展上，寂静的美术馆里传来的卖虾的声音，这种很多人听起来不入耳的叫卖声却宣告了中国行为艺术的诞生。遗憾的是，这种具有强烈"先锋"意识和政治冲击性的美术运动很快也因失去了阵地而宣告退场。

在文学界，以《你别无选择》、《无主题变奏》、《金牧场》、《北方的河》、《浮城》、《红高粱》、《人生》等作品为代表，对历史、人性以及人的现实遭遇进行价值追问的文学创作蜂拥而至，反传统、反英雄的先锋诗歌、先锋戏剧也先后登场，在这些作品里，人们不仅为其平民精神畅怀，更可以为它们充满了灵气、张力和感官刺激的形式本身而兴奋。

---

❶ 张钟等：《当代中国文学概观》，479 页，北京大学出版社，1986。

在电影界，出现了中国电影史上以狂放、恣意、厚重、浓烈而标新立异、震撼人心的"第五代"电影，以《一个和八个》、《黄土地》、《人生》、《老井》、《红高梁》、《霸王别姬》等影片为代表，通过电影镜像语言的形式层面追求而着意对历史与现实进行着深刻的文化反思。

全社会的审美大"越狱"，对电视剧的创作观念也产生了深刻的影响。在电视剧界，以往那种依托于戏剧审美模式的电视剧创作引起了创作界和观众界的极大不满，人们渴望着能在电视上看到更加真实、更能代表电视媒介特性的电视剧作品。于是，电视剧审美趣味也逐渐发生了转移，新的审美范式开始在电视剧界建立。其具体表现集中在两个方面：一是对于视听语言语法的探索；二是对电视纪实美学的初步尝试。

对视听语言语法的重视，一方面是电视剧艺术作为视听艺术形式，在历经了数十年发展之后的必然结果；另一方面也是受电影艺术发展的影响。第五代电影借丰富、灵动的视听语言表达特定思想的做法，为电视剧创作者们提供了最直接的参考与启示。电视剧创作也终于从满足于讲述故事的时期，过渡到了探索视听语汇的阶段。而在实际创作中，中长篇电视剧由于篇幅较长，对于情节展开、故事铺叙的重视往往超过对视听语言的重视，真正在视听语言探索方面做出成绩的主要是短篇电视剧的创作。

纪实风格在电视剧中的应用，并不是 20 世纪 80 年代中期才有的现象。但是历史发展至此，却出现了电视纪实美学兴起的合适的契机。虚假的编造遭到观众的厌弃，展现生活真实一面的需求在艺术创作中全面体现出来。当山西电视台创作的一批纪实性电视剧以清新的面貌在荧屏上亮相时，它们独特的品格立即打动了观众。

跳出审美文化的圈了，我们不难发现电视剧审美范式实现全面突破还有赖于这样一个有利的背景：电视事业的迅猛发展与对提高电视剧创作整体质量的需求。

20 世纪 80 年代中期的中国电视剧创作，已呈现出前所未有的发展势头，电视剧年产量与观众数量都有了惊人的增长，电视事业也开始进入腾飞阶段。在电视剧年产量已达 1500 部集的情况下，电视剧生产的首要任务就由新时期初的大力促进电视剧创作，变化为确保电视剧的艺术质量。1985 年 4 月召开的全国电视剧题材规划会议，对电视剧质量上不去的原因作了深入总结，并强调电视剧在反映现实生活的同时，也应注重题材、风格多样化，真正做到丰富多彩、生动活泼。同年 10 月，由中国电视剧艺术委员会召开的全国提高电视剧质量研讨会在京举行。会议内容包括：第五届全国电视剧"飞天奖"发奖仪式；授予《四世同堂》剧组特别奖仪式；优秀电视剧创作人员介绍创作经验；美学界、电影界、戏剧界专家作有关电视剧艺术的专题报告以及讨论如何提高电视剧质量等。同时从

1984年起，中日电视艺术交流活动开始每年举办一次，在大量的观摩、研讨中，我国的电视艺术创作视野得以开拓，水准得以提高。1986年1月，广播电视部部长艾之生在全国电视剧题材规划会议上提出，创作电视剧必须正确处理好6个关系：数量与质量的关系；社会效益与经济效益的关系；思想内容与艺术形式的关系；题材多样化与突出重点的关系；学习马克思主义与电视剧创作的关系；电视剧工作者与群众的关系。同年5月，国家广播电影电视部为了加强对电视剧的管理，提高电视剧的创作质量，宣布建立发放电视剧制作许可证的管理制度。电视界这一系列的举措，很快就收到了成效。在1986年5月和10月举办的两次全国性电视剧展播中，涌现出了大量优秀的电视剧作品，包括电视连续剧《红楼梦》、《努尔哈赤》、《凯旋在子夜》、《雪野》、《甄三》、《眷恋》、《长江第一漂》，电视单本剧《希波克拉底誓言》、《太阳从这里升起》、《丹姨》，电视短剧《满票》等。在其后几年里，更是创作出了一批思想精深、艺术精湛的电视剧作品，如电视连续剧《西游记》、《雪城》、《便衣警察》、《严凤英》、《末代皇帝》、《师魂》、《家教》、《篱笆·女人和狗》、《好爸爸，坏爸爸》、《上海的早晨》、《商界》、《长城向南延伸》、《铁人》、《十六岁的花季》等，电视单本剧《秋白之死》、《有这样一个民警》、《一个叫姚金兰的人》、《病毒·金牌·星期天》等。其中许多作品都对电视剧传统审美模式进行了突破。

1. 视听语言语法的探索

20世纪80年代中后期，电视剧创作开始了对向视听艺术本体的回归，这一回归更多地体现在短篇电视剧的创作中。短篇电视剧这种艺术形式在我国已有四十余年的历史，随着社会文化背景的变革和电视事业的发展，短篇电视剧创作在80年代中后期，开始逐渐摒弃最初的屏幕演剧艺术表现模式，探索更适合于视听表现的艺术手法。恰恰也是在这个阶段，短篇电视剧焕发出了勃勃生机，迎来了其发展历程中的辉煌。

随着电影界对"电影与戏剧离婚"、"抛掉戏剧的拐杖"的呼声日渐强烈，短篇电视剧创作也将构筑独立的艺术形态放在首要地位。结合电视本体特性，发挥短篇电视剧在视听艺术表现上的特长，成为此时期短篇电视剧寻求艺术突破的重点。

首先，是对视听语言直观叙事能力的重视。在电视剧创作脱离舞台戏剧观念的过程中，第五代电影对视听语言的成功探索，为视野较为封闭的短篇电视剧指出了努力的方向，短篇电视剧的外在形式也为视听表现提供了丰厚的土壤。这样，拓展声音与画面的直观叙事能力也就成为此时期重要的创作方向。例如，《希波克拉底誓言》中充满画面的台阶、长长的走廊、纯白的会议室，无一不是借助视觉语言表达深邃的思想。而时时响起的先哲的声音、盲人妈妈拐杖敲击地面的加入混响的声音，也形成了独特的听觉形象，给观众以强烈的心理冲击。

《丹姨》中高高耸立的教堂，具有极强的绘画效果，教堂内外的光线与色调的极大反差，则清楚地表明了丹姨的现实处境。《白色山冈》结尾对于女主人公青草之死的象征性处理，也具有强烈的视觉效果，蕴含深刻的思想内涵。

其次，注重画面内容张力的挖掘。短篇电视剧对于画面内容张力的挖掘，主要借助于对传统文学创作手法的运用。此时期的短篇电视剧创作，不再满足于"表象性"画面的运用，而是大量使用象征、隐喻、夸张、对比等手法，创作"表意性"画面。《太阳从这里升起》即是"表意性"画面创作的突出代表。剧中反复出现的古烽火台，就是一种象征性的屏幕表现手法，好似一种历史见证，严峻地审视着中华大地的历史变迁和观念演递。剧中隐喻性画面的运用也相当多，例如：古墓挡住了前进的推土机，隐喻古代文明有时会阻挡现代文明的步伐；千年的古窑洞被推土机夷为平地，隐喻传统文化阻挡不住现代文明的进程；掘土机最后托起一轮红日，隐喻现代文明的曙光终会普照中华大地。再有，掘土机与送水毛驴，土窑洞与现代住房，这些本不相干的景物被安排在同一画面中，具有强烈的对比效应。这些画面对文学中司空见惯的修辞手法的运用，极大地拓展了画面内容的表现力。

2. 纪实品性的开拓

20 世纪 80 年代初的电视剧仍然存在着较多的舞台剧的痕迹。这显然是直接承自直播时期的电视剧创作。在演员表演方面，舞台剧因为剧场的关系，必须要求演员从表情、音调到手势、动作都进行一定的夸张，这样观众才能看得清楚。而在 80 年代初的电视剧中，舞台化的夸张表演却也是随处可见，甚至于有些演员一举手、一投足都带有明显的舞台表演意味。实际上，这种现象并不能够单纯归咎于演员，主要原因还在于创作观念上的根本错误。导演在创作中也有意识地强化戏剧效果，表现在：镜头使用带有明显的主观性印记，特写镜头频繁介入人物的情感变化中，依照导演意图有选择性地强调部分情节、情绪；遵循戏剧传统的结构方式，通过悬念的大量设置、情节的跌宕起伏，构成完整的有开端、发展、高潮、结局的戏剧式结构；人物塑造力求戏剧效果，有意突出人物某一方面的特定性格特征，结果造成人物形象的概念化、平板化，使得人物与生活脱节。在这样的创作观念下，电视剧作品独特的艺术特性、审美形态被忽略。

时至 80 年代中期，随着社会经济的发展，社会审美文化的转型，观众开始对那种遮蔽在戏剧艺术观念下的电视剧创作产生不满，对以往荧屏上那种为达到宣传教育目的而不惜虚构情节、捏造故事的电视剧作品深恶痛绝，对脱离生活本真的"高大全"式的英雄人物形象倍感厌倦。在这种状况下，电视剧艺术形态的变革、电视剧美学追求的突破势在必行，纪实美学便在这适当的时机得以开拓。

实际上，对于电视剧纪实品性的探索早在"直播电视剧"时期就已经开始了。那时的许多电视剧作品都是反映现实生活中的好人好事、反映社会新风尚的，不仅直接取材于现实生活，在人物塑造、形象设计上也力求与生活原型接近。例如，《党救活了他》、《刘文学》、《焦裕禄》、《雷锋》、《像他那样生活》等电视剧，可以说是我国最早的一批"纪实性电视剧"。当然这些电视剧还只是在题材内容上体现出了纪实性，对于纪实风格的运用就微乎其微了，这些电视剧在演员表演、镜头运用等方面还存在着太多的"非纪实"因素，严格来说，它们并不能够代表电视剧纪实美学的发端。

80 年代初期，在文学领域里，开始了以报告文学为先导的纪实性文学热潮，出现了如黄宗英的《大雁情》、钱钢的《唐山大地震》等一批优秀的报告文学作品。电视剧界也陆续涌现了一批纪实性电视剧，如荣获"飞天奖"的纪实性电视剧《新岸》(1981)、《女记者的画外音》(1983)、《新闻启示录》(1984)、《巴桑和他的弟妹们》(1985)、《一个叫许淑娴的人》(1985)、《长江第一漂》(1986)等。80 年代末以后，纪实性电视剧有了更进一步的发展，人物传记体纪实性电视剧大量出现，如《有这样一个民警》(1989)、《赖宁》(1990)、《好人燕居谦》(1991)、《一个医生的故事》(1993)等。而电视剧《九一八大案纪实》(1994)和《一二·一枪杀大案》(1999)对于新闻纪录片风格的运用，又为纪实性电视剧创作提供了一种新的思路。

形成新时期、尤其是 80 年代中后期以后纪实性电视剧创作热潮的原因，不仅仅在于单纯的纪实性美学魅力的显现，而是由于更为深刻的社会性的心态、观念、意识的转变，是对于长期受"左"倾路线影响追求文学艺术形象高大全、浮夸粉饰、耳提面命等种种务虚倾向和恶劣作风的一种拨乱反正，是一种根植于历史的被压抑了太久的社会心态的反弹。

"文革"结束后，我党提出"解放思想、实事求是"的方针，人们从长期的思想禁锢状态走向开放，从渴求确立自己的社会地位、实现自我人生价值出发，强烈要求个人才智和能力的充分发挥和张扬，希望通过自己的眼睛去审视生活，通过自己的心灵去理解社会。人们越来越不满足于对电视剧的被动接受，而期望自主地从不加粉饰的真实生活中去寻找、发现、判断，于是"忽如一夜春风来，千树万树梨花开"，纪实性电视剧迎来了真正的大发展。

纪实性电视剧作为电视剧艺术领域一个富有生命力的艺术类型，在创作中也面临着种种问题和争论。有人认为，纪实性和戏剧性属于不同的范畴，难以相融，纪实性电视剧的概念乃至艺术形式都自相矛盾，无法成立。有人认为，纪实性电视剧与传记体电视剧相比，受到了更多束缚，应向传记体发展，才有前途。这些不同的观点和看法，反映了以下的课题：纪实性要不要艺术虚构，纪实性是否就是真实，纪实性与戏剧性的关系等。

这里，首先要搞清楚纪实、纪实性、纪实风格、纪实美学、纪实性电视剧等一系列基本概念及其相互关系。

纪实，顾名思义，记录事实。

纪实性与纪实的区别在于：纪实性是以纪实为本质特征的，但这并不意味着纪实性是对客观事物毫厘不爽的真实记录，它允许在纪实基础上，对客观事物进行选择和加工。这样便澄清了纪实和纪实性的概念上的差异。我们可以清楚地知道：纪实的最高追求是达到生活真实，纪实性的最高追求是达到艺术真实。纪实作品如纪录片是应该坚决排斥艺术化处理的，而纪实性作品并不排斥它。那种一度在创作界引起混乱和争论的，以纪录片的标准要求纪实性电视剧必须严格遵循客观事实，不能有丝毫的艺术虚构和戏剧化处理的观点，在这里就不攻自破了。

关于纪实与纪实性的探讨都属于作品内容范畴，而人们常说的纪实风格却是作品形式范畴的东西，只是一种外在表现形式上的纪实，"如虚拟的时间、地点、人物、事件，近似生活流程的情节结构，未加修饰的生活场景，很自然的追随摄影，以及接近生活原貌的声、光、色的处理"。❶ 纪实风格与纪实性的最大差异就在于前者不一定需要以纪实为本质特征，而后者却不能脱离纪实的基础。一部纪实风格的电视剧其内容可以是纪实性的，也可以是非纪实性的，而一部纪实性电视剧的内容则无论其形式如何都必须是真实的。

所谓纪实美学，就是以生活美为基础，尊重客观事物本身所具有的完整性和多义性，注重对生活原貌艺术化的逼真再现，力求给观众以总体真实的美感。

在明确了以上概念的基础上，我们可以对"纪实性电视剧"从概念上作出更为详细、清晰的划分。从前面的定义我们可知，纪实性电视剧必须要求电视剧作品的内容符合生活真实，而已经被约定俗成为"纪实性电视剧"的许多电视剧作品却并不能够合乎这一要求。例如电视剧《新闻启示录》和《公共汽车咏叹调》，这一类型的电视剧作品在艺术表现上采用了新闻纪录片风格，力图在剧中营造出无异于生活的"真实感"，事实上也的确起到了以假乱真的效果，使得我们的一些理论研究将这些电视剧也归入"纪实性电视剧"范畴内。实际上，这些电视剧仅仅是在艺术风格上实现了"纪实"而已，其题材内容虽然也具有强烈的时代感与现实性，却并不是直接取自现实生活中的真人真事，没有特定的生活原型，而仅仅是创作者在社会实践积累基础上经过杂糅、混合、提炼、筛选而进行的一种再创造。严格地说，这一创作过程是所谓的"典型化"的过程，而不是记录的过程。从这一点上来看，这些貌似"纪实"的电视剧实际上并不符合纪实性电视剧应有的品性，并不能归入纪实性电视剧之列。

纪实性电视剧以纪实美学为依据，然而其艺术表现也是因作品而异，并不是千篇一律的。从艺术风格上来划分，纪实性电视剧有这样两类：一类是在保持题材内容的真实性的前提下，运用电视剧创作所常用的传统的戏剧结构方法和表现

---

❶ 陈武建：《生活真实与戏剧构思的统一》，载《剧影月报》1994年10月。

形式，或将纪实手法与传统手法相融合，相统一，创作出的电视剧艺术作品。这类纪实性电视剧的代表作品有：《永不凋谢的红花》、《新岸》、《生命的故事》、《有这样一个民警》、《百年忧患》、《好人燕居谦》、《赖宁》等。另一类是不仅保证情节的高度真实，还充分调用新闻纪录片的创作手法，强调剧作的新闻性和纪实性，在各方面都力图给人以酷似生活实录的感受的电视剧作品。这一类纪实性电视剧的代表作品有：《九一八大案纪实》、《一二·一枪杀大案》等。前者可以说是内容上的"纪实化"，形式上的"艺术化"；后者则可以说是从形式到内容的充分"纪实"。然而，这一划分也只是从风格类型上进行的，只具有相对意义，并没有将二者截然区分的意思，事实上也不存在这种可能。做出这种划分只是为了更加明确地探讨纪实性电视剧的风格与特性，并不是否认《九一八大案纪实》这类纪实风格的纪实性电视剧可以进行艺术化处理。纪实性电视剧毕竟只是电视剧的一种类型样式，无论它怎样强调真实，强调纪录，它也永远不可能等同于新闻纪录片。作为一种电视剧样式，纪实性电视剧是必须有艺术化的加工处理的，否则就不可能形成电视屏幕上的一种"剧"型。这便涉及到了纪实性电视剧的艺术特性问题。纪实性电视剧是"纪实"与"剧"、"真实性"与"艺术性"的有机统一，这可以说是纪实性电视剧最为突出的艺术特性。

纪实性电视剧以追求生活真实为基本特征，要求做到情节真实、环境真实、人物真实，并要求真实的时空关系和自然的结构顺序，这也是纪实性电视剧有别于其他类型电视剧的最突出特征。例如，《好人燕居谦》的主创人员为了更好地达到真实性与现场感，将拍摄现场设在了燕居谦当年工作的交城县县志办公室；再如，《九一八大案纪实》，这部电视剧在追求生活真实方面做出了许多努力：首先，其中的演员尽量起用生活原型，让参加破案的干警在剧中饰演自己，从生活真实走向艺术真实；其次，对于破案的时间、环境、情节也是尽可能地如实纪录，编导们追踪着那群干警走过的足迹，跨越了 5 个省区的十多个城市；此外，剧中还有很多生活化的细节，在一般的电视剧中也许会因其缺乏戏剧性而予以删除，但在纪实性的《九一八大案纪实》中却被保留了下来，这样的处理，使得整体情节更加生活化，更具真实性。

纪实性电视剧以追求生活真实的"纪实"为本，但也不排斥在纪实基础上，为了更好地纪实而进行合理的艺术化处理。因为，"生活真实并不等于艺术真实，虚构的艺术未必就不真实，唯有真实性和艺术性的有机统一，才能创造出既真实可信，又有艺术生命力的作品"。❶ 而且，有时艺术的虚构和处理还是追求真实所必不可少的。例如《九一八大案纪实》中，尽管公安干警可以由本人来扮演，但犯罪分子就无法饰演自己了。这时，虚构和假扮就成为一种必要。又例如，武

---

❶ 应为众：《纪实性电视剧断想》，载《中国电视》1995 年第 10 期。

和平局长在澳门和亮仔较量的一场戏中，武和平眼中所表现出的得意神色，显然不符合当时激烈交锋中胜负未卜的心态，而是事后假扮时那种已经稳操胜券的情绪的不自觉流露。如果对这一段戏加以艺术化处理，就会使观众更好地体会到公安局长在办案中与犯罪分子斗智斗勇的难度。为了更好地服务于纪实性电视剧追求生活真实的本质特征，有时巧妙地采用能够"乱真"的"作假"反而会收到比实录事实本身更具真实感的效果，这正是所谓"假作真时真亦假"。

当然，纪实性电视剧的艺术化也有一个"度"的问题，艺术化处理是为了使"真实"更加真实，更具艺术魅力。但是艺术超过了"度"，妨碍了再现事物的本来面目，掺入了明显的主观情感，破坏了观众与客观事实的直接交流，纪实性电视剧就会由量变转为质变，从而使真实变成了虚假，艺术变成了矫饰，这就违背了纪实性电视剧的本质特征，既损害了真实性，也使所谓"艺术化"成为了空中楼阁。

二、20世纪90年代以来的中国电视剧艺术
（一）20世纪90年代以来电视剧创作概观

20世纪90年代至今的这个时期，无疑可以说是一个世纪以来，中国社会经济发展最为迅疾的时期，同时也是继"五四"新文化运动以来，思想文化领域的又一个极为自由活跃的时期。体制改革的深化、经营模式的转型、香港澳门的回归、中国加入WTO谈判等一系列对社会经济及文化生活具有重大影响的事件，成为了对90年代以来中国社会转型与人文变迁的有力注解。

市场的开放、经营模式的转变、全球化的大众传播给社会带来的不仅仅是经济的迅速发展、国民生产总值的连年增长。当人们面对现代社会的喧嚣忙碌感到无所适从时，当人们体验着高新科技的日新月异并开始从中获益时，当人们饥渴地寻觅好莱坞电影与欧美流行音乐时，社会审美心理的巨大变化和艺术创作观念的整体转型开始了。从20世纪90年代开始，我们清楚地看到：大众文化逐步成为社会主流文化形态，虚无、浮躁、焦虑、自恋成为社会审美心理的突出特征，技术成为左右艺术创作的重要因素，大众化、商品化、娱乐化成为各类艺术作品的普遍追求。

在这样的社会转型、文化变迁的大背景下，90年代至今的电视剧创作也更多地显露出其作为大众艺术样式的品性，摆脱80年代以前受政治影响过大、宣教痕迹过重的误区，遵循电视剧市场特定规律，向大众的、通俗的艺术定位逐步回归。这可以说是90年代以来电视剧领域最为突出的现象。从总体面貌上来看，电视业的壮大、繁荣，电视技术的突飞猛进为电视剧的蓬勃发展提供了必要的基础，观众的多方面、多层次需求为电视剧题材的丰富、内容的扩充以及艺术风格的探索提供了基本的动力，在这样的现实推动下，从90年代开始，中国电视剧创作进入了多元化发展的新阶段。

多元化的意义存在于三个层面上。

其一，题材。

90年代以来的电视剧作品在题材选取上日趋丰富，形成了一些固定的成熟的题材类型，且各类题材电视剧都得到了较为充分的探索，涌现出了一批有代表性的电视剧作品。历史题材电视剧是90年代以来中国电视剧最重要的题材类型之一，也构成了电视剧界非常引人注目、耐人寻味的现象。代表性作品有：《唐明皇》、《宰相刘罗锅》、《三国演义》、《林则徐》、《司马迁》、《东周列国》、《太平天国》、《雍正王朝》、《康熙王朝》、《大明宫词》等。90年代以来的军警题材电视剧也为数不少，其中代表性作品有《针眼儿警官》、《西部警察》、《和平年代》、《英雄无悔》、《永不瞑目》、《突出重围》、《女子特警队》、《DA师》等。农村题材电视剧有《辘轳·女人和井》、《沟里人》、《神禾源》、《党员二愣妈》、《刘老根》等。反映社会主义经济建设洪潮的电视剧有《公关小姐》、《大酒店》、《外来妹》、《商界》、《情满珠江》、《大潮汐》、《京九情》、《世纪之约》等。社会改革与反腐倡廉题材电视剧有《艰难的抉择》、《苍天在上》、《反贪局长》、《忠诚》、《省委书记》等。教育题材电视剧如《师魂》、《绿荫》、《十六岁的花季》、《校园先锋》等。反映都市民情的电视剧有《渴望》、《过把瘾》、《咱爸咱妈》、《儿女情长》、《一地鸡毛》、《牵手》、《贫嘴张大民的幸福生活》、《空镜子》、《浪漫的事》、《中国式离婚》、《有泪尽情流》等。

其二，风格。

90年代以来，电视剧创作日趋成熟，各种风格都获得充分发展。从剧作外在样式来看，通俗电视剧在90年代步入了辉煌期，纪实性电视剧也形成了自己的独立门户。从戏剧类型角度，不仅创作了大量的正剧，喜剧、滑稽剧、讽刺剧也逐渐增多。

其三，体裁。

电视剧的各种体裁在90年代之后均有进一步的发展。电视单本剧（也即短篇电视剧）虽然在90年代逐渐落入了创作的低谷，但是每年也仍旧有一些不错的剧作涌现出来，如《人生哲学第一课》、《山峡中》、《牛玉琴的树》等。且在90年代末的时候，电视单本剧的创作状况又有些回升，许多一度拍过单本电视剧的导演又从电视连续剧的阵地上转回来，创作了一些优秀作品，如张绍林的《狗缘》、《飞来飞去》等。电视连续剧在90年代以来的电视荧屏上大放异彩，不仅题材内容不一，艺术风格各异，剧作的长度也不断扩展，电视连续剧《三国演义》就已达84集之长。电视系列剧在《编辑部的故事》之后亦有发展，且逐渐发展成为室内情景剧的固定形式。电视短剧在90年代末重又受到重视，北京电视台推出的百集电视短剧《咱老百姓》即是一例。

（二）20世纪90年代以来电视剧创作的重要现象

20世纪90年代以来，中国电视剧的创作规模和创作质量已远远超出此前各个时期。为对90年代以来的中国电视剧创作进行更全面、更宏观的把握，我们将重点论述电视剧创作中的以下几个重要现象：

1. 平民化、世俗化的追求

在关于20世纪80年代以后中国社会的表述中，我们经常看到有关"后新时期"的说法，这种尚未完全得到明确认同的时期划分，其起始时间大致就定于90年代的开端。的确，90年代以后的中国社会所体现出来的种种迹象都使得我们不能够再将其同80年代混为一谈，无论是经济体制、社会心理、价值观念还是文艺面貌，90年代都呈现为与80年代完全不同的另一个新的时期。

社会审美文化是我们在论及一个时期时应当给与首要关注的东西，因为它作为同一定时期政治、经济紧密相连的东西，并不是一个孤立的存在。而也恰恰因为它是政治经济等诸种因素投射到思想文化领域的产物，透彻地对其加以研究，清楚地进行表述也就成为我们研究某一种艺术形态的最有力的佐证和最坚实的基础。

在我们惊奇地发现90年代以后通俗电视剧占据了荧屏上的主要位置时，我们也不难看到，这种艺术样式在取得自身的繁盛时，它与周围环境、与社会背景相处的竟是如此地和谐，它的到来丝毫没有显露出任何的不协调、任何的不自然。很显然，这种电视剧类型的兴盛是与90年代之后的整个社会相适应的，是同审美文化在90年代以来的整体趋向相吻合的，是同观众在这样的社会背景下的审美心理相一致的。那么，探究通俗剧兴盛的深层原因，也就必然要从对中国90年代以来的社会审美文化的剖析入手。

中国进入当代社会以后，审美文化的突出特征是体现为一种体制文化，精英文化和大众文化三元并立的结构。体制文化是同政治紧密结合在一起的一种中国独特的文化形态，是中国当代审美文化中一种重要的文化力量。体制文化渗透到文艺创作中，最直接的体现就是对文艺创作任务与目标的直接规定。例如提倡"文艺要讴歌英雄的时代，反映波澜壮阔的现实，深刻生动地表现人民群众改造自然、改造社会的伟大实践和丰富的精神世界。文艺工作者要努力在自己的作品和表演中，贯注爱国主义、集体主义、社会主义的崇高精神，鞭挞拜金主义、享乐主义、个人主义和一切消极腐败现象"。并进而"实现以优秀作品鼓舞人的任务，使人民群众不断提高的精神需求得到满足，使弘扬主旋律与提倡多样化完满地统一起来"。❶ 等。在这种文艺创作精神的指导下，正面反映社会主义现代化

❶ 江泽民：《在中国文联第六次全国代表大会、中国作协第五次全国代表大会上的讲话》，1996年12月6日。

建设，弘扬主旋律，讴歌时代进步，赞美爱国主义、集体主义、社会主义崇高精神的电视剧作品大量涌现，既成为体制文化的直接体现和有力注释，也成为我国电视剧荧屏上长盛不衰的内容。精英文化在我国当代文化中呈现为一种较为弱势的文化形态，这一文化形态不同于其他两种文化形态、尤其是大众文化的最突出特点，无异于其中蕴含的高度的历史觉悟和对现实自觉的批判态度，以及对现实生活、对生存意义与生存方式的关注。从精英艺术作品中，我们经常能够感受到自觉的人文关怀，以及相当的责任感与使命感。大众文化则是伴随着现代社会工业化进程而出现的一种文化形态，是依托于现代技术而形成的一种文化形态，其基本品性则表现为娱乐性与商业性。

如果我们回顾20世纪80年代的中国社会，我们很难说哪一种文化形态是占据主导地位的，体制文化对当时的文艺创作与社会心理起到强大的影响作用，精英文化在当时的社会环境中也一度引起过大的反响与震荡，而大众文化在当时也是处于一种由萌发到逐步摆脱弱势地位的阶段。三元并构是当时社会审美文化的突出特点。

大众传媒的兴起在一定程度上促成了大众文化的成熟。在我国，大众文化首先是以港台流行歌曲、通俗小说为先导而形成的，20世纪80年代国外通俗电视剧的引进在一定程度上也促进了大众文化的形成与兴盛过程。到了80年代中后期，随着社会经济的迅速发展、科学技术的不断革新，再加上改革开放过程中西方大众文化产品的蜂拥而至，大众文化在中国迅猛发展，急速膨胀，对精英文化所极力营造的严肃的正统的艺术传统形成了巨大冲击。而时至90年代，三种文化形态之间的均衡状态彻底被打破了，大众文化迅速崛起，并在整个社会文化领域占据了主流地位。

大众文化的崛起，引发了许多前所未有的现象。在文艺创作领域，平民化、世俗化的创作主潮的形成是其直接结果，文艺作品的娱乐功能被给予了前所未有的重视。电视作为大众文化的直接产物，对这一文化形态的兴盛起着不可抹煞的重要作用，甚至可以说，电视正是大众文化最主要最直接的推波助澜者。进入90年代后，当人们开始真正享受物质的逐渐丰富所带来的欢愉与闲适时，当人们频繁接触来自西方、尤其是来自美国的各种理念与思想时，当人们在复杂多变、不可捉摸的现实面前感到无所适从时，人们越来越感到自身的重要，感到对娱乐的本能需求，而恰恰是这种展现自我与娱乐休闲的本能需求，在中国社会中却曾被长久地压制，以至于到了90年代，当这一切的实现成为可能之后，平民成了文艺作品的主角，娱乐则成为大众媒体的突出功能。

于是我们看到，原本严肃正统极少涉足纯粹个人感情家庭琐事的电视剧创作，在20世纪90年代发生了面貌的根本改变，讲述百姓生活、描摹细腻情感的通俗电视剧亮相荧屏并迅速成为电视观众新的收视热点，而即使是曾以严肃正统面貌出现的弘扬英雄主义的主旋律电视剧以及追溯历史的历史题材电视剧，也无一不是注入了爱情的内容，加入了诱人的作料，甚至有些军警题材、历史题材电视剧根本就是为讲述爱情故事而编写，所有的历史事件、军警内容都只是为讲述爱情故事提供一个特定的背景而已。而近几年观众对完全言情的日本、韩国电视剧的热情更是说明了观众对于世俗生活、对于普通人真实情感的特殊观赏喜好。在这样的大众文化洪流中，通俗电视剧的兴盛就变成了极为自然的事情。

1990 年，由北京电视台、北京电视艺术中心录制的长达 50 集的大型电视连续剧《渴望》，不仅是我国室内剧创作的开端，也宣告了通俗剧创作的一个新的时代。这部电视剧的主要创作人员有：编剧：李晓明、王石、郑效农；导演：鲁晓威；主要演员：张凯丽、李雪健、黄梅莹、孙松、韩影、蓝天野等。该剧获得第十一届全国优秀电视剧"飞天奖"长篇连续剧一等奖、优秀男配角奖（李雪健）、优秀音乐奖。

《渴望》的播出，获得了"凡有电视处皆言《渴望》"的社会轰动效应，产生了"万人空巷，争看《渴望》"的壮观景象，并在社会各界引发了一个长久的"《渴望》热"。《渴望》之所以产生如此大的轰动效应，大致存在以下三个缘由：其一，《渴望》满足了观众对国产长篇电视连续剧的渴望。长篇电视连续剧是为广大观众所喜闻乐见的电视艺术形式，但是这个舞台在 80 年代却长期被外国作品所占据，当时从巴西、日本、墨西哥等国引进的长篇电视连续剧都曾在中国电视荧屏上风行一时。长达 50 集的电视连续剧《渴望》的播出适应了观众要求弘扬自己民族优秀文化、表现自己祖国崭新面貌的爱国主义精神和民族自尊的情感。其二，《渴望》的思想内涵契合了播出时的时代需求，准确地把握了观众的心态。"文革"的创伤和改革开放过程中产生的负面效应，不可避免地造成了人际关系的日趋冷淡，人们对现实产生不满，大多数人从心底渴望人间真情，渴望中华民族传统美德和社会主义伦理道德观念的发扬光大。《渴望》正是在这样的社会背景下与观众见面的。从《渴望》所塑造的人物身上，体现出的是对社会主义道德的形象宣讲，是对传统美德的弘扬，也是对当时社会上所缺乏的一种正气的伸张。其三，《渴望》强烈的轰动效应还得益于政府的大力支持。政府对此剧的播出反应之积极，其级别层次之高，更促使人们对它刮目相看，《渴望》因而"热"度大增。不仅如此，它所隶属的"通俗电视剧"这种艺术样式也首次得到政府认可和批准，从而也在根本上改变了人们对待"通俗电视剧"的态度。

《渴望》的成功，带动了其后许多讲述老百姓故事的电视剧的出现，与此同时，平民生活也正日益成为中国电视业整体加以关注的中心。节目定位的成功不仅仅给《东方时空》栏目的"生活空间"板块带来了良好的收视率以及与此相关的经济效益，更让中国电视界的从业人员真切感受到了"讲述老百姓自己的故事"这句话的震撼力。一时间，百姓生活成为纪录片、电视剧乃至文艺节目的创作重点。平民加爱情加金钱，成为众多电视剧创作的固定模式，而在这些通俗电视剧中，现代都市题材剧又格外受到青睐。

在充斥荧屏的都市题材电视剧中，当然不乏空洞虚假无聊乏味者，甚至这样的剧作所占的比例还让人无法忽视，以至于批评文章铺天盖地而来，反对的声音一浪高过一浪。提高剧作创作水准是必然的事情，但平民化的创作趋势却也是不可逆转的。在90年代以来的平民电视剧创作中，《编辑部的故事》（1991）、《过把瘾》（1993）、《儿女情长》（1996）、《牵手》（1999）、《空镜子》（2001）等电视剧可以说是其中的佼佼者，既坚持了平民的视点，又有着浓重的感情渲染，还获得了出人意料的高收视率，同时也被理论界认可为精致、优秀的作品。

然而，在通俗剧整体兴盛的形势下，也确实出现了一些引人深思的创作。如果说《渴望》的出现宣告了通俗剧创作时代的到来、《儿女情长》成为平民化创作的集中代表的话，那么，当《还珠格格》一剧轰动大江南北的时候，审慎的理论家们则已经难以从观众的狂热行为中，冷静地总结出通俗剧创作的趋向了。

在20世纪90年代行将结束的时候，大众文化对体制文化与精英文化的抢滩早已是昨日旧闻，尽管人们对大众文化的主流地位已经不再怀有任何的疑虑，但是世纪末的中国电视界、电影界以至整个文艺界以出人意料的速度掀起的一阵全方位的娱乐主潮，仍旧让人感到意外、感到震惊、感到措手不及。

湖南卫视可以说是这场娱乐主潮的最初缔造者。1998年，湖南卫视强力推出的游戏娱乐节目《快乐大本营》，不仅在湖南本省创造了收视奇迹，更在短短的时间里迅速走红全国。以至于不久以后，不但全国的观众都可以或通过卫星电视或通过有线电视收看到《快乐大本营》节目，各地方的无线电视台与有线电视台也都纷纷斥资开办了自己的游戏娱乐节目，这些节目虽名目各异，但其面貌却极端雷同，毫无疑问，在高收视率以及与此相关的高经济回报的诱导下，《快乐大本营》成了各地市电视台直接抄袭的模本。在以《综艺大观》为代表的传统综艺栏目不可避免地走向衰落的时候，新型游戏娱乐节目的火爆更加显得引人注目。

游戏娱乐节目的瞬间走红引发了理论界的一致关注，在对这一电视现象的分析尚未得出科学的结论时，另一个更让人费解的现象出现了，这就是所谓"《还珠格格》现象"。一部有着违背历史、情节拖沓、表演造作等诸多"硬伤"的电视剧，两个历史上无处找寻的"格格"，所引发的轰动竟然丝毫不亚于1985年的《四世同堂》与1990年的《渴望》，这个事实实在耐人寻味。如果说，电视剧《四世同堂》的成功是因为它精确地演绎了大师的经典名著，深入地展现了特定历史条件下人们的种种表现，并借此对中华民族的民族精神进行了方方面面的思考与诘问，而《渴望》的轰动是因其触动了社会转型时期人们普遍心理中的某些敏感之处，满足了人们在精神的空虚与失落中对回归传统道德的呼唤的话，那么，电视剧《还珠格格》的生存基点何在？它的轰动由何而起？给与这部电视剧以极大热情的广大观众急于从这部电视剧中看到什么？这部电视剧又是否代表了通俗电视剧的某些趋向呢？

正如我们前面已经讲到过的，1978 年以后，尤其是 80 年代以后，自由主义美学逐渐成为社会的主要美学形态，而当历史进入 90 年代，市场经济的繁荣在一定程度上造成了人们共同利益日渐分离的趋向，人们的需求多样，价值观各有不同，也就进而形成了社会文化的多元品质，单一的精英文化或体制文化已经无法再强制性地成为社会主流文化，大众文化在这样的时机脱颖而出。从全球范围看，整个人类文明正进一步走向科学与技术的新时代，而从中国自身来看，中国社会也正处于向自由主义美学的转型时期，这些不仅构成了当前中国社会审美文化的最基本面貌，也成为电视剧《还珠格格》产生的社会环境依据与当下社会心理的大背景。这样一个时期，为各种风格类型的审美创造的合理性提供了广阔的天地和有力的依据。

《还珠格格》的走红正发生在世纪末的这个社会转型时期，也正是这样一个特定的时期成就了《还珠格格》，这部电视剧可谓"歪打正着"，暗和了当下社会心理的某些特点，因而也就迅速地在全国范围内拥有了难以计数的大量观众。

在世纪末，精神世界的虚无、焦虑、浮躁以及由此衍生的自恋情结成为社会心理的突出特点。当旧有的秩序被打乱，以往人们信奉与崇尚的道德、上帝、英雄、价值、伦理、规则等纷纷变得模糊、虚空时，当现实的纷扰不宁和变幻莫测使人应接不暇时，虚无的气息便开始悄悄弥漫。适应这种社会心理，逃避现实，沉入历史，消解英雄、躲避崇高、亵渎神圣、玩味低俗等做法成为虚无心态在艺术作品中的集中体现。而与此同时，浮躁的观赏心态、焦虑的内在情绪、自恋的精神状态也在逐渐升温。阅读行为的缩短、心理能量的释放、自我意识的张扬，都引发了一系列的社会现象。反映在电视中，历史题材电视剧、通俗的情感电视剧、谈话类节目、游戏娱乐节目等节目类型的迅速兴盛，即是适应这些社会心理的结果。在这些节目里，浪漫情感的展现、明星嘉宾的告白、个人隐私的披露、生活细节的描述，强烈地满足着观众的好奇心与窥知欲。

在这样的现状下，《还珠格格》的火爆就不再是不可理解的事情了。这部电视剧的主人公是两个在清代历史上无处可寻的汉人格格，她们的身世扑朔迷离，有着完全不同的性格、背景，却有着同样的善良、同样的坚强与倔强。虽然二人也都各有各的缺点，小燕子莽撞冒失，紫薇优柔寡断，但是在剧中，特定的情境、离奇的命运却让二人的一切行为都有了依据。全剧从寻父、设法认父开始，设置了种种阻碍与意外，其中最大的意外莫过于皇帝将小燕子错认为女儿，于是两个格格又想尽办法来纠正这个错误。这一过程自然是波澜起伏、悬念迭起，而其中还加入了两个格格各自的感情经历，描摹了两对年轻人（小燕子与皇子永祺、紫薇与贝勒福尔康）之间轰轰烈烈的爱情。这种爱情因为相爱双方社会地位的悬殊以及获得皇上认可的艰难而愈显珍贵，愈加吊人胃口。仅仅这些尚不足以将矛盾激化，于是反面人物皇后和她的奴婢容嬷嬷便走到了前台，她俩因不满皇上对两个"莫名其妙"的格格的宠爱与迁就，而在其中兴风作浪、百般阻挠，以求置两个格格于死地，以保住自己的地位，抚平内心的失衡。于是，一边有皇后和容嬷嬷在暗中放箭，一边有令妃、福伦的全力保护；一边有皇权的至高无上，一边有两个民间格格的为所欲为；一边有寻求父爱过程中的重重阻碍，一边有患难见真情的催人泪下。所有这些，都成为《环珠格格》吸引观众视线的法宝。当观众在两个格格对皇上无心的欺骗与反抗中，看到权威的消解时，当观众在格格们用善良感化皇后的过程中，感受到正义的力量与美德的光辉时，当貌美的演员、华贵的服饰让人赏心悦目时，当格格们离奇的命运、悲惨的境遇让人悲叹唏嘘时，当冲破重重阻力的年轻人为追求爱情而甘愿舍弃一切的举动撼动人心时，这部电视剧的轰动还会让人感到意外与不解吗？

电视剧艺术的本体功用究竟是艺术还是娱乐？这是电视剧界一度引起争论的问题。对于电视剧这样一种今天尚未成熟的艺术样式来说，创作界所做出的各种探索，都陆续引起了理论界相应的重视。今天，当电视剧在平民化、通俗化、商业化、娱乐化的道路上越走越远的时候，电视剧本体功用的定位问题又一次进入了理论争鸣的范围，甚至于由此扩大到了对电视艺术本体功用、电视文化定位等问题的争论。

显然，《还珠格格》创造的收视奇迹是对电视剧是"大众娱乐工具"这一功用定位的最好注解。当我们的研究者还在为"电视剧应求雅还是应求俗"、"电视剧要给观众提供审美还是娱乐"等问题争论不休时，观众已经通过自己的收视行为恰当地说明了普遍的收视心态。对于当今的百姓来说，电视除充当各种信息的提供者之外，无疑也是生活中最为廉价、便捷的娱乐工具，电视剧、游戏娱乐节目成了百姓惯常的娱乐方式。

当荧屏上充斥过多的品质低劣的电视剧的时候，理论界终于发出了呼唤高雅、呼唤精品的声音，并由此引发了关于"精品"定义的讨论与争鸣。"精品"应怎样界定自然是仁者见仁、智者见智，然而其中隐藏的另一个问题却日益引起理论界更多的重视，这就是"精品"要求同电视剧本体功用是否存在冲突的问题，以及由此引出的电视剧创作的正确道路的问题。

很显然，我们对"精品"的理解并不应该违背对电视剧通俗本质的认知。精品也只是这种特定艺术形式的精品，是符合这种艺术形式创作规律的优秀作品。从这个意义上来说，对"精品"的要求同电视剧娱乐功能可能相悖的担忧实际并不足道。在今天的电视剧市场竞争规则下，电视剧创作只有保证好看、保证情节对观众有足够的吸引力，才能有好的市场效益，这已经是一个公认的事实。然而作为借助大众媒体传播的艺术样式，电视剧对观众的影响，进而言之对整体社会文化的影响力是不可低估的，因此，电视剧在给观众提供娱乐的同时，也必然要负载一定的教益任务，要有适量的精神追求，从而避免陷入低俗的误区。

2. 文学作品改编电视剧

电视剧作为一门年轻的艺术，它的成长过程与文学艺术有着密不可分的关系。除了我们前面已经论述过的，电视剧初期创作带有明显的文学创作的痕迹、用文学艺术规律指导电视剧等表现之外，直接将文学作品搬上荧屏也是自电视剧创作之初就已广泛存在的现象。从电视剧初创到今天，文学作品为电视剧创作提供了大量丰富的素材，成为电视剧创作在题材内容方面可以自由借鉴的宝库。

在初期的直播电视剧阶段，由文学作品改编而成的电视剧，如《一口菜饼子》、《党救活了他》、《相亲记》、《小英雄雨来》、《桃园女儿嫁窝古》、《赵大化》、《三月雪》、《我的一家》、《虾球传》、《海誓》、《莫里生案件》等，都曾经在群众中引起较大影响，这些电视剧或改编自小说、或改编自话剧剧本、或改编自叙事诗，甚至有的电视剧改编自通讯报道或个人回忆录。这些电视剧成为中国电视剧史上第一批由文学作品改编而成的电视剧。

20世纪80年代以后，由于电视技术的改进，电视剧创作已经可以基本不受剧作时长、剧本容量的限制，与此同时，先进的电视技术也已经能够基本还原各个时期的社会面貌、时代环境，于是，将已有的优秀文学作品搬上荧屏就成为了可能，由文学作品改编而来的电视剧的数量也逐年增多。

20世纪80年代的电视剧创作中，由文学作品改编而成的优秀电视剧作包括：《凡人小事》、《新岸》、《大地的深情》、《蹉跎岁月》、《武松》、《奖金》、《上海屋檐下》、《高山下的花环》、《燃烧的心》、《走进暴风雨》、《今夜有暴风雪》、《四世同堂》、《寻找回来的世界》、《诸葛亮》、《新星》、《巴桑和他的弟妹们》、《红楼梦》、《凯旋在子夜》、《希波克拉底誓言》、《西游记》、《雪城》、《便衣警察》等。这里面，既有对古典文学名著的搬演，又有对现实题材作品的重新阐释，不仅取得了较好的收视效果、理想的社会效益，同时也对文学作品改编电视剧的创作规律、改编方式、表现技巧等作出了多种探索，从而将文学作品改编电视剧作为一种电视剧创作模式固定下来。此后，文学作品改编电视剧的创作开始进入兴盛阶段。

由于理论界的支持与创作实践经验的积累，90年代以来的文学作品改编电视剧已经成为电视剧创作领域的一个重头戏。从古典名著到现代小说，从舞台演剧到先锋诗歌，从历史人物到边缘青年，从心灵幻境到现实生活，无不是文学作品改编电视剧创作的素材与对象。这些电视剧既在客观上起到了推广普及文学原作的作用，也很好地丰富了电视剧作品的题材内容。

由现代文学名著《围城》改编而成的同名电视剧，不仅保留了原小说中睿智的语言、精妙的分析，更创造性地传达了原著精神，可谓是90年代文学名著改编电视剧中的精品。

短篇电视剧《南行记·边寨人家的历史》，巧妙地营造了三个时空。在三个时空的交错穿插中，深入地把握人物情感，渲染特定情绪，书写传奇般的人物命运，刻画出一系列鲜明生动的人物形象。

都市爱情题材电视剧《过把瘾》，由王朔的三部小说改编而成，讲述当代社会生活中真实的情感故事。其中的主人公既有独特的个性，其情感经历又有着相当程度的普遍性。全剧情节发展既符合电视剧的叙事规律，同时又充分地保留了王朔小说的艺术风格。

被誉为"通俗剧精品"的电视剧《北京人在纽约》，也是根据同名小说改编，但在改编过程中，对情节作了一些必要的调整和增删，使得全剧的主题更加突出、叙事更加凝练。

由曹禺先生著名话剧《雷雨》改编的同名电视剧，对短短的四幕剧的前后情节进行了大胆的猜想与扩充，虽在播出后引起了极大争议，但其在电视剧改编观念上的突破却是非常值得肯定的。

电视剧《三国演义》与《水浒》的问世，虽然同样褒贬不一，但将妇孺皆知的古典文学名著搬上荧屏，将令人遐想不尽的战争场面、英雄风姿具象地表现出来，的确也是需要极大的勇气与胆量的，这两部由古典名著改编的电视剧，给我们的文学名著改编创作提出了许多的新问题。

中国与乌克兰合拍的电视剧《钢铁是怎样炼成的》，将苏联作家尼古拉·奥斯特洛夫斯基写于半个多世纪前的小说再次搬上荧屏，不仅保留了原作强大的理性光辉，展现了人性中永恒的价值，同时也赋予原作以新的理解、新的视点，在对主人公形象的"重塑"中进行着全新的阐释。

细细看来，所有这些在90年代以来的电视剧荧屏上值得圈点的作品，实际上大多数仍是坚持着"忠实于原著"的改编原则，虽各有各的做法，各有各的改动，但步伐都不大。唯一一部"杜撰"颇多的电视剧《雷雨》，也因某些情节的荒唐、某些表演的失败而招致种种批评与责难。这些现有的改编实践都向电视剧理论界提出了同样的问题，即文学作品改编电视剧的观念与方法问题。静态的、抽象的文学作品转换成动态的、具象的电视作品，一方面必然要求在创作思维、表现手法、叙事结构、情节线索等方面进行相应的转变，以适应电视剧艺术自身的审美特性与创作规律；另一方面，又面临着如何忠实于原著以及在多大程度上忠实于原著的问题。那么，现有的由文学作品改编而来的电视剧在创作观念上是否正确，其艺术表现是否到位，对于原著的把握与再现是否合适？已经约定俗成的这种强调"忠实于原著"的改编方法是否就是唯一可行的办法呢？这就是我们接下来要重点探讨的问题——改编的观念。

不同艺术门类之间的作品改编，是艺术界久已存在的现象。例如歌剧与舞剧之间的改编、戏剧与电影之间的改编、文学与电影之间的改编等。对于艺术作品改编的理论也曾进行了许多探索。在研究今天文学作品改编电视剧的观念问题的时候，我们不妨借鉴已有的较为成型的电影改编理论的成果，并结合已有的艺术创作实践，进行一些基本的论证和探讨。

不同门类艺术作品之间相互改编的方式固然千差万别，但从根本观念上来说，还是能够大致加以区分的。电影史上的理论家们也都曾在自己的著作与论文中对电影改编的观念以及其他相关理论问题作出过各自的探讨与评断，形成了各种不同的理论观点。贝拉·巴拉兹在《艺术形式与素材》一文中，主张"自由型改编"，提出忠实的改编不仅不可能，而且不必要；安德烈·巴赞则在《非纯电影辨》一文里，提倡要"原封不动地展现原著"；克拉考尔从"电影是物质现实的复原"这一命题出发，认为只有适合于用物质现实再现的小说才能达到"电影化"；波热高娃则认为改编不能脱离时代精神，努力在外部情节和内在形象、原著哲理思想和新的时代精神之间寻找一种辩证关系。这种种观点对于我们今天的文学作品改编电视剧的理论研究来说，显然都有着借鉴价值。美国电影理论家杰·瓦格纳曾借鉴贝拉·巴拉兹的观点，在 1975 年首版的著作《小说和电影》中，归纳了三种小说改编电影的方式，今天看来还是较为全面和科学的。

在瓦格纳的理论概括中，第一种电影改编方式称作是"移植式"，"即直接在银幕上再现一部小说，其中极少明显的改动"。接下来他评论说，"这是好莱坞有史以来占主导地位的最常用的方法。我们将会看到这是最不能令人满意的方法，因为正像巴拉兹所说的，只有当'内容'并不像我们惯常理解的那样只指素材、动作、情节、故事、主题等等，而'形式'则指'艺术形式'时，才能把同样的素材成功地放进另一种新的形式里"。❶

第二种电影改编方式是所谓"注释式"。是指对原作的某些方面有所改动的改编方式，也称为"改变重点"或"重新结构"。这种电影改编方式通过给原作加上"电影化的注解"，将原作重新结构，从而达到使作品更加真实可信的目的。这种改编方式并不背离原作的主旨与意图，基本遵照原作的思想倾向、美学韵味、基本情节框架、主要人物性格，体现出原作的精神风貌，仅仅在改编时，为突出与强化导演的某种意图、思想，对原作中的某些情节、情绪进行必要的集中、提炼与删改。

第三种改编方式称为"近似式"，这是所有改编方式中，电影与文学原作之间的关系最为薄弱的一种。在这样的改编创作中，文学原作仅仅作为拍片的出发点存在，文学作品中的情节、人物、环境等因素仅仅被当作一种原始素材，一种诱因。当导演对这些素材进行重新的组接与加工后，所创造出的就是一个代表着

❶　转引自陈犀禾：《电影改编理论问题》，218 页，北京，中国电影出版社，1988。

另一种美学种类的新的艺术作品。

瓦格纳所归纳的这三种方式，基本上可以概括全部已有的电影改编观念。参照这一理论概括，如果细细地回顾我们电视荧屏上曾上演过的文学作品改编电视剧，我们不难发现，当下的许多由文学作品改编而成的电视剧正是遵从了前面所述的第一种改编的观念，将文学作品中的人物、情节、对白、场景等等简单地移植到电视中来。其结果是，古典小说变成了荧屏上的古典连环画册，宏伟的叙事转换成了若干个简单的场景，小说中的对白一字不差地变成了电视剧台词，小说的情节在电视中被简单地图解。作为电子技术产物与电子文化代表的电视，与作为传统印刷文化代表的文学，二者在艺术思维、审美观念与表现手法上的差别不言自明。那么，当把属于其中一个艺术领域的作品直接搬至另一艺术领域中时，其直接结果只能是对原作的正面侵犯。

移植原作、图解小说的创作方式并不是偶然出现的。正如早期电影对传统戏剧的依赖一般，电视剧作为一门踩着文学、戏剧、电影等诸种艺术样式的肩膀成长起来的新的艺术，在其向自己艺术本体回归、探索自身独特艺术规律的过程中，也不可避免地受到其他已经成熟的艺术样式的影响，而时常表现出一些与自身艺术特性不符的特征。而具体到我国来说，艺术界长期以来的"文学中心论"，也在一定程度上造成了电视剧创作对文学思维与文学观念的不自觉的应用，甚至于使得文学的思维与观念一度成为电视剧创作的基本观念。普通的电视剧创作尚且如此，由文学作品改编而来的电视剧就更是理所当然地不去更多地考虑电视剧艺术的本体特性与审美要求了。在我们的电视剧领域，这样的移植式的改编实例不胜枚举。然而更为可悲的是，在一种片面地要求"忠实于原著"的精神指导下，所有这些不合理却都在大量的"实证"面前奇迹般地变成了合理而又自然的存在。

当"四大名著"相继被搬上荧屏的时候，当电视剧《雷雨》、《钢铁是怎样炼成的》引来责难连连的时候，也就是我们的电视剧改编从创作界到理论界、从观念到思维都需要进行一次深入思索的时候了。今天的电视剧改编观念的确不能不进行突破，而面对这种局面，理论界首先要做的就是给予创作实践一个更加宽容、更加自由的土壤，鼓励在文学作品改编方式上进行新的探索与尝试，而不是像以往曾有过的那样，对采取不同改编观念的电视剧作品以"与原著内容不符"等荒唐的理由横加指责，在对原作的忠实程度问题上横竖挑剔。

关于注释式与近似式的改编方式的合理性，这里有几个很好的例证。

莎士比亚的戏剧作品是几百年来各种剧场艺术以及后来的影视艺术中久演不衰的内容，在众多的由莎士比亚的戏剧作品改编而成的艺术作品中，既有对原作的直接搬演，也有大胆的个人化的尝试，而其中可圈可点的优秀作品却毫无例外地都是经过了创作者的再创作的。如柴可夫斯基和科波菲耶夫改编的芭蕾舞剧

《罗密欧与朱丽叶》，黑泽明改编的电影《蛛网宫堡》和《乱》，这些作品都被公认为其所属艺术领域的经典作品，然而它们的艺术成就首先就得自于对自身艺术特性的深入把握以及在此基础上对所依据的作品进行的大胆改编。

我们中国的电影实践中，成功的改编实践也并不鲜见。张艺谋导演的电影《红高粱》，堪称中国当代电影中的佼佼者，而这部电影除深入地把握了莫言原小说的思想精髓之外，在视听语言上的探索也着实地震惊了电影界。"颠轿"、"野合"这两个场景所蕴含的张力与爆发力，正是用声画语言、视听思维来阐释原作精神的精彩段落。

这样的例子足可以证明，文学作品的电视改编也完全可以重筑观念、甩掉包袱，摆脱文学原作的束缚、摆脱传统观念的限制，保留文学与电视剧在依靠时间的延续完成叙事这一点上的共性，同时尊重电视剧艺术在时空关系、叙事结构、观赏心理、接受过程等诸多方面不同于文学的独特个性，创作出真正属于荧屏的叙事艺术作品。

如果有一天，当我们看着电视屏幕上的《雷雨》等作品时，如果我们能够把它简单地当作是电视屏幕上的一部独立的电视剧作品看待，而不再津津乐道于它对原作的忠实程度，那么，我们的电视屏幕上将要出现的也就将是一部部情节取自某部（或某些）文学作品的电视剧，而不再仅仅是一个个文学作品的电视版。

3. 历史题材电视剧

历史题材电视剧的大量上演是 20 世纪 90 年代以来电视荧屏上的重要景色。在 20 世纪 80 年代及 80 年代之前的电视剧创作中，现实题材电视剧是创作的绝对主体，历史题材电视剧不仅数量少，其中在思想与艺术成就上都比较突出的优秀剧目就更是凤毛麟角。《杨家将》(1984)，《诸葛亮》(1985)，《包公》(1986)，《努尔哈赤》(1986)，《爱新觉罗·浩》(1987)，《末代皇帝》(1988) 以及《袁崇焕》(1988)，可以说是当时历史题材电视剧中较为优秀的剧作。

90 年代以来的情形却大大不同，在人们不经意间，历史剧变成了抢手题材。尤其是宫廷剧，更是电视荧屏上的座上宾，每一部反映王室纠纷、朝廷争斗的电视剧，总能激起观众的兴趣，以至于一度出现十几家电视台同时播出历史剧，电视荧屏上"十几条辫子一起甩"的热闹场面。

1990 年的几部历史题材电视剧《杨乃武与小白菜》、《巾帼悲歌》、《庄妃轶事》以及《格萨尔王》，是 90 年代以来历史剧创作的开山作品。这几部电视剧或讲述历史奇案，或反映统治者个人悲剧，或表现宫廷斗争，或塑造英雄形象，在历史剧创作的方法与规律方面进行了新的探索。其后十几年间，历史题材电视剧领域涌现出了大批优秀的、带有创新意义的作品。如：《孔子》、《大唐名相》、《唐明皇》、《武则天》、《司马迁》、《宰相刘罗锅》、《康熙微服私访记》、《三国演义》、《水浒》、《雍正·小蝶·年羹尧》、《雍正王朝》、《东周列国·春秋篇》、《大明宫词》、《太平天国》等。这些作品在播映时，都曾引起或多或少的轰动，并在理论界引发了关于历史题材电视剧创作的经验总结与规律探讨，以及对相关问题的争议。

对这些历史题材电视剧进行总体的审视，不难看出它们在总体创作风格上的分野。

从戏剧审美类型来看，以历史为背景与表现对象的电视剧有喜剧、悲剧、正剧之分。

喜剧是近年来电视剧创作中常见的类型。对于喜剧的概念，《辞海》中这样界定：喜剧"一般以讽刺或嘲笑丑恶落后现象，从而肯定美好、进步的现实或理想为其主要内容。喜剧的构成依靠夸张的手法、巧妙的结构、诙谐的台词及对喜剧性格的刻画，并以此引人发出不同含义的笑。由于描写对象和手法的差异，喜剧一般分为讽刺喜剧、抒情喜剧、闹剧等样式。喜剧冲突的解决一般比较轻快，往往以代表特定时代的进步力量的主人公在斗争中获得胜利或如愿以偿为结局"。❶ 由北京成象影视制作公司、北京文化艺术音像出版社等单位联合摄制的电视剧《宰相刘罗锅》，正是这样一部出色的喜剧作品。该剧围绕着"刘墉、乾隆皇帝、和珅三个人相斗、相依、相随的漫长的一生"展开情节，在乾隆王朝半个世纪的兴衰史里，演绎了"一个关于宰相的童话"、"一个君臣之间的寓言"。这部电视剧情节绝大多数均属虚构，其间更有一个个令人忍俊不禁的插曲，轻松地嬉笑怒骂、自然地惩恶扬善，在让观众捧腹大笑的同时，伸张正义，大快人心。

悲剧则恰恰与此相反。"在西方戏剧史上，一般认为悲剧主要表现主人公所从事的事业由于恶势力的迫害及本身的过错而致失败，甚至个人毁灭。"❷ 在这些剧中，正义无法伸张，冤情无处申诉，抱负无力实现，奸佞无人揭发，而剧作的目的也正是在主人公的悲剧命运展示中，带给人们深刻的启示，引发深层思索。《杨乃武与小白菜》、《巾帼悲歌》即是这类作品，前者抨击朝政昏暗，后者慨叹个人悲剧。

电视屏幕上更为常见的一种类型是正剧。这种剧作形式的特征是"不受古典主义创作原则的束缚，兼有悲、喜剧因素"。❸ 正剧理论的首创者法国唯物主义思想家、文学家狄德罗曾称之为"严肃的喜剧"；法国戏剧家博马舍继狄德罗之后就正剧的内容和形式作了进一步的阐述，并定名为"严肃的戏剧"。这类电视剧通常采用严肃、庄重的态度来结构全篇，追求深邃的主题立意，鲜明的价值取

❶ 《辞海·艺术分册》，76页，上海辞书出版社，1980。
❷ 《辞海·艺术分册》，76页，上海辞书出版社，1980。
❸ 《辞海·艺术分册》，76页，上海辞书出版社，1980。

向、高雅的审美意味，在对历史事件以及剧中人物命运的表现中，明确表达导演的意图，探寻人生的真谛。《唐明皇》、《雍正王朝》、《东周列国·春秋篇》等均属此类。创作者的个人风格与题材内容的差异，决定了在具体创作中选择哪种戏剧审美类型。

从对待历史事实的态度来看，亦可对历史题材电视剧进行简单划分。

一种为正说历史。创作者将真实、正确、客观地表现历史事实作为自己的创作宗旨，事件发展和人物性格命运基本遵照历史事实，虽也进行必要的戏剧加工，但并不违背历史妄自编造，其实质是借艺术来演绎历史。虽不要求"一史一事，均有出处"，但所做的必要的艺术虚构，也都必须是植根于史实的。这种电视剧在今天的历史剧创作中占据相当比重。

另一种为戏说历史。这种作品一般都采用戏谑的艺术手法，具有很强的消闲性和喜剧性。这种创作风格似乎是承自港台电视剧，《戏说乾隆》一剧走红大陆，促进了这一类型电视剧的创作。在这样的电视剧中，今人的自由创造使得历史仅仅为故事的发生与发展提供一个大的背景，而创作的目的则或是映衬当下社会现实，或是仅仅提供简单的娱乐。思想是否深刻、事件是否符合史实，早已无人追究。

再有一种即为歪说历史。这是一种表面看似"正说"、实质却是"戏说"历史的电视剧。这种电视剧的创作者们并没有严肃的对历史负责、对观众负责的创作态度，而只根据自己的价值判断或是剧作戏剧冲突的需求，主观地编造历史、歪曲事实，同时又极力隐藏这种"歪说"或"戏说"的本质，在剧作风格上极力制造酷似"正说"的感觉，以假乱真。这样的创作方法当然也可能会出现精湛的艺术作品，但却很容易使欣赏者将作品虚构的历史故事误认为是真实的历史本身，从而起到一种误导的作用。

除了类别之外，90年代以来的历史剧创作还在艺术风格上作出了一些新的探索，例如因艺术表现"唯美"而被称为"诗剧"的《大明宫词》和史诗般的宏伟剧作《东周列国·春秋篇》。这些探索拓展了历史题材电视剧的创作思路，并为其后创作积累了宝贵经验。

4. "新英雄主义"电视剧

回顾20世纪的中国社会美学形态，是经过了几次大的转型与置换的。站在我们今天已基本确立的自由主义美学时期向后眺望，我们更可以明显地感受到百年来中国社会在美学形态方面所形成的巨大反差。如果说1919年的五四新文化运动促使中国美学学科体系由传统向现代的转变的话，那么它还有另一个更为深远的意义就是，在"五四"运动和其后一系列革命运动的推动下，中国社会美学的基本形态开始了由和谐向悲剧进而向崇高的转换。曾经以宁谧、含蓄、与世无争的品格，以及和谐、内敛的特质而居于主流的传统中国美学形态无条件地让位给了革命战争年代的血雨腥风和无数仁人志士的苦苦寻求。当这些舍生取义的革命行动终于换得了梦寐以求的成果——新中国的成立时，对已获取的胜利的珍视以及对新世界的梦想，促使几亿中国人以冲天的豪情投入到新的社会主义建设中，崇高便代替悲剧而成为这时的主流美学形态。

悲剧也罢，崇高也罢，都只是特定历史时期的必然产物。然而拨开历史的层层面纱，我们却不难发现一种与我们今天的"平民百姓自在吟唱"完全不同的主导社会心理，那就是英雄主义，正是它纵贯了中国半个多世纪的各种斗争和运动。实际上，对英雄的渴慕、崇拜是人类自古就有的特殊情结，无论是古希腊还是古中国，都流传着各种脍炙人口的英雄神话。20 世纪中国社会的英雄主义情结缘起于连续不断的为争取自由与进步而进行的战争、运动中，更明确地说，是一种革命英雄主义。在革命战争年代，这种革命英雄主义自然地成为一种普遍的社会心理，而当我们的社会远离了战争，进入另一个新的时期——社会主义建设时期的时候，怀旧的情绪与宣传的需要，又一次人为地延续了这种情结，直至"文革"将其演变到极致。过多的人为强化所带来的结果适得其反，随着"文革"闹剧的终结，革命英雄主义也一度遭到了前所未有的毁损。伴随着平民主义的上升，漠视、否定乃至抨击"革命英雄"成为了当时社会的"时髦"行为与重新确立自身价值的凭据。

中国社会、中国的文艺界经历了由"非英雄"到"反英雄"的转变，否定传统带来的快意与新鲜事物带来的刺激大大填补了民众内心的空虚，然而，历史证明了这些行为的短期性。"上帝死了"，英雄没了，剩下的平凡普通的芸芸众生，在风平浪静、琐碎而又重复的生活中，开始了对新的精神支柱与信念依托的苦苦寻求。在这个充分强调自我的反英雄时代，大众的共同愿望，缔造出了新的英雄神话。

于是，文学中的武侠小说、侦探小说成为热销书籍，影视作品中武打片（剧）、间谍片（剧）、警匪片（剧）、战争片（剧）、枪战片（剧）等等大行其道，这些文艺作品以相似的结构、共同的模式缔造着当代社会的英雄神话，成为当代社会审美文化中引人注目的一景。但是需要注意的是，这些"英雄主义"的创作，已经与"文革"及"文革"前的"革命英雄主义"创作大相径庭。平民百姓所自觉追慕的"英雄"带有了更多的平民色彩，不再是高高在上、完美无缺的"高大全"式人物，而是同样有着七情六欲有着种种缺陷的"平民英雄"。这种适合当代社会审美需求的"英雄主义"创作，我们不妨称之为"新英雄主义"作品。

电视剧创作领域的"新英雄主义"剧作，也成为了 20 世纪 90 年代以来电视荧屏上的一个亮点。而在具体的创作中，易于塑造当代社会英雄形象的军警题材与商战题材无疑成为了最抢手的题材。《针眼儿警官》、《西部警察》、《刑警本色》、《和平年代》、《英雄无悔》、《永不瞑目》、《家园》等一批优秀剧目，便成为电视荧屏上"新英雄主义"神话的缔造者。

岭南电视剧创作是其间极为重要的一部分。从90年代初开始，岭南电视剧作为电视剧创作队伍中的一支生力军，以一批优秀的电视剧作品，几次问鼎"飞天奖"评选，不仅在电视剧界牢固地奠立了自己的地位，还一度在理论界引发关于"南热北凉"、"文化南下"现象的思考。其实不难看出，岭南电视剧得以成功的原因固然不乏创作态度的严谨与认真，但更为关键的一点是对不同阶段不同时期社会心理的敏锐把握。在90年代初期，社会主义经济建设正展开新的篇章，商海征战成为社会关注点时，岭南电视剧创作者们先后推出了《公关小姐》、《外来妹》、《情满珠江》等几部反映经济建设洪流与创业者艰辛历程的电视剧，在观众中反响强烈。而当社会开始呼唤新时代的英雄时，这些创作者们又敏锐地抓住了这一社会性的心理需求，推出了《英雄无悔》、《和平年代》、《家园》等剧作，同样大获成功。岭南电视剧创作说明了一个简单的道理：准确把握社会审美心理与普遍的文化心态，是文艺创作者们所必须具备的素质。

第四节　港台电视剧艺术

一、香港电视剧艺术

香港电视发端于1957年，这一年12月，"丽的电视台"（RTV）开播。但是在开播初期，电视剧的创作并没有形成规模。1967年，香港广播电视有限公司（"无线"TVB）创办，1968年，"无线"推出第一部长篇电视连续剧《梦断情天》。该剧播出效果很好，且顺利地销售到东南亚等地区。自此以后，电视剧逐渐成为香港电视节目的主流。

20世纪70年代是香港电视剧大发展的时期。1975年，佳艺电视台（"佳视"）成立，成为"丽的"、"无线"两个中文电视台的强大竞争对手，为赢得观众，三家电视台纷纷加大电视剧制作力度。这一时期有着较好收视表现的电视剧有：《烟雨濛濛》（1973）、《梁天来》（1975）、《清宫残梦》（1975）、《心有千千结》（1975）、《啼笑因缘》（1975）、《香港七十三》（1975）、《狂潮》（1976，129集）、《家变》（1976，130集）、《书剑恩仇录》（1976）、《CID》（1976）、《野孩子》（1977）、《强人》（1978）、《变色龙》（1978）、《倚天屠龙记》（1978，郑少秋主演）等。这一时期电视剧普遍篇幅较长，与此相应，电视剧的内容也多为个人成长奋斗的过程和家族的兴衰起落等，充斥其中的是人情恩怨、家庭伦理、事业起伏、情感波折等。在摄制方面，此时的电视剧也脱离了早期电视剧浓重的舞台化倾向，尝试各种场面的实景拍摄，有些电视剧中的某些经典场面至今仍让香港电视观众记忆深刻。此外，武侠剧也由于收视表现好而迅速兴盛，并成为此后香港电视剧的重要类型之一。

　　20 世纪 80 年代，香港电视剧开始真正繁荣，并迅速进入了大陆市场。不同于 70 年代的长篇电视剧，80 年代香港电视剧的制作更多地趋向于中篇，长度多为 20 集左右。篇幅的缩短，为多种题材类型提供了表现空间，其中，豪门恩怨、黑帮或是警匪等题材，由于节奏紧凑，情节起伏较大，人物命运曲折、性格多变，易于吊起观众胃口，而成为电视剧的重要内容方向。1980 年"无线"播出的 25 集电视剧《上海滩》，是这类电视剧的始作俑者，也称得上是香港电视史上最成功、最经典的剧集之一。该剧讲述一个北平学运领袖许文强出狱后在上海"奋斗"的过程中，经历的黑帮争斗和情感纠葛。后来港剧常用的一些情节元素，如亡命天涯、报仇雪恨、爱而不得、亲人反目等，在这部电视剧中得到了充分的尝试。与今天的电视剧相比，这部被称作"经典"的电视剧固然稍嫌布景粗糙、武打简单，但是在 1980 年播出的时候，却产生了巨大的轰动效应。它不仅创下了极高的收视率，还带出了一股拍摄民国题材、尤其是以民国初年旧上海或老香港的帮会争斗、赌场风云为内容的电视剧热潮。如《千王之王》、《千王群英会》、《鳄鱼潭》、《大香港》、《上海风云》、《上海大风暴》等。除此之外，80 年代其他受观众欢迎的香港电视剧还有：《京华春梦》（1980）、《网中人》（1980）、《香港八一》（1981）、《霍元甲》（1981）、《倚天屠龙记》（1982，周润发主演）、《射雕英雄传》（1983）、《神雕侠侣》（1983）、《武则天》（1984）、《新扎师兄》（1984）、《鹿鼎记》（1984）、《杨家将》（1985）、《秦始皇》（1985）、《流氓大亨》（1986）、《季节》（1987）、《皇家档案》（1988）、《誓不低头》（1988）、《公私三文治》（1988）、《义不容情》（1989）等。这些电视剧从情节上初步形成了一些固定类型：黑帮剧、家族剧、武侠剧、历史剧、爱情剧、古装喜剧、都市喜剧等。其中，武侠剧取得的成绩是相当突出的。1983 年"无线"台播出的 58 集电视剧《射雕英雄传》，摄制精良，表演出色，观众对该剧的喜爱程度，是后来屡次翻拍的各个版本难以逾越的。该剧分为三部分推出：《铁血丹心》、《东邪西毒》和《华山论剑》，尽管以现在的眼光再看时，觉得这部电视剧仍有太多不足，但就当时的电视制作能力而言，这部投资巨大的连续剧绝对是金庸武侠作品电视化的经典力作。由于具有极大的号召力，在 80 年代后期，当金庸武侠剧进入新的一轮翻拍期的时候，这些电视剧也成为电视制作部门推出新人的重要场所。

　　20 世纪 80 年代是香港电视的黄金时期，这一点突出地表现在当时的电视剧收视率上，1983 年电视剧《神雕侠侣》曾创下 62% 的收视奇迹。不仅在香港地区，在大陆地区播放的时候，这些香港电视剧如《霍元甲》、《万水千山总是情》、《京华春梦》、《射雕英雄传》、《上海滩》、《神雕侠侣》、《流氓大亨》、《上海大风暴》等等，也屡屡掀起收视热潮，被观众奉为"经典"，这些电视剧的叙事风格和模式，对大陆地区的通俗剧创作也有着一定的影响。然而从 80 年代中后期开始，香港电视剧创作开始出现整体下滑。虽有《公私三文治》、《义不容情》、《我本善良》等表现出众的电视剧作品，但是相比于80年代前半期的热播剧，这些电视剧在收视表现上也已经是相差甚远。

20世纪90年代之后，香港电视剧的创作仍然保持着较好的势头，但是却再也没有了80年代的辉煌表现。长篇豪门电视剧在90年代仍有创作，但其在香港电视剧创作中所占比重却已大大降低，长篇豪门剧多是电视台集中投资制作，如"无线"台每年的台庆剧，多是40至100集的长篇电视剧，其中代表剧作包括《大时代》、《天地男儿》、《天地豪情》、《笑看风云》、《创世纪》等，这些电视剧依旧讲述豪门恩怨、家族兴衰，由于巨星云集，它们往往会有很好的收视表现。除此之外，更多的香港电视剧开始放弃紧张与刺激，转而尝试更加轻松的基调，如《妙手仁心》、《一号法庭》、《仁心仁术》、《鉴证实录》等中产阶级情调的电视剧，《河东狮吼》、《僵尸福星》、《济公》、《醉打金枝》、《金装四大才子》、《苗翠花》、《我和僵尸有个约会》等戏说剧，由于适应了观众希望通过电视缓解生活压力的情绪，这些电视剧均取得了较高的收视率。90年代香港电视剧虽然难以重现80年代的辉煌，但是在市场的需求下，各种电视剧题材类型也都获得了充分的发展，警匪剧、社会写实剧、家庭伦理剧、武侠剧、历史剧、戏说剧等各类型电视剧都出现了大量的作品。大量的电视剧创作有助于促进电视剧这种艺术样式自身的成熟，但在市场中谋生存的同时，香港电视剧也不可避免地出现了一些创作误区，如公式化、雷同化、媚俗等，对香港电视剧来说，要达到艺术上的成熟，还需创作者进一步努力。

此外值得一提的是，90年代以来，香港电视剧还积极采取了与大陆地区合拍的方式，这不仅有助于拓展香港电视剧的题材领域，有效地整合资源，提高电视剧创作质量，同时，香港电视剧相对成熟的制作流程、管理制度，也必然会对内地电视剧的产业化发展起到积极的作用。

二、台湾电视剧艺术

台湾电视剧创作始于1962年，这一年"台视"（台湾电视事业股份有限公司）播出了台湾第一部闽南语电视剧《重回怀抱》，随后又播出了一部国语电视剧《浮生若梦》。1969年，"中视"播出了电视连续剧《晶晶》，以每天一集（15分钟）的播放频率，完整地讲述一个动人的亲情故事。这种连续地讲故事的方式打动了观众。自此后，电视连续剧逐渐成为台湾电视剧的主角。

与香港的电视业格局相似，20世纪六七十年代的台湾电视也呈现出三足鼎立之势。"台视"、"中视"、"华视"的竞争，有力地促进了台湾电视剧的创作发展。20世纪六七十年代的台湾电视剧中，引人注目的有：《风萧萧》、《台北人家》、《伐讨》、《金玉缘》、《秋水长天》、《晶晶》、《梨花泪》、《情旅》、《母亲》、《万古流芳》、《亲情》、《孝女心》、《保镖》、《包青天》、《七世夫妻》、《江南游》、《一代红颜》、《大地风雷》、《爱心》、《再生花》、《王者之剑》、《大野雄风》、《求医记》、《婚事》等等，其中有些电视剧在岛外销售。这些电视剧在题材、形式上逐步拓展，对台湾社会的现实、台湾民众的思想观念进行了反映。但是这一时期的电视剧作品，却同香港同时期电视剧一样，越拍越长，"中视"的《再生花》长达 167 集，"台视"的《傻女婿》长达 220 集，而"华视"的《包青天》则长达 350 集之多。长度上的毫无节制，直接带来了剧作质量的下降。此外，这一阶段台湾当局的政治需要，也反映到了电视剧创作中，其中不少剧就带有了强烈的反共色彩，政治宣传功能超越了电视剧本该有的艺术欣赏功能，这些电视剧的播出遭到了许多观众的厌恶。

20 世纪 80 年代以后，适应社会文化的发展和观众的多元需求，台湾电视剧创作逐步拓展题材领域，尝试新的手法技巧，台湾电视剧的整体面貌日渐兴盛，各种题材内容都获得了较充分的发展。

爱情题材是 80 年代以后台湾电视剧的重要题材方向，这些爱情题材电视剧，或者纯粹讲述爱情故事，如琼瑶系列言情剧《牵情》、《烟雨濛濛》、《几度夕阳红》、《庭院深深》、《在水一方》、《海鸥飞处彩云飞》等；或者以爱情为主题，广泛展现台湾都市生活，表现社会各层次人们的生存现实，引导观众进行人生思索，如《床边爱情故事系列》、《守着阳光守着你》、《一剪梅》、《情义无价》、《昨夜星辰》、《京华烟云》、《八月桂花香》、《云的故乡》、《当时明月在》、《红尘有爱》、《春去春又回》、《天使之爱》、《双飞燕》、《不了情》、《随风而逝》等。这些言情剧与都市生活剧在台湾有着较为丰厚的观众基础。

历史题材电视剧在八九十年代的台湾电视剧中也有着重要的位置，《一代女皇》、《铁血杨家将》、《威震四海》、《包青天》等电视剧，都是台湾历史题材电视剧中的代表作品。这些电视剧借古讽今，伸张正义，于历史的外壳中，讲述现实社会问题，在台湾社会起到了很好的教化作用。除了这些历史正剧之外，台湾的历史题材电视剧还开创了"戏说"的风气，最突出的戏说剧代表作即是《戏说乾隆》。这一电视剧以乾隆皇帝下江南为故事背景，幽默风趣地编织乾隆微服私访过程中的各种趣闻奇事，将野史传说中的各种故事融入剧情，虽取材于历史，却实际呈现了一出喜剧。抛掉对待历史的态度不谈，这一电视剧在喜剧创作方面的成绩还是值得肯定的。

此外，八九十年代台湾重要的电视剧类型还包括家庭喜剧，如《追妻三人行》、《我爱芳邻》、《家有仙妻》、《全家福》、《天作之合》、《邮差》等；乡土题材电视剧，如《星星知我心》、《星星的故乡》等；武侠题材电视剧，如古龙小说改编的《楚留香》等；作家系列电视剧，如《夜行列车》、《纸婚》、《变》、《浴火的凤凰》、《落第》、《等待灯笼花开时》、《那两个女人》、《智慧的灯》等。总体来说，80 年代以后，台湾的电视剧创作逐渐兴盛，在艺术表现上逐步成熟。

20世纪90年代末期，台湾电视剧创作中又兴起了一个新的品种：青春偶像剧。受韩日电视剧创作的影响，90年代末期开始，台湾本土的青春偶像剧创作量大增，这类电视剧的代表作包括《流星花园》、《薰衣草》、《爱情白皮书》等。《流星花园》由日本同名漫画作品改编而成，讲述的是现代社会中的青春故事。该剧播出之后受到台湾青少年的普遍喜爱和追捧，取得了巨大的商业成功，但与此同时，该剧的内容也使得许多家长心存担忧，电视剧应承担的社会责任再度成为许多人探讨的话题。在青春偶像剧大量渲染着理想化的爱情的时候，如何走出既有的情节模式，成为创作中的重点内容。

　　与香港相同，在20世纪90年代之后，台湾电视剧创作者同大陆制作单位的合作也更加频繁，琼瑶系列电视剧、朱德庸漫画系列电视剧都是这种合作的结果。在更多的合作和交流中，突破地域空间限制，集纳优秀创作人才，从而促进两岸电视剧创作的共同发展，是我国电视剧艺术发展的必然趋势。

第 二 章

中国电视综艺节目

一般认为，电视综艺节目就是运用电视技术与艺术手段制作的综合多种（两种或两种以上）艺术形式的电视文化娱乐节目。从内容上看，电视综艺节目涉及戏剧、舞蹈、音乐、杂技、魔术、绘画、故事、相声、小品、游戏等多种艺术形式；从形式上看，电视综艺节目一般分为晚会型和栏目型两种。其中，晚会型的电视综艺节目是中国特有的节目样式。本章将通过对中国电视综艺晚会和中国电视娱乐节目发展流变的梳理，以及对电视综艺节目创作规律的初始性研究，借鉴国外电视节目发展的经验，以期实现中华民族传统文化意识对中国电视综艺节目的深层观照。

第一节 中国电视综艺晚会

一、电视综艺晚会概述

电视综艺晚会是电视艺术形态系统中的重要组成部分，是深受广大民众喜爱的一种电视艺术形式。随着社会的发展进步和电视艺术的成长壮大，以及人们精神需求的变化和收视期待的提升，电视综艺晚会这一独特的节目形态将会日趋完善，并走向成熟。

（一）电视综艺晚会的概念与内涵

广义的晚会，从性质上讲，可以是艺术性的，即：以音乐、舞蹈、戏曲、小品等艺术形式为节目内容编排的晚会；可以是非艺术性的，即：以领导祝词、劳模讲话、行业代表讲话、现场播放某种纪实性录像片子、某典型事件的主角到场出席问候观众等非艺术形式活动而举办的晚会；还可以是二者兼有的，即：艺术性节目和非艺术性活动组合而成的晚会。从内容上讲，晚会或是多种（一般为三种以上）艺术类型的集中有序展演，如：将舞蹈、音乐、小品、杂技、魔术、朗诵、绘画、书法等多种艺术形式有机地编排于一台晚会之中，依次表演；或是仅有一种艺术类型的专门表演，如：相声晚会、小品晚会、舞蹈晚会等；或是只有几种（一般为三种以内）艺术类型的表演，如：相声、小品、杂技构成的晚会，或朗诵、音乐构成的晚会等。

狭义的晚会，是指创作主体在特定时空（通常是晚间）里，以某一主题诉求为主要任务目标，以当众表演文娱节目为主要形式而举行的聚会。"创作主体"：指晚会的组织者和表演者。"特定时空"：一是指聚会过程所占据的时间段落，二是指举行聚会所依赖的环境场所。"主题诉求"：指举办晚会所要表达的意愿和实现的目的。

一般认为，"综艺"即"综合文艺"。所谓综合，是指集部分合成统一整体的方法。简言之，综合是一种集成方法。我们认为："综艺"是指这样一种电视艺术样式，它围绕实现某一主题诉求，在有机调控的前提下，聚合多种适合于展示特定文化内涵的艺术形式。从科学的角度看，"电视"是"利用无线电波传送物体影像的装置"。而从艺术学意义上讲的"电视"，是指关于电视的艺术性文化取向创造的学科对象指代。为此，本文所讲的"电视综艺晚会"，是指通过电视媒介把设计在特定场所即时表演的节目传播给电视观众间接同时或异时观看的艺术形式。

电视综艺晚会，在存在理念与性质上，是一种艺术形式——这是在文化学和学科认识论上的基本认识和基本界定。在艺术分类上，它是一种综合视听感觉元素的时空综合艺术；在价值指向上，它是润泽观众心灵的精神食粮；在展示方式上，它是限时性艺术化表演；在任务诉求上，它既谋求节目内容适合于电视的完善化传播，又力求实现受众的有效接受观看；在判定标准上，它以是否艺术化地满足观众的精神消费需求为标准。一台电视综艺晚会，首先具有一般晚会所具有的结构与系统要素。在结构上有事由、条件、观众、效果几个要素；在系统内涵上有组织者、任务目标、理念、主题、场地、策划、观看方式、展示方式、导演、主持人、演出者、观看者、监管与评价者、效果评价等要素方面。其次，电视综艺晚会还有其特殊的结构与系统内涵要素，如：结构要素、工艺（技术及其制作流程）要素和摄像、编辑、剪辑、传播时间设计等要素。

总之，电视综艺晚会这一电视艺术形式，是电视艺术生态圈中不可或缺的重要内容。

（二）电视综艺晚会的特征

科学地讲，"电视综艺晚会"与"中国电视综艺晚会"的特征，是不完全等同的，二者既有共同性，也有个体差异性。前者主要是体现电视综艺晚会的类别属性特征，后者则是反映中国电视综艺晚会的个体特征。从电视综艺晚会的本体意义上看，其特征主要表现为适时性、娱乐性、丰富性、荟萃性和广泛性。1. 适时性：电视综艺晚会通常是为适应社会的某一时期的某一特定需要而适时举办的；2. 娱乐性：电视综艺晚会能够运用多种艺术手段营造轻松、快乐的氛围，以满足人们的心理需求；3. 丰富性：是指不同的艺术形式常常被有机地组合于一台电视综艺晚会中，体现其博大的包容性；4. 荟萃性：电视综艺晚会中呈现的节目，大凡具有精品性和时尚性；5. 广泛性：对于非电视综艺晚会而言，电视综艺晚会凭借便捷的信息传播优势，使其具有传播范围广、传播速度快、受众面宽的特征。

作为中国电视综艺晚会则具有以下个体特征和定位取向：

1. 中华族群文化性

其意是指中国电视综艺晚会具有浓重的民族性特征。中国自有电视综艺晚会以来，其核心主题都是民族性的。民族化是中国电视综艺晚会的创作根基，民族精神是中国电视综艺晚会的永恒主题。无论过去、现在和将来，中华族群文化性永远是中国电视综艺晚会最鲜明的特征。不仅一年一度的春节电视联欢晚会如此，就是其他主题的电视综艺晚会都是中华族群思维方式、创造理念和观看方式的体现与反映，也是中华儿女劳者自歌的特形载体和心性主题的鲜活反映。

2. 负重救世图存性

由于中国近代特有的落后受辱的历史原因，中国长期以来的诸多艺术文化创造，都意涵有卫国为民和自强不息的人文主题与民族精神内涵。所以，中国电视综艺晚会也具有传播负重救世图存内涵的特征。即便是以娱乐为主的电视综艺晚会，也饱含体现中华民族生生不息和憧憬美好未来愿望的意义化生存主题。

3. 主题凸显教化性

主题是灵魂，这是艺术创造理念之一。主题化，尤其是寓教于乐的教化性主题，是中国电视综艺晚会的又一重要特征。就是在春节电视联欢晚会那样的全民大欢庆时，也总是要强调族群认同的、诉求"仁"、"孝"、"诚信"与"圆满"等伦理道德观，充分体现出了中国传统的"文以载道"观念的传承。所以说，中国电视综艺晚会凸显寓教于乐的教化特性，恰似一缕阳光，始终照耀着电视综艺晚会所有的主题。当然，这不等于说中国电视综艺晚会就放弃了娱乐目标。事实上，中国电视综艺晚会始终守候的是以娱乐为基础任务目标之上的寓教于乐。中国电视综艺晚会十分重视和强调艺术文化的传播润泽性。在一贯遵循主题先行的创作原则的同时，十分注重以不同的外化表现手法和风格实现教化性。

4. 阳光永恒向上性

中国电视综艺晚会在设计创作理念上、在具体的视觉观看和听觉感知上，都具有阳光般的暖色调与欢快感；在心理诉求上，总是希望展示喜庆欢快的意涵；在价值理念中，总是体现出对人的生命的终极关怀。总之，始终充溢着喜庆、祥和、积极向上的精神追求和健康的情趣氛围的中国电视综艺晚会，总是给观众以快乐、以鼓舞、以信心和满足的观照。

（三）中国电视综艺晚会的分类

中国的电视综艺晚会从无到有、从单一形式到多元风格的生成演变和发展是迅速的。中国电视综艺晚会历经四十多年的发展，在内容上，它既体现和保证了国家主流意识的宣传与灌输，又适时反映了变迁中包括亚文化在内的社会生活的方方面面的内涵；在形式上，它几乎综合了包括音乐、舞蹈、戏曲、相声、小品、朗诵和绘画、雕塑、建筑、摄影等艺术在内的所有艺术形式；在风格上，它融会古今、贯通中西、千姿百态、异彩纷呈；在发展态势上，已形成门类齐全、品种繁多、欣欣向荣的态势。总之，作为现代电视技术与中国文化相结合而应运而生的电视综合晚会，其形态在总体上无疑具有中华民族独特的文化特质和鲜明的中国艺术特色。

为了进一步促进我国电视综艺晚会艺术的健康性可持续发展，以及促进电视艺术学学科的建设，帮助电视综艺晚会艺术文化的创造与传播，有必要对蓬勃发展的电视综艺晚会，进行分类学上的研究。为此，我们以晚会主题内容为划分依据，尝试着将我国形态多样的电视综艺晚会划分为以下三种类型：

1. 节庆纪念性电视综艺晚会

节庆纪念性电视综艺晚会，由节庆性电视综艺晚会和纪念性电视综艺晚会组成。所谓"节庆性电视综艺晚会"，是指为庆祝国际、国内法定节日和我国民族传统节日而举办的电视综艺晚会。其内涵包括：一是为庆祝法定节日而举办的综艺晚会；二是为庆祝民族传统节日而举办的综艺晚会。例如为欢庆我国最隆重的传统（同时也是法定的）节日——春节而举办的春节联欢晚会。"纪念性电视综艺晚会"，是指为纪念在历史上或刚刚过去的时间里产生过重要影响的事件、人物（伟人、名人），以事件的发生日或以人物（伟人、名人）的诞辰、活动标志时间（讲话、题词）等为缘由而举办的电视综艺晚会。我国这类电视综艺晚会的形态与风格也是多种多样的。

（1）节庆性电视综艺晚会

1）法定节日综艺晚会

法定节日分为国际、国内两种。在我国，例行欢庆的国际法定节日有"三八"国际妇女节、"五一"国际劳动节、"六一"国际儿童节等；国内法定节日有"元旦"、"七一"建党节、"八一"建军节、"十一"国庆节等。为了庆祝这些重要节日，每年全国各电视台往往要配合政府的有关部门，举办并录播相应诉求主题的各种形式的电视综艺晚会。在多年的变迁发展中，创作涌现出了大量的优秀作品。如：荣获中国电视文艺"星光奖"特别奖、由中央电视台录制的《祖国颂——庆祝中华人民共和国成立五十周年大型文艺晚会》（第14届）以及由中宣部、文化部、国家广播电影电视总局等六家单位联合录制的《江山如此多娇——庆祝中华人民共和国成立五十周年大型文艺晚会》（第14届），获得一等奖的《1990年元旦晚会》（第4届）、《拥抱太阳——七一晚会》（第6届）、《走进九月——庆祝第十个教师节文艺晚会》（第9届）、《七月礼赞——庆祝建党七十四周年晚会》（第10届）、《星光灿烂耀中华——1995国庆晚会》（第10届）、《红旗颂——庆祝建党八十周年大型文艺晚会》(第 16 届)等，这些作品既较好地体现了适时的主题诉求，满足了当时人们的欣赏观看期待，又繁荣和丰富了我国的电视文化，为振奋民众的斗志起到了积极而良好的润泽作用。

2）民族传统节日综艺晚会

民族传统节日，是指一个国家或民族长久以来自然形成的独有的民俗性节日。

在我国，除了最具中华民族传统节日特征的"春节"外，还有"元宵节"、"端午节"、"中秋节"、"重阳节"，以及各少数民族的传统节日——如藏历春节、傣族泼水节、维吾尔古尔邦节等等。此类节日的特点是：历史悠久、民族（民间）特色浓郁、地域特征鲜明，并与我国各民族人民的生产、生活息息相关。因此，为进一步促进族群认同，进一步承传各民族的传统文化和民间习俗，为丰富民族文化生活和增强民族自信心与民族自豪感，我国诸多的传统节日，自然就成为电视综艺晚会艺术表现的重要主题，于是，民族传统节日综艺晚会便应运而生，并产生了许多优秀的作品。如：荣获中国电视文艺"星光奖"一等奖、由湖北电视台等单位联合录制的《月涌大江流——1996 年中秋晚会》(第 11 届)和由中华文化城有限公司、中央电视台等单位共同制作的《香江明月夜——2000 年中秋联欢晚会》(第 15 届)，获二等奖的《太平盛世闹元宵》(第 8 届)、《梅花情韵——2000 年元宵戏曲晚会》(第 14 届)、《梨园风光好——1999 年中秋戏曲晚会》(第 14 届)、《盛世观灯——2000 年元宵晚会》(第 15 届)、《2002 年古尔邦节综合文艺晚会》(第 16 届)等电视综艺晚会作品，对促进民族团结、凝结中华精神和凝聚族群创造力，都发挥了不可或缺的积极作用。

在创作表现中华民族传统节日的主题电视综艺晚会中，各电视台组织创作的具有"中国狂欢节"之称的电视春节联欢晚会，是最具有代表性、最经典、最有个性风格的作品。

春节，原本是中华民族中占人口总数最多的汉民族的古老节日，现已成为中华民族共同的最为重要、最为隆重的节日，"过春节"，已成为中国人民生活中一年一度的大事。因此，自 1983 年中央电视台举办首届"春节联欢晚会"开始，连年举办的春节联欢晚会，不仅已经成为我国电视综艺晚会中最具中国文化艺术特色和标志性意义的晚会，而且也成为全中国乃至全世界的华夏子孙乐于接受和十分钟爱的一道盛大的"精神晚餐"，为传统的春节活动增添了一项新的重要内容。

凡春节电视联欢晚会，最突出、最重要的主题特征就是：欢乐、温馨、祥和、团圆、团结、爱国、自豪和奋进。春节电视晚会的设计与创作理念，是一份独创的民族性艺术宣言、是一种展示民族自信情感和智慧外化的美好构想、是一片叩问心灵和放飞梦想的天空。春节电视联欢晚会的文化意义在于：它除了具有在中国延续了数千年的"大一统"传统文化的特征外，还契合了中国人以"孝"为核心的家庭伦理道德观念，以及追求"天伦之乐"的民族心理，强化了中国文化中"平和、圆满"的文化理念。如：荣获中国电视文艺"星光奖"特别奖的由中央电视台制播的历届《春节电视联欢晚会》；获一等奖的《陕西 1995 年春节晚会》（第 9 届）、《乡音、乡情、乡恋——1996 年河北台春节晚会》（第 10 届）、《1997 年辽宁春节晚会》（第 11 届）、《九九大拜年——辽宁卫视春节晚会》（第 13 届）、《山海相约——1999 年海南、广西、贵州、海口春节晚会》（第 13 届）、《爱在这方——辽宁电视台 2001 年春节晚会》（第 15 届）、《新世纪，新北京——2001 年北京电视台春节晚会》（第 15 届）、《携手春天——2002 年山东军民春节联欢晚会》（第 16 届）等作品，充分展示了中国电视综艺晚会的策划组织水平、艺术创造理念、艺术创作水平、艺术表演水平、电视艺术节目制作水平、电视技术支持水平和电视综艺晚会作品的传播水平。

（2）纪念性电视综艺晚会

纪念性电视综艺晚会的形态与风格也是多样的。从分类上看，有以下形态：

1）重要事件的周年纪念晚会

无数平常的日子，是因为有思想的人们创造赋予它特定的意义，才使它变成了有价值、有人文内涵的特别日子，记住这些有特殊意义内涵的日子，可以扩大我们文明的宝库、升华我们的灵魂和充实我们的心灵，更可以促使我们的理想和事业走向成功的彼岸。为此，记住这些重要事件，在它们的周年到来之际，创作与传播以周年纪念为主题的电视综艺晚会，就成为承传我们的思想、智慧、文明的途径、载体和方法，这当中同样也涌现出了一大批优秀作品。如：荣获中国电视文艺"星光奖"特别奖、由中宣部、文化部、中央电视台等单位联合录制的《光明赞——纪念抗日战争暨世界反法西斯战争胜利五十周年文艺晚会》（第 10 届）和《春潮颂——纪念党的十一届三中全会二十周年大型音乐会》（第 13 届），获一等奖的《菊苑花芳二百年——纪念徽班进京二百年晚会》（第 5 届）、《丰收大地》（第 7 届）、《人间正道是沧桑》（第 8 届）、《青春之歌——纪念五四运动八十周年大型文艺晚会》（第 14 届）、《纪念黄河大合唱六十周年音乐会》（第 14 届），获二等奖的《万众一心——辽宁省纪念抗战胜利五十周年晚会》（第 10 届）、《越坛春秋百花艳——纪念越剧诞生九十周年晚会》（第 11 届）等。总之，重要事件的周年纪念晚会，是一种重要的主题性类别晚会。充分认识它的内涵价值，并发挥它的作用，对于充实和丰富中华文化是大有裨益的。

2）伟人（名人）的诞辰、讲话或题词等的周年纪念晚会

每一个族群都有自己的圣贤智者，他们对族群的存在和发展所发挥的作用、作出的贡献及其历史价值，是宝贵的、无价的。永远记住他们的功德，并将其作为电视综艺晚会的创作诉求主题，也是理所当然的选择。所以，这一类主题的电

视综艺晚会形态也是不可忽视的。历年来，这方面也创作出了不少好作品。如：荣获中国电视文艺"星光奖"特别奖、由文化部、广播电影电视部、解放军总政治部、北京市人民政府、中国文联主办、中央电视台录制的《山高水长——纪念毛泽东同志诞辰100周年文艺晚会》（第8届），获二等奖的《万古流芳——纪念梅兰芳诞辰100周年》（第9届）、《齐鲁梨园春——纪念德艺双馨演员方荣翔戏曲晚会》（第14届），获三等奖的《元宵晚会——纪念老舍先生90诞辰》（第4届）、《中国民族音乐大师彭修文逝世一周年纪念音乐会》（第12届）、《他在人民心中——纪念刘少奇同志诞辰100周年文艺演出》（第13届）等。

2. 行业专题性电视综艺晚会

行业专题性电视综艺晚会，是指具有某种行业特点的、围绕行业所规定的范围而确立主题思想的综艺晚会。它主要包括开（闭）幕式类电视综艺晚会、颁奖类电视综艺晚会以及其他类电视综艺晚会。

（1）开（闭）幕式类电视综艺晚会

这类晚会是指为各种重大活动的开（闭）幕式举办的电视综艺晚会。它不仅具有鲜明的行业性特征，而且具有较强的及时性，且内容与形态都极为丰富。如：荣获中国电视文艺"星光奖"特别奖、由中央电视台录制的《第十一届亚运会开幕式》（第5届），获一等奖的《纪念梅、周100周年诞辰闭幕式晚会》（第9届）、《第二届中国京剧节开幕式暨1999年新年京剧晚会》（第13届）、《首届上海国际艺术节开幕式暨大型服饰舞蹈——金舞银饰》（第14届）、《大地飞歌·2001——南宁国际民歌艺术节开幕式晚会》（第16届），获二等奖的《相聚在北京——第四次世妇会中国政府欢迎仪式文艺晚会》（第10届）、《星河千帆舞——第三届中国长春电影节开幕式晚会》（第11届）、《灿烂今宵——1997年北京国际电视周开幕式晚会》（第12届）、《吴韵汉风——第五届江苏电视艺术节开幕式晚会》（第13届）、《第十三届大连国际服装节开幕式广场艺术晚会》（第16届）等作品。

（2）颁奖类电视综艺晚会

这类晚会是指为各种评奖活动的颁奖而举行的电视综艺晚会。其特征是具有仪式性和欢庆性。历年来的此类代表作品也很多。如：荣获中国电视文艺"星光奖"一等奖、由中央电视台、长沙电视台联合录制的《第十九届全国电视剧"飞天奖"颁奖典礼》（第14届）和国家广播电影电视总局、上海电视台联合录制的《同在星空下——第十四届全国电视文艺"星光奖"颁奖晚会》（第15届），获二等奖的《日、月、星辰——中国近代史竞赛颁奖晚会》（第8届）、《国际京剧票友大赛颁奖晚会》（第8届）、《第十五届全国电视剧"飞天奖"颁奖晚会》（第10届）、《走向辉煌——第五届五个一工程颁奖晚会》（第11届），获三等奖的《1996年中国音乐电视颁奖晚会》（第11届）、《伊利杯——我最喜爱的春节晚会节目颁奖晚会》（第 13 届）、《2001 年元宵晚会暨"非常可乐杯"我最喜爱的春节晚会节目评选颁奖晚会》（第 15 届）、《今夜相声灿烂——首届 CCTV "大红鹰"杯全国电视相声大赛颁奖晚会》（第 16 届）等。

（3）其他类电视综艺晚会

这类晚会是指除上述两类晚会外的行业专题性晚会。其一般具有主流意识宣教性和适时性。代表作品如：荣获中国电视文艺"星光奖"一等奖、由中央电视台录制的《科学与和平文艺晚会》（第 4 届）、由中央电视台录制的《欢歌奔向新世纪——1999 年双拥晚会》（第 13 届）和四川、广西、云南等 12 家电视台联合录制的《西部神韵——中国西部电视集团大型歌舞晚会》（第 14 届），获二等奖的《共有的家园——中国 99 昆明世博会世博之夜文艺晚会》（第 14 届）、《奥林匹克星——欢迎奥运健儿凯旋晚会》（第 15 届），获三等奖的《奥林匹克梦》（第 8 届）、《方寸情缘——中国集邮笑迎明天》（第 10 届）等。

3. 适时性电视综艺晚会

适时性电视综艺晚会，是指为配合国际、国内某一特定时期的宣传或诉求任务而举办的有特定主题的电视综艺晚会，它主要包括公益活动类电视综艺晚会和特别类电视综艺晚会两类。

（1）公益宣传活动类电视综艺晚会

公益宣传活动类电视综艺晚会，是指为了宣传和鼓动大众积极参与社会公益活动而举办的电视综艺晚会。如：荣获中国电视文艺"星光奖"特别奖、由中央电视台录制的《风雨同舟，情暖人间》（第 6 届）、由中央电视台、中华慈善总会、中国红十字会总会联合录制的《我们万众一心——抗洪赈灾募捐演出》（第 13 届）以及中宣部、解放军总政治部、国家广播电影电视总局、中央电视台联合录制的《抗洪精神颂》（第 13 届），获一等奖的《我是一个兵——心连心艺术团"八一"慰问演出》（第 11 届），获二等奖的《情系三湘——湖南 1999 赈灾文艺晚会》（第 13 届）、《为了灾区的孩子》（第 13 届）等优秀作品。

总之，公益宣传活动类电视综艺晚会的产生与存在，对于净化社会、打造族群文明、促进民众和谐生活等都有积极的意义。

（2）特别类电视综艺晚会

特别类电视综艺晚会，是指某一特定时期中因特殊需要而专门举办的非公益宣传活动类的电视综艺晚会。如：荣获中国电视文艺"星光奖"一等奖的《金曲颂中华——百部爱国主义影片主题曲晚会》（第 9 届）、《迎回归，爱祖国万人歌咏大会》（第 12 届）、《为中国喝彩——洛杉矶大型焰火音乐歌舞晚会》（第 12 届）、《中国利群之夜——维也纳的东方神韵》（第 13 届）、《上海，悉尼——2000 年的跨越》（第 14 届）、《同一首歌——"为奥运加油"大型歌会》（第 15 届），获二等奖的《中国心——迎接澳门回归祖国倒计时一百天天安门广场大型音乐会》（第 14 届）、《红岩魂——创造重庆的辉煌》（第 14 届）、《走进大峡谷》（第 14 届）、《为中国喝彩——希腊雅典》（第 16 届）、《为中国喝彩——非洲之夜》（第 16 届）等作品。

二、中国电视综艺晚会的发展

中国电视综艺晚会，经历了萌芽、诞生、演变等丰富的成长变迁过程。中国电视综艺晚会的历史，目前还是一个需要深入研究的学术课题。探究中国电视综艺晚会的变迁历史，是为了从中分析研究出其成长变迁的规律和经验得失、肯定中国人的智慧和艺术创造能力与创造水平，以利于进一步给国人创造和奉献出更多更精美的精神食粮。事实上，已经开展的对中国电视艺术的研究，就是一种具有重要历史与现实价值的历史性研究。

中国电视综艺晚会的一切，都依赖于中国电视业的整体发展进程。中国电视事业与中国电视综艺晚会艺术的源起与成长，有着良好的社会政治、经济、文化和技术环境。新中国成立后，一切社会面貌焕然一新，广大民众倍感新生活的幸福美好和光明前景，族群的积极向上的健康心态营造了一个团结奋进的社会氛围。在建国不到十年，世界电视仅发端 22 年后，中国电视艺术也随着中国电视的诞生（1958 年）而产生了。这项事业的兴起并非偶然，而是中国社会健康发展的必然。应该说，这是中国人值得自豪的地方。

我们以中国电视综艺晚会的纵向变迁史实为依据，将中国电视晚会艺术的变迁历程划分为：萌生探索时期、干扰停滞时期、复苏勃兴时期、多元取向时期四个阶段。

（一）中国电视综艺晚会的萌生探索时期（1958—1966）

从"中国电视综艺晚会艺术历史学"的角度看，中国第一台完整的电视综艺晚会的历史，始于 1958 年 6 月 26 日，即北京电视台开始了第一次剧场转播——中国电视综艺晚会的早期形态——舞台演出节目的实况转播。自人们把剧场晚会移植进电视台演播室予以传播开始，电视就已成为晚会节目的载体，中国电视综艺晚会也由此诞生。由于电视的即时传真特性，使电视观众能在同一时间里看到剧场演出的实况。因此，在其后的相当一段时间里，剧场演出的转播成为了电视艺术的重要形式。1960 年，北京电视台首次在演播室中排练并播出了一台集诗歌朗诵、相声、戏曲、歌舞于一体的综合性春节文艺晚会，这是中国在综艺晚会艺术形态与结构上定格的第一台电视综艺晚会。

在起步阶段值得一提的是以下几台晚会。

1961 年 8 月 3 日，北京电视台首次举办了以"笑"为主题的专题晚会，内容是相声演员表演的相声。1962 年 1 月 20 日，举办了第二次《笑的晚会》。1962 年 9 月 30 日播出了第三次《笑的晚会》。其中，创作了一些适于电视演播的喜剧节目。为探索新形式积累了有益的经验。

1961 年 7 月 1 日，举办了毛泽东诗词欣赏晚会。目的主要是配合政治活动，以诗为主，配合歌舞，具有诗情画意、歌舞纷呈的中国特色。

这一阶段电视晚会从无到有，是中国电视综艺晚会的初创时期。

（二）中国电视综艺晚会的干扰停滞时期（1966—1976）

中国在 20 世纪中期出现的"文化大革命"运动，的确差点"革"了中国文化的"命"。这个运动对中国传统文化和新生的文化形态，造成了史无前例的毁灭性灾难，使许多文化形态在"运动"期间被迫处于停滞状态甚至消失。

所幸的是，作为现代重要传媒的"电视"，以其特有的工具性价值与功能——宣传喉舌，在"文革"时期得到了某种特别的重视与加强。如为了紧密配合与加强时政"宣传"也自办一些电视文艺节目。尽管如此，作为初创和发展中的电视综艺晚会，同其他电视艺术形式一样，还是大势所趋，难逃厄运，处于无所作为的瘫痪状态。"文革"时期，全国大多数电视台被迫停办，北京电视台（中央电视台前身）也受到限制和管制。这一时期的电视节目，多以实况转播为主，总体上自办节目很少。

总之，1966-1976 这十年，对于中国电视综艺晚会来说，既没有变异性发展，也没有渐进式成长，留下的只是中华民族历史性的悲歌和永恒的痛。

（三）中国电视综艺晚会的复苏勃兴时期（1977—1997）

中国电视综艺晚会的复苏勃兴期，可以分为承前启后的两个阶段——复苏阶段与勃兴阶段。这一时期是中国电视综艺晚会成长的关键时期，今天中国电视综艺晚会的成就，在很大程度上取决于这一时期的全面复苏和探索。

复苏阶段（1977-1978），在艺术的百花园凋零殆尽之时，充满人文气息的艺术春风终于到来，中华大地的文化坚冰被打破、航线被开通，中国的电视艺术和所有艺术一道随之复苏了，电视综艺晚会又燃起了她那充斥着无限激情的烈火。1978 年 2 月 6 日，北京电视台举办了粉碎"四人帮"以后的第一次春节联欢晚会，我国文艺界著名人士纷纷出席并表演节目，这标志着我国电视文艺开始恢复，并呈现出蓬勃的生机。

任何事物有了萌芽，并有了适宜生长的时机和环境，就会迅速地生长。中国电视综艺晚会自复苏之日起，就出现了"千军待发"之势，迅速进入了勃兴发展的阶段。尽管复苏阶段的时间短暂，其意义却十分深刻而深远。

勃兴发展阶段（1979-1997），随着中国社会秩序的全面恢复和广泛开展的"实践是检验真理的唯一标准"大讨论，以及实事求是、解放思想、冲破禁区等新型观念的广泛传播，中国电视业迎来了大发展的好时机。此时，北京电视台已于 1978 年 5 月 1 日改名为中央电视台。随着电视传输技术水平的提高，传播范围日益扩大，为中国电视艺术的发展奠定了强有力的基础。加上各种奔涌而来的艺术思潮和观念，为中国电视综艺晚会的创作和传播，提供了新的理念、新的方法和新的机遇，真正出现了百花齐放的局面。

从上世纪 80 年代中期开始，电视综艺晚会逐渐将舞台上表演的歌舞、相声、魔术、杂技、戏曲以及经过嫁接（戏剧教学练习的小品与民间流行的滑稽戏相结合）的戏剧小品等艺术形式引进电视晚会，构成了电视综艺晚会的常规节目内容。其中歌舞、相声、小品成为不可或缺的春节晚会的三大节目支柱。尤其是电视小品的成功嫁接，使电视晚会开始有了自己的"特色产品"，在观众中产生了较大的反响。随着这一阶段从中央到地方各电视台各种晚会的迅速走红，电视综艺晚会进入鼎盛时期，形成了《新闻联播》、电视剧、电视晚会"三足鼎立"的电视节目收视格局。

回顾电视综艺晚会艺术理念的完整确立到外化展示模式的形成，其标志是"1983 年春节联欢晚会"的创作播出。1983 年中央电视台导演黄一鹤和邓在军联合执导了第一届春节电视联欢晚会。其中，王景愚的小品《吃鸡》、严顺开的小品《虎妞与阿 Q》；李维康、马长礼的京剧唱段；胡松华、斯琴高娃的歌舞；李谷一、刘晓庆、郑绪兰的演唱等，都给观众留下了难以忘怀的印象。从此，应运而生的各类电视晚会好戏连台、异彩纷呈、绵延不绝。既丰富了中国电视艺术的内涵，又滋润了中华民族的心灵，满足了民众对艺术消费的精神需求。

在这一阶段，电视综艺晚会的创作空前繁荣，总体上呈现出健康成长的变迁发展态势：各种评价机制已经开始确立并成熟；从业队伍不断扩大；学科建设出现了前所未有的大发展；观众被引导到了一个对电视艺术文化有新认识的层面，欣赏电视艺术的水平有历史性的提高；观众需求更加多样化；行业行为更加自觉；录制技术与演出环境也有历史性新发展；观众参与的节目互动模式开始形成；晚会主持人取代了功能单一的晚会报幕人；相关学术研究成果也日益丰硕。这些，都为电视综艺晚会创作的多元取向与定位，提供了保障，进而也为观众提供了欣赏和享受更多更好的艺术文化文本的可能。

总之，在这一时期中，电视综艺晚会已经由单一主体、单一主题、单一手段、单一运作机制、单一呈现形式的传统电视晚会，开始成长为一种独具中国特色的现代电视艺术样式。不争的事实证明：中国电视综艺晚会，不仅已成为中国观众最为喜闻乐见、最为熟悉与喜爱的一种大众化艺术形式，同时，也已成为中国观众接触和观看演出艺术最多的一种艺术形式。

（四）中国电视综艺晚会的多元取向时期（1998— ）

这既是人类跨世纪的一个时期，又是中国社会生活发生深刻变革的一个时期，也是中国电视艺术大发展的时期。随着人类生存环境和生存条件的不断更新、电视数字化技术的迅猛发展、中国综合国力的增强、电视产业化时代的到来，电视综艺晚会在面临众多挑战与困难的同时，也赢得了许多不可多得的发展机会和条件。此阶段的电视综艺晚会，一方面，因创新不足而步入低迷状态，原先备受观众喜欢的相声小品开始走下坡路,歌曲已经悄悄自立门户,转向了音乐电视;同时,《东方时空》、《实话实说》、《焦点访谈》等一大批栏目的崛起,彻底打破了原来"三分天下"的电视节目格局。再就是上星电视台的不断增加,使电视节目竞争日趋激烈,观众看电视有了更大的选择空间。所有这一切对电视综艺晚会来说无疑是雪上加霜。为此,中国电视综艺晚会在艰辛求索中,踏上了多元取向的调整与发展之路。

中国电视综艺晚会艺术的多元取向发展,主要集中在:参与者多元化、主题多元化、形式多元化、艺术风格多样化、机制多元化、节目多元化等几大方面。

首先,电视综艺晚会的参与者多样化,这也可称之为电视综艺晚会的"主体多元化"。一方面,电视综艺晚会的观众参与面被拓宽,观众层面越来越丰富,使晚会呈现出立体感、活跃感、厚重感;另一方面,参与策划和出资支持创作电视综艺晚会的单位增多。具体表现在行业性电视综艺晚会风起云涌,日渐兴盛。涉足电视晚会的行业越来越多、晚会策划也越来越细、越来越深入。由此判断:电视综艺晚会在中国是具有广大受众基础和发展前景的一种艺术形式。

其次,电视综艺晚会的主题多元化。跨世纪以来的中国电视综艺晚会,主题更具多元开放性。既有大量高扬主旋律的主题晚会的举办,也有为经济建设保驾护航的主题晚会的存在;既有以众多节日庆典活动为主题的晚会,也有以艺术欣赏为主题的晚会。总之,这个阶段的电视综艺晚会的主题诉求,真可谓是百舸争流、各领风骚。

再次,电视综艺晚会形式多元化。这期间的电视综艺晚会形式,一方面,举办场所与空间进一步拓展且丰富多样。如:这个期间的春节电视联欢晚会,不仅规模越来越大、形式和内涵越来越丰富、创作理念与手段也越来越新颖。可以说,收看并欣赏春节电视联欢晚会已经成为中华民族的一种新民俗。事实证明,这种晚会形式最具有艺术创造取向与定位标志性。此外,像"心连心"、"同一首歌"等这样在乡村、工矿、学校、军营等野外场所举行的大型电视综艺晚会,也是越来越多。另一方面,这个期间的电视综艺晚会的展示形式与结构,更加多元而丰富:既有在一台晚会上进行多种艺术化综艺展示的电视综艺晚会,也有在一台晚会上只展示一两个艺术形式的晚会,也有单一主题和单一艺术体裁展示的电视综艺晚会。同时,在形式与结构理念上,既前卫、新颖,又贴近大众,使电视综艺晚会越来越具有观赏性。

第四,电视综艺晚会的艺术风格多样化。这个期间的电视综艺晚会,几乎使电视综艺晚会这种艺术载体的功能发挥到了极致,并使电视艺术价值得到了充分体现。这一切主要反映在电视综艺晚会艺术风格多样化上。1. 电视综艺晚会导演风格各异。如:同是中央电视台的春节联欢晚会,年年花相似,却朵朵色不同;2. 创作理念各异。如:每年文化部举办的春节电视综艺晚会,就与中央电视台的春节晚会不同。前者更具有经典的艺术性，后者更具有大众同乐性；3. 电视综艺晚会的主持人风格各异。由于主持人不同的外形气质、主持旨趣、性格修养等，都会对一台电视晚会风格的形成起着重要的作用。所以，不同的主持人登场，自然会使各台晚会的风格不尽相同；4. 不同诉求主题间的风格差异；5. 电视综艺晚会采用的技术体系与技术指标的风格差异。如：在一台晚会中进行两地节目信号互传，就能使晚会风格有所变化。总之，这时的电视综艺晚会的艺术风格，进入了历史上最丰富、最新颖的时期。

第五，电视综艺晚会的机制多元化。这一时期决定或制约电视综艺晚会创作与传播的机制，较之以往朝着多元化的方向发展：一是具有电视综艺晚会创作动机的主体不是单一的了。除电视台外，既有政府部门也有企业和中介公司，它们或联或独地促使晚会设计创作得以实现。这其间的运行机制就与传统的运行机制有了很大的不同。比如：于 2002 年 12 月 15 日在北京保利剧院首演的中国歌舞团建团 50 周年的综艺晚会，就引入了市场化操作的模式——"由文化部拨款 150 万元、企业赞助 200 万元和银行贷款 200 万元。中国文化艺术有限公司三年全国巡演独家代理，目标是收回 2000 万元。"二是供给和保障电视综艺晚会运行的资源机制多样化。首先，政策支持与赞助利益共享的运行机制模式。如：东方歌舞团建团 40 周年大型异国风情歌舞晚会于 2002 年 1 月 11 日在北京保利剧院首演的运行机制，就是很正式的市场运作机制。有评价说其"投资近 300 万元，中文票务独家买断北京 24 场演出的票房，在全国演出 40 余场，早已收回成本并获得经济效益。晚会在结构和形式上做了新的尝试，歌舞编排也有新意，赢得观众的好评，是一次成功的市场运作"。其次，诉求单纯公益效益支持的运行机制模式。再次，商业化市场运行机制模式。另外，初级电视综艺晚会产业化运行机制模式等等。这些模式的产生和并存在探讨和创造中国电视综艺晚会发展道路的历程中，具有十分重要的历史价值。

最后，中国电视综艺晚会节目的多元化。自从告别了报幕员的"报幕式"电视综艺晚会以后，电视综艺晚会节目的多样化就开始了。尤其是跨世纪时期，电视综艺晚会节目的多样与丰富，已发展到了争奇斗艳、目不暇接的程度。这很好地喻示了中国电视综艺晚会艺术形态具有的成熟性和魅力感。

总之，跨世纪多元取向阶段的中国电视综艺晚会，在其理念、模式、机制、形态、规模、创作者、作品集、研究者和价值贡献等多方面，都具有历史的新发展、新成就，是一个可圈可点的重要发展历史时期。

综上所述，中国电视综艺晚会多年的发展历程，已经为其谋求未来的发展积累了宝贵的财富，只要不断加深对电视综艺晚会本质特征及其艺术规律的认识，这朵电视艺术奇葩一定能开放得更加艳丽夺目，更加令人喜爱。

第二节　中国电视娱乐节目

一、电视娱乐节目概述

电视娱乐节目作为一种几乎与电视的诞生同时问世的传统电视节目样式，从来是电视节目中的一个主要的组成部分。这类节目在其产生、流变和发展的各个阶段，始终坚持以"娱乐大众"为宗旨的个性化、时尚化节目路线，专以益智、竞猜、博彩、夺奖等多种为观众喜爱的游戏性节目形式，去满足人们或求知、或猎奇、或追名、或逐利的心理和乐于参与节目的表现欲望，从而达到保有并不断提高收视率的目的。电视娱乐节目的这一定位，使其从问世以来就成为一种一直受到较多观众喜爱的电视节目样式。

电视娱乐节目的兴起和风行，既是社会安定，政治开明，经济、科技、文化艺术繁荣发展的产物，也是大众精神需求多元化的产物。它的产生与发展有着历史的必然性：首先，娱乐节目不会兴盛于战争或动乱年代——在人民大众最基本的生存条件都没有保证的情况下，人们根本无暇顾及电视娱乐节目；其次，电视娱乐节目不会风行于唯政治化创作倾向的社会背景下（如"文化大革命"那样的社会背景下）；再次，电视娱乐节目很难产生于社会经济极度贫困的情形下——无论传者，还是受者，都无力从事电视娱乐节目的制播和收视。总之，电视娱乐节目的产生和发展不仅要有一定的物质条件，还要有民主、和谐的政治背景和轻松、自由的艺术创作氛围。

（一）电视娱乐节目的界定

"娱乐"在作为动词时，其含义是"使人快乐"和"使人消遣"；在作为名词时，其含义则是指"快乐有趣的活动"。从传者的视角看，电视娱乐节目就是应用现代电视通信技术、通过电视传播渠道播出的以"使观众快乐、让观众消遣"为第一目的的电视节目；从受者的视角看，电视娱乐节目就是一种通过收看使自己感到"快乐有趣"的文化娱乐活动。

广义的电视娱乐节目，泛指所有能够带给观众快乐的电视节目。从性质上看，电视娱乐节目属于一种电视游戏活动；从范围上看，电视娱乐节目几乎涉及现有各类电视节目，如：电视剧、新闻节目、文艺节目、体育节目等；从内容上看，电视娱乐节目几乎可以涵盖一切具有娱乐功能的活动，如：文艺、体育、教育等活动；从形式上看，电视娱乐节目在以游戏为其总形式的前提下，又可分为益智类、谈话类、资讯类、竞猜类、博彩类等节目形式。

狭义的电视娱乐节目，是指以电视传播为载体，以节目主持人为中心，以观众（场内、场外）为节目主体，围绕设定的主题开展具有鲜明游戏性游乐活动的电视节目。"电视传播"在这里主要用于使其区别于广播、报纸等媒体的传播方式；"中心"在这里是指游乐活动规则的执行者和协调者；"节目主体"是指参与节目的主要表演者；"游乐活动"指游玩嬉戏的活动；"游戏性"是指电视娱乐节目在性质上区别于其他电视节目的特性。

以上笔者尝试着对"电视娱乐节目"这一概念，从广义、狭义两个方面进行了一些廓清和界定。本文研究的主要是狭义意义上的电视娱乐节目。

（二）电视娱乐节目的主要特征

研究特征从来是研究事物的重要环节。研究电视娱乐节目，不能不研究它所具有的种种特征。我们只有准确、全面地了解并把握其特征，才能准确、全面地了解并把握电视娱乐节目。电视娱乐节目不仅内容丰富、形式新颖，而且具有鲜明的娱乐化、大众化、时尚化、商业化和模式化的特征。

1. 娱乐化

娱乐化是电视娱乐节目最重要的属性。从内容上看，娱乐节目大都选择一些轻松消遣的、能给人以精神鼓舞或慰藉的、观众认同面较广的节目作为主体内容；从形式上看，娱乐节目多以具有较强的感官刺激效果的电视游戏活动为主要表现形式；从文本创作上看，娱乐节目的文本创作故意忽略节目时间意识、历史意识与观众所处现实状态之间的联系，采用一种主题浅显的、情节流畅的封闭式游戏创作文本——这种文本能缓释由于人与人之间的不同（这种"不同"常常被许多人认为是不公平）而引起的一些愤懑情绪，形成社会凝聚力；从主持风格上看，娱乐节目的主持人通常采用或幽默诙谐、或风趣调侃、或自然亲切的表达方式，烘托、渲染现场气氛，收到哗众取宠的效果，以突出电视娱乐节目娱乐化的主题诉求。总之，电视娱乐节目的任务不是要观众正襟危坐地去体验神圣感、崇高感、使命感和责任感，而是要凸显开心快乐的主题，以新颖、时尚、轻松、搞笑的节目，满足大众求新求奇的心理和喜爱游戏的天性，达到娱乐大众的目的。

2. 大众化

"大众化"是指使某种事物适合广大群众需要的过程。电视娱乐节目明显具有适合广大群众需要的大众化特征。它的这一特征具体表现为：

1）节目理念的大众化。在电视娱乐节目的创作理念中，创作者故意不注重对曲高和寡的精英文化的诠释与表达，而有意推崇对通俗流行的大众文化的解构与展示。在消解电视文化内涵与价值的过程中，倡导电视节目的平民意识和主题表层化原则。

2）节目形式的大众化。电视娱乐节目在形式上非常强调观众的参与和人际间互动交流的传播效果。首先，其节目形式一般均由主持人、嘉宾和场内（外）观众共同组成，其现场观众（有时甚至连场外观众）已经不再是"观看表演的人"这一原本意义上的观众，而已经成为参与表演的"演员"，成了电视娱乐节目不可或缺的节目元素；其次，由于每一期节目都有不同的嘉宾和观众源源不断地加入其中，使节目内涵得以丰富。同时，与社会各界民众接触、交流的界面也日益广大；最后，场外观众对电视娱乐节目的参与，扩展了节目时空，拉近了观众与电视的距离。

总之，注重对普通民众审美心理的观照，使电视娱乐节目呈现出明显的大众化特征。

3. 时尚化

"时尚"即当时的风尚。电视娱乐节目时尚化是现时风尚在电视文化中的直接反映，是电视娱乐节目所具有的追逐现时风尚的特性。电视娱乐节目的时尚化理念始终贯穿于节目的创作过程，如：主持人在主持节目时，常常会使用一些时下流行的话语，做出一些时髦的动作，并且会尽可能表现出迎合大众口味的姿态。尤其在娱乐节目的包装和设计中，时尚、流行的观念更是其重要的创作理念和诉求指向，如：演播室的布景、道具、灯光设计；主持人的服装、化妆以及发型设计；节目片头、片花、字幕的设计等，无不体现出电视娱乐节目特有的鲜活灵动、时尚新潮的风格样式。

4. 商业化

"商业"是以买卖方式使商品流通的经济活动。电视娱乐节目作为电视化文化艺术商品，其商业化特征是明显的：第一，电视媒体利用娱乐节目取悦大众、迎合大众，能够获得较高收视率的优势，赢得商家的广告投入，从中获取经济收入——这种商业化运作模式是电视娱乐节目持续发展的根本保障；第二，电视娱乐节目一贯推行优胜者得奖原则，使其在节目中对优胜者进行奖励时，可以毫不避讳地宣传赞助企业及其产品。这种充满商业气息的"奖励机制"，不仅对场内、场外的参与者，而且对赞助厂商，无疑都具有极大的诱惑力——其商业动机尽人皆知；第三，电视娱乐节目的制播目的与其他商品生产的目的是完全一致的，都是为着追求最大的投入产出比。为了制造轰动效应，追求新奇效果，以满足观众的好奇心，使节目保有较高的收视率，娱乐节目的制作者常常需要出高价邀请名人或"明星"来"撑台助阵"，高成本地聘请有名的舞台设计师对演播室的灯光、音响、背景及场地等进行全方位的配置与装饰，从而使整个舞台能够产生较强的视觉冲击力。尽管电视娱乐节目在制作时需要投入较大的经费，但因其能赢得观众，有较高收视率，能得到很好的广告回报，其用于节目制作的费用与所获得的广告收入相比不过是九牛一毛——电视娱乐节目的商业化运作模式，使其不能不具有商业化特征。

5. 模式化

"模式"是某种事物的标准形式或使人可以照着做的标准样式。电视娱乐节目的模式化，是指所具有的标准形式或标准样式的性质。电视娱乐节目属于"文化快餐"类大众文化消费产品，这类产品一般都免不了复制性和模仿性，如：美国 CBS 的《老大哥》与法国的《阁楼故事》、中央电视台的《城市之间》与法国电视一台的《城市之间》、上海电视台的《相约星期六》与台湾的《非常男女》、湖南电视台的《快乐大本营》与香港的《综艺 60 分》等，几乎都是换汤不换药的翻版之作。电视娱乐节目的生产之所以会出现"模式化现象"，是因为模式化可以缩短生产周期，降低制作成本。模式化在电视娱乐节目的起步阶段有其积极的一面。但长此以往，则势必因创作的匮乏而有碍电视娱乐节目的成长。

（三）电视娱乐节目的分类

"分类"是先将整体事物划分成几部分或使联在一起的事物离开，然后再把属性相同（相近）或条件相等的事物综合起来。对电视娱乐节目进行分类，是认识和研究电视娱乐节目的重要基础，其成果不仅对电视娱乐节目的发展具有重要的现实意义，还将产生重要而深远的影响。本文将以"同一性"即相同或相近的属性和相等的条件为原则，以节目形式为划分标准，对电视娱乐节目的类型试着进行一个大致的划分：

1. 综艺游戏类

"综艺"在这里特指"综合文艺"，它包括音乐、舞蹈、相声、小品、魔术、杂技等艺术形式的综合；"综艺游戏"是指有机组合多种艺术形式的娱乐活动。"综艺游戏"既可以是将两种或两种以上艺术形式有机组合于一次娱乐活动，也可以是对各种单一艺术形式的娱乐活动的总称。

综艺游戏节目是一种很有观众的常见娱乐节目，通常能创造较高的收视率。如：英国的《敢玩俱乐部》、台湾中视的《食字街头》和《我猜我猜我猜猜猜》、湖南电视台的《快乐大本营》、北京有线电视台的《欢乐总动员》、安徽电视台的《超级大赢家》、广东电视台的《共度好时光》、江苏电视台的《超级震撼》以及云南电视台的《今夜星辰》等等，都属于此类节目。

综艺游戏节目内容涉及面广，形式复杂多样，非常难以归类，只能从总体上把握其特点。首先，综艺游戏节目在创作理念上并非照搬原有艺术内容，亦非机械地将几种艺术形式拼凑起来，而是在新的节目理念统领下，重新整合、改造原有节目内容和形式（常用篡改或戏拟等手法），使其产生新意，达到搞笑的效果，满足观众对娱乐的需求；其次，综艺游戏节目在内容上几乎涉及现实生活的方方面面。有传统的文艺表演节目，也有经过"改造"后的创新节目（或对影星、歌星的模仿，或对某些竞技规则的戏拟等），甚至还有一些专业领域的游戏节目（如旅游、购物、饮食、古董、冒险等）；再次，综艺游戏节目在形式上常常花样翻新，追求新颖别致、不拘一格的效果；最后，综艺游戏节目在结构上往往根据不同的主题诉求，设置不同的板块、单元或环节，这些版块之间既可以是相互联系的，也可以是彼此独立的，具有很大的灵活性。

总之，综艺游戏节目是在新的节目理念下、综合多种新兴的电视视听手段、对传统电视综艺节目进行"革命"的产物,它在满足电视观众求新求奇的心理需要的同时,表现出媒体对观众的极大的亲和力,反映出电视在本体意义上的亲民性。

2. 益智博彩类

"益"是增加、更加的意思,"智"就是智慧。"益智"增加智慧;"博"即赢得,"彩"指游戏中奖给获胜者的财物,"博彩"就是获得奖励;"益智博彩"的意思是使人增加智慧赢得奖励。

电视益智博彩类节目兴起于美国,它最早是从广播中的智力竞赛节目转换来的。当时广播的奖金并不高,只是一种象征性的奖励,目的是为了引起听众的兴趣。1955 年,美国 CBS 效仿广播电台播出的《带走它或留下它》(Take It or Leave It) 节目,推出世界上最著名的节目《六万四千美元问答》(The ＄64 000 Question)。该节目以其高额奖金(连失败者都能获得一辆凯迪拉克轿车)产生的巨大诱惑力吸引了大量的电视观众,节目仅开播后的三个月,竟有 89％的观众收看了这个节目。这一节目的走红,引来了各电视台的纷纷仿效,很快便出现了《六万四千美元挑战》(The ＄64 000 Challenge)、《二十一分》(Twenty-One) 等大量类似的节目,一些著名的智力竞赛节目也就随之诞生了。到 1957 年,这类节目在美国商业电视网收视率排行前十名的节目中已占据了一半的比例。尽管后来因为《二十一分》节目以及其他一些类似节目作假的丑闻(在赛前就将答案告诉制作方选定的参赛者),使智力竞赛类节目受到很大的挫折,但是,在经过一段时间的调整与整顿之后,受人欢迎的智力竞赛类节目很快又恢复起来,并一直延续至今。

总体上讲,自上世纪 50 年代以来,世界各国的电视智力竞赛节目发展都很迅速。在我国,最为成功的智力竞赛节目,就是上世纪 90 年代中央电视台创办的《正大综艺》栏目。其后,由于智力竞赛节目受到广大观众的普遍欢迎,各地方电视台纷纷推出各种各样的知识竞赛节目,以致形成一股席卷全国的"智力竞赛风潮"。当时的智力竞赛节目,从主办方而言,其主旨是通过开展益智活动,达到提高大众参与意识,普及文化知识的目的(当时对优胜者的奖励主要是一种精神上的鼓励,即便有一些物质奖励,也仅是表示节目制作方的一点心意而已,实在是微不足道的,没有当今益智类节目中流行的博彩意味);从参与者角度看,参赛者基本上是为名不为利的——能够获得一个展示自己才学、实现自我表现欲望的机会,他们就感到十分满足了;对现场观众来讲,能够被选中参与到节目制作当中本身就够荣耀的了,怎么还会计较是否得到奖品呢?

随着电视娱乐节目以及益智博彩节目迅速在世界范围的推广,以高档奖品为吸引力的商业化电视益智博彩节目,以中央电视台李咏主持的《幸运 52》为标志,开始在我国大陆盛行起来。《幸运 52》是一档从英国(电视游戏节目的发祥地）引进的节目，其收视率稳步提高，且名列前茅，为制作方带来了丰厚的回报。之后，央视仿效英美《谁想成为百万富翁》节目样式，又推出了《开心辞典》栏目，同样取得了很大成功；还有重庆卫视的《魅力21》、江苏卫视的《夺标800》等，都有较大的影响；香港亚视推出的《百万富翁》（香港版）以及无线台推出的英国广播公司开发的《最弱一环》的香港版《一笔OUT消》。由于节目名声大、人气旺，使其节目主持人陈启泰、郑裕玲得以跻身香港十大艺人的行列；台湾的益智博彩节目发展较早，而且相对成熟，如：台湾华视推出的《超级BANGBANGBANG》，奖品价值已高达50万元。台视仿效《谁想成为百万富翁》制作的《超级大富翁》，奖金居然达到100万元。由于巨额奖金的刺激与节目的搞笑，其节目收视率高居不下，收益上成绩斐然。

尽管电视益智博彩节目形态各异、变化多端，但是，归根结底，电视益智博彩节目的本质特征不会变。首先，在节目理念上，比赛规则是益智博彩节目的创作核心，它的设置是以竞争性和刺激性为原则的。因为竞争的场面，一方面能增加节目的紧张感，另一方面能展示参赛者在与他人比赛时的状态与比赛过程，满足观众的心理期待。而高额奖品或奖金的刺激，既能吸引大量节目参赛者，也能引起众多观众的关注，增加节目的收视率，使节目有好的收益。其次，从节目形式上看，第一，益智博彩节目是由围绕节目规则设计的一些相互关联的板块构成的；第二，这类节目一般由主持人、参赛者、现场观众和场外观众共同组成；第三，这类节目的主持人一般为一人，也有两人主持的（通常各自主持一个板块）；第四，这类节目的竞赛既可以在两人或多人之间展开，也可以是参赛者面对规定问题的自我挑战。再次，在节目节奏上，益智博彩节目的节奏通常是紧张的，与其他综艺游戏节目存在明显差别。其外部节奏的变化与事先设置的比赛规则相关。如：节目进展何时紧、何时松，怎样才能张弛有度等；其内部节奏的变化则与参赛者和观众有关。因为观众的情绪与参赛者答题的对错直接相关，这种情绪随参赛者的输赢、对错形成了节目丰富多彩、起伏跌宕的节奏变化，也影响并决定着节目的总体节奏。最后，从传播方式上看，益智博彩节目从一开始就具有观众参与的特点。正由于此，这类节目兼容了大众传播、人际传播和自我传播等传播类型，形成了多元互动的传播效果。如：主持人与参赛者、现场观众之间的人际传播，主持人与场外观众的大众传播以及参赛者的自我传播等。

目前，在国内，益智博彩节目以其强烈的竞争性和刺激性，赢得了广大电视观众的青睐，满足了大众的心理需求，开始走向一个成熟的发展阶段。

3. 资讯类

"资讯"即提供信息，娱乐资讯节目是以提供娱乐信息为主的节目。这类节目兼有娱乐和新闻的特性，它既强调事件的真实性，也突出报道理念上的娱乐性。大陆的娱乐资讯节目一般时长为30分钟，台湾的节目时长最长可达150

分钟。

娱乐资讯节目在电视节目中占有重要的位置。如今，世界大部分电视台都有娱乐资讯节目。据了解，美国的 ABC、CBS、CNN、NBC 等很有影响的电视网，每天有半小时左右的娱乐资讯节目。中国大陆首开娱乐资讯类节目先河的当属北京光线传媒的《中国娱乐报道》，它首次将娱乐界的新闻轶事，以新闻的方式进行报道，以丰富的明星资讯和娱乐信息，满足了观众对明星动态和各类文艺资讯的日常心理需求；娱乐资讯报道尤其引起了广大青少年观众的极大兴趣，满足了他们"追星赶潮"的心理需求。之后，上海、湖南、福建等地电视台陆续开办了娱乐资讯栏目。如：湖南卫视的《娱乐无极限》、北京生活频道的《娱乐通天下》等。

娱乐资讯节目在报道内容上，既有电影、电视、音乐、舞蹈、相声、曲艺、文学、绘画等知名人士、明星大腕的动态，又有文化娱乐方面的政策、管理、机构、产品、市场等信息，以及娱乐界人士的轶闻、趣事等，内容涉及广泛，报道资源丰富。

娱乐资讯节目在报道形式上，突出节目的娱乐特性。首先，与常规新闻报道相比，娱乐资讯节目在报道娱乐活动时，会用较长的时间展示活动的内容。如：演唱会的现场实况，晚会的实况演出等；其次，娱乐资讯节目经常采用对娱乐活动的"链接式"报道。如，在报道演唱会实况时，记者通常会到后台拍摄有关表演者的花絮，也会到观众中采访，了解他们的反映，还会在节目进行中对有关表演者的个人情况加以介绍等。这种集中展示，不仅满足了观众对某一娱乐信息的多元需求，而且也使娱乐资讯节目产生一种特有的情绪氛围；最后，娱乐资讯节目报道形式较新闻节目灵活，如：台湾东风卫视的娱乐资讯节目《亚洲娱乐中心》，其主持人在主持节目时，将播报、单人脱口秀、谈话、电话采访和滑稽表演等方式集于一身，增强了趣味性和可视性。

目前，大陆的娱乐资讯节目与国外同类节目相比，信息量小，报道面窄，主持方式单一，与国外有较大的距离，存在许多不足。希望在未来的发展中这些问题能得到根本性解决。

4. "真人秀"类

"真人秀"节目是一种新型的电视节目样式，也有人称之为"游戏秀"或"纪录片式的肥皂剧"。从性质上看，它属于纪实性的游戏节目；从功能上看，它融娱乐性、知识性、可视性等多种功能于一体；从形式上看，它集合了游戏、谈话、竞技、纪录片和新闻报道等多种形式。

早期较为成功的"真人秀"节目，是 1999 年源于荷兰的《老大哥》（Big-Brother），尽管人们对其褒贬不一，这个节目还是迅速地传播开来，先后被美国、英国、法国等十几个国家效仿、复制，成为风靡世界的电视娱乐节目。《老大哥》

的名字来自乔治·奥威尔的小说《1984》中的一句话："老大哥在看着你呢。"所以，其宣传海报是一只在不同国家版本不同的眼睛。这个游戏节目的大致规则是：挑选 6 对男女青年，让他们在一所有花园、游泳池、豪华家具等设施齐全的房子里共同生活 85 天，所有人共享一间卧室、一套起居室和卫生间；每周六参赛者中要选出两个最不受欢迎的人；电视机前的观众又在这两名参赛者中选出一个他们最不喜欢的人，让他（她）出局；通过每周这样的筛选，能够坚持到最后的人，将获得 25000 美元的奖励。

《老大哥》节目的播出，迅速吸引了全球观众的目光。于是，在世界许多地方，由《老大哥》的节目模式派生出大量的各式各样的"真人秀"节目。如：欧美国家的《幸存者》、《诱惑岛》、《阁楼故事》；台湾的《恋爱讲义》、《喜从天降》、《TV 三贱客》；中国大陆的《金苹果》、《走进香格里拉》、《生存大挑战》等。从这些节目的情境设置中可以看出："真人秀"节目的创作理念强调的是竞争、冲突、挑战和暴露。如：《幸存者》的情境规定是：16 名互不相识的男女在野外共处，面对大自然和相互之间的生存挑战，运用各自的智慧争取"生存"机会，最后胜利者，独得 100 万美元大奖；《诱惑岛》的情境规定是：在一个荒岛上，四对即将结婚的恋人分居于另外一群俊男靓女中。经过一段分居生活后，考验这些恋人是否会被拆散；《TV 三贱客》的情境规定是：节目主持人受委托，为他人追踪、调查一位与其有密切关系的人的隐私和秘密。

尽管"真人秀"节目的形式各异、花样繁多，但总体上讲，几乎都具有纪实性、竞争性、故事性、刺激性、暴露性和"强制"性等共同特性：

（1）纪实性

首先，就整个游戏过程而言，"真人秀"节目表现的都是真人真事；其次，就节目的拍摄手法而言，属于纪录性手法。如：《老大哥》节目，在游戏现场布置了 25 台摄像机、32 个麦克风以及 40 公里的电缆线，采用同步录音等方式，每天 24 小时记录参赛者的行为举止，并且将这些录像制作成半小时到一小时的节目，天天播出。这些手段的采用，保证了节目录制上的纪实效果。

（2）竞争性

按照节目游戏规则规定，最终只能有一位胜利者获得大奖，这就注定了参赛选手之间不能选择和平友好的方式，只能采用尔虞我诈、甚至是阴险毒辣的手段，按照"优胜劣汰"的竞争原则，残酷地淘汰他人，保存自己。

（3）故事性

游戏中，每个参赛选手都是一个活生生的、有情感的、真实的个体。在与自己的对手相处的几个月中，每一个人都想获得大奖。于是，他们在相互交往和了解的过程中，必须用尽心机、绞尽脑汁，使用除暴力以外的种种手段，将他人"打败"，最后方能赢得胜利。其间所产生的各种情节、细节，构成了整个事件的故事性，就像一部惊心动魄、扣人心弦的电视连续剧。

（4）刺激性

"真人秀"节目的刺激性表现在：第一，节目的奖金高。如：《老大哥》（英国版）的奖金是 7 万英镑现金，而《幸存者》的奖金则高达 100 万美元；第二，参赛者之间的竞争残酷。在参赛者之间的激烈竞争中，人性的残忍和野蛮暴露无遗，给电视观众以强烈的刺激，满足了观众的心理渴求，甚至产生盲目的崇拜；如：《老大哥》（英国版）第三季中，作为获奖者的凯特，是这个节目第一位获胜的女性。她不仅得到 7 万英镑的现金，而且还成为英国的明星，经常出现在大小杂志的封面上。

（5）暴露性

暴露节目参与者的隐私是"真人秀"节目的一个重要特征——整个游戏活动都处于无数摄像机的严密监控之中，参赛者的生活起居、生活习惯、人际交往、日常活动、甚至采取卑劣手段将对手挤兑出局的情景等，都一览无余地暴露于摄像机镜头前。其目的是满足观众与生俱来的窥私欲，以此吸引观众，赢得好的收益。

（6）"强制"性

在"真人秀"游戏活动中，由于所有参赛者随时随地都处于摄像镜头的"监视"之下，他们的一举一动就只能是伪装的和克制的——尽管他们参加节目是自愿的，而在节目中的表现则是被压抑和异化的，如：其中一人对另一人产生好感，他（她）也必须克制自己的真实情感，不但不能如实地向对方表达，还要将对方视为竞争对手，并毫不留情地将其置于"死地"。参赛选手在参加游戏的全过程中，几乎全部丧失了个人的心灵自由，不仅内心深处的真情实感长时间得不到表达，同时还要按游戏规则去违心地做一些"伤天害理"的事情。这种"强人所难"的游戏活动，对观众来说也许会觉得挺有看头，对选手来说简直就是一种"精神折磨"。正由于此，有些选手在结束这种"被迫"作假作恶的游戏活动后，便患了抑郁症或厌食症。

在"人是金钱的奴隶"的西方国家中，电视台举办这种让人为了钱而扭曲自身天性的游戏节目，可以说是对其社会现实的一种较好的形象化的诠释。在中国大陆，"真人秀"节目目前还处于一个探索阶段。考虑到中国传统的文化价值观，以及中国人的道德准则，这类节目在主导思想上应该力求表现人的智慧与勇敢精神，反映中华民族做人的美德，体现人与人之间的友好合作。反之，一味摹仿欧美电视台"真人秀"节目，则是不可取的。

二、中国电视娱乐节目的发展

中国电视娱乐节目从其萌芽阶段到发展壮大乃至在中国大陆形成强大的娱乐潮流，其间走过了二十多年的风雨历程。事实证明，电视娱乐节目的产生并非一种孤立的现象，而是国家政治、经济与文化等多种因素跌宕起伏的聚合反应，是国家意识形态的文化性折射，是中国大众心理演变的晴雨表。从中国电视娱乐节目自身的发展来看，无论是节目内容还是节目形态，都经历了一个从简单到复杂、从单一到多元、从模仿到创新、从浅尝辄止到厚积薄发的探索、变迁、发展过程，其成长变化符合事物的客观规律，是历史发展的必然结果。为了较为全面地认识中国电视娱乐节目的生长、变迁和发展脉络，我们拟以节目内容为划分依据，将中国电视娱乐节目大致分为以下三个时期：

（一）中国电视娱乐节目的萌芽期（1980—1989）

早在中国电视诞生之时（1958年），电视台就明确了自己的办台性质，即：综合性质的宣传机构。为政治宣传服务、为传播知识服务和为满足人民群众的娱乐需求服务，成为电视台始终坚持的目标任务。尽管如此，在上世纪80年代以前，特别是"文化大革命"期间，由于阶级斗争扩大化思想的影响和冲击，大量具有知识性、文娱性的电视节目受到批判，被迫停播。对"八个样板戏"的宣传成了电视文艺节目的中心内容和衡量标准，致使中国电视艺术的发展遭遇了空前的劫难。1977年以后，随着"四人帮"的粉碎、拨乱反正的展开以及党的十一届三中全会的召开，中国电视文艺开始复苏，一些文艺性专栏节目得以创办。其中，中央电视台1977年10月开播的《外国文艺》专栏，就是以介绍外国优秀文艺作品为主的节目。这一节目的开播，为提高观众艺术欣赏水平、满足人们精神文化生活需求，打开了一扇色彩绚丽的天窗。1981年以后，中央电视台陆续开办了一些观众喜爱的文艺栏目，我国的电视娱乐节目再度开始萌生。尤其是从1983年开始，中央电视台每年除夕举办的春节电视联欢晚会，就是中国最大规模的综艺节目，成为中国春节的"新民俗"和具有中国特色的综艺节目的基本模式。此后，大批地方电视台争相效仿举办多种多样、各具特色的电视晚会，致使综艺晚会成了当时最流行、最时尚的电视节目样式。在这期间，一批以展示个人知识水平、倡导良好学习风尚的智力竞赛节目也悄然兴起，风靡全国，形成了中国电视娱乐节目益智类节目的早期雏形。

这一时期的电视文艺节目（也称中国传统综艺节目），从内容上看，注重政治宣传，强调主题背景的宏大；从形式上看，结构严谨，程式化强，庄重、神圣；从审美取向上看，推崇阳春白雪式的品位高雅的严肃艺术；从主持艺术上看，讲究吐字发声的字正腔圆，语言表达既不生动活泼，也不幽默诙谐，基本上属于"照本宣科"式的主持方式；从传播方式上看，主要是我演你看、我说你听的单向传播；从接受心理上看，观众在观看节目时，总是怀着求知和欣赏的"仰视"的心态，以看为主，基本不参与节目（若能在录制现场接受记者或主持人的采访，就是非常荣幸的事情）。尽管如此，中国观众还是将这些电视节目视为自己十分景仰的艺术形式，对它们充满兴致。这从电视台选择现场观众的要求上可以窥见一斑。如：参加节目录制的现场观众一般为知名人士、地方官员和相关单位领导以及行业先进人物等。物以稀为贵。在没有更新颖的综艺节目出台以前，无疑，观众对传统综艺节目的宠爱催生了中国电视人的创作热情，于是，大批优秀节目层出不穷。加之各种电视文艺评奖活动的举办，使中国电视综艺节目得以蓬勃发展，形成了一个相对稳定的电视综艺节目发展的良性生态圈。

观众对电视文艺节目的收视兴趣是被媒体培养和激发出来的。这一时期，虽然涌现出了不少电视综艺节目，但当时各省级电视台的节目几乎没有上星，观众只有在节假日才能看到一些综艺节目，远远不能满足观众对综艺节目的心理需求。于是，一种具有与观众定期约会性质的电视综艺栏目便悄然问世了。

1985 年，中央电视台开办的《金银场》可算是电视综艺栏目的一个先锋。由黄阿原主持的这个电视综艺栏目，尽管在节目容量上不如电视晚会，但它的新颖性和独特性对观众还是产生了一定的影响力。此后，山西电视台又开办了《场院游戏》栏目，北京电视台创办了《午夜娱乐城》、《蚂蚁啃骨头》、《黄金乐园》等栏目。这些受台湾和香港电视娱乐节目影响的栏目，把主持人、明星和歌舞、曲艺、游戏等娱乐内容和元素引入电视节目，进行了积极的尝试。然而，由于受当时社会背景、文化观念和资金条件的限制，这些栏目在昙花一现之后，便都销声匿迹了。尽管如此，这些过早"夭折"的综艺栏目，仍然应该作为中国电视节目娱乐化的开端被载入史册。其价值在于：这一时期的探索和努力，不仅为中国电视娱乐节目的创建作了重要的铺垫、打下了基础，而且为中国大陆电视娱乐节目的发展，积累了可资借鉴的宝贵经验。

总之，中国大陆电视娱乐节目在其萌芽阶段，尽管不可避免地受到淡化政治色彩、突出审美价值的唯美思潮的影响，且与外来的处于边缘的娱乐文化发生碰撞（如：港台歌曲在大陆的流行，暗合了公众对娱乐文化的需求心理），但是，在强调电视的宣传教育、信息传递功能的年代，电视的大众娱乐功能还是被有意无意地忽略了，对电视节目应该"寓教于乐"仅流于一种概念性认识，并未对其能指进行挖掘探讨。加之，中国大陆当时对电视本体的研究，尚处于初级探索阶段，电视视听表现的独特功能要想得到充分而有力的拓展还有待时日。因此，这一阶段只能是中国电视娱乐节目的酝酿准备阶段。

（二）中国电视娱乐节目的成长期（1990—1996）

自 20 世纪 90 年代开始，随着中国改革开放的不断深入，国家经济日益繁荣，人民生活水平有了大幅度提高，人们的精神需求日趋多样化，电视属性的本体回归得到了业界的普遍重视，电视的经济、社会、娱乐属性得到了应有的加强，单一、片面地突出电视政治属性的局面开始有所改变，电视娱乐功能的彰显在探索实践中有了明显突破。

1990 年，中央电视台国际部推出定期播出的《正大综艺》栏目，是国内第一个较为成熟的电视综艺栏目，开创了中国大陆娱乐节目的新形态，成为中国电视综艺栏目的一个里程碑。该栏目在内容上广泛涉及世界各地的历史文化、风俗民情、风光物产等众多方面，真可谓千奇百怪、丰富多彩；在形式上不仅采用大屏幕播放旅游短片，引进知识问答，而且在现场开展竞猜活动，活跃了现场气氛。这种新颖别致的节目形式，在当时的确令人耳目一新；在创作理念上强调主持人与观众、场内与场外的互动交流。节目采用外景地主持人与演播室观众之间的问答方式，通过演播现场主持人的组织和沟通，既体现了节目内外结合、上下呼应的特色，也启发了受众参与节目的意识。与以往台上表演、台下欣赏的形式形成了鲜明的对比。在主持风格上，主持人在语言表达方面，注重口语化和亲切感；在举止动作上，一改庄重严肃为轻松自然，使看惯了传统综艺节目的观众倍感新奇和快乐。它的出现，迅速形成一股综艺风潮，引动了全国各电视台同类栏目的创作，为中国大陆娱乐节目的发展夯实了基础。

同年，中央电视台又推出每两周播出一期、每期50分钟的《综艺大观》栏目（其前身为中央电视台的《周末文艺》和《文艺天地》栏目）。该栏目采用现场直播的方式，综合多种艺术门类，突出娱乐特征，现场感强、节奏明快、信息量大、雅俗共赏。开办初期的小栏目有"音乐星空"、"开心一刻"、"天南地北"、"周末有约"和"综艺快车"等。

1991年及其之后，中央电视台相继推出了《曲苑杂坛》、《艺苑风景线》、《欢聚一堂》等一批深受观众喜爱的综艺栏目。各地方电视台也相继开办了一些具有娱乐性质的综艺栏目（各地方台开办此类栏目的情况可查年鉴）。至此，中国大陆的电视娱乐节目进入了一个崭新的成长期。

综观这一时期的中国电视综艺栏目，大致上都具有普适性、丰富性、多样性、亲民性、娱乐性的特征：

1. 普适性

这一时期的电视综艺栏目在节目内容上从高雅走向通俗；在节目形式上从庄重典雅走向亲切自然；在创作理念上力求综艺节目的通俗化，达到取悦大众的目的。由于综艺栏目创作主旨所张扬的大众化路线，满足了人们对文化艺术的心理诉求，所以节目普遍受到人民群众的欢迎。

2. 丰富性

这一时期的电视综艺栏目内容丰富多彩。从涉及的范围看，既有国内的，也有国外的；从涉及的节目样式看，不仅有音乐、舞蹈、相声、小品，还有魔术、杂技、笑话、游戏等，百态千姿，极大地丰富了人们精神文化生活。

3. 多样性

这一时期的电视综艺栏目的节目形式开始呈现多样化。综艺栏目的节目样式既有主持人、演员、嘉宾、观众在演播室现场录制的室内综艺节目；也有主持人在外景主持、采访与已完成的节目录像构成的室外综艺节目；还有演播现场、外景主持和录像短片等共同组成的内外结合的综艺节目等。

4. 亲民性

这一时期的综艺节目主持人，在过去庄重、典雅、大方的主持风格中，加入了亲切、自然的成分，具有了明显的亲和力，拉近了节目与观众间的距离，使电视媒体有了些许人情味，在实现人格化传播和对象化传播中，迈出了可喜的一步。如中央电视台《正大综艺》栏目主持人杨澜就是一个成功范例。

5. 娱乐性

这一时期电视综艺栏目对电视娱乐功能的开发尤显突出：上世纪 90 年代以前，业界对电视娱乐功能的认知尚未达成共识，人们多处在或困惑、或暧昧的状态之中；进入 90 年代以后，随着市场经济大潮对早先传统计划经济的冲击，中国电视的发展面临着历史性的转折与调整；在坚持正确导向的前提下，电视节目的市场化走向势在必行，服务大众成为电视媒体的必然选择。由于电视媒体的积极实践和理论界对电视本体功能的自觉探索，综艺节目的娱乐性功能得到前所未有的强化。无论在节目内容与形式上，还是在节目制作与传播中，"娱乐民众"已成为创作主体的一个重要诉求。尽管如此，这一时期创作者对娱乐化的认知，更多地还局限在对电视本体与主体的认知范围内，对电视客体（受众）所给予的关注、所进行的研究都还远远不够。所以，我们认为，总体上这一时期的电视综艺节目并非完全意义上的电视娱乐节目。

总之，这期间的电视综艺节目因其娱乐元素的有力开发，各电视台办综艺栏目的热潮一浪高过一浪，成为电视节目的一种重要节目形态，为日后我国电视娱乐节目的蓬勃发展奠定了良好的基础。

（二）中国电视娱乐节目的繁荣期（1997—　）

20 世纪 90 年代末，中国电视娱乐节目如雨后春笋般在电视荧屏上蔓延，形成一股强大的"电视娱乐节目"风潮。尽管这种现象的产生是人们始料不及的，但是，它的应运而生是历史的必然，是中国电视娱乐节目发展的必然。其原因有四：一是随着国民经济水平的提高，人民生活有了极大的改善，电视机的拥有量迅速增长，为广大观众参与电视文化消费提供了必要的物质基础；二是生活的改善带来了精神需求的多元化，人们不再满足于正襟危坐地欣赏严肃高雅的艺术，还向往轻松快乐的搞笑和猎奇，以放松心情、缓解压力——电视娱乐节目正好迎合了人们的这种游戏心理；三是中国电视媒体市场化、产业化的改革方向，使媒体追求利益最大化成为可能和必须——以高收视率赢得商家的广告投放，再以广告收益赢得电视媒体的盈利；为盈利而想方设法提高收视率开始变得理直气壮起来；四是电视媒体为了获得最佳的投入产出比，必须尽量降低节目的制作成本。电视娱乐节目作为收视率较高的一类节目，与其他节目相比，广告收入不算低，制作成本却不高，电视娱乐节目成为电视媒体钟爱的节目类型也就成为必然。

1997 年，湖南电视台开办的《快乐大本营》栏目，将中国电视综艺节目带入一个新的发展阶段——电视娱乐节目繁荣发展阶段。《快乐大本营》栏目的问世，把"综艺"与"游戏"直截了当地联系起来，突出受众参与性，强化传者与受者的互动意识，淡化综艺节目的教育、导向功能，大力推崇节目的娱乐性，为满足人们自我实现的需要，对传统审美标准进行了颠覆性革命，开辟了中国大陆电视娱乐节目一个新的时代。继《快乐大本营》之后，一批以"快乐""欢乐""超级"等词语命名的电视娱乐节目纷纷出台，如：《欢乐总动员》（北京台）、《假日总动员》（浙江台）、《开心 100》、《银河之星大擂台》（福建东南台）、《超级大赢家》（安徽台）、《超级震撼》（江苏电视台）《新星大擂台》（新疆台）等栏目。这些千姿百态的栏目，一经问世便迅速走红，蜚声全国。

值得一提的是，自上世纪 90 年代末，中国电视媒体在借鉴与引进国外电视娱乐节目、进行本土化移植的过程中，做了很多有益的尝试。如：中央电视台 1998 年从法国引进的《城市之间》节目、2000 年仿自英美《谁想成为百万富翁》的节目《开心辞典》、从英国引进的《幸运 52》节目等，都取得了较大的成功，使中国电视娱乐节目迈上了一个全新的台阶。

综观 1997 年以来的中国电视娱乐栏目，不仅在节目理念和形态上与以往综艺节目有了明显区别，而且在节目生产和传播方式上也有了较大改观，形成了电视娱乐节目制作、传播的良性循环：从传播者方面看，为达到降低成本、提高效率、增加收入的目的，从节目的创意、策划，到制作、播出，开始按类型化节目生产方式进行了大胆的尝试，构建了一条较为完善的电视娱乐节目的产业链；从接受者方面看，由于早年那种"我播你看、我说你听"的单向传播方式已经变为双向和多向的互动传播方式，观众参与已成为电视娱乐节目的构成元素，使电视娱乐节目具有了鲜明的互动性，形成一个多向互动的有机的节目传播机制。这种传播机制的形成，不能不说是中国电视史上一个历史性的进步，它不仅拉近了电视与观众的距离，有利于提高电视节目的收视率，更重要的是，它为电视观众实现自我表现、展现才艺搭建了一个新的平台，为进入传播时代的人们提供了一种新的生活方式。毋庸置疑，电视娱乐节目在中国大陆的迅速发展，不仅开阔了观众的眼界，丰富了他们的文化生活，也提升了创作者的节目品牌意识，为中国电视节目的产业化、类型化建设提供了可资借鉴的宝贵经验。

有必要特别指出的是，我们对当今中国电视娱乐节目中出现的语言低俗、表情媚俗、格调庸俗、缺乏创意的现象（如：娱乐节目主持人几乎清一色模仿港台腔调；栏目之间相互克隆、追风赶潮、不思创新；一些游戏节目低级庸俗、不堪入目，严重损害电视媒体的公众形象），不能熟视无睹，任其蔓延。为着电视娱乐节目的健康发展，我们应该摆正并处理好电视娱乐节目中导向性、民族性、多元性与娱乐性的关系。

　　"导向"即引导的方向。电视媒体的导向就是电视媒体所引导的方向。由于历史的原因，过去中国大陆电视的娱乐功能没有得到很好的开发，人们的娱乐需求是较为单一的，只局限于欣赏一些严肃高雅的艺术，这与我国政治情势和经济发展有着密切的关系。自改革开放以来，随着民主化进程的加快、人民生活水平的提高以及精神文化生活的丰富，中国电视多元化发展的时机业已成熟。为了满足人民大众的精神需求、丰富电视荧屏，对电视属性和功能的研究与开发已引起人们的极大关注。在电视的娱乐功能得到了确认后，大力发展电视娱乐节目成为多数电视台的重要任务，成为电视创收的主要途径和树立节目品牌的有效手段。上世纪 90 年代末的"电视娱乐热"风潮，就是在这样一种背景下形成的。一种新事物初问世时引起一阵"风潮"，本属正常，亦无可厚非。然而，面对当前中国大陆电视娱乐节目整体创意上仅强调感官刺激，缺少心灵美感体验的庸俗化、低级化和节目主持人的媚俗化倾向，我们不能无动于衷，任其发展。如果任由这种令人担忧的态势长此以往地攀升上去，必将导致国家和民族文化生态的危机，中国人民历尽艰辛寻求的人文精神，人类追求健康、文明娱乐的精神内核将丧失殆尽，人们的精神文化生活将陷入缺少审美情趣的空虚无聊境地。为此，我们主张电视娱乐节目应该重视研究电视娱乐、审美、认知等功能的多元互补、相互结合，在坚持走电视娱乐节目市场化道路的过程中，把握正确的审美导向，提倡科学、健康、文明的生活方式，让电视娱乐节目在化俗为雅、融雅于俗中，引导大众不忘对人类精神家园的守望。

　　"民族性"是生活在共同地域，具有共同语言、共同经济生活以及表现于共同文化上的共同心理素质的人的共同体，在思想、感情等方面的一致性。从广义上讲，中国电视娱乐节目应该体现中华民族的思想情感和精神追求；从狭义上讲，中国电视娱乐节目要有浓厚的民族特色，反映中国的民风民俗、民族文化以及民族心理诉求。因此，对于娱乐节目中存在的歪曲中国人形象的语言和行为必须加以制止，对于宣传中国人的民族智慧、高尚品德和优良传统的节目则应该大力提倡。只有这样，中华五千年的文明才能够代代相传、生生不息，中国人民始终如一的奋斗精神才能得以发扬光大，中国电视才能屹立于世界电视文化之林。

　　"多元"是相对于"单元"而言的。"单元"以单一的元素为一系统、一单位；"多元"则以多个元素为一系统、一单位；电视娱乐节目的多元性即为电视娱乐节目所具有的多种诉求与多种表达有机共生的特性。

　　任何事物的发展都要经历一个由低级向高级、由单一向多样的演变过程，中国电视娱乐节目的发展也不外乎如此。电视娱乐节目不应该拘泥于创办初期那种单一的平民化的模式，还应该充分体现现代文化丰富的、多元的发展方向；不仅要满足人们放松情绪、求新求奇的心理需求，也要鼓励人们科学地认识世界和改造世界；既要提供一些对边缘文化的现实性体验，又要尊重那些对主流文化的习惯性感受。形成一个高雅与通俗、大众与小众、传统与前卫、认同与超越、维护与创新、国际化与本土化的相生共荣、协调发展的态势，以期实现中国电视娱乐节目的健康、持续发展。

"娱乐"，一方面是指使人快乐，让人消遣，另一方面是指快乐有趣的活动；"娱乐性"则是指某种事物具有让人感到快乐、有趣的性质。喜爱娱乐游戏是人类的本能与天性。电视娱乐节目能满足人们寻求放松、享受和刺激的生理和心理需求。值得庆幸的是，随着历史的发展、社会的进步，人类精神生活中的多方面需求（包括娱乐方面的精神需求）已经开始得到全方位的理解与尊重，各种物质的或人为的因素对人们的精神生活的制约与束缚日益减少，娱乐游戏成为当今人类生活方式中的重要组成部分。

中国作为一个有着悠久历史的文明古国和礼仪之邦，尽管其"乐而不淫、哀而不伤"、"以道制欲"以及"发乎情，止乎礼"等"中和"、"温柔敦厚"的传统文化精髓，在历史的发展中产生过消极的负面影响，但是，这些古代美学思想作为人类情感表达的理念阐释，却依然不失其真理、智慧的光芒。当今中国电视娱乐节目中出现的主持人之间低级庸俗的打情骂俏、情节设计上有悖常理的离奇夸张、动作表演的轻浮和肉麻等滥情、煽情的不良风尚，不仅降低了电视娱乐节目的水准，也有悖于中国人特有的含蓄、内敛的文化风格和情感表达方式。如果说，过去一切电视节目创作唯政治化的倾向是一种历史悲哀的话，那么，现在一切电视娱乐节目创作唯娱乐化倾向也将会是一种现实的悲哀。

总之，电视娱乐节目的导向性、民族性、多元性和娱乐性之间既有其独立存在的价值，又是相互依存、有机联系的整体，必须统筹兼顾，不能偏废。尤其在电视娱乐节目空前繁荣的今天，我们应该牢记先哲"过犹不及"、"不预则废"的古训，决不要被暂时的收视"热潮"和经济收益冲昏头脑。只有保持清醒而智慧的思考，坚持不懈地对电视娱乐节目的本体功能进行深入地研究，在不断地、创造性地推出更多、更好的、有中国特色的电视娱乐节目的同时，大力倡导并坚持开展电视娱乐节目批评，才能保证中国电视娱乐节目健康、稳定地向前发展。

综观中国电视综艺节目的发展，无论是电视综艺晚会，还是电视娱乐节目，其间都经历了一个从萌芽到成熟、从模仿到创新、从初级到高级的由表及里、由浅入深的探索、发展过程，其中的经验与教训无疑将成为中国电视节目未来发展可资借鉴的宝贵财富。

〔第三章〕

中国电视专题文艺

　　电视专题文艺节目是以音乐、舞蹈、文学、戏剧、摄影等为其构成要素，选取与文化、文艺有关的人和事作为其再创作的题材对象，围绕一个共同主题自成一个相对完整的艺术文本。本章旨在通过对电视专题文艺节目界定与分类、特征与形态的描述，进一步探讨电视专题文艺节目的特质；通过对电视专题文艺节目由发端、多重变奏及至文体自觉的流变的梳理，进一步研究电视专题文艺节目发展的内在规律。在章节的最后，展望了电视专题文艺节目的未来，面对机遇与挑战，其出路在于凸显文化性与民族性。

第一节　电视专题文艺概述

　　电视专题文艺节目是电视文艺家族中数量最为庞大、形态最为多样、创作方法最为灵活的一类电视节目的约定俗成的称谓，因此，要对之做出一个科学、详尽的分类和界定，决非易事。本节在处理专题文艺节目的界定与分类问题上主要秉承如下原则：首先，尽可能忠实于节目制作、播出和观众接受的习惯现状；其次，依据为电视理论界所公认的概念、标准。没有前者，所谓的界定与分类就是主观的臆断；没有后者，科学研究和理论探讨又会缺乏必要的前提条件。

一、电视专题文艺的界定与分类

　　1. 界定

　　"电视专题文艺节目"是一个内涵和外延都相对宽泛的概念。它的第一个限定词"专题"从创作方法和艺术形态的角度使专题文艺节目与综艺类节目区别开来，即专题文艺节目内部诸艺术元素（如音乐、舞蹈、诗歌、曲艺等）围绕一个共同主题并自成一个相对完整的艺术文本。第二个限定词"文艺"有形式和内容两方面的涵义；形式规定了专题文艺节目发挥的是电视的艺术创作功能而非其纪实传播功能；内容则是说专题文艺节目以音乐、舞蹈、文学、戏剧、摄影等为其构成要素，选取与文化、文艺有关的人和事作为其再创作的题材对象，以期达到以情感人、以美娱人、以高尚的思想启迪人的目的。将内容和形式两方面综合起来考察，就又将专题文艺节目与社教类专题节目（片）以及纪录片等区分开来。

2. 分类

电视专题文艺节目的分类则涉及到了此类节目的质的规定性。苏姗·朗格认为："每一门艺术都有自己的基本幻象，这种幻象不是艺术家从现实世界中找到的，也不是人们在日常生活中使用的，而是被艺术家创造出来的。艺术家在现实世界中所能找到的只是艺术创造所使用的种种材料——色彩、声音、字眼、乐音等等，而艺术家用这些材料创造出来的却是一种以虚幻的维度构成的'形式'。"❶那么电视专题文艺的基本幻象又是什么呢？我们知道，一般所谓的电视有两个层面的意思：传播媒介和创作手段。作为传播媒介的电视，其最大优势是逼真性——信息传播的最快速度和最低损耗；而作为创作手段的电视则具有强大的虚构能力和假定性。显而易见，电视专题文艺追求的正是电视的艺术创造功能，其创造物，即朗格所说的"基本幻象"，就是不同于现实时空的电视时空。电视时空因而也就成为我们进行电视专题文艺节目类型划分的基本尺度。

按照电视时空与现实时空的消长关系，可以将电视荧屏上出现的文艺节目分作三类：一是对舞台和演播室演出行为的直播或录像。此类节目实质是文艺节目原生态加电视播出手段，发挥的是电视的传播功能，节目的原有形态及其时空关系保持不变。二是以文艺演出作为基本素材，经过电视化的再创作，从而形成具有新的时空关系的"格式塔"结构。其中虽然就某一节目要素来说保留了它原有的艺术形态和表演形式，但就整部作品看，这诸多要素都被统摄于特定的主题意象之下，并服从新的电视时空的整合。三是发挥电视媒介的艺术创作功能，通过由语言、动作、色彩、线条、音响等诸多元素构成的屏幕形象来反映生活和表达创作者思想感情的一种电视艺术形式。其中不存在对原有节目的二度创作，整部作品的时空关系是完全虚构性的艺术时空，有其内在的诗的逻辑。

上述第一类电视文艺节目不属于电视专题文艺节目范畴。本文中的电视专题文艺节目主要由后两类节目构成。其中上述第二类，如《西部之声》、《声乐之梦——王苏芬演唱的歌》、《杨丽萍的舞蹈艺术》等作品，属于电视文艺专题；电视文艺专题还可再分为艺术专题和人物专题两种。上述第三类，属于创作色彩更浓的电视艺术片；电视艺术片还可再分为风光风情艺术片如《哈尔滨的夏天》、《西藏的诱惑》，和音乐歌舞艺术片如《西部畅想曲》、《黄河神韵》等。

最后再谈一下专题文艺节目与文艺专栏的关系。电视专题文艺节目是一个形态完整的独立文本，栏目则是专题文艺节目的编排和播出方式。一般而言，电视艺术片与电视栏目的关系较疏，而电视文艺专题对栏目的依赖性更强。原因在于电视文艺专题以欣赏性的演出为主，节目的独立性和完整性较弱，所以需要放置

---

❶ 苏姗·朗格：《艺术问题》，腾守尧、朱疆源译，76页，北京，中国社会科学出版社，1983。

在特定的栏目中播出，并且需要主持人以"引导者"的身份介入和串联。如中央电视台的《外国文艺》、《百花园》、《周末文艺》、《旋转舞台》等栏目就是为播出各种欣赏性的文艺专题而设立。

二、电视专题文艺的主要特征

艺术性的节目内容，加上电视的艺术再创作手段，决定了电视专题文艺节目的时空性质既不同于追求真实的新闻纪实时空（如纪录片），也不同于讲究逼真的故事叙述时空（如电视剧），而是一种主客观交融的诗意时空。诗意时空实际是建基于如下美学特征之上的。

1. 表现性

美国文艺理论家艾布拉姆斯指出："表现说的主要倾向大致可以这样概括：一件艺术品本质上是内心世界的外化，是激情支配下的创造，是诗人的感受、思想、情感的共同体现。"❶ 注重表现的艺术作品，强调的不是客观地再现现实，而是突出艺术家对现实的主观反映和理解。在这一点上，电视专题文艺就与电视纪录片和社教类专题片形成鲜明的对照。电视艺术片《西藏的诱惑》的编导刘郎自述道："《西藏的诱惑》，表现的是'净'字、'诚'字、'美'字。从四个人物的视角出发，实际上也就是从主观表现出发——西藏，是创作者眼中、心中的西藏。"（见刘郎《〈西藏的诱惑〉编导阐述》）创作者眼中心中的西藏，必然浸染着浓重的自我意识，是"以我观物，故物皆著我之色彩。"（王国维语）创作手法上是为写意。于是我们看到，该片虽然以四位艺术家的西藏之行作为叙事线索，但编导的目的显然不在于客观真实地记录下西藏的自然和社会状况，而是通过艺术家的所见所闻，来表达创作者个人对西藏文化的哲理思索与情感眷恋。在具体创作中，雅鲁藏布江、布达拉宫、白云、雪山、草甸等诸多自然和人文景观，从它们所处的自然时空里被采撷下来，经过创作者灌注生气于其中的艺术提炼后，都变成了创作者主观情愫的艺术符号，并共同服务于整部作品诗意意境的营造。

2. 抒情性

从创作目的上看，电视专题文艺节目并非不重视客观纪实基础上信息的准确传达，但相对于纪录片和社教类节目，它更强调主体意识的表达和主观情感的投入；从创作方法上看，与纪录片所特有的客观、冷静的叙述方式相反，专题文艺节目尤其是艺术片常常采用直抒胸臆式的表情手法；从接受效果上看，编导致力于寻求通过真挚感情的传达来打动受众，引起共鸣。在实际创作过程中，抒情性主要体现在以下几方面：解说词常常采用诗歌式的抒情语言；镜头遵循情感的逻辑进行时空跳跃性的组接；电视画面的构图、色调是风格主义的。仍以《西藏的诱惑》为例。女作家龚巧明牺牲后，画外音声情并茂地朗诵起一段文学性极强的

---

❶ M. H. 艾布拉姆斯：《镜与灯》，郦稚牛等译，20页，北京大学出版社，2004。

解说词，龚巧明的照片在熊熊烈火中被点染成一片红色；此时镜头的转换明显放慢，较多运用凝固、静止的画面，以及化入化出的组接方式。总之，写意色彩极浓的语言、音乐和画面造型相配合，是为了抒发一种感情、赞美一种精神、阐述一个主题，最终，是为了在观众身上激发起巨大的感情波澜；而这些，都是写实主义的客观描绘手法所难以直接表达的。

3. 文化性

美国文化人类学家格尔茨（Geerts，C.）将文化概念定义为："它表示的是从历史上留下来的存在于符号中的意义模式，是以符号形式表达的前后相袭的概念系统，借此人们交流、保存和发展对生命的知识和态度。"❶ 众所周知，艺术向来被称作情感的符号，那么当艺术符号所载荷的不是一般的旨在制造娱乐的情感，而是具有历史性的"意义模式"，以及"对生命的知识和态度"时，我们就可以说，这种艺术负起了文化传承的责任，因而也就有了文化的品格。在这一点上，电视专题文艺节目便和电视娱乐节目区分开来。专题文艺节目的文化性可分为精神和物质两方面。精神方面是指作品所蕴涵着的深刻哲理和高尚精神。电视诗歌散文《雾失楼台》，在诗一般的意境中赞美了人与人之间的真爱；艺术片《大红大绿》透过对青年农民画家的描写，阐明了做人的境界应该是："大红——轰轰烈烈，大绿——坦坦荡荡。"文化性的物质一面，是指专题文艺以具有文化意趣和价值的人、事、物作为自己的题材对象，同时创作过程中融入了创作者的文化思考。当然人和事有轻、重之别。人物专题片《梦故乡》以我国著名作家汪曾祺和他的作品为主要内容，题材上可谓大矣；刘郎的《江南》将镜头对准了茶壶、黄酒、藏书阁、老房子等物什，题材虽小，却能见微知著，因为这些实物皆是进行吴文化面面观的绝好材料。还有如《到胡同去》，编者以北京市井胡同为观照对象，触及到"帝王文化"与"平民文化"的对立等深层次课题。

4. 愉悦性

这里所谓的愉悦包括情感的释放——即娱乐，和情感的陶冶——即审美。当然在严格意义上娱乐和审美之间的分野并不绝对。专题文艺节目的愉悦性首先体现在节目的内容——具有审美性的题材之上。以《朝阳与夕阳的对话》为例，片中的雷氏父女是我国中青两代著名作曲家，他们的艺术人生以及那些脍炙人口的作品所给予观众的美感享受是不言而喻的。《西藏的诱惑》，为了增添其娱乐性，有意识地插入了六首通俗歌曲的演唱。愉悦性还体现在专题文艺节目的编导者们充分发挥电视的艺术手段，对拍摄对象进行的高度艺术处理。艺术片《黄河神韵》把大规模的歌、舞、音乐表演直接搬到黄河岸边，使假定性的演出和真实环境之间形成一种对位的美，加上镜头景别、角度的多重变化，及大量特技的运

---

❶ 克利福德·格尔茨：《文化的解释》，韩莉译，109页，南京，译林出版社，1999。

用，种种这些，都使观众获得了远比剧场或演播厅演出更大的艺术想象力。最后，内容的美与形式的美相结合，是观赏专题文艺所能获得的最高境界——意境的美。宗白华先生谈到什么是意境时指出："以宇宙人生的具体为对象，赏玩它的色相、秩序、节奏、和谐，借以窥见自我的最深心灵的反映；化实景而为虚境，创形象以为象征，使人类最高的心灵具体化、肉身化，这就是'艺术境界'。"❶"意境"应该成为电视专题文艺节目创作者所追求的最高目标。

总之，电视专题文艺节目的功能主要不在于通过人的延伸（麦克卢汉语）而达至人类获取信息能力的提高，而在于通过情感的表现和交流达至人类心灵的扩张。

第二节　中国电视专题文艺的发展

一、中国电视专题文艺的发端（1958—1978）

（一）文化背景与创作观念

我国的电视文艺，是伴随着我国电视事业的诞生而发展起来的。然而由于技术条件和创作观念的限制，早期电视文艺节目多采取演播室直播、剧场直播或者录制、录像播出其他艺术种类的方式。电视基本上是作为一个传播媒介，发挥的是信息传播的功能。自觉地运用电视艺术手段来进行电视文艺节目的创作，尚处于摸索时期。不过播出演播室节目和转播剧场演出也为此后专题文艺节目创作积累了经验。比如电视导演通过摄像机机位的移动、拍摄角度的变化、景别的选择以及镜头的切换等来实现对原有艺术的加工创造，都属于最早进行的电视化手法的有益尝试。

另外一个值得注意的倾向是，与西方电视节目追求娱乐性、通俗性恰成对照，创始期的电视专题文艺节目在题材内容和艺术风格方面已深深地体现出我国悠久的诗文化的传统。那就是，创作上表现重于再现，写意重于写实，抒情重于叙事；接受上，讲究情感的节制（即"哀而不伤，乐而不淫"）、人格的塑造和性情的陶冶。于是，具有较高艺术品格的电视专题文艺（尤其是电视艺术片），便占据了中国电视文艺的主流和正宗位置。

（二）创作概况

1961 年 4 月 20 日，北京电视台（中央电视台的前身）和中央广播乐团管弦乐队合作，播出了小提琴协奏曲《梁山伯与祝英台》（以下简称《梁祝》）。节目导演为黄一鹤。该节目的播出，标志着电视文艺创作的主体性的觉醒，和电视化的第一次成功运用。

小提琴协奏曲《梁祝》本来就是一部叙事性音乐，黄一鹤因此把整个乐曲分

---

❶　宗白华：《美学散步》，70 页，上海人民出版社，1981。

成七个小段来解说，即：春光明媚，鸟语花香；共读共嬉；十八相送，长亭惜别；老父逼婚，英台抗婚；楼台会；哭灵投坟；化蝶。通过这七个段落，讲解乐曲所表现的情节、所描述的环境和人物的内心活动，同时介绍乐曲的创作素材和整个乐队的演奏技巧。

电视化的二度创作表现在三个方面。首先是解释性语言的加入——有插字幕和播音员配音两种方式，其中播音员讲解又可分为画外音混播和出图像混播。由黄亲自撰写的解说词精练、真挚、生动，诗情与乐思交相辉映，珠联璧合。其次是画面的摄取与切换。《梁祝》的画面以独奏小提琴为主，其他领奏和协奏为辅；镜头连接上以推、拉、摇为主，跳跃切换为辅，使观众在印象中经常保持乐队的整体感。特写镜头主要用来表现协奏曲中独奏部分的高潮，或通过某件打击乐器的特写象征性地介绍乐曲感情上的转换，也借以烘托演奏气氛。为了表现梁祝楼台相会互诉衷肠的情景，用叠印的手法来完成画面上小提琴（代表祝英台）与大提琴（代表梁山伯）对唱的构图，配合乐曲描绘把"楼台会"凄婉的场景呈现给观众。最后是用实体的影片形象来为虚幻的音乐固定意义。在全曲连贯、完整地演奏时，编导特意从同名越剧电影中选取了与解说的分段相同的七段影片资料，如纱幕徐开到祝英台推窗观看是一段，梁祝共读、下棋到镜头摇到窗外是另一段。影片的叙事内容强化了音乐的感染力。

显然电视导演的再创作过程，就是围绕着乐曲的情感意象，将文学、音乐、画面形象这三种艺术形式相融合，突破乐队舞台演奏的狭小区域和固定时空，在电视屏幕上创造出新的、更富有表现力的艺术新时空的过程。作为电视文艺新形式的《梁祝》，首次与观众见面所采取的播出手段还是现场演出再实况传送，原因是其时无录像设备。从这一意义上讲，此时的小提琴协奏曲《梁祝》尚不能称之为"片"，只有当有了录像储存手段后再录制的《梁祝》才算真正意义上的电视音乐艺术片。（《梁祝》20世纪80年代重新拍摄，并获得第三届电视文艺"星光奖"特别节目三等奖）为电视专题文艺节目的创作同样做出了可贵探索的还有由邓在军导播的苏联芭蕾舞团来华演出的节目《天鹅湖》、《吉赛尔》，以及《赵青独舞》等。

1964年1月4日，为庆祝《毛泽东诗词》出版，北京电视台举办了毛泽东诗词大型朗诵会。同年7月1日，又举办了毛泽东诗词欣赏晚会。这两次节目，诗、歌、舞相配，但电视仍处于转播媒介的位置。1961年，北京电视台正式开办《文化生活》专栏（洪民生等编导），每月播出二三次。其中的节目如《郭兰英的演唱风格》、《歌唱家刘淑芳》、《臧克家谈毛主席的咏雪词》等都颇受观众欢迎。

"文革"前8年，电视从转播音乐、歌舞、戏剧等既有艺术形式，到进行更富有电视化特征的再创造，标志着电视专题文艺已渐趋成型。

"文革"10年是中国电视文艺的灾难期，此时的电视屏幕完全被极"左"文艺所占据，名为《工农兵业余文艺》的专栏，就是专为播出各类"文革"节目而设立。专题文艺节目刚刚初见成效的探索脚步，也被迫完全停止下来。

1976年到1978年是中国电视文艺的复苏期。1976年12月21日北京电视台转播了《诗刊》社举办的诗歌朗诵音乐会。1977年1月8日北京电视台编排专题文艺节目《我们永远怀念你啊，敬爱的周总理》，节目以解说词串联，穿插有反映周恩来生平事迹的影片资料和歌唱家演唱的歌曲。1978年3月5日，为纪念周恩来诞辰80周年，北京电视台播出了专题文艺节目《八亿人民心中的丰碑》。复苏期内的电视专题文艺节目，以政治激情的宣泄为主，符合当时的文化背景和观众的欣赏需求，但在电视手法的运用以及文艺节目的电视化方面，其自觉的创作意识尚未萌动。

二、电视专题文艺的多重变奏（1978—1992）

（一）文化背景与创作观念

1978年12月，具有重大历史意义的中共十一届三中全会召开。随后在1979年10月召开的第四次文代会上，中共中央明确表示今后不再提"文艺为政治服务"的口号。"工具论"文艺观的被摒弃，为电视文艺向自身价值与功能——娱乐、审美——的回归，创造了宽松的外部环境。

整个80年代是电视专题文艺节目发展的黄金时期。首先就创作一方来说，电视文艺自身价值的确立，给编导人员主体性和创造才能的发挥，提供了前所未有的机遇。其次就消费一方讲，长期的文艺禁锢所导致的观众对艺术的渴求跟电视文艺节目创作一时难以舒缓这种需求之间的矛盾，是推动电视专题文艺创造的基本动力。再次，80年代（尤其是中前期）弥漫于整个社会的理想主义风气，则是电视专题文艺这个以文化意蕴和艺术品位取胜的节目类型得以健康成长的难得条件。

具体到创作实践，影响专题文艺节目创作的首先是电视的栏目化趋势。文艺节目专栏化，指在固定时间，以特定内容、形式、风格的文艺节目吸引稳定的观众群。它的出现标志着电视文艺告别了直播和转播的初级阶段。1977年5月北京电视台（中央电视台前身）恢复播出《文化生活》栏目。此后，中央电视台的《祖国各地》、《外国文艺》、《周末文艺》、《百花园》（专播地方台节目）、《旋转舞台》、《花信风》以及《地方台50分钟》（后改名为《地方台30分钟》）等一批专栏相继问世。在这些栏目中播出的中央台和地方台的优秀电视专题文艺节目（包括文艺专题和电视艺术片）有：《相声大师哪里去了》、《舞台下的指挥家》、《长白山四季》、《罗浮宫》、《沿海明珠》、《远方的旋律》、《歌声的启示》、《六根弦上的诗》、《杨丽萍舞蹈艺术》、《湘西，昨天的回响》和《西藏的诱惑》等。另外地方台开办的文艺专栏有广东电视台的《万紫千红》、北京电视台的《大观园》以及上海电视台的《大世界》、《大舞台》等。

上世纪 80 年代全国电视文艺"星光奖"的设立以及建国 40 周年专题文艺节目展播,对于规范专题文艺节目创作、提升专题文艺节目的艺术质量也起到了相当大的促进作用。全国电视文艺"星光奖"于 1987 年进行第一届评奖,参评节目按照中央电视台文艺栏目的设置进行归类并设立相应奖项。其中涉及专题文艺节目的奖项有《周末文艺》、《百花园》、《文化生活》、《旋转舞台》、《花信风》、《地方台 30 分钟》等。1989 年 10 月,建国 40 周年专题文艺节目展播举行,获得一等奖的有《中国风》(长春电视台)、《黄河一方土》(山西电视台)、《土地·人·乐园》(安徽电视台)、《一方山水养一方人》(湖南电视台)和《在那遥远的地方》(青海电视台),这些作品熔文学、音乐、舞蹈、摄影等诸多艺术形态于一炉,着力于专题文艺自身美学规律的探索和开掘,显示了电视专题文艺节目在创作和接受两方面的欣欣向荣的发展之局。

(二) 创作概况

以下将重点介绍 1978 到 1992 年间的一些重要的电视专题文艺作品。

1. 电视风光风情艺术片

风光风情艺术片是新时期最先得到发展的题材。1980 年出现的《哈尔滨的夏天》(冀峰、矫广礼、童国平创作)以美丽迷人的画面和清新怡人的音乐歌声,描摹了松花江畔的夏日景色,抒发了刚刚摆脱"文革"噩梦的人们的愉快心情和对新生活的憧憬。片中王立平谱写的音乐给观众留下了深刻的印象,郑绪岚演唱的《太阳岛上》更是风靡一时。中央电视台摄制的《啊,草原》(编导、摄影李绍武、张文达,作曲季承、严小藕,中央歌剧院交响乐队演奏,郑小瑛指挥)首次将交响乐跟自然风光结合,实际上是一部中国风格的交响组诗。该片的五个标题乐章既是交响音乐的曲式结构,也是电视画面所展示的风景内容,抒情的音乐与自然画面完美结合,相得益彰,使这部艺术片在当年达到相当的艺术水准。受上述两片创作方法的影响,类似的以音乐烘托陪衬自然风光的艺术片相继出现,影响较大的如《北国音画》(黑龙江电视台录制,连维华、郭玉琴、任卫新创作,曾获 1988 年第二届电视文艺"星光奖"百花园一等奖)、《桃花源》、《葛洲坝音画》、《黄山》、《呼伦贝尔情》等。

同样是用音乐加风光的形式表现黄土高原风情,《好大的风》(山西电视台 1989 年录制,大为、志军等创作)一片中音乐与自然风景的结合方式却超越了单纯的修饰、诠释关系。该片的编导注意开掘色彩、造型和画面的抒情性与表现性,并使抒情和表现成为画面与音乐的融合基础。而抒情与表现的主题,却又是藏而不露、模糊暧昧的。也许正因为其模糊,该片便具有了浓厚的意象色彩。同样以意象性取胜的还有《西藏的诱惑》(昆仑音像出版社、青海电视台录制,刘郎、杨宏创作),不过它的寓意哲理很明确。该片以三代僧侣虔诚朝圣为经线,以四位艺术家虔诚的艺术追求为纬线,在将西藏风貌展现在人们面前的同时,也歌颂和赞美了那种朝圣精神。10集系列片《五溪，蓝色的琴弦》（湖南电视台，刘学稼执导）在散文化和诗化上做了有益的探索，采取纪实、抒情和议论相结合的手法，刻意追求的是凝聚在艺术形象中的诗意、画意。

2. 音乐舞蹈艺术片

1981年中央电视台导演邓在军尝试运用电视手段来赞美我国农村改革的巨大成就，拍摄了电视音乐片《在希望的田野上》，片中主题歌由施光南、陈晓光创作，这支昂扬、欢快、明朗的歌曲一时间唱遍了中国大地，成为改革开放的颂歌。1982到1984年间，邓在军还创作了《踏花追歌》和《松花湖金秋》。《踏花追歌》融湘西的歌舞、风光、民俗于一体，曾被选送布达佩斯国际电视节放映并获得好评。《松花湖金秋》以朝鲜族姑娘善玉回乡探亲为叙事线索，伴随着《美丽富饶的松花江》、《人参姑娘》、《放鹿山歌》等一首首优美动人的歌曲，长白山、松花湖等粗犷迷人的北国风光便尽收观众眼底。

荣获首届电视文艺"星光奖"百花园栏目一等奖的《西部畅想曲》（新疆电视台和伊犁电视台等录制，潘涛导演），片名中的"曲"不能狭义地理解为乐曲，实质上这是一部由诗、歌、舞艺术形式融合而成的"献给西部开拓者"的歌。创作中，编导运用诗朗诵（如《大西北是雄性的》、《伊犁河的渔火》）和画外音的解说来直抒胸臆，传达主题；用歌舞（如歌曲《草原之夜》、维族姑娘的《丝道朝霞》、塔塔尔族的踢踏舞等）和风光画面（帕米尔高原、惠远古城、嘉峪关）来使西部的主题和特色被强化和凸显。与雄奇奔放的西域风情相反，西南电业管理局录制的音乐片《她从画中来》（田丰作曲，鲁坤导演）带给观众的却是轻歌曼舞的云南少数民族风情。作为这部电视节目之基础的《云南组曲》本来是一部独立的音乐作品，现在经过电视手法的再创作，音乐原来所蕴涵着的情绪——对时代的赞美——便被形象化地表现出来，这就是"她"——在新生活中载歌载舞的少数民族的新形象。

获得"星光奖"的音乐片还有《椰风海韵》（上海电视台录制），让歌星费翔在游历海南岛的过程中一路风光一路歌；《太阳之子》（山西电视台录制，成田导演）用歌曲形式反映煤矿工人的生活、劳动和娱乐，歌颂他们的默默奉献精神；《黄土情》（太原电视台录制，章洁导演）以12首脍炙人口的山西民歌（如《绣荷包》、《桃花红杏花白》）为主线，两位男女演员随歌起舞，具有浓郁的山西地方特色。

本时期以舞蹈作为基本艺术形态的艺术片有《墨舞》（中国电视剧制作中心、武汉银河影视公司联合制作，余琳导演，黄伯寿、夏静寒、于增湘等编剧）。该片取美籍华人王方宇先生的书法神韵和意境，由舞蹈家赵青等人用舞蹈的形式表现出来，再通过电视艺术手段的二度创作，形成了书法、舞蹈和电视三种媒介兼容、具有多元美的艺术佳作。该片（及续篇）构思独到、创作精致、品位高雅，受到中外文化界人士的高度评价。与《墨舞》的文人气有所不同，山西电视台录制的《黄河一方土》（成田、保彤、瑜东导演）则带有清新的泥土芳香。该片选择黄河边女人的婚嫁习俗作为主要表现对象，用优美的舞蹈语言描绘了"娶亲"、"背河"、"说媒"、"洞房"、"回门"、"走亲"和"婆姨"的全过程；其对黄土高原人民生活方式的展示，对于女人一生命运的吟味，让观众在享受艺术美的同时，亦可得到思想上的启迪。

3. 电视文艺专题

属于艺术专题种类的《歌声的启示》（张淑芬、赵安导演）其实就是一个恰当例子，可以用来说明这类节目与剧场演出的关系。《歌声的启示》本来是革命历史歌曲演唱会的录像，但经过导演的再创作，加入了播音员刘佳的充满深情的旁白，使这场舞台演出的实况录像获得了深邃的意蕴，成为有一定创造性的作品，且获得 1987 年"星光奖"《周末文艺》栏目一等奖。较早以前，和《歌声的启示》一样在中央电视台《周末文艺》栏目中播出的《远方的旋律——外国民歌欣赏》第 1、2 集（郭璐编导），则影响更大。该节目中的歌曲有两类，一类是传统的英美通俗歌曲如《夏日里最后的玫瑰》、《快乐的家》等，另一类是苏联歌曲《卡秋莎》、《莫斯科郊外的晚上》等；由于选材得当、制作精良，受到观众的欢迎。1985 年是抗日战争胜利 40 周年，中央电视台特地录制的音乐舞蹈专题节目《黄河魂》（陈志昂、白志群执导），用朗诵词将反映抗战的历史歌曲串联起来，并统一于"黄河魂"这一主题之下，作品激昂慷慨，发人深省，催人奋进。《中国风》（长春电视台录制，孟欣导演，刘麟撰稿，共两集）选取题材相同的各地民歌分类汇编，并以歌、舞形式演出，比如"南北拜年歌"部分就包括东北、内蒙、陕北、湖北、山西五地的风格各异的拜年歌，另外还有"南北茉莉花"、"情歌趣唱"等等，堪称是对我国各地优秀灿烂的音乐文化的一次"大检阅"。另外，黄一鹤编导的《红莓花儿开》（第四届"星光奖"文艺天地栏目二等奖）唤起了人们对一个逝去时代的追忆；潍坊电视台的《喜歌》（第五届"星光奖"百花园栏目一等奖，洪建国导演）创造性地运用民间文艺形式，为弘扬民族文化做出了贡献。

人物专题有《雕塑家刘焕章》（1982 年摄制，陈汉元、李绍武等编导）；该片初播时标作"电视报告文学"，内容也以刘焕章的生活经历、创作经历为主，风格上偏于纪实，所以一般也视其为纪录片。由贵州电视台录制、唐亚平执导的《刻刀下的黑与白》同样是以一位艺术家（版画家董克俊）为描写对象，但她的创新之处在于不仅介绍了版画家的生活和创作，而且揭示出一种关于艺术与人生关系的哲理性内涵。《梦境——朱乃正的艺术》（青海电视台录制，刘郎、毛伯胜、李景明创作）让画家的生活、生平等信息内容隐退，把带有鲜明主观视角（与客观记录视角相对）的镜头对准艺术家的一系列艺术作品，着重反映画家的

艺术追求、艺术品格和艺术境界；艺术内容与艺术化表现形式相结合的创作方法使文艺专题跟人物类纪录片区别开来。《心境——罗国士与他的书画艺术》（陕西电视台录制，马润生、王占、王勇创作）以画家的作品题材作为基本的叙事框架，全片分为"情恋"、"情思"、"情怀"、"情意"四小节，依次介绍不同题材、不同艺术样式的作品，并剖析作者寄予于作品中的美好而深沉的心境。河北电视台的《画家韩羽》也属人物类文艺专题，曾获第一届"星光奖"文化生活栏目二等奖。

以下两部作品恰好可以说明要在电视文艺专题与电视艺术片之间划出一条明确的界限是多么难的事情。《朝阳和夕阳的对话》（吉林电视台录制，程捷编导）以"朝阳"和"夕阳"象征雷振邦和雷蕾这父女两代音乐家的形象和命运、追求和风格的差异。叙事结构采用父女俩的对话、交流和旁白的形式来展示两代作曲家各自对人生价值的思考、追求。节目中不断穿插由父女俩创作的广为流传的影视歌曲和音乐，给人以审美享受的同时，也促使人们在歌声中回忆、思考。《杨丽萍舞蹈艺术》（中央电视台与中国青年报社联合录制，郑鸣导演摄影）的创作特点是，以杨丽萍的舞蹈作品为素材，遵循电视编导的构思并发挥电视的功能和技巧将这些素材重新排列组合，从而形成存在于电视时空之上的电视化舞蹈作品。本片导演能熟练地驾驭电视和舞蹈两种语汇系统并使它们达成完美的契合，结果，镜头不再是复制和记录的工具，而舞蹈也不再是原来的舞台形态。

本时期电视文艺专题还包括：中央电视台录制的介绍舞蹈家陈爱莲舞蹈艺术生涯的《路》，介绍舞蹈家赵青的《探索》，介绍维吾尔族舞蹈家的《阿依吐拉》；广东廖炜忠和广东电视台合作录制播出的舞蹈专题片《佛山艺术明珠——十番》、《金狮、银狮舞》、《浪漫主义舞蹈的结晶——〈吉赛尔〉》、《丁香园里的舞蹈——〈睡美人〉》、《芭蕾巨星——玛戈芳婷》等；中国艺术研究院舞蹈研究所从1991年开始拍摄"中国当代舞精粹艺术科研系列"，以记录分析当代杰出舞人的艺术生涯及其代表作，并对年事已高、成就卓著的大师们进行抢救性拍摄，注重观赏性和学术性的统一；音乐题材有《声乐之梦——王苏芬演唱的歌》（中央电视台），和《西部之歌》（陕西电视台等11家电视台联合录制）等等。

三、电视专题文艺的文体自觉（1992—   ）

（一）文化背景与创作观念

20世纪90年代是中国市场经济迅猛发展的年代。偏于纯艺术的电视专题文艺节目，在经历了80年代的辉煌后，于市场经济的新语境里却承受着较大的压力和挑战。首先，新的时代风尚导致观众的审美心理和欣赏趣味发生了转变，该转变表现在电视文艺创作和接受两方面，就是90年代电视界的两大潮流——娱乐潮流和纪实潮流。对纪实和娱乐的追求的实质，是对"教化论"艺术观念和"主题先行"的创作方法的反拨，但消极一面却是视文艺为消费品，以及对崇高和深刻的排斥，结果使处于娱乐和教化的中间地带、以高雅艺术欣赏和深刻主题见长的专题文艺节目被边缘化。其次，市场经济下文艺作品也是商品，其投入产出也要按市场法则办事，专题文艺节目的娱乐性不如综艺游戏节目，信息的准确、及时、完整又比不上纪录片，因而明确节目的风格题材、表现领域进而确立专题文艺节目的艺术个性就成为事关存亡的当务之急。第三，多元化社会里人们的价值观念、欣赏兴趣同样是多元的，既往那种举国趣味一致的局面不复存在，收视群体的分化也要求专题文艺节目必须根据自身特征做出相应的市场定位和受众群定位。

综观 90 年代以来专题文艺的发展态势，其主要特点体现在以下几个方面：

1. 服务于重大政治事件的宣传，唱响主旋律。

专题文艺节目有着配合国家大政方针的传统和特长，加之 90 年代又是一个"激情燃烧的岁月"——建国 50 周年大庆、香港、澳门回归、政治伟人诞辰等一系列具有重大历史意义和现实意义的事件都发生在这一时段，从而为专题文艺节目提供了丰富的题材和充足的施展机遇，政治类专题文艺节目因之在作品数量和艺术质量上都超越了 80 年代。

2. 专题文艺节目自觉追求历史文化内涵和人文精神深度。

创作者的这一极具历史理性精神和社会责任感的艺术道路选择，既树立起专题文艺节目的高雅艺术品牌，又使得专题文艺节目有了与娱乐、纪实相抗衡的"利器"——文化传承者之角色定位，（当然绝不是说纪录片就没有文化内涵）满足了观众较高层次的审美和文化需求。

3. 从文体成熟的角度讲，收视群体的分化以及文艺栏目的专门化，使得专题文艺节目（尤其是文化类专题文艺节目）改变了 80 年代多种功能和因素兼容并包的状况，在艺术本体和艺术风格上更加纯粹化。

具体而言，与纪录片"分家"后，本时期的专题文艺节目的题材范围缩小至与文化传承和文化积累有关的人和事；当传统的电视音乐片（甚至舞蹈片也有此趋势）与国际上流行的 MTV 接轨之后，中国电视音乐片便被结构完整、规范且有统一的评价标准的中国 MTV 所代替；另外，视听欣赏、社教等职能也都被分离给一般的音乐歌舞节目和社教节目。当然融合借鉴的情况也有，如文化类专题文艺节目受纪实浪潮的影响，注重运用史料、文献来增强作品的真实性，主观的虚构性描写减少。

4. 90 年代以来电视专题文艺节目的栏目化特征更加明显，节目从制作到播出都高度依托栏目而进行。

专题文艺栏目不仅使节目的题材对象逐渐专门化，文体的自觉意识增强，风格趋向规范和成熟，同时由栏目树立起的品牌形象，在推销节目、吸引和凝聚特定的观众群方面，尤其发挥着不可替代的作用。

从栏目设置看，以中央电视台为例，80 年代诸多专题文艺类栏目经过重新整合。《文化生活》栏目 1992 年 9 月改版，由每期 20 分钟增加到 30 分钟，栏目名称改为《文化园林》，1994 年 5 月该栏目被撤消。1993 年中央电视台推出《东西南北中》，它是地方电视台和社会上文艺节目的窗口，前身是《百花园》栏目。《旋转舞台》栏目 90 年代也多次改版，播出了一大批堪称"文化工程"的电视专题文艺节目。新推出的栏目有 1996 年 5 月创办的《中国文艺》，这是对外介绍中国文化和中国文明的阵地，在海外华人中有一定影响。2001 年 7 月创办的《探索·发现》，播出文化类的专题片。其他播放专题文艺的栏目包括《艺苑风景线》、《每日佳艺》、《佳艺新视点》、《专题文艺》、《周末大回旋》、《中国艺术之乡巡礼》、《中国风》、《中华艺苑》（英语）等。电视文学类栏目有 1993 年 8 月开播的《地方文艺》、1999 年 9 月开播的《电视诗歌散文》和 2000 年 12 月开播的电视文学专题欣赏栏目《岁月如歌》。另外，《中国京剧音配像》是 1996 年 9 月开播的戏曲栏目，该栏目以振兴京剧艺术，弘扬民族文化为宗旨，选择著名京剧艺术家的演唱录音加以配像，为广大戏迷提供了一批声像并茂、艺术品位较高的京剧剧目，同时抢救了不少濒临失传的经典作品，曾荣获"星光奖"特等奖。

另一方面，受平民化和参与性欣赏潮流的影响，一些文化专题和艺术专题的访谈、对话类栏目相继涌现，如中央电视台的《文化视点》、《艺术人生》、《戏曲人生》和陕西电视台的《开坛》等等，为传播高雅文化、丰富专题文艺节目的艺术种类创出了新路。《文化视点》是文艺专题样式的栏目，在电视文艺"星光奖"的评选中，该栏目的《漫话艺德》、《文艺工作者真正的知音在哪里》、《文艺呼唤评论》，以及《探询西藏文化热》、《激情五年·影视剧评述（下）》等皆榜上有名。《艺术人生》属对话类的专题栏目，2000 年 12 月 23 日开播，该栏目每期都邀请一些国内外著名演艺界人士作为嘉宾到演播室，与观众、主持人进行面对面的交流，其中"秦怡"、"德德玛"、"春节特别节目——我的父亲母亲"等辑受到"星光奖"的表彰。《艺术之旅》是《艺术人生》栏目中的一个独立的文艺专题性栏目，2000 年 12 月 24 日开播。该栏目配合全民艺术素质教育，向观众介绍各种艺术门类发展的历史、轶闻趣事，使观众得到知识性、艺术性的享受。其中"坝"一辑获第十五届"星光奖"三等奖。

5. 在评奖方面

"星光奖"自 1993 年第七届起，评选范围扩大至中央电视台及各地方电视台播出的各类电视文艺节目，并改变了依照中央电视台的文艺栏目设立奖项的做法，按节目类型设奖，奖项包括综艺节目奖、电视专题文艺节目奖、电视音乐节目奖、电视歌舞节目奖、电视戏曲节目奖、电视曲艺杂技节目奖、电视戏剧小品节目奖等；1995 年第九届起又将参评作品划为"中直"组和"地方"组分开评比；1998 年第十二届起则增加了电视文学类奖项。中国电视"金鹰奖"1998 年第十六届开始将电视文艺纳入评奖范围，设立"电视专题文艺节目"和"电视文学专题节目"两个奖项。中国广播电视新闻奖电视对外节目"彩虹奖"及其前身"全国优秀电视对外宣传节目奖"也设立有专题文艺节目的奖项。面临电视商业化的强大压力，90年代的电视文艺"星光奖"和中国电视"金鹰奖"等评奖活动在激励和推动专题文艺节目创作方面发挥了重要作用。

（二）创作概况

1992年到2002年，服务于重大政治事件宣传的电视专题文艺节目里面，基本上达到"政治和艺术的统一，内容和形式的统一，革命的政治内容和尽可能完美的艺术形式的统一"❶的作品如下：

首先，为纪念毛泽东诞辰100周年，邓在军于1993年导演摄制了大型系列电视艺术片《毛泽东诗词》，片中运用多种艺术手段，从各个角度展示毛泽东诗词的雄奇壮美，该片获得第八届电视文艺"星光奖"电视专题文艺节目一等奖。为纪念彭德怀百年诞辰，由八一电影制片厂和军事科学院联合制作了6集系列片《彭德怀》，在叙事上选择几个关键事件（如井冈山、延安、庐山），采用时空大跳跃的蒙太奇手法（如用海湾战争美军的胜利与朝鲜战争美军的失败作对比），艺术地概括了彭德怀壮丽辉煌的人生；编导剪取《少年彭德怀》、《路漫漫》、《怒潮》等艺术作品的片段贴切入各集之中，既弥补了彭总文献资料的缺憾，又增强了艺术感染力。12集"电视专题艺术片"《百年恩来》（邓在军导演），全片紧扣一个"情"字组织材料，编导除了插入大量珍贵的影像资料外，还运用诗、歌、音乐以及书法绘画等艺术手法赞颂周恩来的高风亮节，为此谱写了专题交响乐、组诗和十八首优美动听的音乐。同类题材作品还有《英雄乐章——陈毅诗词专题艺术片》（中央电视台、广州陈毅文化研究会）等。1995年抗战胜利50周年之际，中央电视台播出大型音乐专题节目《烽火号角——抗日战争时期历史歌曲选编》，北京电视台制作了8集音乐专题系列片《永恒的记忆》，沈阳电视台制作了音乐电视专题片《热血之歌》，三个节目的共同特点是将抗战歌曲与抗日历史做了有机的结合，将历史融入音乐，让音乐映照历史，使作品具有深沉的历史意蕴和较高的审美价值。另外中央电视台1997年7月播出的大型音乐舞蹈专题艺术片《百年梦归》，侧重于历史感和专题性，后期制作运用了多种电视手段。7集系列片《如歌岁月》则是为50年大庆制作的献礼片，它把无数在人民群众中产生又广为传唱的优秀歌曲划分为不同类别，让歌声与时代融为一体，其突出特点是强调抒情元素在片中的运用，将动人的故事融入歌声中，令人回味无穷。风格、题材相似的还有上海卫星电视中心与北京电视台联合制作的《永远的黄河魂——

---

❶ 毛泽东：《在延安文艺座谈会上的讲话》收录于《毛泽东著作选读》（下册），547页，北京，人民出版社，1986。

隆重纪念黄河大合唱诞生 60 周年》等。

其次，90 年代的另一类电视专题文艺节目自觉肩负起"文化传承者"的重任，致力于作品的文化内涵和人文精神的彰显，试图在娱乐潮流中保持文化的尊严，打造中国电视的文化形象。它们的题材对象一般是文化信息含量极高的物质或非物质的载体，如传统的建筑、艺术、文学乃至文化人；即使所表达的对象是可以给人提供视听愉悦的歌舞、风景，编导也有意识地使其与单纯的欣赏类节目区别开来，注意挖掘音乐歌舞背后所蕴藏的文化信息。

中央电视台制作的音乐艺术片《古弦翰墨情》，将传统的琴声、画意、诗韵、墨趣有机地融为一体，其中有广为人知的古曲《高山》、《流水》、《梅花三弄》，以及新近改编的《苏武牧羊》和《昭君出塞》等，全片既做到了整体的统一，又兼顾了一曲一景的独特表现，创造了古朴浑然的艺术境界。1993 年 10 月中央电视台在无锡外景地举办的首届中国唐文化艺术节上录制的《大唐舞韵》（董长武等编导），以弘扬民族文化为主旨，囊括了国内迄今为止挖掘整理及重新创作的唐代乐舞之精粹，再现了大唐盛世文化的辉煌。《大唐乐舞》与《中国民族民间舞蹈》（刘瑞琴等编导）一起在 1994 年莫斯科国际民间艺术"彩虹"电视节上荣获"彩虹奖"。6 集艺术片《传歌人》（新疆军区政治部录制，吕永太、秦宏主创）的编导们，在王洛宾生前就立下了为大师立传的宏愿，追随其足迹，抢拍了大量珍贵的镜头，用 MTV 的形式，较好地完成了将王洛宾音乐视觉化的媒介转换任务。刘郎的"江南三部曲"包括《江南》系列（《丁山泥土》、《一个作家和一个城市》、《叩访天一阁》、《千年陈酒》、《老房子》、《鹧鸪飞》）、《苏园六纪》（六集）和《苏州水》（五集）。这些作品的共同特点是创作者抓住有代表性的意象——如茶壶、民居、苏州园林、水——来传达自己对于江南历史、风情和文化的思考、理解和赞美。与纪实类电视作品强调忠实记录不同，刘郎信奉的是"哲理为体，意象为用"，因此他的作品有很强的主观性和表现性。于是"江南"实质上并不是现实时空中的江南，而是灌注了主体的情感、精神之后的艺术化和典型化了的"江南"。《千年陈酒》与《叩访天一阁》分获第 13 届电视文艺"星光奖"一等奖和三等奖，《苏州水》获"五个一工程奖"。电视舞蹈艺术片《梦——舞蹈家刘敏艺术撷英》（白志群编导、姚尧摄影），以舞蹈家刘敏的六组舞蹈为素材，以金色树林、沙漠、大海、龟裂的土地、夜幕下的树林等为结构线和背景来串联舞蹈，加上极讲究的镜头、色调和音乐，共同营造了一个舞蹈家成长的梦一般的心理氛围。本片在将舞蹈动作电视化领域成就突出。2002 年白志群又创作了舞蹈艺术片《扇舞丹青》，其中艺术手法的运用更为圆熟。《黄河神韵》（赵安编导）将大规模的歌、舞、音乐演出置放于黄河壶口瀑布之侧，再经过后期的电视化制作——如蒙太奇的叠画、抠像等手法，一场真实环境中的文艺表演，便被塑造成为对"黄河精神"进行礼赞的专题文艺。由贵州省政协和贵州电视台联合制作的音乐艺术片《人与山水的和声》，不仅让观众欣赏到优美的侗族音乐，而且为抢救保存侗族的文化瑰宝作出了贡献。41集人文风情丛片《火之舞——告诉你一个楚雄》（楚雄电视台、深圳电视台、深圳市人杰文化艺术传播有限公司），再现了楚雄的悠久历史，展示了彝族的绚丽文化，作品在叙事方式、语言风格等方面具有鲜明的民族特色和地域特色。《伊犁河情思》（新疆经济电视台）以作家王蒙作为叙事的切入点，描绘了伊犁这片土地的美好、深邃和隽永，赞美了伊犁文化的无穷魅力。

再次，人物专题和艺术专题在90年代也取得了新收获。与80年代相比，这两类节目的栏目化特征更加突出，作品的文化色彩更为鲜明。山东电视台录制的《方荣翔》充分调动各种电视手段，片中既有同期声、生活画面，又插入舞台形象和快节奏的多种造型以及字幕叠画，从而使著名京剧艺术家方荣翔的形象鲜明而生动，并夺得第七届"星光奖"专题文艺类一等奖。受到"星光奖"及"金鹰奖"奖励的人物类专题还有：《在那遥远的地方》（反映王洛宾生平创作，吉林电视台）、《东方喜神侯宝林》（中央电视台）、《一代宗师梅兰芳》（中央电视台）、《中国的斯特拉底瓦里——小提琴制作大师郑荃》（中央电视台）、《六龄童》（杭州电视台）、《谢添的人间喜剧》（长春电视台）、《歌坛长青树——李光曦》（中央电视台）、《与吴冠中对话》（中央电视台）、《梅纽因在北京》（中央电视台）、《〈梨园群英〉（304）——著名豫剧表演艺术家虎美玲》（中央电视台）、《〈梨园群英〉（337）——优秀青年京剧老生演员杜鹏》（中央电视台）、以及《缘缘人生——丰子恺》（中央电视台、杭州电视台、桐乡电视台）、《中国之悲鸿》（中央电视台）、《贺绿汀的音乐世纪情》（中央电视台）、《〈艺苑风景线〉——马季专辑》（中国广播艺术团、中央电视台）、《曹禺》（中央电视台）、《国画家柳子谷》（山东电视台）、《戏剧大师曹禺》（河北电视台）、《祖国大地的儿子——作曲家李焕之》（中央电视台）、《思念汇成一条河——纪念人民音乐家刘炽》（中央电视台）、《表演艺术家赵丽蓉》（中央电视台）、《流行音乐的开拓者——谷建芬》（中央电视台）、《百年夏衍》（杭州市广播电视局）、《〈艺苑风景线〉——姜昆专辑》、《〈艺苑风景线〉——王馥荔专辑》等等。

属于艺术专题的有《爱是我们唯一的声音——翁倩玉的歌》（中央电视台），以爱的主题串起了无数个情感的音符，编制成一首首爱的旋律，令观众从其动人的歌声中领略到无限的爱意。可以代表90年代艺术专题创作水平的作品还有：《正大综艺（电影百年）》（中央电视台）、《北京人艺四十五年》（中央电视台）、《译配歌曲》（中央电视台）、《〈佳艺五线间〉欧洲音乐的里程碑——平均律》（中央电视台）、《〈艺苑风景线〉——国乐天香》（中国广播艺术团、中央电视台）、《康巴之舞》（四川甘孜州电视台、金牦牛影视制作中心）、《〈佳艺五线间〉——贝多芬》（中央电视台）、《〈环球〉——来自维也纳的问候》（中央电视台）、《〈艺苑风景线〉——中国广播民族乐团访德演出》（中央电视台）、《〈外国文艺〉——永远的舞蹈》（中央电视台）、《金色的旋律——中国民乐维也纳之行》（上海东方电视台）、《〈旋转舞台〉——春节特辑·维也纳的东方神韵》（中央电视台）等。这些节目的显著特点是充分发挥电视媒介的传播功能，以艺术性的内容作为电视的传播对象，风格上的纪实性和制作手法上的客观性与 80 年代的主体性和抒情性形成对照。

《旋转舞台》栏目在 90 年代制作播放了几部长篇系列专题文艺节目。1996 年 6 月至 1997 年 7 月播出《中外名家名作》系列，共 21 期，分别是《乐圣贝多芬》、《永远的王洛宾》、《伏尔加的记忆》、《红莓花的诉说》、《花儿为什么这样红——雷振邦的电影音乐》、《星海与黄河》、《人民音乐家冼星海》、《柴可夫斯基与天鹅湖》、《未完成的交响曲——人民音乐家施光南》、《我的祖国——刘炽的歌》、《国魂——人民音乐家聂耳》（上、下）、《你从哪里来——说乔羽》、《歌曲之王舒伯特》、《梁祝和她的蝴蝶梦》、《波尔卡与施特劳斯》、《乐圣莫扎特》、《舞美的巡礼》（上、下）、《军旅作家吕远》、《钢琴诗人：肖邦》。1997 年 7 月至 1998 年 7 月播出《江、河、湖、海》系列，包括《黄河篇》、《长江篇》、《湖泊篇》、《海洋篇》，共计 20 集，其中第一集《黄河的故事》（编导王冼平），在 1997 年 10 月 21 日于韩国汉城举行的亚广联第 34 届大会上获得娱乐节目类最高奖——"文化放送亚广联娱乐奖"，这也是我国电视歌舞节目首次获得此项大奖。1998 年 7 月起《旋转舞台》又播出《百年经典——20 世纪中外音乐歌舞》系列，该系列是对 20 世纪人类乐、舞艺术流变过程的一个全面展示。

最后，90 年代另一个重要的电视文艺现象当属电视文学类节目的兴起。鉴于目前学术届对于"电视文学"的理论与实践尚存有较大争议，这里主要考察一般被认为是"电视文学"分支之一的电视诗歌散义。

电视诗歌散文（乃至电视文学）的缘起可追溯到 20 世纪 80 年代，江苏电视台第一次从理论上提出了"电视小说"、"电视散文"、"电视诗歌"等概念，开辟了《文学与欣赏》栏目，并制作了电视散文《门槛》（屠格涅夫原著）和电视诗《古诗三首》等作品。风气所至，1994 年上海东方电视台举办全国电视散文展播与评奖活动；1994 年中国电视艺术委员会召开了"电视散文观摩研讨会"。与此同时，中央电视台 1993 年 8 月 1 日开播电视文学栏目《地方文艺》，该栏目以电视诗歌散文为主，并于 1998 年开始举办一年一届的"全国电视诗歌散文展播"评比颁奖活动，对电视文学的发展起到了推动作用。中央电视台的另一个栏目《电视诗歌散文》于 1999 年 9 月 11 日开播。该栏目继《名家名言》系列后，又推出《中外抒情诗歌欣赏》系列，采取名诗、名曲相结合和演播室朗诵的方式，让观众在亲切、温馨的氛围中享受到诗的真情和韵律。如《中国古诗词欣赏》系列，选择观众耳熟能详的中国古典诗词，配以相似意境的国画，充分利用电视高科技制作手段，通过奇妙的三维画面设计，营造出"诗中有画，画中有诗"的艺术意境。该栏目创作的电视散文作品以有价值的自然风光和人文景观为主，如《世界自然文化遗产·中国系列》、《名家名作》系列、《古代名人》、《当代名家》系列、《魂系泸沽湖》系列、《井冈山》系列、《CHINA·景德镇·瓷器》系列、《皖风·皖韵》系列、《马背日记》系列、《星光奖获奖作品系列》等。《电视诗歌散文》多次获"星光奖"优秀栏目奖，曾囊括第十五、十六、十七届"星光奖"电视文学类节目一、二、三等奖的全部奖项，2000 年被评为"中央电视台 30 个优秀栏目"之一。

　　严格来说，电视诗歌散文与电视专题文艺节目中的艺术片在艺术特征和创作规律上并无绝对的差别，比如《朝阳与夕阳的对话》、《苏州水》等作品有时也被归入电视诗歌散文一类。但如果非要找出两者之差异点的话，那么显然电视诗歌散文对于语言的依赖性更强，换言之，电视诗歌散文是以文学语言作为基本材质，无论叙事、抒情、议论都是语言先行，电视的声画必须服从于文学语言的支配。迄今为止涌现出来的优秀电视诗歌散文作品包括：《荷花淀》、《夏天里的羡慕》、《在路上》、《雾失楼台》、《我看见了大海》、《残荷》、《春天一缕霞》、《胡杨祭》、《最后一张情人卡》、《穿布鞋的故居》、《梯田，蘑菇房》、《妹妹，永远的遗憾》、《春》（朱自清原著）、《永远的蒲公英》，以及《李清照》、《海的向往》、《雪梦》、《狂雪》、《梦故乡》、《俺爹俺娘》等。由高峰执导的《唐诗韵》（20 集）和《诗人毛泽东》（20 集）在中央电视台《探索·发现》栏目播出后，也产生了一定的影响。

第三节　中国电视专题文艺的形态

一、电视艺术片

　　电视艺术片是指遵循电视艺术的创作规律，利用电视的技术和艺术手段，将多种艺术形态——文学、戏剧、音乐、舞蹈、绘画、摄影等兼容在一起，从而创造一种诗的意境，以期达到以情感人目的的一种电视艺术样式。

（一）风光风情艺术片

　　风光风情艺术片是指利用电视创作手段艺术地展现自然景观和人文风情、同时注入创作者强烈的主体意识和一定的哲理思考的电视艺术类型。如《万里长江》、《西藏的诱惑》、《长白山四季》、《椰风海韵》等。

（二）音乐歌舞艺术片

　　音乐舞蹈艺术片是指以音乐语言和舞蹈语言为其抒情和叙事的基本手段，以一定的故事情节作为贯穿线索，诗、歌、舞有机组合而形成的具有完整统一艺术意象的艺术片种类。需要指出的是，一些音乐舞蹈艺术片中或者插入了自然景色的画面，或者是实景拍摄音乐、舞蹈的演出和表演，但它们区别于风光风情艺术片的地方在于，作品的总体意象、神韵以及所要表达的主题是由音乐和舞蹈等艺术形式所营造的，换言之，所谓专题就"专"在音乐和舞蹈元素之上，风光、风情、文化景物等要素的作用是诠释音乐、舞蹈的各种文化内涵。此类作品包括《黄河神韵》、《好大的风》、《走西口》、《巴蜀神曲》等。

二、电视文艺专题

电视文艺专题是指围绕着一个要表达的核心主题，以音乐（声乐、器乐）、舞蹈演出为节目基本构成要素，通过电视的艺术手段和思维方式加以二度创作而形成的电视节目形态。这里须先澄清电视文艺专题与电视艺术片的区别。一般而言艺术片发挥的是电视的艺术创作功能，它有基于虚构时空基础上的完整独立的艺术结构；而文艺专题多半带一些纪录性或纪实性，作品结构的完整性和主体的创造性稍差。电视文艺专题还可细分为艺术专题和人物专题；当然艺术专题中的"艺术"是由"人物"所创造的，人物专题中的"人物"则是"艺术"作品的创造者，所以这种分类法也只具有相对的意义。

（一）艺术专题

有的以介绍著名艺术家的成就和创作生活为主题，如中央电视台录制的介绍舞蹈家陈爱莲舞蹈艺术生涯的《路》，介绍舞蹈家赵青的《探索》，介绍维吾尔族舞蹈家的《阿依吐拉》，还有《哈尔滨的夏天》、《声乐之梦——王苏芬演唱的歌》、《刘炽作品音乐会》（中央电视台）；有的旨在突出鲜明的民族和地域特色，如《西部之歌》（陕西电视台等 11 家电视台联合录制）、《黄河神韵》（黄河电视台）。

（二）人物专题

以艺术的手段展示文化人物的生平与活动，作品注重情感的表达和艺术意象的构建，如《缘缘人生——丰子恺》（中央电视台、杭州电视台等）、《中国之悲鸿》（中央电视台）。也有以著名政治人物为创作对象，如《百年恩来》（邓在军编导），其风格特征是抒情性、表现性大于纪实性。

第四节　中国电视专题文艺的展望

一、成绩与挑战

回顾 1958 年尤其是改革开放以来电视专题文艺节目的发展历程可以看出，电视专题文艺节目实际上走了一条渐次纯化和雅化之路，即内容上由综合性到专门性，风格上由杂多性到整一性，功能上由欣赏性到文化性，角色定位也由"以乐神人者"提升为文化之传承者。在此发展过程中，广大的创作者、制片出资者、评奖展播活动的组织者、理论研究者以及节目观众的功绩应该得到充分肯定；正是获益于上述诸方的共同努力，才使电视专题文艺节目这一荧屏上的纯艺术品种在商品化已无孔不入的今天仍能保持其优雅品格并取得了不凡的成就。

但无庸讳言，跟随被剥离掉的娱乐功能和通俗艺术元素一起散去的，还有观众。电视专题文艺节目从 90 年代开始就逐渐成了"小众"艺术。主流地位的失去使得电视专题文艺节目在创作和接受上要面对如下困境或曰挑战。

首先，市场经济语境中人们看待文艺的态度不可避免地影响到专题文艺创作者的创作观念和创作态度。在节目类型相互竞争的压力下，有的创作者放弃了对人文精神的坚守，于题材选择和节目风格处理上降格以求，试图向娱乐潮流靠拢；鉴于纪录片和纪实手法的声誉日盛，一些创作者便对专题文艺的前景信心不足，对抒情写意的创作方法信心不足。向娱乐节目和纪实节目"学步"的结果，是放弃自己优势的题材内容和艺术手法，是以己之短攻人之长，导致存在的合法性的失去。当然也不排除相反的情况，即不考虑市场和受众，一味地玩"高雅"、玩"深刻"，或专门为了评奖，或沉溺于浅吟低唱和一己之情中不能自拔，导致被市场和观众抛弃。

二、出路：文化性与民族性

问题在哪里呢？正反两面的经验告诉我们，问题在于一些创作者尚缺乏自觉的文体意识——关于专题文艺节目的属性、职能和文体特征的意识。如果说这些在 80 年代还不明确（甚至也不需要明确）的话，那么经过 90 年代电视文艺市场的历练之后，我们可以说，以往的文化性内容加上艺术化手法的定义，只是专题文艺节目的表层特征；真正使专题文艺节目与娱乐类节目和纪实类节目区别开来的，则是我们多次强调的文化传承者的角色定位。

基于此，专题文艺节目首先应该树立高雅文化的旗帜，大打文化牌来抗拒电视的商业化和庸俗化，这才是专题文艺安身立命的根本；任何的媚俗及向商业力量的妥协，都是对文化题材这块阵地的放弃，实质也是对喜爱文化题材电视节目的观众群的放弃。当然高雅绝不等同于教化，教化是另外意义上的媚俗；高雅也不是忽视观众的清高，而是以满足高层次观众的精神文化需求为己任的执著；反之，适当地加强欣赏性也不能说是媚俗。使高雅跟教化、媚俗区别开来的是真诚。其次，也不能盲目地向纪录片靠拢。专题文艺与纪录片各有各的艺术特征和接受群体。如果说纪录片是"叙事文学"的话，专题文艺就相当于"抒情诗歌"，两者是不能互相代替的。最后，是电视专题文艺节目的民族化之路。文化传承不言而喻主要是民族传统文化的传承。仔细体会一些优秀的专题文艺作品，其民族化包括三个层面的涵义：第一，民族化的题材资源——精神的、物质的、口述的——为电视专题文艺节目提供了无尽的宝藏；第二，民族化的思想、情感特征赋予了专题文艺以独特的人文内涵；第三，民族化的艺术表现特征，成就了专题文艺的审美方式、美感构成和审美价值取向。总之，用黄会林先生的话说："坚持民族化道路，电视艺术便得以枝叶繁茂、花果丰实；如若背离民族化的道路，盲目地食洋不化，一味地妄自菲薄，我们的电视艺术终将被时代抛弃。"❶ 该论述同样适用于电视专题文艺节目。

中央电视台《电视诗歌散文》栏目的网页有这么一段话："《电视诗歌散文》的栏目宗旨是在众多的综艺晚会和娱乐节目中打造一个诗意化的空间，弘扬真善美，满足广大电视观众日益增长的对高品位文化的追求，以达到心灵的净化、精神的启迪和审美的愉悦。"这是据守在文化高地上的电视人的心灵告白。有这种精神，我们有理由相信，随着中国观众文化水平的提高和中华文化的世界影响的扩大，电视专题文艺节目将有一个令人鼓舞的发展前景。

---

❶ 黄会林：《民族化：中国电视艺术的现实与未来》收录于《黄会林影视戏剧艺术论集》，71页，北京师范大学出版社，2002。

第 四 章

中国电视谈话节目

打开电视机，按动遥控器，观众在电视节目的海洋里冲浪。在异彩纷呈的电视节目里，观众可能会将目光停留在新闻节目里，那里有国内外的大事发生，有国家某些新政策的发布，有新闻人物的神采飞扬。新闻看完了，知道了大量信息，还想对某个问题有更深的了解，但新闻不负责理论探讨。观众又去看电视剧，剧中的故事千回百折、悲欢离合。观众在唏嘘感慨之余，对人生发出感叹，但发现人生的问题玄妙而深奥，困惑多多，却无处交流。观众又去看纪录片、看晚会、看艺术栏目。虽然看了许多节目，但观众的心里有很多的不满足，因为以上所有的电视节目里，都没有互动交流，尤其是没有思想观点的语言交流，观众仅仅只是个看客，一个信息的被动接受者。但是，今天的观众早已不满足在电视节目面前只做个看客，更不满足电视节目里的节目不与观众进行面对面的语言交流。

就在中国的观众们对电视节目表达不满的时候，一种新型的电视节目类型诞生了，这种节目请观众们到电视台的演播室里与主持人一道探讨古今中外的人生问题，探讨今天中国的社会问题。专家们高谈阔论，百姓们提问不断，明星们讲述自己的故事。一场又一场酣畅淋漓的谈话为观众奉上了风味迥然的精神佳肴，观众的交流欲望得到了满足，而这种极具时代特色的电视节目也牢牢地占据了电视屏幕的无数空间。这就是电视谈话节目，一种可以通向人类心灵深处、并以语言为工具交流和表达人类精神世界的电视节目。电视谈话节目的威力是巨大的，但它的威力体现在哪里？它为什么会吸引亿万观众的目光？它怎样影响了观众的意识形态和行为方式？在以下的章节里，将对此进行深入探讨。

第一节　中国电视谈话节目概述

一、电视谈话节目的界定与分类

电视谈话节目，是一种借助电子传播手段、在演播室里或户外录制、有两人以上的主持人和嘉宾参与、以语言交流为主要表现方式的电视节目。电视谈话节目与其他节目最大的不同，是它的嘉宾和观众坐在一起自始至终地谈话，用语言交流的内容占节目总量的一半以上。节目一般设有一位主持人、一位或几位嘉宾以及数量不等的现场观众。节目一般围绕一个话题或是一个特殊人物的故事展开，主持人巧妙引导话题的深入走向，并协调嘉宾与观众之间的主题表达，嘉宾具有特定话题的专业性或权威性，现场观众代表大众提出问题或与嘉宾探讨问题。

中国的电视谈话节目从话题上大致分为大众话题类和小众话题类两种。大众话题类的节目具有观众的广泛关注度和广泛参与性，比如：《实话实说》、《艺术人生》、《荧屏连着我和你》等，这些栏目适合大众各阶层的观众收看，因为大众类谈话节目的话题比较宽泛，往往是各阶层的人群都比较关注的，主要是社会问题。比如，家庭关系问题，孩子教育问题，社会公德问题，环境保护问题，明星生活故事等。大众话题类的谈话节目由于主要是面向普通观众，在话题选择上要求不能太高深、太专业，否则观众很难引起兴趣，或是很难发表观点。大众话题类的谈话节目嘉宾有三类：一类是新闻人物，一类是公众人物，再一类是有典型故事的普通百姓。大众话题类的谈话节目对于现场观众一般没有特殊要求，几乎任何类型的人都可以到演播现场当观众。

另一类谈话节目，比如《对话》、《足球之夜》、《相约夕阳红》和《开坛》等就属于小众话题，只有对栏目特定内容范围或节目嘉宾有兴趣的观众才会收看，而现场观众也是对栏目主题有特殊兴趣的人。小众类谈话节目是谈话节目发展过程中的必然趋势，当观众的表达欲望通过最初几年的大众谈话节目被激发起来之后，有相同兴趣的观众群体希望在特定范围内共同深入探讨特定职业或年龄阶段的问题。比如，《对话》的内容以探讨中国市场经济的话题为主，嘉宾主要是商界职位较高的人，观众以知识分子和白领阶层为主。他们探讨的市场经济问题比较尖锐和高深，具有相当的理论性，普通百姓不太感兴趣，有时也不太听得懂。原来的《足球之夜》栏目也属于小众节目，它的话题围绕足球展开，它的观众以足球爱好者居多，或者说男性居多，对足球不感兴趣的观众一般不会去观看这个栏目；《相约夕阳红》是一档老年人的谈话节目，以老年人感兴趣的话题为主，所以中年人和青少年一般不会去观看这个栏目。陕西电视台 2002 年开播的谈话节目《开坛》，也是一档文化知识分子所青睐的节目，主要探讨社会文化问题，但由于话题的理论性高度和深度，决定了它的小众范围。它约请的嘉宾，主要是大学教授和相关领域的学者，语言表达具有理论色彩，用词严谨，逻辑性强，具有一定文化水平的观众比较喜欢这个栏目。

大众谈话节目和小众谈话节目是中国谈话节目格局中的两种对应类型，彼此有自己存在与发展的合理性，两者互为补充，彼此取长补短，共同发展。

电视谈话节目从内容上可以分为三类。一种是新闻类谈话节目。像《新闻会客厅》、《东方之子》，原来湖南电视台的《今日谈》等，都以新闻人物和新闻事件作为话题展开议论，话题相对比较严肃，对话的语言也非常谨慎，因为容易触及社会敏感问题。

第二种是社会生活类谈话节目。它比新闻类的谈话节目数量多一些，像《实话实说》、《讲述》、《有话大家说》、《龙门阵》、《沟通无限》等；这些谈话节目以平民生活话题和社会问题为主要内容，关怀民生，关注社会，表现普通百姓的喜怒哀乐与思想感情。此类节目的话题比新闻节目轻松，但是比娱乐类节目沉重，交流中会因为语言智慧的火花碰撞而产生奇言妙语，让大家开心一笑，但由于话题的局限性，节目不容易保持连续的快乐感。

进入新世纪以后，第三种谈话节目大量涌现，这就是文化娱乐类谈话节目。这类节目以娱乐为主要目的，话题内容广泛，但目前以明星故事为主要内容，主持人的语言强调体现诙谐与幽默色彩。除了以往的《锵锵三人行》、《玫瑰之约》和《艺术人生》以外，以明星为嘉宾的谈话节目前层出不穷。如：《超级访问》（CCTV-3）、《春华秋实》（BTV-2）、《夫妻剧场》（BTV-3）、《星随我动》（四川卫视）、《星光》（河北卫视）、《明星面对面》（江西卫视）、《明星》（CETV-3）和《娱乐为人民》（BTV-2）等。娱乐类谈话节目与其他类型的谈话节目相比，是最轻松活泼的，明星的生活对普通百姓来说本来就有神秘色彩，再加上他们拍影视剧的故事就更有娱乐元素，所以有明星参与的谈话节目往往娱乐性较强，诙谐幽默的内容更多。娱乐类谈话节目的增加是电视节目市场的需要，也是电视节目发展的一个必然现象。一方面是因为人民的生活水平有了明显的提高，观众渴望娱乐的心理逐渐加згу；另一方面是随着国产影视剧的大量增加和音乐节目的不断涌现，影视明星与歌星的数量也有了大幅增加，观众对明星的关注度有了明显提升，电视媒体抓住观众的特殊文化心理制作了不少与明星有关的谈话节目，既丰富了电视谈话节目的品种，获得了良好的社会效益，也同时获得了可观的经济效益。

谈话节目的形式不会是一成不变的，借鉴其他类型的节目进行创新的谈话节目形式有可能是混合性的。比如，在谈话的过程中加入用画面记录相关内容的片断，或在谈话的过程中加入艺术表演等等。但无论如何变化，谈话节目的核心元素不会变，那就是：以主持人和嘉宾以及观众的语言交流为主要表现方式，以有一定思想观点的话题为主要内容，节目中用语言交流的比例占到50％以上。

二、电视谈话节目的主要特征

谈话节目被称为是"脱口秀"节目，它的主要特征是主持人和嘉宾、观众在一个特定的演播室环境中和一定的时间长度内针对不同的话题进行各抒己见的语言交流，这种语言交流是即兴的，而不是按事先写好的台词背出来的。谈话节目的核心元素是主持人、嘉宾、观众和话题。成功的谈话节目应该具备以下几个条件：1. 话题设计要有针对性和兴趣点，是当下的观众容易产生兴趣和愿意关注的话题，这才能保证在节目中主持人、嘉宾和观众在交流中产生思想意识相对集中的心理互动；2. 主持人要具有一定的文化修养和口才，具有和任何文化水准的嘉宾一起探讨问题的能力，最好还有一定的幽默感，可以适时活跃交流气氛；3. 嘉宾要有独特性，一般是新闻人物（包括明星），或者在某个领域是专家，或者思想观点、生活方式有典型性的人物。他们能够让话题走向深入，并能给观众提供有价值的思想观点、文化信息或是娱乐元素；4. 谈话的过程要有一定的结构和走向设计。除了专门即兴聊天的谈话节目，一般的谈话节目都有目的性，为了达到某种目的，编导和主持人会对谈话的内容进行事先筛选和设计，力求以讲故事的叙事方式进行表达，以便在有限的时间里让谈话内容更丰富和精炼，而不是瞎聊。

谈话节目的叙事结构一般分为：1. 用开场白引出话题或人物；2. 用观众普遍关心的问题向嘉宾提问；3. 引导嘉宾谈出最核心的敏感问题；4. 让观众与嘉宾直接提问交流；5. 主持人在嘉宾和观众之间进行牵引式互动交流；6. 适时结束谈话。这六个部分可以任由主持人在现场取舍，或在其间加入节目表演，或颠倒次序，但这些基本结构因素一般都会存在。

电视谈话节目的结构设计反映出它的叙事规律，这也是它的特征之一。不同的电视节目有不同的叙事手段，对于谈话节目来说，分为论说式和讲故事两种。如果节目设计中有几位嘉宾来探讨一个话题，它通常采用论说式叙事方法，大家对话题进行层层深入的分析讨论，或由一个话题转入另外一个与之不相干的话题进行议论；讲故事的叙事方式往往只有一位嘉宾，他的故事具有典型性，主持人事先对嘉宾的故事有所了解，在现场采用悬念式的发问引导故事向纵深发展。谈话节目的叙事技巧主要有悬念设置、细节描述、重复关键词、情节铺垫和渲染高潮等。无论采用任何一种叙事方法，设计悬念都是必不可少的手段之一，因为只有悬念的设计，才会让节目始终充满吸引力，让观众的心里不断有疑问：他是谁？他为什么要这样做？为什么要这样想？后来怎么样？影视剧的悬念是靠主人公的行为画面表达出来，而谈话节目的悬念则是靠主持人的问题设计制造出来。问题的悬念制造也是谈话节目的明显特征。

电视谈话节目的另一个显著特征，是它具有用语言制造的特殊情绪场效应。场效应就是现场气氛。观看一场优质的电视谈话节目，是一种极大的精神享受。因为一场优秀的谈话节目可以营造非常有感染力的场效应，让观众的心情时而宁静、时而激动、时而愉快、时而忧伤、时而焦虑、时而紧张。看似简单的一场节目，为什么能够激发观众如此丰富的心理感受呢？确切地说，是它诸多的元素牵引了嘉宾和观众的情绪，汇聚成了一种独特的情绪场效应，因内容不同而氛围不同的场效应在悄悄地发挥着渲染观众情绪的作用。

简言之，谈话节目的场效应，就是由主持人、嘉宾和观众在语言的交流中因为语言的碰撞而营造的一种或外显或内含的现场氛围，它是检验谈话节目成功的基本标准，情绪场效应越强，谈话节目的质量就越高。

三、电视谈话节目的多元功能

语言交流是人的本能，没有语言交流，人类几乎无法生存。在日常生活中，人类每天都要与他人进行许多必要的语言交流才能获得彼此的理解，并完成许多工作。在闲暇时刻，人们聚在一起谈古论今、交流思想更是一种精神享受和娱乐方式。电视谈话节目将人类最本真的日常交流方式稍加处理搬进了演播室，使之源于生活而高于生活，让精彩的语言碰撞对观众产生巨大吸引力，成为世界电视节目样式中最容易被观众接受和最受喜爱的形式之一。

电视谈话节目具有特殊的审美意义和多种社会功能：1. 它是一种人际交流，最具人情味，人们在观看谈话节目的时候，会产生身临其境的愉悦美感，可以在一定程度上缓解一些人的孤独感；2. 人类渴望心灵交流，谈话节目既满足人们情感宣泄的需要，也满足了获取他人有价值的思想观点、知识信息和某些事件真相的需要。观看一场精彩的谈话节目，聆听主持人或嘉宾妙语如珠的语言交锋，犹如享用了一顿精神大餐，使人获得心灵的快乐；3. 人的视觉欲望是一种本能，观看一个漂亮的演播室里自己喜欢的主持人或嘉宾进行思想交流是一个欣赏美的过程，同时，嘉宾的精彩观点或动人故事又可以满足人的求知欲望，让观众获得精神放松的愉悦；4. 人在社会中接受文化知识教育的时间是有限的，而文化的内容是博大精深无止境的，知识的更新又是快速的，人们在观看谈话节目的时候，除了从嘉宾身上获得某些思想观点和知识的认同，通过嘉宾的语言获得哲理的启示或是知识的启迪，还可以从嘉宾身上发现人格魅力而使自己的身心得到升华和净化。这样具有多元审美意义的电视节目形式必然成为今天电视节目中的重要组成部分。

电视谈话节目具有特殊的社会功能。第一，它向公众传播主流意识形态的思想意识、道德观念、行为准则和文化理念。谈话节目是传播媒介创造的一种与大众沟通思想的平台，而传播媒介首先是国家意识形态的传播者，在中国被称为是党的喉舌和工具。所以，无论谈话节目的话题如何切中大众的兴趣，无论谈话节目主持人如何具有亲和力与平民形象，它都无法改变自己替政府代言的身份；谈话节目的话题看似包罗万象，小到个体的情感故事，大到国家的政治事件，但是，很多人都清楚地知道中国谈话节目话题的选择是受严格控制的，谈论国际话题必须与国家的外交政策和策略口径保持一致；谈论社会问题须有一定的范围限度，谈论情感问题须符合中国传统伦理道德的规范等等。谈话节目试图用各种艺术的方式让大众以为自己可以在节目里自由表达思想和观点，但实际上，在谈话节目表面的温和与自由氛围里，隐藏着一种无形的过滤器，所有符合国家意识形态的思想和观点都可以任意表达，而与国家利益不协调的声音，都会在播出时被过滤掉，有些甚至在节目中就被节目主持人悄无声息地转移或消解了。正是因为媒体在传播国家意识形态方面得天独厚的力量，在任何一个国家，媒体都拥有国家所赋予的特殊权力和荣誉。我国的电视谈话节目也不例外，它可以借助所在媒体的地位吸收社会资金，协助它完成更有思想震撼力的节目；它可以借助强大的经济实力，在全国范围内邀请著名的专家学者担任嘉宾，因为作为中国的文化精英，他们的思想意识和表达水平，具有权威性，更能有效地表达国家的意识形态，有效地传播先进文化，对大众产生更加深远的影响。

第二，它负有调节大众情绪、和谐社会关系的使命。如果说，新闻类节目是用硬性的社会新闻事件报道向大众表达国家的态度和意志，艺术节目是在用软性的精神产品来愉悦大众的心情，那么，这两种类型的节目都欠缺与大众的直接交流，大众在生活中遇到的烦恼和郁闷可能无法在新闻中释放，也可能无法在歌舞中平息。谈话节目就恰恰起到了一个桥梁的沟通和调节作用。它比新闻感性，又比歌舞理性，它的人性化魅力在于，大众可以到这里寻找同情与支持，宣泄愤怒与不满，或是宣泄其他被压抑的欲望。谈话节目充当了润滑剂的作用。优秀的谈话节目主持人会敏感地捕捉到嘉宾的情绪触角，巧妙地引导他们用适合大众接受的方式表达出他们内心的怨怒或激情；谈话节目主持人也可以真诚地诱导现场观众说出自己的心里话，然后请嘉宾来解疑释惑，用理性的话语体系来说服观众。谈话节目在调节因社会问题而引发的社会矛盾方面，具有强大的力量和高超的技巧。任何一种社会问题，在没有谈话节目的年代，都有可能引发较多的社会冲突，甚至产生流血事件，但在当代社会，可以说谈话节目已经消解了不计其数的社会矛盾和问题。人是有思想、有感情的高级生物，生活中许多的怨怒来自于误解、不尊重与不平等，可是，当人们在不满的时候，有人进行温和劝说或循循诱导，动之以情、晓之以理，愤怒的情绪可能会降温，或是消失。电视谈话节目就是这样一位劝说者的身份，它首先用话题引起观众的关注，引导观众的情绪宣泄，然后用嘉宾口中的社会理论和社会分析帮助大众理解现实，化解困惑和不满。谈话节目利用语言的优势，利用人类的表达欲望，调节社会矛盾，引导审美倾向，发挥着其他节目所无法替代的社会作用。

第三，它培养大众的表达勇气和能力。由于中国社会几千年的封建统治，自古以来，中国的民众绝大多数不善言辞，并羞于在公众场合说话。甚至在相当长的历史时期，中国人的一种审美趣味就是欣赏只干活而不爱说话的人，对于能言善辩的人则持负面印象，认为他们"花言巧语""油嘴滑舌"，是不可靠的人。另外，在过去的岁月里，大众也的确没有多少可以用语言表达自己思想观点的地方，因为在封建统治年代，统治阶级不允许民众发出任何指责他们的声音，所谓"祸从口出"，说的就是因为敢于表达而惹来杀身之祸。但是，当历史进入 20 世纪 90 年代，中国的经济建设已经进入了大发展的时期，在复杂的社会生产过程中，人们发现，善于表达自己的人往往可以获得更多的理解、支持和发展的机会，也容易赢得更多人的欣赏，"少说为佳"的传统观念开始渐渐转变。电视谈话节目《实话实说》的横空出世，首先对大众是一个震撼，它的全新概念让大众久久思考和回味。其中最新鲜的概念，就是"表达"。节目中看似平凡的百姓，在主持人鼓励的目光中打开了话匣子，滔滔不绝地表达自己的思想和观点；有文化身份的专家学者更是可以发挥自己的口才，针对某些问题高谈阔论，让许多观众大开眼界，开拓了思路。进入社会激烈竞争环境的青年人，在实践中懂得了表达自己的重要性，并主动在不同场合训练自己，各种类型的谈话节目和演讲活动，就是他们最佳的训练机会。没有进入激烈竞争的普通百姓，则更是通过不计其数的谈话节目深刻理解了语言表达的威力和重要性，并开始在生活中学会正确而艺术地表达自己的思想。比如，在各种场合维护自己的合法权益。如果不善表达，人们就说不清自己的意图，也辩不明自己的道理，结果让社会上的不良行为者获取不义之财。谈话节目教给了观众有关维权的概念和表达方法，观众在生活中大量实践，久而久之，中国人的语言表达能力就有了明显提高。再比如，许多中国人以前不重视说话艺术，往往用最直白的语言表达思想，一是语言乏味，二是容易激怒对方，让问题变得严重而无法解决。大量的谈话节目让人们意识到，同样一个意思，不同的表达方式会产生截然不同的效果，尤其是智慧的语言，几乎所向披靡，百战百胜，不仅能化解矛盾，表达思想，而且还有趣味。人们喜爱有幽默感的谈话节目主持人，因为他们的语言充满智慧；人们喜爱谈话节目里知识渊博的学者，因为他们的语言丰富、智慧而精彩，有深度，更有高度。

电视谈话节目具有审美功能和重要的社会功能。它是一种特殊的电视节目类型，它的诞生、发展与兴盛，都有它必然的社会原因。作为大众媒介中的一个节目品种，电视谈话节目正因为有它强大的多元功能，才可以被全国的众多媒体所重视和采用。它是今天的中国社会所不可缺少的电视文化形态，在传承中华文明的进程中，它不仅给大众带来愉悦和欢乐，在建设和谐社会、保持社会稳定方面更有举足轻重的作用。

第二节　中国电视谈话节目的演变与发展

一、电视谈话节目的诞生与早期发展

电视谈话节目最早起源于 50 年代的美国。它的英文原意是"谈话节目"（Talk Show），后来被港台翻译成"脱口秀"，也很贴切和生动。它是指节目主持人所表达的语言不事先写稿，而是临场发挥，让思想观点脱口而出，用即兴、自然的表达方式与嘉宾、观众进行思想和情感交流。电视谈话节目是在 20 世纪 90 年代中后期进入中国荧屏的。中国的第一个谈话节目是 1993 年 1 月 18 日在上海东方电视台推出的《东方直播室》，这是一档反映和讨论社会问题的谈话节目，它还有一个突出的特点，即采用了现场直播的方式，在社会上曾引起了一段时间的关注，但由于当时的社会文化环境还不够成熟，大众还不能静下心来欣赏这个电视节目的新品种，所以这个栏目没有产生太大影响。1996年著名电视谈话节目《实话实说》的问世，被公认为是中国第一个具有强大社会影响力的电视谈话节目。由于中央电视台节目覆盖的绝对优势，由于节目的精心策划和主持人崔永元的独特形象，中国的电视谈话节目才真正引起了广大观众的注意，得到了渐进式的推崇和欣赏。《实话实说》在这个历史时期引起观众的普遍兴趣，有它特殊的历史与社会原因。当时，中国的电视节目开始进入了一个激烈竞争的阶段，全国30多个省级电视台的节目纷纷上星，有线电视遍地开花，城市电视台的节目花样翻新，全国的电视节目形态呈现出多样性。观众面对几十个电视频道里五花八门的电视节目，在频繁揿动遥控器换台的时候，开始厌倦平庸的节目，渴望看到各种类型的精品电视节目；在这个历史时期，由于商海沉浮，企业体制转轨，不少工人下岗，许多人感到精神孤独和失落，有时候希望能在电视节目中找到精神安慰，因此，他们便对语言交流对话型的电视节目产生了兴趣；对于生活相对稳定的人来说，也不再满足于被动地接受电视上的一切信息，他们期望参与电视节目，获得更多的生活乐趣。于是，相对于荧屏上出现的各种新形态的电视节目，谈话节目成了广大观众首选的关注对象。人们在精神上感到空虚和茫然的时候，谈话节目的假定性聚会格局可以让观众暂时忘记心灵的孤独和寂寞，在观看别人热烈的交谈中满足自己的求知欲望和情感宣泄。再加上经过十多年观看电视的经验和民主意识的不断增强，许多观众也开始愿意在摄像机前张口说话，表达自己的观点和看法。正是这样一种时代特点和观众心理造就了谈话节目的生存土壤，让谈话节目能够快速被观众接受并茁壮成长。新颖的节目形式，从未体验过的在电视上表达真实思想的奇妙感觉，语言对话中迸发出的新思想、新观点和智言妙语，这一切都深深吸引了当时的中国观众。对于电视媒体来说，谈话节目的低成本制作和高收视率激发了他们的工作热情，所以，在中央电视台的《实话实说》诞生一年之后，许多省级电视台便纷纷仿效，大批的谈话节目相继登上了荧屏。90年代末，在全国上星的电视节目里，谈话节目有二十多个，呈现出了百家争鸣的态势。可以说，谈话节目是大众寻求感情共鸣和知识认同的空间；是一个倾诉内心感受，进行心灵交流并产生感应的地方。在人们的生活节奏日益加快、很难经常聚会谈话的今天，电视谈话节目在某种程度上弥补了人们对于思想情感语言交流缺乏的精神需求。各种谈话节目以它巨大而潜在的精神力量吸引了观众的目光，演播室亮丽温暖的环境，主持人的明星风采，嘉宾的精彩语言，都不同程度地满足了观众对于谈话节目的初级审美期待。

1996年3月16日在中央电视台第二套节目中诞生的谈话节目《实话实说》，在中国的电视谈话节目历史上具有划时代的意义。它创造了几个第一：正是因为该栏目的成功运作，使中国观众第一次发现了谈话节目的魅力，第一次认识了谈话节目的形式感和在电视上进行语言交流的乐趣，也第一次意识到谈话节目主持人的人格魅力。尤其是它引导了中国电视谈话节目的潮流，因为从它之后，全国省级电视台诞生了大批以它为模板的谈话节目，在全国的电视荧屏上掀起了中国电视谈话节目的第一次高潮。

《实话实说》是中央电视台经济频道精心策划的一档谈话节目，它在时间上虽然不是中国的第一个电视谈话节目，但它是最早以谈话节目的形式引起全国观众观看热潮的栏目，也是最早以一种比较成熟的谈话节目形式进行运作的栏目。

《实话实说》栏目的灵感来自于 1993 年初创办的新闻栏目《东方时空》之《东方之子》。当时的编导希望："用真诚和思考与人对话，这将是一笔宝贵的财富留给今人与后人"。然而，编导们认为当时的《东方之子》在表现形式上缺乏层次感，视点简单，谈话氛围起伏不大，于是就促使他们去进一步拓展空间，以使更多的人参与和响应，于是，就诞生了《实话实说》。

《实话实说》栏目实际上是中国电视人解放思想和不断创新意识的产物。所谓解放思想，是他们感到随着中国经济的蓬勃发展，中国人的社会舆论环境需要得到解放，电视人和观众的思想需要得到解放；不断创新是因为中央电视台新闻评论部的编导们不满足制作的节目只相当于"历史的书记员"。社会意识和社会责任感使他们认识到了自己的使命。他们也不满足只作媒介的"传声筒"，只作节目的"念稿人"和"背稿人"。他们渴望在节目中，在与采访对象、交流对象和传播对象的平等交流中也留下自己的思考和自己的声音。在这个历史时期，观众也对电视节目不满足，他们不满足只作传播流程中的终端，只作受众，他们也想参与到节目中去。正是这些不满足促成了《实话实说》横空出世后就马上出现全国电视观众热烈回应的局面。

《实话实说》为中国电视节目的发展探索出了一条独特的道路。它改变了中国观众长期以来对媒体言论只是被动接受的心态。以往在观看电视节目的时候，很少有让观众说话的机会，即使有，也是事先安排好的发言人，处于"要求他们说"的状态。而《实话实说》则给了观众主动说话的动力和机会。现场的观众在节目里经常主动要求说话，而且还说得十分精彩。

在栏目形式的处理上，制片人兼总编导时间曾说："不错，我们确实是学习了国外脱口秀的谈话节目形式，但如同其他事物照搬总行不通是一样的，它还必须与中国的国情相结合。无论如何，这种符合世界电视节目发展趋势的节目样式必将在中国生根和发展。"

《实话实说》栏目开创了中国电视节目平民化的先河。节目话题始终是老百姓关心的日常生活内容，嘉宾们没有刻意的表演，他们大多数也不是名人，语言表达朴实无华，也没有浓妆艳抹的明星，节目现场的观众本身就是普通的百姓。

主持人崔永元刚开始身上也没有明星风采，更没有明星的傲气。他的言谈举止自然大方、亲切友好，智慧的接话水平给观众带来了无穷的乐趣。

《实话实说》栏目在节目的表现方式上，引导中国电视人和观众发现了倾听的魅力。崔永元在主持节目的过程中经常认真地倾听观众的表达，表现出对观众的极大尊重，让观众获得鼓励、有了说话的欲望和勇气。以往的主持人或记者都有媒体人的优越感，在节目中喜欢滔滔不绝地表达自己的观点，而崔永元的倾听态度既表现了媒体人的谦虚和对百姓观众的尊重，更让观众发现了倾听本身的魅力，理解了在与人交往的过程中倾听的重要性。

在栏目运作上，《实话实说》在探索中确立了一套相对成熟的模式。它有一个强大的创作班子，策划人几乎都是应邀而来的中国文化界精英人物。它的制片人、总策划、总编导、执行策划、执行编导等都有明确的分工。这在当时中国的电视媒体里是罕见的组合形式和管理方式，是先进的现代管理意识使他们的集体从一开始就充满了活力和竞争力。《实话实说》栏目在节目运作中还有不少先进的意识和方法。首先是研究选题，他们并不是随便想一个话题就去策划，而是反复讨论即将推出的话题，然后再决定是否采用。他们的口号是："每周一个话题，每题一个热点，每点一次舌战，每战一道火花。"

《实话实说》对于中国电视谈话节目的另一个重大贡献，是它推出了一位同样具有里程碑意义的节目主持人崔永元。是它的节目理念选定了这样一位其貌不扬但内涵深厚、机敏智慧、具有人格魅力的主持人，改变了以往观众认为主持人都必须像演员的陈旧意识，尤其对于有一定文化修养的观众来说，他们终于看到中国荧屏上出现了一位有知识修养、成熟而具有个性魅力的主持人，他们也对中国荧屏未来的知识型、学者型主持人的诞生产生了希望。当时全国的几十家电视台很快诞生了许多以《实话实说》为样板的谈话节目，许多谈话节目主持人都不自觉地模仿或是借鉴崔永元的主持方式和风格，虽然在影响力上各有千秋，但可喜的是，通过这些谈话节目，许多电视人知道了优秀谈话节目主持人的深度，知道了文化修养将是节目主持人制胜的法宝，也知道了优秀节目主持人是一个谈话节目的灵魂。

《实话实说》栏目在中国电视艺术发展史上，将是一页永远让人无法忘怀的辉煌篇章。

二、中国电视谈话节目的第一次高潮

谈话节目具有无限的思想空间和语言魅力，加上低成本运作的特点，使不少省级电视台也产生了极大的兴趣。自1996年到2000年，从中央电视台到全国省级电视台，相继有数十个谈话节目诞生，掀起了中国电视谈话节目的第一次高潮。当时比较出名的谈话节目除了《实话实说》以外，中央电视台有《当代工人》、《相约夕阳红》、《半边天》、《朋友》、《对话》、《文化视点》、《精彩十分》、

《五环夜话》、《老同学大联欢》和《影视俱乐部》；省级电视台的谈话节目主要有：《荧屏连着我和你》（北京电视台）、《国际双行线》（北京电视台）、《谁在说》（北京电视台）、《有话好说》（湖南电视台）、《今日谈》（湖南电视台）、《新青年》（湖南电视台）、《龙门阵》（重庆电视台）、《有你有我》（福建电视台）、《财智时代》（湖北电视台）、《人间别话》（陕西电视台）、《有话大家说》（上海电视台）、《女性时空》（广东电视台）、《周末夜话》（云南电视台）和《百姓话题》（新疆电视台）等。中国电视谈话节目的第一次高潮，既是中国电视媒体对谈话节目的初级尝试、初级研究，也是中国观众对谈话节目的热情呼应。在这个时期，中国观众对谈话节目这种新形式产生了浓厚的兴趣，开始意识到"谈话"的特殊魅力。中国电视谈话节目的第一次高潮为后来中国电视谈话节目的蓬勃发展起到了奠基和引导潮流的作用。电视人充满热情的初级尝试性操作，为今天多元化的电视谈话节目发展提供了宝贵的经验与教训，也为中国电视谈话节目的深入研究提供了珍贵的第一批范本。

在中国电视谈话节目的第一次高潮时期，电视人发现，谈话节目不仅成本低、见效快、潜力巨大，而且还是一门学问很深的节目形式，它需要研究不同历史时期的观众心理，需要研究电视独特的表现手段以及对观众的心理影响。无论是话题设计，还是主持人的现场驾驭；无论是嘉宾选择，还是演播室的装饰，都需要讲究协调性与审美性。只有多种元素的合理配置，才能产生元素合力的共鸣，产生良性场效应，赢得观众的青睐。谈话节目还要追求现代管理方式，建立科学有效的管理机制。一档优秀的谈话节目，必须有优秀策划、优秀主持人、优秀编导和一定的经济实力，这些元素缺一不可。

90 年代末的谈话节目内容以新闻类和百姓的社会生活类为主，当时虽然中国的电视荧屏上有数十个谈话节目，但在表现形式上基本只有《实话实说》一种模式。进入世纪之交，谈话节目出现了《玫瑰之约》式、《国际双行线》式、《朋友》式和《锵锵三人行》等形式。许多新诞生的谈话节目在内容上有了更大的空间。如，《对话》的内容以经济话题为主；《艺术人生》以演艺明星的生活为主；《开坛》以文化探讨为主；《名将之约》以体育冠军的故事为主；《走进电视剧》以演艺明星讲述电视剧拍摄的故事为主等等。

《玫瑰之约》式将谈话内容与嘉宾的才能展示结合在一起，有一定的表演性。话题与爱情有关，由两位主持人配合引导择偶嘉宾说出自己对爱情的看法和对未来伴侣的要求，嘉宾通过计分器为异性嘉宾打分。主持人的语言要求诙谐风趣，嘉宾犹如参加一场游戏，具有一定的娱乐性。现场观众中有亲友团成员，他们在一定的时刻发表趣味性意见，更增添了节目的娱乐色彩。

《国际双行线》虽然在形式上与《实话实说》有相似之处，但由于每期邀请外国人担任嘉宾，在主持人与嘉宾的交流上使用了同声传译手段，再加上国际性话题的开放性，便与其他类型的谈话节目在形式上有了明显的区别。

《朋友》栏目的主持人王刚是演员出身，每期邀请的嘉宾主要是演艺界明星，探讨明星的友情关系，让嘉宾讲述自己的友情故事，然后将嘉宾提到的朋友邀请到台上一起评价嘉宾，中间还穿插明星们的艺术表演。该栏目将语言交流与艺术表演相结合，使节目的欣赏性大于思考性。

《锵锵三人行》只有窦文涛和两位相对固定的嘉宾在一起神聊，没有固定主题，信马由缰，海阔天空，甚至栏目没有结尾，当聊到三十分钟的时候，演职人员的字幕自动升起，栏目在主持人与嘉宾的谈话中结束。这是一种自由式的电视谈话节目。它仿照日常生活中人们的交流方式，话题轻松，表达随意，反映了人类谈话交流的本质特性。

同样是谈话节目，主体的谈话形式没有变，只是谈话的格局有了一些变化，这些变化是根据不同栏目自身的需要而增加的，它们既保持了谈话的魅力，又制造了新颖的感觉。这些栏目是在对谈话节目进行认真研究和探讨之后所进行的有益尝试，它们突破了被沿袭了几年之久的《实话实说》节目模式，将中国谈话节目推向了一个新的高度。

三、中国电视谈话节目的瓶颈状态与螺旋式上升

由于实践的时间较短，中国电视谈话节目的编导们对于观众心理需求和艺术表现形式的研究和把握还不够，而且，由于节目主持人的学识、经验和语言表现力的局限性，在一段时间里，许多谈话节目都无法突破《实话实说》的节目模式，更不可能从理论的高度去认识从而提高自己的栏目质量。在2001年和2003年之间，中国的电视谈话节目走入了一种瓶颈状态。截止到2000年，多数谈话节目仅仅是完成了话题内容的简单设计和谈话节目元素的简单组合，没有使节目的整体水平得到提升。有些谈话节目像是专家论坛，专家高谈阔论，观众昏昏欲睡；有些谈话节目主持人的问题非常生硬简单，不像谈话交流，很像记者采访，也使观众失去了兴趣；有些文化类的谈话节目专家学者的表达过于严肃，而话题的结构设计也缺乏悬念，再加上文化理论内容比较高深，普通老百姓不感兴趣，收视率和赞助都无法保证而无法延续下去；还有些谈话节目在技术操作上，对节目的视觉审美重视不够，画面的构图、色彩、剪辑节奏和包装都不够讲究，节目形式非常单调，画面构图固定太多，缺乏变化，色彩灰暗，人物整体在画面上显得不清晰，显然是灯光不足。这些技术问题在一定程度上也影响了观众的收看情绪，让观众渐渐开始失望。这时，电视谈话节目开始降温，进入徘徊的低潮期。大批谈话节目逐渐淡出荧屏，上百个电视频道里只剩下了少量的谈话节目。

2001年开始，一批名牌电视谈话节目相继进入滑坡阶段，而大批借助谈话形式但浅尝辄止的电视节目却遍地开花，形成了电视栏目几乎个个谈话却少有精品的局面。由于一些编导仅仅借助于谈话的方式来增添原有节目的活力，而并没有

对谈话技巧本身作过多的研究，致使许多电视栏目只停留在谈话的浅层次表达上，显出谈话泛滥的趋势。

《实话实说》其实在形式和内容上从 2000 年起就已显出颓势，完全是因为主持人崔永元的个人魅力支撑着栏目向前推进。有大批的观众只是为了想看到崔永元而去看《实话实说》，一旦崔永元离开了栏目，大批观众也自然会消失。《实话实说》的收视率这一阶段大幅下跌，90 年代末的辉煌已成为往事；《艺术人生》明星嘉宾的资源逐渐枯竭，现有的明星不能反复出镜，收视率也面临挑战。《艺术人生》的特点是挖掘明星的内心世界，让观众对明星曲折的人生故事产生感悟和理解，拉近明星与百姓的距离，以让大牌明星潸然泪下而引起许多观众的观看和思考兴趣。明星本来就对观众有特殊的感召力，听他们的故事可以满足观众的情感需求，看他们如何落泪可以体验为偶像伤感的经历。但是，如果大牌明星少了，或是总让明星落泪，也会在某种程度上让观众厌倦，这种厌倦还包含有对明星伤心的不忍和对栏目程式化的不满。曾经颇受欢迎的《朋友》栏目从屏幕上消失了；多年坚持文化追求的栏目《文化视点》也告别了荧屏；《读书时间》也因为收视率的原因被迫下马。一批名牌谈话节目的衰落、省级电视台的许多电视谈话节目的停播、观众普遍对谈话节目泛滥荧屏的批评，说明中国的电视谈话节目走入了一个低谷，也标志着中国的电视观众对谈话节目的审美期待已悄悄发生了许多变化，上升到一种理性欣赏的层面。

电视栏目一般会有自己的生命周期，大多数的电视栏目都会在五年内经历出世、成长、成熟和衰落的历程。这种历程也反映出观众的自然心理。人类的天性是不断求新求异的，这也是促使人类不断走向文明、科技不断创新的原因和动力。喜新厌旧、见异思迁似乎是个贬义词，但它反映了人类的特点，如果观众无法从一个名牌栏目中发现更吸引他和刺激他的元素，他不会因为这个栏目曾经是名牌而永远守候。名牌栏目的衰落正是因为形式的多年如一日使观众产生了审美疲劳；内容和叙事方式的一成不变使观众无法产生新的激情；明星嘉宾的亮度不够或是深度不够让观众的审美期待落空，这一切都必然导致一个栏目走向消亡。

谈话节目刚刚兴起的时候，由于是新鲜事物，观众的注意力在话题和嘉宾上，随着谈话节目的泛滥，观众已熟知谈话节目的套路之后，就不会见到谈话节目就去看，观众的审美趣味在提高，他们期待看到更有变化的谈话式样，期待看到更有权威或震撼力的嘉宾，听到更为神秘的故事，期待看到更独特、有个人魅力的主持人。鲁豫的《心相约——说出你的故事》之所以吸引人，是因为她的嘉宾曾经是中国某个历史时期的敏感人物，他们像谜一样的经历让观众产生悬念和期待，可以满足经历过某段历史的观众的好奇心和情感宣泄。鲁豫亲切随和、善解人意的话题引导，既职业又人性化，深受许多观众的喜爱。由此可见，中国谈话节目必须再发生质的提升，必须从观众的历史演变心理出发，在形式和内容上不断创新，在主持人的选择上更慎重，更强调个性魅力，才能制作出更符合当下观众内心期待的精彩谈话节目。

随着历史的推进，在沉寂了两年之后，中国的电视谈话节目从 2003 年开始，进入了螺旋式上升阶段。它首先在数量上呈现出遍地开花的状态，全国几乎所有的电视频道里每天都有不同形式和内容的谈话节目。不少其他类型的电视栏目也增加了谈话的内容和分量。比如，服务类节目、晚会节目和杂志型栏目。

其次，许多正规的电视谈话节目在结构形态创新、话题选择、内容拓展、主持人选择、画面摄制和外部包装上都较前有了明显的进步。在节目形态上有特色的栏目如《鉴宝》，该栏目以讲述书画古玩文物故事和鉴定古玩文物的内容为主，将鉴别中国文化艺术品的过程变成一个节目形态，观众在现场亮出民间收藏的宝物，介绍它的来历，由专家当场鉴定估价。这种节目形态加强了嘉宾与观众的互动、传播了中国的文化与艺术内涵、体现了市场价值，因此对观众、尤其是收藏爱好者有很大的吸引力。《留学俱乐部》栏目是一个为留学人员服务的谈话节目。它将演播室布置成一个酒吧的格局，前景是主持人孙小平和王强在谈论有关留学的话题，也包括海外生活的故事和知识，后景是一个小乐队在活动，主持人还可以与小乐队里的人聊几句。节目中还有人从外面进来，与主持人说一阵话再离开，有表演性质，主持人再接着自己聊，很随意。栏目的酒吧格局充分营造了一个国际文化交流的氛围，与栏目的性质和主体观众的审美趣味比较吻合。

谈话节目形态的创新和内容的拓展，说明谈话节目在不断快速发展，质量在不断提高。主创人员力求内容的多元化带动形式的多元化。谈话节目的空间应该是无限的，因为人的语言交流范围是无限的，只要努力探索谈话节目的内在规律，研究观众的心理需要，就能制作出异彩纷呈的谈话节目。另外，节目形态的创新和内容的拓展对于吸引更大范围的观众也具有现实意义。在谈话节目初期，由于节目形式的首次亮相，吸引了大批观众的目光，但是，随着观众对单一型谈话节目模式的熟悉，许多人已不满足它们的表现形式，便放弃收看，去寻找更新颖别致的节目。谈话节目只有不断在形式上和内容上出新，才能吸引更多的观众。从新世纪开始，由于电视节目的日益繁荣，观众职业群体或兴趣群体产生了有意识的定向审美需求，中国的电视观众进入了分众收视的历史阶段。电视人发现了谈话节目分众化收视趋势，便对观众的兴趣群体进行心理研究，认为大众类的谈话节目正在萎缩，但不会消失，而小众类的谈话节目将呈现上升趋势，在未来占据荧屏的许多空间。单个小众类的谈话节目可能观众不多，但大批小众类的谈话节目会将大批观众重新吸引到谈话节目面前。

谈话节目的表达风格自 2003 年之后也有了明显变化，加入了很多娱乐因素。它反映了社会文化思潮的转移，也反映了栏目根据观众的心理需要而进行的战略调整。比如，由戴军和李静主持的《超级访问》在用笑声吸引观众的同时，也让各种娱乐元素在谈话节目中显现出了非凡的魅力。中国目前已经进入了一个娱乐时代，原因很简单，人们白天的工作压力和生活压力越来越大，心情比较郁闷，晚上或周末想借轻松活泼的节目来宣泄自己的情绪，笑声就是最好的减压阀。看明星的有趣表演可以让人快乐，于是，让人开心的娱乐谈话节目就大行其道，生命力旺盛。比如，四川电视台的《星随我动》、北京电视台的《娱乐为人民》、《春华秋实》等等，它的收视新高也自然在人们的意料之中。

《对话》是一个小众谈话节目，以其嘉宾的显赫身份和内容知识的含金量高而著称。在它的发展轨迹中，我们不难发现它的嘉宾阵容也在不露声色地发生着变化。嘉宾中的企业巨子和商界精英仍然保留，但有时会让社会新闻的热点人物也悄然登场，比如韩寒、金庸等。它有自己相对稳定的知识界观众收视群体，但为了不让观众感到内容太单一，偶然加入文化人物或新闻人物，无疑是保持观众兴趣的有效策略之一。

陕西电视台的谈话节目《开坛》也是一个知识分子所关注的栏目，它每期的话题都与中国社会的文化现象有关。专家学者类的嘉宾陈述高深的见解，观众提出尖锐的问题。它的魅力就在于，对文化感兴趣的观众可以从嘉宾的思想观点表达中受到多重启发，获得珍贵感悟。当社会生产力发展到一定水平，有一定文化水准的观众不会仅仅满足于浅层的视觉享受，而是需要与著名的专家学者对话，实现文化层面的心灵交流。

《开坛》栏目非常注意光效的运用，因为光效和画面的清晰度将直接影响观众的收看情绪。它有时选择户外的背景，光线充足，构图美观，有时在演播室进行，蓝色背景庄重大气，能够鲜明地衬托出主持人和嘉宾的不同形象。虽然节目内容也是具有高深的文化内涵，但主持人李蕾具有较好的文化修养、个性形象以及话题的引导能力，她能够从嘉宾复杂的表述中去粗取精，去伪存真，巧妙捕捉让观众感兴趣的亮点进行深入探讨，这些因素都为栏目增色不少。

中央电视台新开播的谈话节目《今夜》也很有特色。它选择了幽默风趣的高博担任主持人，在节目的前一部分首先由高博自己说一阵，然后再引出一位嘉宾并与之对话交流。谈话的内容具有文化娱乐性，非常轻松自由。它借鉴了窦文涛的自说自话的娱乐风格，又融进了大陆式的较谨慎的语言表达特色。

明星是一个社会的文化生活中不可缺少的宝贵资源，因为影视明星曾经在影视作品中成功地演绎过人生的悲欢故事，塑造过令观众感动或是感慨的艺术形象；歌星曾经用自己美妙的歌声给观众带来过荡气回肠的艺术享受；体育明星曾经在奥运会上为国争光，当过奥运冠军。他们是表演群体和体育界的精英。在明星身上往往寄托了大众复杂的文化情感，无论是偶像还是非偶像，观众对明星都有多重的审美心理期待。所以，明星效应也包含娱乐效应，许多电视栏目借用明星的光彩提高收视率达到了事半功倍的效果。谈话节目也不例外。中央电视台的

《朋友》栏目自1999年起就将演艺明星作为主要嘉宾邀请参与节目，开启了明星谈话节目的先河；在新世纪里，谈话节目开始大量引进演艺明星充当嘉宾参与节目。《艺术人生》每一期都邀请一或两位明星到场，引导他们讲述自己人生历程中的动人故事和他们对艺术的理解与感悟，获得了极大成功。《超级访问》在与特邀明星进行对话的过程中，注重发掘明星的趣闻轶事，强化语言调侃风格以营造热闹的强势场效应，同样创造了收视奇迹。《夫妻剧场》（BTV-3）每期邀请一对明星夫妻讲述自己的家庭故事和情感经历，使观众对明星家庭生活的好奇心得到了一定程度的满足。2003年以来，在全国又诞生了一批以明星为主要嘉宾的谈话节目，如《春华秋实》（BTV-2）、《星随我动》（四川卫视）、《星光》（河北卫视）、《明星面对面》（江西卫视）、《明星》（CETV-3）和《娱乐为人民》（BTV-2）等。明星主题谈话节目的增量，既反映了中国的电视节目随着社会的富足和稳定，在向和平气息浓郁的娱乐化节目快速挺进，也反映出当代中国影视的繁荣和明星引领时尚文化的特色。

幽默的语言是大众心灵的安慰良药，是引起快乐感觉的导火索，也是娱乐节目的重要元素。幽默语言是每个人都喜欢的语言表达方式。谈话节目主持人随机应变的幽默的语言加上明星身上的光彩，都是让观众开心的重要娱乐元素，它们足以使一个栏目熠熠生辉。

当年的《实话实说》栏目之所以吸引了亿万观众，除了谈话节目刚刚出现在荧屏上的新鲜感和具有典型意义的民生话题外，崔永元的幽默语言是一大看点，是让观众娱乐的重要元素。与其他谈话节目中主持人一脸严肃、坐而论道的状态相比，观众显然更喜欢朴实、亲切、机智幽默的崔永元。由此可见，电视谈话节目从来都需要娱乐因子，今天的谈话节目中娱乐因素设计的增多是适应观众心理需求的结果。对谈话节目主持人较高幽默素质的普遍要求既是时代的需要，也是人性的需要，是社会发展的一个不可抵挡的潮流。从谈话节目最初主持人的严肃有余，轻松不足，到今天大量娱乐类谈话节目的笑声不断，反映了谈话节目的今昔差别，这不仅是表面现象的差别，而且是谈话节目理念的变迁和参与者心态的跨越式变化。

中国悠久的传统历史文化博大精深，但在某种程度上，由于文化的厚重感和受社会约束的民族心理而使许多人严肃正统有余而诙谐风趣不足。中国人善于掩饰自己的真实情感，看重自己在大厅广众面前的端庄形象，不愿也不敢轻易调侃自己。其实，人性是相通的，敢于自嘲和使用夸张的语言是另一种洒脱的人生态度，不但不会降低自己的身份，有时反而会赢得大众的好感。娱乐类谈话节目通过主持人的幽默语言引出嘉宾和观众的热情呼应，可以营造出一个快乐轻松而热烈的场效应，对于深化节目主题、传播文化意识、活跃观众情绪等都可以发挥独特的作用。同样，中国的电视谈话节目在精心策划的运作中，也悄悄改变了中国人以往压抑的心态和拘于表达的观念，让中国大众呈现出了与以往几千年不同的国民形象：在广袤的国土上自由地思维、表达和流露真实坦然的笑容。

纵观中国谈话节目的变化过程，可以看到它的螺旋式上升趋势。谈话节目有探讨文化的潜力，很早就被发现，只是当初一些谈话节目技术和主持人操作的不艺术而导致栏目在数年前夭折。随着时代的发展，中国观众对具有文化含量的谈话节目会日益青睐，只要主持人出彩，话题和嘉宾出彩，就一定有较大的市场。

另外，谈话节目从最初的严肃有余而娱乐不足，到现在呈现出严肃适当、娱乐加码，充分发挥谈话节目的语言优势吸引观众，这也是它健康成长的必然。中国人崇尚"文以载道"，倡导"寓教于乐"，如果谈话节目能让思想文化的丰富内涵通过观众喜爱的形式表达出来，就会拥有大量的观众。

第三节　中国电视谈话节目主持人

一、电视谈话节目主持人的类别与特殊素质

中国的电视谈话节目主持人从来源上大致分为四类。第一种是制片人类型的主持人，比如，《实话实说》的主持人崔永元；《国际双行线》的主持人诸葛虹云、陈伟鸿；《对话》的早期主持人王利芬；《荧屏连着我和你》的主持人田歌等。制片人类型的主持人拥有栏目较大的决策权，他们可以决定栏目的内容和风格，并以领导者的身份来审视每一期栏目，避免了在栏目运作的过程中因为主持人与制片人意见不合而导致的矛盾。他们对中国电视媒体竞争的现实有清醒的认识和理性的把握，往往具有丰富的阅历和相当的学识，具有电视栏目运作的丰富经验，所以他们在主持节目的时候所表现出来的从容自信是一般的主持人身上所没有的。第二种是记者型主持人，比如，水均益、白岩松和窦文涛。谈话节目是用语言与观众交流的节目类型，记者型主持人最擅长的恰好是提问，有记者职业经历的人都比较善于与陌生人沟通，具有较强的预见能力、判断能力和应变能力。所以，记者型的主持人作谈话节目的主持人具有很多优势。第三种是演员类主持人，比如《超级访问》的戴军；《朋友》栏目的王刚和《聊天》栏目的倪萍。他们在镜头面前懂得如何表现自己，如何表达自己的感情，如何发挥艺术特长。演员主持人的弱点是如果他们在节目中表演痕迹太浓，就会引起观众的反感。第四种是其他职业者。比如，《天天饮食》的刘仪伟；《半边天》的张越；《今夜》的高博等。他们来自其他岗位，在做主持人之前因为口才出众而被发现，成为职业主持人。

从谈话节目的类型来看，谈话节目主持人主要分为严肃类和娱乐类两种。严肃类节目主持人擅长主持话题深刻、有一定思想高度的谈话节目，如《实话实说》、《对话》、《国际双行线》、《艺术人生》等。这一类谈话节目的话题相对比较

严肃，有时涉及敏感的社会问题，或触及一些伤感话题。主持人有时需要与国际名人对话，更需要思辨能力和丰富学识。他们即使有幽默轻松的语言穿插其中，但整体表现是内敛冷静的，没有幅度较大的形体动作，也没有过于随意的语言表现。娱乐类的谈话节目主持人要求性格更加活泼开朗，善于调侃和开玩笑，除了必备的修养学识以外，他们还需要有一定的喜剧表演天赋，如戴军、窦文涛、吴宗宪等。他们适合主持《超级访问》、《星随我动》、《春华秋实》、《玫瑰之约》、《锵锵三人行》等栏目。这一类谈话节目的内容相对更生活化，比较轻松活泼，主持人可以让语言多彩、表情丰富、动作夸张、动感较强，因为搞笑与热闹是这类节目追求的主要基调。

与其他类型节目的主持人相比，谈话节目主持人的素质更综合，更全面。谈话节目主持人需要丰富的阅历让成年观众信赖；需要出色的口才让观众欣赏；需要广博的学识驾驭节目的内容；需要特殊的亲和力吸引观众；需要成熟的思想与各种身份的嘉宾、观众对话；需要灵活的应变能力引导节目走向。谈话节目主持人不是靠背台词去主持节目的，而是靠他个人的整体实力、综合素质来驾驭节目的。最优秀的谈话节目主持人往往具有非凡的人格魅力，成为许多观众心目中的偶像，这也说明了优秀谈话节目主持人的职业高度和职业难度。

二、电视谈话节目主持人的个性魅力

谈话节目主持人的个性魅力，是在屏幕上、在镜头前呈现出来的一种具有较强吸引力的自然性格状态，是一种独有的精神气质。这种精神气质反映出了他的文化知识修养、处世态度和训练有素的职业特点。主持人在言谈举止中所表现出来的热情、善良、正直、谦逊和智慧的特色形成了一种独特的风采和美感，一种不断散发的精神美感会对观众形成强烈的吸引力。谈话节目主持人的个性魅力是独特的，不可效仿也不可替代，具有独一无二的价值。

以往不少观众有一个心理误区，以为电视节目主持人就是俊男靓女的职业，只有外形漂亮的人才可以当节目主持人，结果发现屏幕上有成千上万的俊男靓女，却很难记住几个。而真正让观众记住的优秀主持人都不算很漂亮。谈话节目主持人的魅力在思想深处，他在某种程度上像一个精神领袖，而精神领袖未必都是很漂亮。谈话节目向观众传递的是思想、情感和智慧语言，只有精神气质超众的人才是具有个性魅力的人，才有可能成为优秀谈话节目主持人。

《实话实说》的主持人崔永元貌不惊人却常常语出惊人，在节目中表现出来的语言智慧令无数观众赞叹。他衣着朴素大方，举止自然随和，普通的外形拉近了他与观众的距离，自然产生了亲和力。《实话实说》的话题关乎国计民生，涉及到千家万户的普通生活，加上主持人的巧妙话题牵引，能够使观众受到心灵的触动，产生情感的共鸣，能够静下心来，倾听节目中的每一个声音。有大量电视观众因为崔永元的个性魅力而坚持收看《实话实说》达数年之久。

中央电视台《半边天》的主持人张越，不具备世俗眼光对现代美女的要求，但她才思敏捷，语言犀利、深刻，表达自信从容而富有个性，她往往能够说出观众的心里话，甚至说出许多观众从未想过但极有价值的问题。她的主持风格往往是喜笑忧伤溢于言表，妙语哲理娓娓道来，令人耳目一新、痛快至极。很多文化水准较高的观众都喜欢看她主持的节目。

主持《天天饮食》节目的主持人刘仪伟，形象远不如他的名字漂亮，但观众记住他了。他是一个胖乎乎的乐天派，脸上总挂着自得其乐的笑容，语言风趣幽默，整日系着围裙在锅碗瓢盆之间忙碌，他的语言虽然带着一点家乡口音，但表达清晰流畅、热情活泼、诙谐幽默。他让中国的观众感受到了厨房烹调的乐趣与艺术性。由于他亲切、热情和机智，使不少由于中国传统观念影响而对厨房做菜非常排斥的北方男性改变了观念，开始下厨房尝试烹饪技术；他让许多对烹调感兴趣却技术不高的人学会了不少做菜窍门。他算得上是中国普及烹饪文化的电视大使，广受观众好评尽在意料之中。

主持《鲁豫有约》的陈鲁豫也是一个具有突出个性魅力的主持人，她在嘉宾面前流露出来的明朗与亲切的神态体现出一种自然的亲和力，她的语速不快，提问清楚、准确和简洁，同时透着一种智慧和温柔，她与嘉宾进行交流的时候，总是带着她独特的清甜的微笑，目光里充满了善解人意的宁静。她的装束清淡高雅，举止自然随意，却给人一种职业女性的自信。她的魅力还在于她总是静静地倾听嘉宾的话语，从不有意显示自己的才能，真诚、谦虚和优雅赢得了国内外所有重要嘉宾的尊重。

近年来，主持《社会纪录》的主持人阿丘、主持《今夜》栏目的高博，在观众中也有良好的人缘，深受观众的喜爱，他们的谈话风格轻松诙谐，语言幽默活泼，可以将普通的事件用独特的视角和风趣的语言表达出来，观众在会心一笑的同时也深刻领会了他们话语中所蕴涵的深层含义。

以上这些中国现阶段为数不多的优秀节目主持人都不够英俊漂亮，也不年轻，但他们用自己的独具特色的个性和品质魅力以及职业素质创造了收视奇迹。这些具有个性魅力的主持人，往往可以触动观众心底的感悟，他们在不经意间流露出来的思想、性格与情绪可以引发观众的多种愉悦想象，可以激发观众的热情和思考，这样的心理体验是谈话节目独有的魅力，是一种心灵的互动，而且永不重复，不断再生。

谈话节目主持人的个性魅力是文化修养的体现，是长期自律的结果。他们均有良好的读书习惯，广阅博览古今中外的各类书籍，给自己不断补充知识营养；他们重视做人的原则和与人相处的真诚，不虚荣，不浮躁，善于思考，善于向优秀人物学习，持之以恒，才有了今天的事业和境界。

三、电视谈话节目主持人的基本现状

观众希望俊男美女都成为优秀的节目主持人。但中国目前的现实是，漂亮的节目主持人数不胜数，优秀的节目主持人却如凤毛麟角，能被观众记住的非常少。而不少优秀的节目主持人却都是其貌不扬。造成这种状况的原因有三点：1. 将相貌出众作为挑选主持人的首要条件。2. 栏目开播时间有限，来不及找到更合适的主持人。3. 有优秀主持人潜质的人也是自己行业的精英，不愿意来作节目主持人。

目前中国的电视屏幕上有文化深度的优秀主持人非常少，而文化修养缺乏的漂亮主持人非常多，这是一个不容忽视的现状。造成这种现状的原因主要有以下三点：

首先，节目主持人的选拔标准有不合理之处。十多年来，中国各级电视台的主持人的挑选都仿照中央电视台进行，或者是熟人推荐，或者是公开招聘，经过面试、复试后录取。这种选拔方式本身是可取的，关键是各级领导在决定留用的时候，几乎都将外观条件作为第一条件，而将文化素质和个性特色作为次要条件。这样，文化素质较高或有个性的人物因为相貌不够出众，在第一次面试的时候就被刷掉了。而被留下的俊男美女绝大多数文化素质都比较一般，将英俊美貌作为挑选节目主持人的首要条件，是不少栏目制片人的共识，他们可能认为观众都喜欢欣赏俊男美女，这是观众的审美需求，有漂亮的主持人，节目收视率会高一些，所以，一些相貌寻常但有才能的人往往在面试的时候就被淘汰了；他们也可能认为先找美女作主持人，然后再要求她提高文化素质也可以。

其次，有的栏目在开播前也四处寻找有个性魅力的主持人，但经过多方努力未果，就只好先找一个美女顶替位置，制片人和编导都不满意，但也无奈，表示以后找到更合适的再替换。但由于客观原因，大多数美丽的主持人不能安心读书，而将许多时间都花在社会应酬和时尚追求上，他们所主持的节目自然没有独特的个性魅力。

第三，在社会上的许多行业里，都有一些思想内涵丰富、口才出众、性格独特的人，他们有可能成为优秀的节目主持人。但是，这样的人有可能是行业精英，甚至处在领导岗位上，他们一般不愿意放弃自己的工作去作主持人。有一些人是因为顾虑自己相貌平平而不愿意到电视台应试，怕受到冷遇而损伤自尊心；还有些人认为自己的年龄不够年轻而不去应试。

有才华和有个性魅力的人无法进入电视台当主持人，而能够进入电视台当主持人的俊男美女又大多数学识浅薄。

以上这三种情况就是现在的电视荧屏上严重缺乏有思想深度和个性魅力节目主持人的原因，它也反映出电视栏目优者少庸者多的现实。因为，一个优秀的电视谈话节目，它的优质元素是基本均衡的，从策划到运作，都有精英人物支撑。

优秀的谈话节目不会选择一个学识浅陋的人作主持人，而起用漂亮却文化水平偏低的人作主持人，这样的栏目也不会是有档次的栏目。

为什么许多漂亮的主持人文化水平较低？为什么有思想的观众对绣花枕头式的主持人不感兴趣？

挑选俊男美女担任节目主持人是许多电视媒体的共识，可不少漂亮的主持人却很难有个性魅力。因为不少美女认为漂亮是自己的资本和资源，可以利用它来获得享受生活的机会，因而她们热衷于自己的外形包装和社交应酬而无暇无心读书学习。腹有诗书气自华，知识贫乏的人只能向观众传达直白信息，话题稍有深入，他们的浅薄和无知就会暴露无遗。观众里有大量的文化人士，或是渴望从节目中获得真知灼见的人，美丽而浅薄的主持人无法为他们提供丰富的精神食粮，他们就会对该栏目失望。缺乏文化修养的美女主持人过剩，就必然会带来审美疲劳。而缺乏个性和深度的节目太多，则会使观众加快按动遥控器换台的速度。

普通主持人与优秀主持人有较大的区别。普通主持人虽然外形美丽，但他们的语言简单贫乏、毫无趣味，表情呆板、只有职业化的笑容，很少有手势或是动作，眼神里没有文化内容，只有较明显的表演痕迹。优秀节目主持人在镜头前灵动自如，表情丰富，笑容中透出自信与热情，他们的语言丰富多彩，时常妙语连珠。优秀的节目主持人是用自己的心灵和才华与观众的审美感知对话，在语言交流中与观众的心理产生碰撞，激发观众的情感和思维。

美国是电视谈话节目的发源地，谈话节目在各类节目中占有很大比例，涌现出了大量闻名世界的谈话节目主持人。他们都有一个共同的特点：即：年龄偏大，中年以上，相貌一般。被称为首席谈话之王的奥普拉·温佛丽既不是美女也不年轻，她却能够让美国成千上万的观众崇拜她、追随她；另外，像克朗凯特、华莱士等谈话节目的顶级主持人，都已年过花甲，但仍然魅力不减，在世界新闻界享有盛誉。他们长期以来在自己的节目里为世界亿万观众奉献自己的卓越才华和渊博学识，使许多电视谈话节目成为观众的精神大餐。

如果中国各电视台选拔主持人的观念不改变，仍然以美貌为第一标准，以为节目主持人的作用就是简单地串联节目，那么中国的优秀节目主持人匮乏的现状将依然会持续下去，中国高质量电视节目的鼎盛时期将依然遥遥无期，中国电视谈话节目也很难精彩纷呈。

第四节　中国电视谈话节目的文化特质

一、电视谈话节目中的交流心理

谈话是人类必不可少的语言交流方式，这种方式将伴随人类走到永远。人际语言交流始自远古，从最初的集体狩猎到后来的社会生活，人类无时无刻不在与他人进行着谈话式的语言交流。可以说，谈话是人类的本能，是人类生存和发展的需要。

人类在日常工作和生活中的自然谈话和在电视演播室谈话，表达心理发生了许多微妙的变化。在日常生活中，人们聊天的时候一般没有心理压力，经常是信口开河，什么话都可以说，有精彩的语言和表情，但多数情况下的语言可能不精练，随意性较强。

在电视谈话节目里谈话，人们的心里会有一定戒备，一般不会随便说话，而是经过理性过滤之后才开口。因为大家都意识到摄像机的存在，意识到会有成千上万的观众看到自己说话。作为主持人，他在与观众说第一句话的时候，有明确的职业身份意识。因为他事前对节目的内容、结构和走向都有一定的思想准备。他的语言在表面上要显示亲切自然的亲近感，但实际上是要实现一个主题节目的完整流程。他一方面要借助自己的表情、声音、语言、手势和动作吸引来宾的注意力，让他们在语言交流中感到轻松和愉快；另一方面，他又清醒地意识到在时间推进中话题需要转换，职业素质提醒他当一个内容层次接近完成时，他将用什么样的语言接着正在说话的嘉宾或观众的话锋转向下一个内容；当嘉宾的一段故事接近尾声的时候，他清楚地知道自己是要拿出一件道具还是要请出一个知情人来接续后面的内容。所以说，主持人在谈话节目的过程中，始终处于半自然的谈话状态，在与嘉宾或观众对话的时候，他是可以进入一定的语境，并流露真情实感的，这一段是他谈话的原生态，但持续时间不长，职业意识会很快让他有目的地用机智的语言引导嘉宾进入另一个内容。主持人在与嘉宾交流的过程中可以获得语言交锋的快乐和知识拓展的愉悦。当与人谈话成为一种工作的时候，主持人的语言交流与日常生活交流会有较大不同。

嘉宾参加谈话节目心理是比较轻松的，他唯一需要提醒自己的是保持特殊形象，给观众留下良好印象。有这样的意识作前提，嘉宾在谈话中也处于半自然状态。但与主持人不同的是，他只需警惕语言陷阱，而不用考虑说到什么时候，该有什么安排。所以，他的表达会顺着自己的强项思维流淌，因为有受特殊尊重的感觉，情绪会比较好，会有一定的显示欲望。一般的嘉宾都有较好的文化素养，他们在与主持人或观众交流的时候，心理比较自信和坦然，能够说出一些真知灼见，能够谈出一些真情实感，或动人心弦，或令人捧腹大笑，或让人肃然起敬。嘉宾在谈话节目中具有亮点作用，他们的谈话不是随意的，而是由潜意识支配的优质语言。但因为可以为观众带来情感、知识或信息的心理满足，观众对嘉宾的尊重和喜爱往往屏蔽了些微的不自然感。

作为现场观众参与谈话节目，从入场那一刻起就会有一种兴奋和好奇，心态是放松和娱乐的，他们会按照现场调度的指令行事。在聆听主持人和嘉宾交流的过程中，他们的心情会随着谈话的内容起伏，思绪会跟着谈话内容游走，没有太多的思想负担，只有当他们发现摄像机向他们扫视过来的时候，心理略为紧张，马上摆出一副正襟危坐的样子。现场观众在谈话节目中一般是处于一种欣赏和主动参与的状态。

作为非现场观众，也就是坐在家里观看谈话节目的观众，他们可能是提前守候，或是偶然发现了一个谈话节目，内容或是嘉宾比较有吸引力，于是坐下来静心观看。家庭观众处于完全放松的心态，他们能够完全体会谈话节目的激情与魅力，感受谈话节目的知识力量。他们看嘉宾之间的观点交锋会有精神角斗的快乐；听主持人与嘉宾之间的幽默对话会有妙趣横生的感觉；听嘉宾讲述他们的思想与鲜为人知的故事会被感动，会产生许多奇妙的遐想。他们缺乏谈话节目现场的气氛体验，情绪比较冷静，如果是话题变得无趣，或是主持人、嘉宾的语言冗长乏味，他们会按动遥控器，迅速换台。

电视谈话节目中的交流心理是多彩而微妙的。当主持人向嘉宾提出了问题，或是与嘉宾探讨一个问题，他们双方会进入一个假定性的真实语境，主持人会从嘉宾的表达里感到真诚或是回避，他会按照节目、或是自己的意图引导嘉宾产生表达欲望，说出更多的内容；而嘉宾会对主持人的学识和修养作一个初步判断，决定自己是与主持人倾心交流，还是设法少说或只说自己值得骄傲的故事或知识。主持人与嘉宾的交流有时候会变成一种奇怪的心理较量，表面上是语言信息在流动，实际上是双方的潜意识在较劲，看谁可以获得最大的心理满足。观众与嘉宾或主持人的交流就相对单纯一些，因为问题更直接，对话是有限的。在这种提问式交流中，主持人或嘉宾似乎受到了观众的挑战，他们或者充满自信地作出回答，或者含糊其词地避重就轻，内心或多或少地感到了无形的压力；在这种交流中，观众的心理是忐忑不安的，既想勇敢地表达自己，又担心主持人或嘉宾是否真心愿意回答自己。但是，当他听到主持人或嘉宾的真诚回答后，会获得极大的心理满足。

电视谈话节目就是这样在主持人、嘉宾和观众的语言碰撞交流中进行。每个人的心理经受着喜悦、兴奋或挑战式的刺激，偶然也有沮丧和不满，多种情绪的交汇，构成了谈话节目中丰富的心理体验，为人们带来了有刺激性的审美享受。

电视谈话节目具有自己独特的文化内涵。从传播的意义上看，首先它是人际传播在大众传播领域的特殊表现形式，体现了人作为无限信息源将自己的知识、思想和情感向社会进行无止境传播的威力；其次，人作为交流双方或多方的信息承受者，具有互动的能力，可以让谈话内容永不重复，让语言永远有新鲜感；从社会心理学的角度看，谈话节目具有促进人类情感交流、释放心理压力、获得多种知识或精神安慰的功能；从语言学的角度看，谈话节目将人类的口语快速推向了一个大众追求机智表达和丰富表达的境界，是对人类语言质量的一种提升和对人类语言发展的促进；从文化本身来看，谈话节目已形成一种特殊的文化现象，是新世纪流行文化的重要组成部分。它可以通过交流影响社会群体意识形态的走向，可以影响人们世界观和价值观的变化，也可以促进社会群体民族文化审美意识的增强。

谈话节目是一种传播媒介，对于观众来说，它的魅力就在于让人体会到一种原始的语言自由交流的快乐，一种源于生活而高于生活的自然谈话氛围。在生活中，高质量的谈话范围是有限的，能够遇到的谈话高手也是有限的，电视谈话节目延伸了人的视觉和听觉，可以让普通人听到在生活中听不到的精彩言论，可以看到他也许一生都无法见到的名人、明星，并且听他们谈自己的真实生活，了解他们复杂而精彩的内心世界。倾诉是人的本性需求，谈话节目是一个可以倾诉的环境；倾听是一种精神享受，人类追逐倾听享受的欲望是无止境的，因此，电视谈话节目的生命也是无止境的。

二、电视谈话节目的场效应

电视谈话节目的场效应，就是由主持人、嘉宾和现场观众通过自由的语言交流和语言内涵的碰撞而形成的一种富有感染力的现场氛围。这种现场氛围越浓，就越能激发观众的参与热情，越能吸引观众的注意力。

场效应是一种动态的、不断变化的情绪互动过程。它分为强势场效应、中度场效应和弱势场效应。精彩的谈话节目始终呈现着一种强势场效应。大部分时间里，观众都处于一种忘我的境界，情绪随着节目话题的变化而起伏。观众因为欣赏主持人或嘉宾的语言而使思想感情处于兴奋状态，这样的经历对他们而言是一次精神大餐、一次极致的精神享受；普通的谈话节目只是在某个时间段里因为嘉宾片段故事的亮点或是几句趣味性的语言而让观众感到愉快，或是话题中的某个观点引起了观众的短暂兴趣。这种谈话节目营造的是中度场效应，不火爆也不低迷；质量较差的谈话节目现场只能呈现弱势场效应。由于主持人的刻板或拘谨，由于嘉宾的形象欠佳，比如说话啰嗦、举止不雅或方言太重，影响了观众的理解，观众的情绪就会涣散和变得消极。主持人简单而机械的语言无法提起观众的兴趣，嘉宾的表现令观众烦躁不满，观众也就自然没有参与的热情，只是出于礼貌而坐在场中静观其变。节目按既定的计划进行，但节目所传达出的信息零散而乏味，这样的场效应就是弱势的状态。

所有的谈话节目都追求形成强势的场效应，因为这是所有人的理想和期待。那么，强势场效应是如何产生的？它需要哪些必备条件呢？强势场效应首先是由智慧的主持人用一种特殊而有趣的方式引出话题，这个话题能够不断引起观众的广泛关注，而且还有多元化的情绪延展性和想象空间。主持人在引导嘉宾和观众进行真诚交流的过程中，不断用智慧的语言激发嘉宾和观众的表达欲望，用制造悬念、误会和巧合等小技巧使话题发展显出层次和趣味。当嘉宾和观众的说话热情达到高潮，形成了争先恐后表达的状态，一种流动着复杂感情和情绪的强势场效应就形成了。如果主持人能够不断增添趣味元素，让现场保持或增加温度，就能使整场节目都保持一种强势场效应。

还有一种强势场效应的营造不是表面的，而是内心的。在主持人与嘉宾的交流中，也许是故事的惊险性或悲情性，也许是嘉宾语言的精彩程度，牢牢吸引了观众的注意力，让观众在聆听的过程中内心经历喜怒哀乐的情绪变化，或是产生观点认同，进行认真思考。这种节目的现场表面是平静的，但观众的情绪是饱满的，观众始终被嘉宾的语言吸引，也同样是谈话节目的强势场效应的表现。

强势场效应的营造需要以下几个元素：1. 一位具有语言驾驭能力的主持人；2. 一个大众非常关心的话题；3. 至少一位有特殊价值的嘉宾；4. 对话题感兴趣的观众。

优秀的谈话节目主持人是一个栏目的灵魂，一场谈话节目的人性化魅力有多少，主持人的个人魅力和语言驾驭水平将起决定作用。谈话节目主要靠语言打动人心，靠真诚和精彩的语言吸引观众。而优秀的主持人就是发掘嘉宾和观众语言潜力的执行者，他的情感和语言引导将唤起嘉宾和观众的表达热情，决定一场谈话节目的成功。

话题的重要性就在于它是否能引起观众的关注。话题的选择不但要对观众有吸引力，而且还要有趣味性和延展的空间。观众不喜欢讨论一个乏味的问题，或是一个离他们的生活太远的话题。要想吸引观众的注意力，就要去发现当下观众对什么问题或现象最感兴趣。

嘉宾是谈话节目的亮点之一，选择观众喜爱或是敬佩的人物做嘉宾，节目的收视率就有了一定的保证。选择嘉宾需要非常慎重，无论是请名人还是普通人作嘉宾，他们应该具备一些基本的条件。名人，尤其是明星，一般因为是公众人物，已经习惯于当众表达，从形象和气质上都不会有多少问题，只需要考虑他的故事内容即可。但对于请非名人做嘉宾，就需要对他的形象和语言表达有理性的了解。比如，说话是否清楚，是否影响观众的理解？性格是否偏激，抵触不同意见？是否不善言辞，喜欢保持沉默？作为观众目光焦点的嘉宾，应该尽量选择符合观众公共审美需要的人物，才能保证节目的流畅、保证产生观众的满意度和饱满的场效应。

有些谈话节目的现场观众是必不可少的。因为观众的数量代表人气，观众在节目中对话题的呼应对于形成节目的强势场效应将起重要作用。当然，观众的选择是根据节目的需要而定，调动观众的情绪以形成强势场效应也需要主持人的高超驾驭能力。

电视谈话节目的场效应是谈话节目效果的参照系，重视强势场效应的营造是谈话节目不断走向成熟和成功的必由之路。

三、中国民族文化精神在谈话节目中的渗透

世界上每个国家和民族的人都有自己的民族文化审美倾向。中国人看美国的谈话节目,除了欣赏主持人的精彩表现和话题的尖锐性、对社会问题揭示的深刻性以外,还会有一种隔膜感。首先,美国的嘉宾和观众在语言表达中有一种讨论自己家里的事物的状态,会表现出一个美国人的国家意识和优越感。当谈到一些美国特有的国家意识、个人主义和宗教认识的时候,中国人又会觉得和自己有距离,在观念上和表达方式上无法认同。再比如有些美国的谈话节目以揭别人隐私为目的、为快乐,全然不顾当事人的尊严和感情;还有的谈话节目可以胡说八道,谈论低级庸俗的话题。这些在美国人看来非常正常,而中国人却难以忍受。这就是民族文化在谈话节目中的自然反映。

中国人讲究温和优雅的谦谦君子风范,中国的传统文化强调和为贵的处世理念。丰富的历史文化知识和传统哲学、传统美学融为一体,铸造了中国人的思维定势和审美情趣。这一切反映在谈话节目中,就成了节目的灵魂和对观众的凝聚力,也成为中国电视谈话节目的文化特色。中国的谈话节目讲中国人的故事、谈中国的问题,在让中国人有亲近感的同时,也用中国的文化意识进行知识与情感的交流。比如,《实话实说》主持人的平民化风格、话题的平民视角、嘉宾与观众之间的温情交流,充分体现了中国文化中和为贵的精神气质,对于构建和谐社会的民主、平等意识发挥了重要作用。它当初之所以引起全国观众的瞩目,和栏目自身与民族文化理念相融的特色密不可分。再来看《艺术人生》,台上的嘉宾是中国的明星,他们身上有不同浓度的中国文化色彩。主持人朱军虽然貌不惊人,不够伶牙俐齿,也谈不上才华横溢,但他的言谈举止却有中国人朴实善良的特点:谦虚谨慎、善解人意,这些都是中国文化熏陶出来的民族性特点。他与节目中请到的嘉宾友好对话,没有过激的语言,没有刻意去挖掘嘉宾的隐私,只有真诚的交流和真情的碰撞。节目整体表现出来的是中国式的风格,观众享受到的是中国文化的语言和情感的魅力。《对话》是一个商界精英聚首的地方,中国的总裁和学者们在讨论中国的经济现状的时候,在争论中国的市场问题的时候,所表现出来的也是中国式的人际态度,没有极端的言辞,没有恶意的攻击,只有智慧的言论和对不良现象的尖锐分析和对存在问题提出的理性对策。在市场经济的大潮中敢为天下先的商业巨子身上就有"天行健,君子自强不息"的气魄和"以柔克刚"的决胜之道。不论是老庄的智慧还是孙子兵法,中国的企业家都或多或少地领悟和实践着,所以,中国传统文化的精神在这里就有较好的体现。嘉宾的文化气息如此,节目策划者和主持人更是将中国的文化特色发挥到极致,整个节目的包装、音乐、节奏和内涵都流露出儒家文化的格调。

中国的谈话节目设计是根据中国人的审美趣味来策划的,而中国人的审美趣味是中国传统文化和现代文化长期冶炼的,任何背弃中国人审美心理的节目表现

是不会被广大的中国观众所接受的。比如，在西方的谈话节目中可以大谈私欲和性问题，中国的谈话节目无法借鉴，因为中国传统文化讲究人的感情表达要含蓄才有韵味，在一个公众节目中如果有人大谈自己的性问题会让观众认为他是病态，大多数观众的心理接受不了。即使是娱乐性较强的中国谈话节目也明白什么话题可以谈，什么话题会受到观众的谴责。再比如，西方国家的谈话节目可以设计有严重对立矛盾的嘉宾依次出场，然后在场上激烈争吵，甚至大打出手，观众觉得过瘾。但中国的谈话节目就不能这样做，因为中国的大多数观众不愿意看到大庭广众下出现有辱斯文的情景，不希望电视台通过节目发掘人的不良人性，诱导观众观看人际争斗，把观众的快乐建立在嘉宾受辱的痛苦之上。中国传统的优秀文化强调人要修身养性，举止要斯文儒雅，所以，中国的谈话节目就应该体现中国文化的君子风范。即使需要制作有激烈辩论效果的谈话节目，也要以不损害嘉宾的尊严为前提条件。

在中国的电视谈话节目中体现中国的传统文化精神，除了节目的表现形式以外，还应该在节目的内容设计上尝试体现中国文化的独特哲学观念。比如，阴阳学说，实际上就是二元对立的辩证思想。节目的刚性内容用柔性表达。如果节目内容里有尖锐的社会问题，主持人的语言就需要有一定的柔韧性，避免激化矛盾，而是智慧引导，寻求合理化解；节目的柔性内容用刚性表达，如果节目里的温情色彩较重，主持人就可以用相对锐利的问题使话题呈现力度，将谈话引向深度或高度。这样的节目才能体现刚柔相济、以柔克刚的中国智慧。再比如，节目内容的虚实相映，相辅相成。中国人的语言比较含蓄，嘉宾们讲话常常也注重表达的艺术性，这是"虚"的艺术，但整个节目内容不能都是语言游戏，主持人在适当的时候需要总结概括，提纲挈领地点明实质，这就是"实"的成分。如果主持人不能发现谈话的脉络和嘉宾语言的真实含义，就无法让观众产生顿悟。节目内容的虚实相生，可以使节目气韵生动，韵味无穷。

电视谈话节目在发掘中国传统文化方面尚有巨大的拓展空间。中国人的文化意识是血脉相承的结果，中国电视谈话节目的形式可以在借鉴西方先进经验的基础上不断变化，不断创新，但这样一种用语言承载中国文化观念和意识的节目，是无法在内容和语言表达方式上完全照搬西方的。

第五节　中国电视谈话节目的未来走向

一、对中国观众潜在审美期待的研究将得到加强

中国的电视谈话节目在经历了形式简单的尝试期、一个高潮期、第一批名牌栏目衰落的低潮期后，开始进入螺旋式上升阶段。从形式操作上看，谈话节目发展的速度不会太慢，因为对节目形态和外部包装的探索相对比较简单，而比较有

难度的，是对中国观众心理的分析和把握。目前中国的电视节目已经进入了一个分众化时代，大规模、粗放式的经营在市场上很难赢得众人喝彩，只有全民共同关注的话题和明星人物才有可能聚集较多的观众观看。谈话节目不可能在内容上继续同质化发展，那么，异质的小众谈话节目如何解决收视率的问题呢？

对于收视率的问题应该有一个理性思维，《对话》栏目就是一个极好的范本。它的收视率并不高，但收益却很丰厚，原因就在于它的品质超群。任何一个谈话节目在诞生之前，都要考虑它的受众目标在哪里。当选定了特定的人群之后，就要潜心研究这个受众群体的潜在审美期待。《对话》的受众是精英知识分子，它的定位不是要迎合普通观众的生活情趣。节目的嘉宾阵容、话题范围、理论含量和语言风格都是高档次的，没有一定文化水准和经济头脑的人根本就看不下去。虽然它的观众不广泛，但它的观众都是有一定经济实力的人，或是有相当学识的人，投资商看到了这个群体的潜在价值为它投资，回报当然也是非常可观的。

《相约夕阳红》是一档老年人谈话节目，老年人讲述自己的故事，聊这个年龄段特有的生活情趣。老年人很喜欢这个节目，总是在周末的清晨准时守候，但中年以下的观众一般不会观看，因为这个节目离他们的生活太远，他们不感兴趣。虽然老年人在当今社会的市场购买有限，但老年药品和保健品却是商家借助栏目向社会销售的卖点，所以，这个栏目从经济到文化都有较好的保证。

中国的电视传播已经从传者为王的时代进入了受众为中心的时代。关注受众的期待视野是电视界有识之士的共同选择，即使是小众谈话节目，也需要制作精美、质量上乘。谈话节目的质量，即它的形式和内容，都要以观众的审美倾向为参考依据。比如，当明星谈话节目大量产生以后，观众的反应是什么？已经开播的节目如何吸引和保持观众的收看热情？请什么样的明星才能稳定自己的受众？用什么视角来表现明星的风采才能吸引观众的视线？这一切关乎栏目生存和发展的问题，都需要设法获得观众的反馈意见，并进行深入细致的研究。再比如，社会问题类的谈话节目已有很多，观众目前怎样看待这些栏目？他们对哪些节目满意？为什么满意或不满意？他们期待看到什么样的节目？这些问题都需要有许多专门人才来深入分析和研究，而不是收视调查公司的调查数据就能解释清楚的。未来的电视谈话节目竞争将更加激烈，因为会有更多的电视人意识到谈话节目在开发人的精神世界的无限趣味性和用低成本制作高收视率节目的可能性。如果忽视对观众审美需求的深入调查和分析，在竞争中胜出是很困难的。

在一个电视分众化时代，满足特定观众的审美期待是所有电视节目追求的目标。在未来谈话节目的发展过程中，研究观众心理将被提上日程并得到重视。因为只有深入了解特定观众群体的潜在审美期待，节目制作才不会无的放矢、盲目播出，才会有更多更精彩的节目问世。

二、谈话节目将成为中国电视节目的主要表达方式之一

电视节目的视听功能在未来将会被进一步开发，除了在画面上制造更多的视觉奇观以外，谈话节目的盛行也将是一个不可遏制的现实。第一，在电视节目激烈竞争的时代，千变万化的节目创新离不开巨额资金的投入。当预测到节目的投入与回报不成正比、或是找不到更奇特的节目表现形式的时候，电视人还是会把目光投向谈话节目。谈话节目是在人脑意识的大海里遨游的节目，需要强化的是心理研究和语言较量，如果策划独到，就会出现低成本投资和高收入回报的可观局面。第二，中国人的民主意识不断加强，语言表达具有更大的接纳空间，将有更多的人愿意探讨人生、探讨文化、寻求理解、寻求真理，谈话节目的繁荣就是一种必然。第三，现代社会人们虽然生活水平不断提高，但市场经济的竞争带来的心理失衡却在逐渐加剧，人们普遍感到心灵的孤独和寂寞，在这样的社会现实里，虚拟聚会式的谈话节目会让人们感受到假定性的人性温暖与文化的抚慰。静静地倾听是一种享受、一种获得，谈话节目帮助人们在不知不觉中度过了寂寞的时光。这是社会的一种需求，而且是一个庞大群体的需求，电视人一定会把握机会，创造出更多更精彩的谈话节目，在满足中国人精神需求的同时，为自己赚回丰厚的经济效益。在电视业十分发达的美国，电视谈话节目的比例一直很高，通过经济成本的核算和社会效益的权衡，许多投资商愿意把资金投给有无限潜力的电视谈话节目。比如，在总统竞选期间，候选人借用电视谈话节目可以展现自己的风采，观众也出于好奇而观看各种竞选演说，无形中，谈话节目的收视率就不断攀升了。在未来的中国，也有很多的可能性会让电视谈话节目成为电视节目的主要表达方式。比如，大量世界各国的政治、经济和文化人物（包括明星）会应邀在中国众多的电视谈话节目中进行交流；中国民间的各类竞选人物会借用电视谈话节目发表竞选演说；中国的电视心理咨询谈话节目会大量增加等等。电视谈话节目是一个展现人类思想观点的舞台，当中国人越来越需要表达自己的时代到来以后，更多的人希望到舞台上去体验表达思想的快乐，不论舞台大小，观众都会有兴趣。

三、中国文化特色的谈话节目将会强势推进

未来中国的谈话节目将会成为中国电视节目的主要样式之一，还有一个趋势，就是具有中国文化特色的谈话节目会大批涌现。当中国人在改革开放的最初二十年里改善了自己的生存条件之后，对文化的需求会直线上升。对中国传统文化有选择的继承和推陈出新的文化实践，都将在谈话节目中有淋漓尽致的体现。中国的谈话节目有可能成为弘扬中国优秀文化的先锋力量，有中国文化特色的谈话节目当然会成为中国谈话节目的主流。电视人需要从博大精深的中国传统文化中汲取营养，在节目中体现中国人的哲学思想，展示中国人的精神风采，这样的谈话节目因为中国文化的无穷魅力而具有可持续发展的巨大潜力，势必形成一个

强大潮流涌向精彩纷呈的未来。

中国正处于一个重大的变革时期，东西方文化的碰撞和交汇，新旧体制的对峙与更替，新旧观念的较量和更新，将使中国人能够更科学、客观地看待世界和自己的文化属性。大多数的中国人希望自己身上有独特的文化修养，虽然人们接受了一些西方的文明意识，但仍然会保持中国的传统伦理道德和传统文化意识。同时，人们会寻求更大空间的文化认同，而这种文化认同需要电视谈话节目来承载。中国的电视谈话节目在未来如果希望能在世界观众眼里产生魅力，就不可避免地需要从中国传统文化中汲取营养，在形式上和内容上都能体现中国文化的优雅和从容特色。

谈话是人们的生存需要和精神享受。从生存需要的角度看，它体现了信息交流的重要性，交流可以让人们增强相互之间的了解和理解，并达到和睦相处、协作发展的目的。从精神需要的角度看，谈话可以为人们丰富的思想感情打开不同的倾诉或宣泄渠道，避免思想的萎缩和情感的郁结，为保持心理平衡发挥作用。另外，人们在与别人的交流中还可以获得互动的快乐，激发头脑风暴和多种情绪体验。电视谈话节目由于在演播室或其他有特定意义的场合举行，将日常生活中的人际交流方式进行了改造和升华，保留了谈话的本质特征，但在形式、环境、话题的集中和典型性方面创造了新的美学形态，使它在多数情况下体现了源于生活又高于生活的境界。电视谈话节目在中国出现仅有十多年，它的操作者经历了感性认识阶段，目前正处于对它产生理性认识的成熟期，人们需要从传播学、电视学、美学、心理学等理论方面不断探索，形成更科学、更有威力的、从宏观到微观的现代理论，才能指导实践者不断推陈出新，创造出更加精彩纷呈的谈话节目。

电视谈话节目将会伴随观众走到永远，随着人类整体语言表达能力的快速提高，人们会对电视谈话节目产生越来越高的审美期待，也许未来的节目形式更艺术、更奇特；也许话题内容的开放度拓宽以后，许多节目的话题更尖锐、更有挑战性、或更有人文精神。这一切都需要人们从现在开始努力，不断探索、不断发现，让探索与发现的过程带给观众无限的精神享受。电视人在谈话节目中创造的每一个高度，都不是终点，而是更高的起点。

第 五 章

中国电视纪录片

第一节　电视纪录片的分类

提到纪录片的发展史，首先要思考的一个问题就是究竟什么是纪录片，或者说，纪录片的定义是怎样的。这是个见仁见智却又必须回答的问题，在此，仅以目前中国的纪录片发展现状，对之做出如下的较为精准的描述：通过非虚构的艺术手法，直接从现实生活中选取形象和音响素材，直接地表现客观事物以及作者对这一事物的认识的纪实性电视作品❶。

任何一部纪录片都有其风格，我国电视纪录片蓬勃发展一路走过了二十多年，不仅数量上达到了相当的规模，而且风格类型也从过去比较单一和模式化向着更加多样和更加注重个人风格发展。

电视纪录片类型的划分，有多种角度和方法，可以根据作品的长度，划分出长片、短片、系列片等；可以按照作品的结构形式，划分出中心线法、绘圆法、逻辑法和悬念法❷；还可以依据编导的选材角度、作品内容和播出效果等方面进行综合考虑。原因在于：电视纪录片的发展速度之快不是任何个人能够掌控之事，尤其是就创作手段而言。当我们从创作手法上对于电视纪录片做出了 ABC 的划分的同时，就会有超出这些类型的作品出现，使我们无法准确地捕捉。在此，选择了较有长久存留可能的、从纪录片内容上进行划分的方式，以飨读者。

一、人文类纪录片

许多电影人和电视人一直没有放弃这种用摄影和摄像设备记录人们真实的生存状态、并通过这种生存状态表现自身情感的努力。这类题材一般集中在陌生领域的题材上，如云南电视台郝跃俊拍摄的《山洞里的村庄》、北京电视台陈大立制作的《流年》。还有一些，则集中反映发生在普通民众身边的真实生活中的小

---

❶　钟大年：《纪录片创作论纲》，33 页，北京广播学院出版社，1997。
❷　详见张雅欣：《纪录片创作手法比较——民众文化的影像记忆》，北京，中国传媒大学出版社，2005。

人物的故事，如《东方时空》中的《百姓故事》。

（一）文化人类学题材纪录片

大众话语颠覆精英话语取得主流地位无疑是 20 世纪 90 年代最大的文化事件。精英话语日益边缘化的态势也反映到电视纪录片中，以平视的视角讲述百姓故事开始风行一时，其流水账式的纪实虽可构成一部小人物的历史，但更不可避免的是失去了记录的力度和反思的深度。令人欣慰的是，仍有一批纪录片编导依托国家电视台的资源对现实进行着强烈关注和严肃思考，并取得了引人瞩目的成绩。

二十世纪是中国社会现代化进程中关键的百年，政治、经济、文化诸领域都发生了翻天覆地的变化，在这种变化面前，传统的生活方式如何坚持或转型是个令人关注的问题。一部分电视人开始借助于其他人文学科、社会学科学者的力量，进行影像文化志的创作。所谓影像文化志，就是通过摄像机或摄影机的镜头，对田野调查中的被摄对象进行长期的、尽可能全方位的记录（拍摄）；在此基础上再进行结构、编辑和制作，以期能够为观众提供在文化层面上的恰当解释。影像文化志是采用影像的科技手段，对研究对象、拍摄对象进行视觉与听觉的"深度扫描"。

在电视纪录片领域，《最后的山神》（孙曾田）、《神鹿啊，我们的神鹿》（孙曾田）、《流年》（陈大立）、《三节草》（梁碧波）、《山洞里的村庄》（郝跃俊）、《最后的马帮》（郝跃俊）等作品都属影像文化志范畴内的作品。编导们用镜头向电视观众揭示了社会转型期的普通民众如何面对传统与现代的两难困境。《三节草》在时代变迁中发出了"人如三节草，不知哪节好"的人生慨叹；《最后的山神》通过对一位鄂伦春萨满（巫师）孟金福的生活记录，展现出时代的变迁。孟金福留恋着狩猎生活，他和老伴在对山神的敬畏中保持着原始朴素的生活方式；但他的孩子们却欲走出山林，迎接山外精彩的现代社会生活，甚至无法理解父亲的祭拜神灵的行为。传统的鄂伦春生活方式在这一代人身上发生了断裂，孟金福作为"最后的山神"变为了一个影视人类学研究的背影。

还有些导演把关注的目光直接投射到当代普通人的生存状态上，这方面《沙与海》（康健宁）可谓是经典之作。《沙与海》在结构上采取了两条线索交叉剪接的方式，一条线索反映西北戈壁滩一家牧民的生活，另一条线索展现东海之滨一家渔民的生活。两条线索的时间背景都是在改革开放之后，牧民和渔民的生活水平都有了很大提高，但沿海和西部的差距还是非常明显，这个差距决定了两地人在生活方式、家庭观念、婚姻理想等方面的差别。《沙与海》的编导在表现这个差别时态度是客观的，它展现在人们面前的是那个时代人们生活的原生态，其中"父子打酸枣"、"小女孩沙滩嬉戏"、"牧民女儿谈婚姻"等段落更是在朴实无华中流露出一种生活细节的诗意，令人过目难忘。此片获 1991 年亚广联大奖，原因在于它"出色地反映了人类的特性以及全人类基本相似的概念",并"有助于本国发展"。

《神鹿啊,我们的神鹿》将冷静客观的纪录态度进行到底;《龙脊》的剪辑自然流畅如行云流水……这些纪录片大部分都曾在世界电视节或纪录片节上获得大奖,他们所具有的巨大文献价值、思想价值和艺术价值,使得它们成为中国电视纪录片的骄傲。

另外,一些电影、电视节和纪录片研讨会的举办也进一步促进了纪录片的交流与发展。2003年的广州国际纪录片研讨会就是一次以"历史文化"为主题的国际纪录片盛宴。澳大利亚、比利时、加拿大、法国、英国、美国等十几个国家或地区的个人或制作机构选送了147部纪录片参展。其中有14个国家的60部入选该次研讨会评选作品,我国的《海路十八里》、《一个人和一座城市》、《老镜子》等16部文化类纪录片入选。

(二)历史文献类纪录片

历史文献纪录片是电视纪录片的重要题材之一。在当代中国电视纪录片中出现了许多文献价值和艺术价值并重的精品。历史文献纪录片最大的魅力就在于它再塑了时空,还原了历史的面貌,使观众立体地感受到当时的情状。历史文献纪录片要求很好地利用一些珍贵的素材,使纪录片不要留于表面。文献纪录片更多的是以文献为基本材料对历史进行影像化的复原、展现和反思,启示当今。

大型文献纪录片《走近毛泽东》成功再塑了毛泽东主席的形象。编导从平民化的、生活化的视角出发,对毛泽东做了新的发现和新的展现。没有对毛泽东进行功过的评判,通过展示毛泽东生平中的一些细节,让观众自己去理解和评价。

文献纪录片《世纪》以中华民族反对帝国主义、封建主义的压迫,救亡图存,富国富民,朝着建设现代化强国迈进的步伐为线索,以独到的眼光和宏阔的视角,辑录了丰富的影视资料镜头,采访了大量历史见证人和中国近现代史方面的专家学者,用七个章节,展现了百年中国的历史风云变幻,反映了20世纪上半叶波澜壮阔的革命洪流和20世纪下半叶气吞山河的建设浪潮,讴歌了无数先驱者和革命志士的流血牺牲、不懈奋斗,讴歌了中国共产党团结和带领亿万各族人民意气风发建设社会主义新中国的崭新精神风貌。

文献纪录片《新四军》的编导以讲故事的方式运用史料,将历史资料和模拟的动态现代影像资料有机组合,配以采访,并拟人化地运用运动镜头,使历史资料和现场情景有效地融合,并突出典型情节、细节,从而突出了人物、事件的传奇性和故事性,人物塑造十分鲜活。

大型文献纪录片《潮涌东方》在当今经济全球化的大视野里,呈现出20世纪后半叶中国走向现代化、实现民族复兴的伟大历程。它以现代化为轴心所展开的历史叙述,摆脱了高台论道的模式,尝试着运用历史随笔的手法,将历史文献性、理论的思辨性和纪录片"叙述对象个体化"的故事性熔于一炉。

四川电视台国际部创作的百集大型历史文献纪录片《巴蜀百年》，是创作者花费两年多时间，在占有大量历史资料的细节和精髓的基础上，把历史与现实结合起来的鸿篇巨制。它既让观众走近历史，又让观众以今天的心态去审视昨天。该片采用编年与专辑两种体例辑集，涵盖四川的政治、经济、军事、文化及民风民俗演变，以四川人民奋斗史为主线结构全篇；对于突出的人物形象，又使用专辑的方式展现。

文献纪录片《炮击金门》运用真实的画面，翔实地记录了解放军作战史上规模最大的一次炮击作战，海、陆、空三军联合作战场面宏大、壮烈，再现了"炮击金门"这一当代中国历史上的重大事件，客观公正地反映了台湾问题的由来、围绕台湾问题的一系列国际国内事件以及中国政府解决台湾问题的一贯立场和方针政策。该片中出现的大量历史镜头，是经中共中央特别批准首次解密公诸于世的，颇具真实性、历史性、揭密性、珍贵性。

（三）人物类纪录片

人物纪录片也是电视纪录片的重要题材之一。在中国电视纪录片几十年的发展历程中，无论是几十分钟的小制作还是几百分钟的鸿篇巨制，无论是相对独立的时效性制作还是具有连续性的栏目化制作，都涌现出了许多文献价值和艺术价值并重的精品。当然，由于拍摄对象的不同和电视技术的不断进步，人物纪录片也有一个风格变异的过程。

《雕塑家刘焕章》（陈汉元，1982）是早期人物纪录片的巅峰之作，播出时曾在电视界引起轰动。此片采用了报告文学体，画面自然朴实，解说词平易亲切，类似于拉家常，贯穿全片始终的咚咚作响的凿刻声使结构更加紧凑完整。在同期声技术应用之前，它以解说词和后期配音技术塑造了一位形象丰满的中年艺术家。《方荣翔》（祝丽华，1992）是同期声时代人物纪录片的代表作，创作者克服了主人公已逝世 3 年造成的拍摄困难，在为数不多的珍贵影像资料基础上进行了成功的二次创作。全片采取了以舞台开始以舞台结束的封闭式结构，中间以两次领导指示、两次手术为段落连接点，运用多种艺术手段表现京剧表演艺术家方荣翔"清清白白做人，认认真真演戏"的高尚情操。编导合理运用了方荣翔的原声演唱带，一句"包龙图打坐在开封府"的唱腔在全片中使用了 3 次，每次出现都收到了不同效果，以配合全片缓慢中有推进的节奏，并最终在片尾使全片情绪达到高潮。该片充分表现出编导娴熟深厚的剪辑制作功力。

纪录片用客观冷静的镜头表现外部世界是其主要特长，但也有些编导将镜头深入到摄制对象的内心，从中反映出他们面对外部世界的思维方式，以及面对人生突发事件的人性挣扎。《英与白》（张以庆）实录了在一起生活长达 14 年的大熊猫"英"和饲养员"白"的一段生活状态。《英与白》在展现生存奇观的同时给我们提供了广阔的思考空间：人与自然关系实际上是怎样的？伦理是否又专门为人类设定？纪录镜头是否有权进入私人空间？正如编导张以庆所说，"《英与白》带给我们的全部思考，远不限于这14年，甚至也不限于人类社会开始进入现代化以来的历史，问题可能深植于人类与自然间漫长的关系之中。"❶

二、社会类纪录片

（一）社会问题纪录片

纪录片被誉为人类的"生存之镜"。在对客观现实的反映上，纪录片动态的影像和声色并茂的优势是文字、绘画和照相术等传统手段难以比拟的。由于纪录片与现实的这种密切关系，它一度被赋予了"记录时代进程"的宏大使命。从这点来说，关注社会与时代变迁的题材成为纪录片创作不可忽视的内容。

客观地看，纪实主义的表现方式与对普通人及边缘人的关注造成了我国20世纪90年代初纪录片兴盛的局面。对社会问题开始有所涉及，拍摄对象遍布于社会的各个角落：像都市里的保姆（《远在北京的家》）、孤独症患儿的母亲（《母亲，别无选择》）、狭窄里弄的居民（《德兴坊》）、马路上维持交通的老人（《十字街头》）、初中生（《十五岁的中学生》）、再婚的老人（《老年婚姻介绍所见闻》）等等。与此前普通人主题、社会问题被我国主流电视节目长期忽略的现实相比，当时的这种变化令人耳目一新，这也是电视纪录片创作接触社会、发现问题的一个开始。由自身开始，创作者们有意识地引导人们关注自身与周围的社会，主题也更有现实意义。

纪录片走下宣教的论坛，开始了平民化的进程后，寻求对社会问题的探究与影像化表达已成为人们参与民主化进程的一部分。表现在社会问题题材的纪录片上，大致通过两种渠道存在和发展着。一种是国家电视台体制内运作，以栏目的形式存在，代表着一种自上而下的权力和视角。另一种则属于存在于体制之外的"边缘纪录片"，由20世纪80年代中期"独立制片人"开始，以"地下"的形式和往国外送展的方式推动。下面分别做出简述：

1. 栏目方式

该类社会题材的纪录片选题线索几乎都首选新闻价值，以新闻为载体用影像描述历史。它们不追求新闻时效，而是将现时纳入历史思考的思维向度之中，追求现实素材的历史价值。大致可分为以下几类：

以重要性为依据，反映重大社会背景下的人和事，例如中国入世、三峡工程、社会再就业、历史问题等等，这方面比较突出的作品有：表现上海居民住宅问题的《大动迁》、反映日军侵华受害者争取权益的大型纪录片《未被审判》等等。

---

❶　转引自梁莲飞、殷俊：《客观与真实的异化》，载《声屏世界》，2002（6）。

以时新性为依据，关注新时代背景下的新鲜事物、观念与人群。这在我国进入体制转型期、人们生活变化日新月异的过程中尤其体现出历史价值与意义。例如中央电视台《新闻调查》栏目制作的纪录片《海选》，就是通过记录中国实施最基层的民主选举试点这一新鲜事物，反映出中国社会民主化进程的进步。其他有北京电视台《纪事》栏目推出的《变形记》，讲述了媒体爆炒一时的"丑女"张静整容的前前后后，社会各界的反映，她思想上的嬗变；反映魏敏芝报考北京电影学院的《造梦年代》、反映杭州某监狱内一群艾滋病罪犯的《罪与罚》。中央电视台《东方时空》子栏目《百姓故事》播出的《油麻菜籽》，讲述了为能继续赡养生病的丈夫，背夫离婚重新组建家庭的农村妇女的故事等等。这些作品侧重点不在于社会新闻事件本身，更主要关注事件中的人，尤其是当事人的心态、观念，以及事件所承载的历史文化内涵等。此外，中央电视台《社会记录》栏目制作的纪录片则对以往的新闻素材重新整理编辑，于老新闻中寻找新故事，给了我们一个不同的视角。同样是以历史角度观照现在，挖掘素材的历史价值。

以时效性为依据，关注突发事件的人和事。一方面突发事件具有较强的新闻性，具有较好的收视效果。此外，栏目化社会公益性的宣传地位决定了这一方向可以从更深层的社会文化与人际交往的心理层面表现突发事件下人们生活、情感的变化。例如反映东航飞机事故的《东航586》。

2. 独立制作方式

与栏目化自上而下的视角相比，独立制作群体创作的作品因其与社会的亲近性而显得更为质朴和有力量。他们本身就是社会中的一份子，与周围的人和事不存在本质上的隔阂，作品在本我感悟与表现的同时，印证出一种深刻。敏感的社会良心与沉重的社会责任是独立制作人身上最为可贵的品质。这类作品中有完全的独立制作身份创作的纪录片，如：吴文光的《流浪北京》、《江湖》和杨天乙反映老人生活状态的《老头》，朱传明的《北京弹匠》与杜海滨的《铁道沿线》等等。纪录片中体现了作者们对底层民生的真切关怀。也有体制内制作者个人风格化的作品，如福建台编导戴艺制作的反映城市中边缘人物生存状态的《小屋》，大连台李汝建反映改革变迁下弱势群体的《老宅2003》。还有一类属于半体制内、半独立创作的，比如《八廓南街16号》等等。

当然，虽然目前我国纪录片对丁社会题材的关注已有所深入，但整体在创作上依然缺乏多样性和大主题。对普通人的记录更多满足于个体表层生活形态上，回避了普通人生活中制度层面、社会层面的问题。表现普通人遭遇的主流问题，如失业、教育、司法、腐败、社会保障、犯罪的作品还较少；此外，纪录片缺少对复杂性的挖掘、对模糊性的展现、对多义性的探究、对联系的透析，使之厚度不够。除上述问题外，相对于把普通人和边缘人为主要表现对象作为社会问题的一种承载，当下的许多纪录片主动避开对重要历史、现实问题的记录，缺乏对主流社会生活和敏感问题的思考，造成大题材失落，整体缺乏使命感和厚重感。

但随着社会民主化进程的进一步推进，官方电视机构对于纪录片创作方面个人性质的逐渐正视和承认，纪录片创作的"泛平民化"气氛已逐渐形成，使得创作上更加自由，也有更多的人会参与其中，把社会问题作为自己关注的对象并通过影像表达出来。这使我们有理由相信，来自于各个渠道不同背景之下的更多表现社会问题的优秀作品会不断出现。

（二）新闻纪录片

新闻纪录片这个名字对于中国的观众来讲并不陌生，在老年人的记忆中它是遥远的战争生活的记录，在中年人回忆中它是儿时露天电影前的"加片儿"。这些记忆无疑都是新闻纪录片诞生、发展的见证。在今天，新的时代赋予新闻纪录片全新的内涵，这一切也将印记于当代人心中，成为新的见证。早在新中国成立之前的1947年，东北电影制片厂就制作了中国第一部有声新闻纪录片专辑《民主东北》。中央电视台的前身北京电视台也在1958年播出了中国第一部电视纪录片《英雄的信阳人民》（另一说是1958年的《中华人民共和国建国九周年》）。在那个轰轰烈烈大爱大恨的时代里，新闻纪录片毋庸置疑地秉承了"形象化的政论"这一定义，扮演着"党的喉舌"的角色，并且以此进入了它富有浓郁政治色彩的"辉煌时代"。

80年代之后，改革开放的大时代背景使新闻纪录片唯我独尊的局面被轰然打破。《丝绸之路》、《话说长江》、《话说运河》等一批鸿篇巨制的人文纪录片相继出现，习惯了新闻纪录片宣传说教的严肃调子的观众在这些浓墨重彩的大手笔中看到了对历史的深沉思考和对现实改革的肯定。如果说历史真的有机遇，那么，对于新闻纪录片，栏目化无疑就是机遇。当纪录片依托于某个栏目，有相对固定的时间和周期，从前的那种个性色彩鲜明的十年磨一剑式的纪录片不再适应于栏目化的播出。相反，那种制作时间相对较短，注重新闻性和时效性的纪录片更能引起观众普遍兴趣，在栏目中播出也更为可行。这时，一些栏目制作出优秀的新闻纪录片作品，如《新闻调查》和一些法制类栏目等，一些栏目明确地用"新闻纪录片"来定位自己的栏目，比较典型的有新闻频道的《纪事》栏目。今天的新闻纪录片已经不是从前意义上的战争生活记述或政治的形象宣传了，新的时代赋予它新的外表和含义。新闻纪录片使用非虚构的手法，及时地表现具有新闻价值的真实人物和真实事件，注重挖掘和展现人物心理状态、人物之间的关系以及人物与社会的关系，揭示事件蕴含的意义，是带有新闻性的纪录片。新闻纪录片本质上是纪录片，真实性仍然是它的本质属性，是它赖以存在的美学基础。所以，新闻纪录片作品不但应该具有现象的真实，而且要有本质的真实；不但要求事实本身的真实，而且要求这种真实性能在荧屏上被展现出来，能让观众感受到；不但要求作品本身逻辑上真实，而且要求这一真实事件是摄影师能够拍摄到的。

在题材选择上，与一般纪录片相比，新闻纪录片更能体现新闻性。新闻价值的大小是新闻纪录片题材选择的一个重要依据。新闻纪录片不再把镜头对准深山和少数群体，而是追随着时代主流的脚步，反映当前的社会现象和观众所关注的新问题、新现象，更具有贴近性。如《纪事》中播出的《敢问苍穹》，就是在整个中国都在为航天员杨利伟的太空漫游沸腾时制作播出的记述杨利伟的航天征程的纪录片。同时，对拍摄对象的选择上，新闻纪录片在表现普通人生活的同时，也注重对一些新闻人物的深入报道，例如《百姓故事》中播出的《警察老汉》。

从时间结构上来看，新闻纪录片比传统的纪录片更注重时效性。从前的纪录片大多把镜头锁定一个相对固定的空间，在绵长的时间延续中达到对事件不断深入的认识。而新闻纪录片通常在新闻事件发生后一段时间内播出，要求有一定的时新性和现实意义。

从主题的表达方面来考量，新闻纪录片通常以表达单一主题为主，而传统的纪录片的主题往往具有多义性，有多种解读的可能。新闻纪录片需要从某一特定事件切入，探寻事件中人物的心理和事件蕴含的意义。

从编导的主观倾向上来看，新闻纪录片与传统的纪录片相比，制作者的主观倾向表现得更为隐蔽。

在创作手法上，新闻纪录片在以纪实手法为基础的同时，还会适当运用电影化手法，以增加作品的观赏性，适应栏目播出的要求，更能满足大众收视心理。深入调查分析，追踪某一线索逐层深入也是一种常用的制作手法。比较典型的是《新闻调查》栏目的调查分析型的新闻纪录片。

如果说新闻节目能使我们及时地看到外在世界的变化，而不免流于事件、事实本身的记录和报道，那么，新闻纪录片更能激起我们对人生和意义的深沉思考，但常常会和现实生活脱节。新闻纪录片兼具二者之长，使观众既能看到新闻事件本身，又能在事件中追寻到意义和人性的光芒。新闻纪录片较数量庞大而且分秒必争的新闻节目，多了一点从容；与遥远、边缘化的传统纪录片相比，又多了一份贴近和现实。新闻告诉我们发生了什么；新闻纪录片则告诉我们为什么会发生。

三、军事类纪录片

"军事"节目在内容上具有一定的特殊性，涉及事件大多具有一定政治意义，一直为国家宣传主管部门所重视；此外，很多观众对于介绍军事动态、武器性能、军事战史的节目抱有很大兴趣，这都使得军事题材成为近年来电视新闻纪录片中重要表现内容之一。

在军事题材中，历史类的属重头戏，在整体作品中占较大篇幅。特点是制作精良，多为鸿篇巨制；内容涵盖广泛，从影响历史进程的著名战争、军事人物到与军事相关的焦点事件等等；时间跨度大，不乏描写古代战争与军事人物方面的作品。整体而言，该视点意在拨开历史的雾霭，在战争军事的大背景下观史思今。不仅仅带给我们事实，更重在发掘其背后的意义与人性因素，以此来观照当代，给观众以启迪。这类作品不仅具有较高的史料文献价值，还具有较高的科教和人文价值。相关作品例如：我国第一部用五千年中华民族文明史来阐述中华兵学智慧的大型电视纪录片《孙子兵法》，该片以弘扬中华民族传统文化为宗旨，介绍了一代兵圣孙武生活的社会背景，以及兵家圣书的诞生纪实，再现了从古到今一幕幕波澜壮阔的战争史篇。此外有以二战这一重大历史事件为题材的军事纪录片《第二次世界大战实战纪实》，片中向我们展示了二战真实的起因、发展、结局等诸多方面，揭示了许多鲜为人知的历史事实。还有最近播出的大型军事纪录片《复活的军团》，以考古证据和历史研究为依托，借鉴故事片的表现形式，层层揭示秦军之所以能够一统天下的历史真相。其他相关的影片还有很多，在此不一一列举。

从时事角度出发的纪录片则紧贴当代社会现实，并充分发挥了纪录片"在现场"的特点，力求把军事方面的重要事件发展过程如实地呈现在观众面前。片中不乏跟拍和长镜头的拍摄方式，既让观众看到什么事情，又让他们了解到事件如何发展。可以说，这类纪录片为我们展现了各种发生在和平年代的没有硝烟的"战争"。这方面较有影响的作品有：反映国门卫士与偷渡贩毒分子生死较量的斗争的电视纪录片《中华之门》。该片播出后观众反响强烈，邓小平同志曾两次称赞说："这个节目好"；8集大型电视纪录片《中华之剑》，通过对真实事件的拍摄，向观众介绍境内外毒情、毒品泛滥的现状，展示了战斗在我国禁毒第一线上的勇士们英勇斗争的精神，在警示吸毒的危害方面具有重要的现实意义。类似的作品还有《潜伏行动》等作品。

从人物个体角度出发的纪录片创作上是以人为视点，侧重于平民化的视角，更多地关注军事环境中个人的生活、情感与经历，反映和平年代背景下军人们的思想变化。这类影片往往注意在已有报道内容范围内，通过新的表现形式发掘相关人物的性格特点和心路历程，成为扩展军事题材的好方向。这方面比较突出的有冷冶夫的《女特警雷敏》，渠陆军的《侯家家事》，李金芳的《腊梅花儿开》以及康健宁近期的 DV 作品《当兵》等等。在片中，主人公作为军人的角色被淡化，着重于从人性的角度出发，关注事件中人物的命运。以"小人物"衬托"大时代"是此类作品的特色。同样，即使工作、生活的环境相同，每一个人也都有着不同的个性特点、背景和生活经历，以及各自丰富的内心世界。渠陆军的另一部作品《兵者》就真实地记录了中国北疆一次军事演习中对阵双方将领之间的故事。在惊心动魄的实弹演习背景之下，该片着力刻画了来自于同一所高等学府的双方指挥，在亚洲最大的军事基地上带领各自的部队进行较量的过程。

当然，不管是侧重于以史学眼光对战争背景大环境进行整体阐释；或是以目击者的方式对具体军事行动或事件进行记录，强调现实意义；抑或是从个体角度关注军营中具体的个人，并借此反映大的社会时代背景等等，都是创作者关注军事、关注军人这一特殊群体的体现。上述只是几个比较常见的方向，随着创作群体的成熟和手法的日益丰富，会有更多形态各异的军事纪录片出现在荧屏上。

四、政论类纪录片

政论类纪录片也称政论片，这类纪录片更注重节目内涵，多取材于重大政治命题，运用纪实画面配以解说和访谈、实况音效以及适度的音乐，对当前具有普遍意义的事件、问题或社会现象表示意见和态度，在舆论引导上带有鲜明的政治色彩。从题材上分，政论片大致有三种：历史政论片、事件政论片、政治理论片。

优秀政论电视纪录片的共同特色是：题材重大，诸如社会、政治、历史问题等；有明确的中心议题；叙事、说理不受时空限制，剖析论辩自由驰骋；画面素材翔实，视听效果高度和谐统一；以政治思辨性为主，兼顾知识性、可视性等。

20世纪80年代后期，以《河殇》为代表，政论片风行一时，《河殇》是由30集《黄河》片的画面素材再编而成的作品，共6集：《寻梦》、《命运》、《灵光》、《新纪元》、《忧患》、《蔚蓝色》。《河殇》在国内产生了正反两方面的强烈影响，也引发了一些争议。

电视纪录片《使命》也是政论类纪录片的典型代表。它避免了过去不少庆典片的汇报、总结式的弊病，从更开阔的视角和高度，另辟蹊径，使作品声画并茂，取得了较好的效果。这部纪录片有几个突出的亮点：一是主题鲜明，紧紧围绕使命这个重点做文章。纪录片运用了不少生动的历史背景材料，大大增添了作品的色彩。全片把使命作为一条红线，贯穿始终。亮点之二是以虚带实，见物见人，生动、形象地反映了南理工五十年来的战斗历程和春华秋实。亮点之三是画面精湛，解说抒情，全片清新、雅致、流畅，给人以美感。纪录片展现在人们面前的除了美丽、庄重的校园建筑外，还有新生军训队伍、丛林河畔书声朗朗的学子、科研室里的师生切磋、广场上的载歌载舞和欢声笑语等一派生机勃勃的校园风情风貌。

这类作品中较有影响的包括：北京电视台的《新中国外交》；河北电视台的《新中国从这里走来》、《开端》等。

政论片声源构成：在政论片中担任解说的播音员一般不出镜，他（她）在幕后抑扬顿挫、字正腔圆地朗诵由专人撰写的解说词，这种声源的性质属第三人称或泛人称的画外解说。

五、自然科技类纪录片

（一）自然类纪录片

目前我国自然类的纪录片分为风光和动物两类。这类纪录片通常在各地电视台关于自然的专题片栏目和中央电视台的《人与自然》、《探索·发现》、《地球故事》、《走遍中国》、《天地人》等栏目播放。

风光类纪录片是上世纪 80 年代借思想解放之风，首先催绽的电视片之花。它是当时数量最多、形式最为活跃的一个片种。此类纪录片曾一度占据中国电视纪录片的主要地位，正是《丝绸之路》、《话说运河》、《话说长江》等一批人文风光类纪录片直接推动了中国纪录片的发展。目前这类纪录片就风格形式而言，有传统手法的客观记述式，以介绍自然风光为主，以高水平的摄影取胜，如《世界遗产之秘密档案》之《九寨沟》；有散文风格的风光片，触景生情，借题发挥，较多地介入主观感情，声画相辅相成地创造特定的意境，以寄寓某种人生的、自然的哲理。但最近十年，风光类纪录片既没有当年风光也少有佳作。

动物类纪录片，以动物为拍摄对象，或考察动物觅食、择偶、交配、生育、社交等一系列生存、繁衍的过程，或借用关于动物的故事来反观人类自身。近十年来出现了《回家》、《孤岛护鸟人》、《远去的老马》、《野马之死》、《峨嵋藏猕猴》、《回家的路有多长》等一批知名的动物类纪录片。它们分别代表了当前国内动物类纪录片的风格和形式，即客观记述式和较多情感介入的主观式。

上述自然纪录片有不少曾获得国际大奖。王海兵的《回家》讲述了一只大熊猫和人的故事，1995 年获四川国际电视节最佳纪录片自然科技类"金熊猫"奖。四川电视台的《峨嵋藏猕猴》荣获 2000 年新加坡"亚洲电视大奖赛"最佳野生动物片奖等 7 个国际奖项和提名。《猴王》获 2001 年四川国际电视节自然及环境类最佳短纪录片"金熊猫"奖。由新疆电视台纪录片部摄制的《回家的路有多长》，讲述了 27 匹野马在离开故乡后回归卡拉麦里草原的故事，曾获第二十一届中国电视金鹰奖长篇电视纪录片优秀作品奖和最佳摄影奖等多项大奖，并且与新西兰合作，将在全球上映。

尽管这些纪录片获得不少国际大奖，但这并不代表自然类纪录片在我国的繁荣。这一点既可从国内播出的自然类纪录片缺少中国原创得到证明，也可由 2004 年上海国际电视节上中国自然类纪录片的缺席窥见一斑。事实上，自然类、科教类纪录片在目前的中国纪录片中是弱项。和国外同类题材的纪录片相比，中国电视纪录片有明显差距，这不单体现在内容的丰富性、题材的挖掘和节目的知识含量上，也体现在制作水平上。国内自然纪录片几乎只着眼于西部自然风光，拍摄的动物多集中在大熊猫和猴子上，内容单一，制作水平也有待提高。

中国纪录片人在和国外纪录片人的交流中开始探索如何把自然类纪录片做得质量好又叫座。于是有本土特色的发现和探索节目在央视 10 套亮相。中央电视台的《探索·发现》是国内制作和播出自然、科技类纪录片的主要栏目，开播两年来有很高的收视率和观众满意度。《探索·发现》致力于把历史、地理、自然科学等内容用讲故事的解说方式呈现给观众，利用所有可能的电视手段进行表现，比如用搬演的手法完成历史的重现，加之相关人物的访谈、动画特技，表现手法甚至比故事片更加充分。2002年，《探索·发现》栏目制作播出的《红柳的故事》等3部纪录片接连获得国际电影节大奖。

个别纪录片的成功无法掩盖2004年上海国际电视节中国自然类纪录片缺席的尴尬。中国自然类纪录片的发展远远不如国外，其原因无非关涉资金、时间、人力和物力等方面。我国有十分丰富的自然资源，许多动物、昆虫和植物的品种为我们国家独有。我国还有许多名山名水和奇特的地貌景观，可以从不同的角度拍出不同类型的纪录片。此外我们有一大批拍摄高手，他们完全有能力制作出优秀的自然类纪录片。

（二）科教类纪录片

科教类纪录片包括传播科学知识、科学考察和探险等内容，以此传播科技、教育大众、启迪民智。这类纪录片具有很强的知识性和趣味性，优秀之作往往是奇险诱人、情景并茂、异趣横生，极具智育和美育价值。比如中央电视台西部频道《天地人》栏目2003年制作播出的《深湖魅影》，记录的是对传说中新疆喀纳斯湖水怪的考察活动。这部片子在节奏上张弛有度，不断设置悬念引导观众，并介绍了以新疆为主的世界各国传说中水怪的由来，使其既有可看性又有知识性。该片播出后深受观众欢迎。

目前国内制作和播出原创科教类纪录片的主力军包括中央电视台、北京科学教育电影制片厂、湖北电视台等，这和它们所具备的人力、物力、资金等有关。中央电视台科教频道每周固定播出一些科教类纪录片，主要栏目是《发现之旅》。该栏目宗旨是以科学的态度和科学的视角揭示方方面面的科学内容，以真实记录加再现的方式让观众感受追寻、探索未知世界的严谨与乐趣。《发现之旅》实际上就是一种科学揭秘的旅程，已经播出的节目有《深空猎星》、《王者之剑》、《破解讨厌之谜》、《消逝的大河桥》等优秀节目。《撼天记》是在2003年我国成功发射"神州五号"飞船后，央视制作播出的反映中国航天事业的首部大型全景式纪录片。2004年初《见证，发现之旅》播出的《复活的军团》涵盖历史、军事、科技等多方面的信息，且注重表达。《复活的军团之二：血色青铜》，在2004年上海国际电视节参展，获得的评语是："从严格的意义上说，这是一部科教片，但它是用'写小说'的方式来写'说明文'，借鉴了故事片的手法，用层层推进的方式来讲故事，揭示了秦始皇的军队之所以能够一统天下的历史真相，让人兴味盎然。"（文汇影视2004年6月5日）这段话也揭示了中国目前科教纪录片的制作状态：它们虽然正在与国际接轨，但仍是中国纪录片中的一个弱项。

当前，我国人文社会类纪录片占据大半江山，自然类纪录片也有一席之地，而真正的缺席是科教类纪录片。我们有《科技博览》或《科技之窗》，也可以看到关于科技知识分子的人物纪录片，但以介绍科学知识为主或借用高科技手段拍摄的大制作、大手笔的纪录片却不多见。全国一百多家省市电视台每年却只有十几部科教纪录片，这与我国目前飞速发展的经济及科技都不协调。而国外纪录片中有大量的科技题材，内容丰富且制作精良。比如，DISCOVER 频道的科教纪录片。除了太空这类的大题材，一些表现身边日常事物的纪录片，同样让人大开眼界。

我国也有一大批敬业的纪录片人，但仅有敬业对我国科技类纪录片的发展是不够的。科技类纪录片存在的问题和自然类纪录片是一样的，即资金、时间、人力、物力等，拍摄者的素养在其中尤为重要。我们缺少国外那样的大手笔和大制作的科教纪录片，和我们纪录片人的科技知识结构密切相关。提高和丰富制作者的科技知识素养，正是中国科教类纪录片未来需要加强的重要方面。

从 2000 年开始举办的北京国际科教电影电视展评研讨会是国际科教类纪录片的盛会。2002 年的北京国际科教电影电视展评研讨会上 18 个国家或地区的 80 个影视机构选送了 230 部科教影视片，经专家进行初评后选出 72 部影片参加了最后的评审。我国的《消逝的大河桥》、《车轮与园》、《度过生命的危机》分别获评委会特别奖、青少类金奖、环境类铜奖。虽然北京国际科教电影电视展评研讨会只举办了两届，只有几年的历史，但已受到了世界影视界的关注，为世界范围内从事科教电影电视的人们提供了很好的交流机会和发展空间，对推动世界科教电影电视事业发展、展现先进科学技术、展现先进科学文化与艺术，起到了一定的作用。

六、DV 的兴起

DV 原本只是一个技术领域的产品和现象，DV 二字是英文 Digital Video 的缩写，指的是一种数码视频摄像机。但正如同历史上任何一次重要的技术革新为艺术创作和社会发展都必将带来的重大的、形而上的影响一样，DV 在中国的出现，首先在电视界掀起了一个个热点和潮流。

进入新世纪的短短几年里，DV 以及 DV 现象在中国成为时尚。DV 以其轻便、小型且价钱实惠，迅速在普通家庭中推广和普及。与之相对应的是，大量的DV 影像爱好者伴随着 DV 话题的升温也浮出水面。DV 的前期设备，也就是数码摄像机在普通家庭中的普及已经有若干年。对于电视行业来说，最为直接和直观的影响是电视节目中，来自于普通观众、非专业群体的影像素材的增多。根据PINNACLE 公司对中国普通家庭的抽样调查，普通中国家庭对在家中利用电脑进行 DV 后期编辑的兴趣已经由 2002 年的 45％上升到 2003 年的 75％。这一数字表明，只要具备便利的条件，大多数人都会对后期的编辑工作产生兴趣，这就像有了 DV 之后大多数人都有拍摄的欲望一样。

（一）DV 在中国的现状

DV 摄像机的普及，是几乎所有的电视从业者都能看到的一块大蛋糕。早在

1996年，北京电视台就创办了《百姓家园》栏目，基本的运作方式是从普通观众中选取一些有题材和想法的人，栏目组对他们进行短期的集中培训，然后发给DV摄像机（尽管当时的设备还不是DV技术，但其小型化的程度以及拍摄理念与今天的DV基本一致），让他们进行创作，然后把素材带拿回来，栏目组协同或替代他们进行编辑制作播出。当时这个栏目播出的一些片子（《大爷的小铺》等）受到专家的好评，但是由于培训非专业的观众进行创作实在费力不讨好，节目在普通观众中的播出影响也有限，这个栏目后来由于运转问题停办了。

而DV更多的应用是在电视纪录片、电视新闻甚至各类娱乐栏目中，由普通人拍摄的影像素材被广泛应用和播出。

虽然国内的DV影视创作起步较晚，步履蹒跚，但几年来仍涌现出了一大批优秀的独立电影制片人和DV电影创作者，在国际、国内屡获大奖的DV作品也层出不穷。譬如：杨荔钠的《老头》，获日本山形电影节"新亚洲潮流"单元优秀奖、法国真实电影节"评委会奖"；李红的《回到凤凰桥》获日本山形纪录片电影节"小川绅介奖"、法国马赛纪录片电影节特别提名；杜海滨的《铁路沿线》获日本山形纪录片电影节"新亚洲潮流"单元优秀奖，入选2002年柏林电影节；王芬的《不快乐的不止一个》，获日本山形纪录片电影节"新亚洲潮流"单元优秀奖，参展新加坡国际电影节；朱传明的《北京弹匠》获日本山形纪录片电影节"亚洲新人奖"。这些成绩说明国内的DV事业正焕发出勃勃生机。

另一方面，一些国内电视栏目中的版块甚至就直接以普通观众的DV拍摄为基本定位。比如：中央2台《正大综艺》中设计的普通人拍自己的海外旅行的版块；中央10套《讲述》栏目中专门开辟的《DV讲述》特别节目；北京电视台的《七日七频道》也经常有这些内容，由于该栏目在北京市民中的广泛影响，发动了大量普通观众用自家DV拍摄身边的新闻，效果奇佳……

现阶段中国的DV前期设备的普及状况今非昔比，观众平时自己练习的机会增多。更重要的是，随着DV影像在电视台的播出增多，普通观众的兴趣提高，加上电视栏目的积极组织和引导，使目前中国的DV创作进入一个新阶段。

（二）DV对电视纪录片的主要贡献

DV对纪录片的贡献首先是记录语言方面的。DV对于纪录片的广泛介入，以其个人化与大众化特性为起点，对长久以来形成的纪录片语言法则产生颠覆性的冲击。

微观层面：由于DV的微型与轻便，即使不用三脚架，画面一样可以拍得很稳。在这里，稳与不稳不再是用大摄像拍摄时的技术问题，而只是创作者的创作观念问题了。手持DV，你不但能轻而易举地做到稳而活，而且许多用大摄像机拍摄时所不敢想象的运动方式都可信手拈来。

宏观层面：首先，DV所有权的个人化必将造成DV语言的个人化。每一个人拿起 DV 用自己的方式对生活进行记录时,都会拥有自己的记录语言,并可能逐渐形成自己的个性化语言体系。其次,所有者的大众化将这种个性化铺天盖地地展开,越来越多的人使用 DV,则可能产生更多的记录语言。在 DV 的个人化与大众化背后,纪录片语言将会有无穷的丰富性和无限的生命力。

DV 对纪录片的第二个贡献是在观念方面提供了可能的新视角。

DV 使纪录片在最大程度上与生活同行,原来辩不清说不明的"真实性"得到一定程度的厘清。在 20 世纪 90 年代初的纪实主义浪潮中,纪录片创作者们宣称要真实还原人们原汁原味的生存状态。可无论如何,创作者跟被摄对象的距离不可能完全消失,摄像机的存在本身已经在改变着人们的生活状态。而当时的这种原生态观念在 DV 纪录片身上获得了真正的实现可能性,就因为 DV 的个人化与大众化。当 DV 不代表媒体甚至不代表创作者而只是一台家用摄像机时,当手持 DV 的人也处于同样的生活状态中时,纪录片与人们的原生态生活真正同行了。

其次,纪录片将在一定程度上泛化为一种个人化的艺术,产生纯粹个人化的一个分支。由于 DV 的广泛普及,摄制纪录片,将会有更多的人都可以做到。于是,纪录片将只是人们的一种日常表达方式,以物化某些思考,宣泄某种情绪,如一本心情日记。一切将变得随意而自由。没有审查制度与市场压力,不用做拍摄计划和前期预算,不用考虑任何所谓的艺术规律。不再被赋予"创作"等字眼,卸掉各种人为的负载,轻装上阵,DV 为传统纪录片真正注入了新鲜的观念和语言。

(三) DV 栏目的广阔前景与困境

在 DV 向电视传媒进军的征程中,步伐之快大大超出了人们的想象。全国广电系统 DV 发展现状调查数据表明:DV 在全国地市级电视台已经得到了比较广泛的应用。100 家地市级电视台平均每家电视台拥有 DV 摄录机 9.8 台,占同类型机器的 34%,并且 45.5% 的电视台还有增购的计划。制作方面,57% 的电视台使用 DV 设备采制节目,占栏目内容的 38.5%,使用 DV 制作的栏目数量平均为 3.2 个,占同类型节目总量的 43.5%。

上述总量在 50% 左右的数据,主要反映的是新闻和纪实类栏目的情况。随着对于突发性事件报道和现场报道的强化,DV 适中的价格和良好的机动性使其在这些栏目普遍使用,这就如同当年的电视摄像机取代电影胶片拍摄新闻纪录片,技术引发的媒介之间功能调适是传播学上的定理之一(DV 的使用,使新闻或娱乐资讯类节目的信息量大幅扩展,使以前一些不可能日播的栏目成为可能,这是其主要的意义)。

DV 在电视中专栏的开设,是目前的主要瓶颈和压力所在。中央电视台、上海东方卫视和北京电视台的一些 DV 栏目受到了欢迎,也有一些电视台正在准备开设，但在开设 DV 专栏的普遍前景上还存在许多有待进一步分析解决的问题。

2002 年 1 月 7 日，凤凰《DV 新世代》开播，2003 年 12 月停播，这个栏目的存亡对 DV 在中国的发展有着相当的昭示意义。其开辟专栏实行日播的成功做法，解决了一些人提出的事件记录时间长度以及完成性与电视栏目规定长度之间的矛盾。电视就是电视，它不是网站，作者必须有按照规定时间和体裁进行艺术结构和表达的能力。《DV 新世代》的同题创作还在引导 DV 创作中的个人化平民视点与社会性主题结合方面积累了经验。

应该看到，尽管 DV 的前期设备，包括大城市中后期编辑设备的逐渐普及，大量的 DV 影像也越来越多地出现在各种电视栏目中。然而，在目前的中国，普通观众的 DV 创作还不足以构成对整个电视内容市场的重大影响。这是由于绝大多数中国的普通观众没有受过专业训练，而且也仅刚刚接触 DV，使用尚不熟练，实质上作为群体不具备独立创作作品的能力；目前，来自于普通观众的 DV 影像运用还是以素材形式为主，以完整的作品形态出现的十分少见。

当然，一切都是在发展的。

一方面，DV 创作群体在数量上不断地扩大，尤其是准专业的 DV 爱好者队伍在逐渐壮大；另一方面，非专业 DV 作品的质量也在迅速提高，这一前提是：摆弄 DV 的时间长了，自我学习和训练的结果带来了创作水平的提高。

凤凰卫视对于《DV 新世代》停播的解释是栏目得不到广告赞助。原因是大的 DV 厂商嫌节目画面质量差，影像语言水平低，不符合品牌形象。随着 DV 技术的进一步发展，上述情况对于电视台来说并不是太大的问题，一些电视台已经采取了对作者进行技术培训、介入后期编辑等措施。

（四）DV 纪实在中国的主要问题

DV 在中国的首先使用者和推广者不是大众，而是小众的影视创作专业人群和大都市的小资人群。最先使用并倡导 DV 的是出生于 20 世纪 70 年代以前的一批独立影像制作者，如吴文光、段锦川等。他们的 DV 作品基本上以边缘人物为题材，试图表达的永远是对残酷现实的无奈、对沉重生命的怀疑，萦绕着浓重的灰色气息，如《铁路沿线》、《北京弹匠》、《我不要你管》等等。这应该说也是民间的现实，但不是最主要的现实，毕竟三陪女、吸毒者、流浪汉在生活中只是少数。因此中国的 DV 在崛起伊始就有点背离了民间的立场。之后在 DV 形成潮流的过程中，由于真正属于民间的 DV 爱好者基本上是城市青年，于是 DV 被俗化成一种如卡拉 OK、网上冲浪般的时尚活动，成为小资者们的一种身份标识。而在这种畸形的民间 DV 运动之外，官方意识形态、大众传媒、影视院校、DV 商家等等各路"神仙"的声音更是此起彼伏。而时至今日，中国的 DV 界仍是鱼龙混杂。

DV 创作在中国目前存在的问题可以总结为两大不良倾向：

一是作为所谓"精英文化"的一部分而存在的个人影像的 DV 作品创作。以贾樟柯等独立影像制作人为代表，大多以纪实主义手法表现现实生活中的边缘和个体，即所谓边缘化、民间化的"私"领域的电影或纪录片创作。但是这些作品的共同问题是：在展现生活时容易失之于片面，在表现和寻找边缘的过程中将作者和作品也边缘化，以至于很多作品只能通过私下的渠道拿到国外的影展去推广，而在国内则处于地下电影的尴尬境地。

这一类人大多是具有专业水准的创作群体，而且大体上价值取向偏于艺术。但这种纯粹的"私"领域的影像制作，往往陷于自恋，它们对非专业出身的大量DV 创作者们影响巨大。自我边缘化的、自恋式的个人作品拍摄，充斥在这些创作群体中，使 DV 在中国的大量个人创作流为自娱自乐。

另一种情况则是为电视台所用，乃至于与电视台同流，这也是一个值得关注的倾向。

DV 技术所带来的最具价值的独立于主流意识形态之外的影像创作的可能，在电视主流机构的引导下，丧失独立性，完全同流于商业体制中的一环，这种状况在本届 DV 国际论坛上也已经露出了端倪。一些由电视台选送的参赛 DV 纪录片看上去已经完全失去了个人和民间色彩，与流水线上下来的产品气息无二。

可见，一方面是保持 DV 技术带来的可贵"独立"品质，一方面是防止过于边缘化而陷入自娱自乐的"小圈子"情结，DV 技术给影视行业带来了大量的新鲜血液。但它自身的问题是其发展有没有可能真正焕发出新的生命光彩。

非专业群体的 DV 影像能否逐渐扩大数量、提高质量，从而形成电视内容市场新的重要组成部分，还需要继续观察和探索。各种水准、各种目的的 DV 创作者在 DV 普及阶段的混杂状况应该是暂时的，各路力量的参与为 DV 今后在中国的发展提供了更广阔的空间，使得多元化的 DV 格局的形成成为可能。

第二节　中国纪录片发展的历史

中国电视纪录片与世界电视纪录片的发展轨迹大致相同之处在于：同为电影纪录片的延续、转型。由于中国社会的发展历程与世界并非同步，因此，中国电视纪录片的发展也具有其独特之处，在对于它的若干阶段的梳理中，能够大致领略一二。需要在此作出说明的是，由于篇幅所限，该章节对于中国纪录片的回顾在空间上仅限于中国大陆地区；在时间上以 20 世纪 80 年代以后为主。

一、中国纪录片发展的初级阶段

（一）雏形：革命战争年代的新闻纪录电影

早在新中国成立之前，中国的新闻纪录电影事业就已经在中国共产党的领导下出现了，在炮火硝烟的年代，老一辈的新闻纪录电影工作者以其不畏艰险、艰苦奋斗的精神，在极其艰苦的环境下，创作出了一批在当时较为优秀的作品，成为今天宝贵的资料。

1938 年 4 月 1 日，"陕甘宁边区抗敌电影社"在延安正式成立。高朗山任主任，赵品山为副主任。电影社在以"摄制前方抗战和边区生活等新闻照片"为主要任务的思想指导下，开始了早期的活动，成为人民政权创办新闻电影事业的最早尝试。同年秋，著名电影艺术家袁牧之带着从香港购得的摄影机、洗印机、放映机等摄影器材和近万尺胶片，邀请与其合作过的摄影师吴印咸一同来到了延安。袁牧之、李肃、吴印咸、徐肖冰等六人成为八路军总政治部电影团的最初成员。电影团成立后很快便投入了创作。10 月 1 日，纪录片《延安与八路军》在陕西中部的黄帝陵开始拍摄，这部影片介绍了延安的政治经济文化情况以及敌后根据地八路军的战斗生活、军民关系，表现了国统区大批进步青年奔赴延安革命根据地的情景。虽然影片的后期加工由于苏德战争的爆发未能完成，但这部影片却翻开了中国新闻纪录电影史重要的一页。抗日战争期间，延安电影团摄制了一批反映根据地建设以及延安各方面生活的纪录片，如以三五九旅在南泥湾开荒、生产、练兵为主要内容的《生产与战斗结合起来》(即《南泥湾》，吴印咸、徐肖冰摄影，钱筱璋编辑，周从初洗印)，该片不仅表现了在抗战相持阶段艰苦条件下既是生产队也是战斗队的人民军队，而且还记录了毛泽东主席亲手题写"自己动手，丰衣足食"的珍贵镜头。此外还有《陕甘宁边区第二届参议会》、《中国共产党第七次全国代表大会》、《边区运动会》等素材片。1945 年，电影团已经有了 34 名成员，为抗战胜利后东北电影制片厂的建设准备了各方面的条件。

东北电影制片厂 1946 年 10 月 1 日在兴山成立，以生产新闻纪录片为首要任务，主要由吴印咸带领的电影团成员组成。1947 年 5 月 1 日东北电影制片厂制作完成了《民主东北》的第一辑，包括《民主联军军营中的一天》、《活捉谢文东》等。其后，《民主东北》的内容不断得到丰富，记录下了人民军队解放城镇、农村以及战争前、后方的真实情景。1947 年夏举行的布拉格世界青年联欢节上，《民主东北》第一次将中国人民解放战争的真实情况展现在世界面前。

除此之外，延安电影制片厂的工作人员程默、罗茅等人也随军拍摄了很多保卫延安、保卫陕甘宁边区的新闻影片，包括许多重要的战役以及毛泽东主席、周恩来副主席、任弼时总书记等转战陕北、指挥解放军进行全国反攻的情景。1946 年 10 月 15 日，晋察冀军区电影队(简称华北电影队)在河北省涞源县成立，由汪洋任电影队队长，肃清河为主要摄影师。条件所限，他们将洗印、录音、发电等设备安装在一辆马车上，由此也被称为"大车电影制片厂"。就是在这个"大车电影制片厂"，诞生了《钢铁第一营》、《解放定县》、《正定大捷》、《清风店战役》、《解放石家庄》、《中共中央七届二中全会》等一批珍贵的纪录影片。

随着革命形势的发展，解放战争进入了大反攻阶段。东北电影制片厂组织了若干支新闻摄影队，前往战争第一线，真实而生动地记录了辽沈、淮海、平津三大战役，表现了中国人民解放军攻无不克、战无不胜的强大威力。不仅摄影队成了前线的鼓动队，摄影师也成了战斗队伍中的一员，有一些优秀的纪录电影工作者甚至献出了自己宝贵的生命。在此期间摄制的反映三大战役的纪录片有《解放东北的最后战役》、《东北三年解放战争》（摄影徐肖冰、王德成、王静安、张绍柯、杨荫萱、刘德源、唱鹤岭、石益民等，编辑高维进）、《北平入城式》（摄影刘德源、石益民、郝玉胜、吴梦滨、程默、葛雷、韩秉信、于叔昭、钱渝等，编辑吴国英）、《淮海战役》（摄影吴立本、高振宗、程默，编辑高维进）等，其中最为成功的是由钱筱璋编辑的长纪录片《百万雄师下江南》。《百万雄师下江南》的内容包括渡江准备、渡江作战、解放宁沪杭、国民党海军起义等内容；并且还真实地记录下了百万大军在毛泽东、朱德的一声令下后，同时发起渡江总攻的壮丽场景。这部影片于1949年9月中旬在北京首映，是这一时期集思想性和艺术性为一体的纪录影片，在国内外产生了较大影响。

遵照中共中央宣传部指示中提出的"在华北就近制片，以求迅速"的要求，1949年4月以后，纪录片的设置从东北移到北平。在接收北平的国民党中央电影摄影场地三厂的基础上，1949年4月20日，北京电影制片厂成立（最初为北平电影制片厂）。主要摄制新闻纪录片，并在全国六大行政区设立摄影分队，除此之外，还积极培养了一批新闻纪录电影事业的新生力量。

从1938年到1949年，是新闻纪录电影的起步阶段。到1949年11月，东影、北影、上影共有57个新闻队。建国后我国新闻纪录电影事业就是在这些成果的基础上继续向前发展的。在革命战争时期，社会矛盾体现为两种势力的激烈对抗。这一时期的纪录电影主要以军事题材为主，发挥了意识形态的宣传作用，成为团结人民，鼓舞士气，打击敌人，争取革命最后胜利的有力武器，其宣传性和战斗性都得到了发挥。许多记录当时社会现实的影片，成为今天珍贵的历史资料，充分表现出纪录片记录历史的社会功能。但由于当时纪录电影刚刚成形，加之拍摄条件的艰苦，其艺术特性并没有得到充分的发挥。

（二）起步：社会主义建设时期的初步发展

新中国成立以后，新闻纪录片的创作得到了进一步的发展，成绩斐然。在战争年代，摄影师随军拍摄，影片内容以军事报道为主；建国后，纪录片创作随着国家政治生活的转变而发生变化。新闻纪录片的内容转为对军事、政治、经济情况的全面报道。涌现出了诸如：反映朝鲜战争的《抗美援朝》（编导徐肖冰、王琛）、记录开国大典盛况的《新中国的诞生》、反映国家经济恢复发展情况的《胜利之路》（编导忘水，摄影王德丞等）和纪录片《一定要把淮河修好》（编导石梅，摄影王兆义、王志雄等）等。1953年，政务院根据形势的发展，进一步指明新闻纪录电影的任务、内容和作用。随后，在中国共产党"百花齐放，百家争鸣"方针指引下，影片题材范围逐步扩大，表现形式更为丰富多彩，但发展道路却略显曲折。由于"左"的思潮的干扰，新闻纪录影片一度出现题材狭窄、形式单调和虚假现象。中共中央对新闻纪录电影做出要"更真实地反映生活、反映时代的历史的特点"的指示，使新闻纪录电影在不断为维护其真实性的斗争中发展前进。这一时期，摄制了许多思想性与艺术性都较好的影片，共计长纪录片 239 部 1506 本，短纪录片 2007 部 3632 本，新闻期刊片 3528 本。其中，比较优秀的如《伟大的土地改革》（编导姜云川、叶华，摄影王德城、张庆鸿等）、《诗人杜甫》（编导何钟辛，摄影鲁健）、《百万农奴站起来》（编导郝玉生，解说词何中心，摄影泽仁、扎西等）等。这些影片记录下了社会主义新中国的变革和发展，记录下了时代前进的步伐，具有很好的教育和认识作用。

　　1958 年 5 月 1 日，中国第一座电视台——北京电视台开始试播。它的开播成为中国电视史上具有标志性意义的一个里程碑，中国的电视事业诞生之后，开始从纪录电影的母体中脱胎出来，走上逐步成长壮大的道路。最早的中国纪录片摄制队伍是以当时的中央新闻纪录电影制片厂和八一电影制片厂的一批摄影师为骨干组建的。作为电视纪录片的开拓者，他们以每月"两长八短"（即 2 条长片，8 条短片）的效率拍摄电视报道。初期的电视纪录片大部分是新闻纪录片。电视纪录片与电视新闻几乎没有什么严格界限，只有长短上的区别，并无本质差异，加之通常在同一时段播出，因此被人们统称为"电视片"。创作方法和风格样式上基本承袭了中国电影纪录片的模式、创作程序、制作样式，包括材料设备等，与电影厂的新闻简报和纪录片没有什么两样。最大的差别是电影用 35 毫米胶片，而电视使用 16 毫米的。另外一点不尽相同之处在于，电视新闻纪录片的制作时间相对较短，篇幅比较自由。1958 年 6 月 1 日，北京电视台首次播放了由本台记者孔令铎、李华拍摄的新闻片《中共中央理论刊物〈红旗〉杂志创刊》。7 月又播出了电视纪录片《英雄的信阳人民》（孔令铎、庞一农）。1959 年，北京电视台摄制完成了第一部有声光学黑白纪录片《为钢而战》。此后，电视纪录片的数量不断增多，质量逐步提高，开始在题材选择、表现形式和时效性上初步显示出了较之纪录电影的优势。

　　这一时期的电视纪录片同电影纪录片一样担负着作为社会主义建设事业宣传的舆论工具的任务。其主要内容为报道新中国取得的各项成就和先进模范。主要作品有记录重大庆典活动的纪录片《中华人民共和国建国 10 周年庆典纪实》、反映越南战争的《英雄的越南南方人民》（叶惠）、《战斗中的越南》、《越南青年突击队》（朱景河、周居方、韩金度）、表现少数民族题材的《欢乐的新疆》（冀峰、朱景河、王娴等）、《古老西藏换新天》等，以及反映国家领导人外事活动的《周恩来非洲之行》和介绍祖国大好风光的《长江行》（孔令铎、田亨九、戴维宇、陈汉元、左耀东等)、《美丽的珠江三角洲》(庞一农、王娴等)等。其中,值得一提的是 1966 年 4 月播出的反映四川大邑县一户庄园的《收租院》(陈汉元、朱宏、王元洪),这是当时的时代背景之下的一部摄影、解说和音乐创作俱佳的作品。《收租院》的编导们把当时所能达到的艺术手段都充分调动起来,通过艺术创作,那些凝固的雕像成为了有血有肉、活生生的人物,其镜头的流畅和平稳在当时都达到了相当的水平。更为突出的是解说词后被选入中学语文课本,语言精美,为之后的纪录片创作注重解说词写作提供了启示。

(三) 历练:在曲折中继续前进

从 1966 年到 1976 年是我国的"文革"时期。在这十年中,纪录片成为极"左"路线和帮派宣传的舆论工具,成为"造神运动"和打击所谓"牛鬼蛇神"的有力武器。口号堆积、形式主义的作品大量出现,使纪录片充斥着大话、假话、空话和歪曲的事实。在创作类型上,一些表现山川风光、名胜古迹、历史文化的题材被禁止;在表现形式以及镜头运用上,存在许多清规戒律,纪录片创作受到严重的打击。主要特点是:1. 无创作者及制作人员的名单。2. 所有的纪录片色彩偏红。3. 所有公开放映的电视片和电影片都由中央领导直接审定。4. 所谓的创作要求,往往表现为对镜头语言有某种严格的规范,如领袖形象只能由远推近等。5. 由于片源不足,作品反复播送。

但是,就是在这样严酷的社会环境中,相当一部分纪录片工作者仍然没有放弃自己的职业道德,在政治的缝隙中坚守自己的良知,在有限的空间内继续探索,从而创作出了那一时期比较优秀的作品。虽然"四人帮"横行一时,对国民经济造成严重破坏,但由于广大民众发挥了建设社会主义的热情,经济建设的步伐并没有完全停止。中央新影厂的电影工作者摄制了一些反映水利工程建设及长江大桥、成昆铁路等建设情况的纪录影片,记录了人民群众及解放军工程兵不畏艰险、克服困难的勇敢精神和创造性劳动。除此之外,还有许多反映其他社会生活的纪录片。例如:中央新影摄制的《南京长江大桥》、《成昆铁路》、《红旗渠》、《韶山银河》、《海河战歌》、《黄河万里行》等。尤其值得一提的是反映登山运动员再次攀登珠穆朗玛峰的纪录片——《再次登上珠穆朗玛峰》,拍摄过程中担任摄影的石明纪在登山途中牺牲,刘永思同志背着摄影机登上海拔 8200 米高处继续进行拍摄,创造了职业摄影师最高的登山纪录。北京电视台和其他地方台拍摄出了《下课以后》、《深山养路工》、《放鹿》、《三口大锅闹革命》、《泰山压顶不弯腰》、《种花生的哲学》、《壮志压倒万重山》、《战乌江》、《太行山下新愚公》、《向青石山要水》、《越南人民决战决胜》、《中国武术》、《幼儿园的一天》、《中国释放全部在押战犯》、《马王堆汉墓》、《欢呼发射导弹成功》、《南京长江大桥建成通车》、《成功地发射第一颗人造地球卫星》等。上海电视台拍摄的《中国上海芭蕾舞蹈团访问朝鲜》,是上海电视台第一次派记者出国拍摄新闻纪录片。60 年代后期，苏联不断在中苏边境挑起争端。为将事实真相公诸于世，中国新闻摄影师进行了艰苦的工作，从乌苏里江边到黑龙江边都留下了他们的足迹。1969年摄制的纪录片《珍宝岛不容侵犯》、《新沙皇反华暴行》（编导郝玉生、应小英，摄影封永迎等），就是用真实的现场材料编辑而成，起到了历史见证的作用。

这些作品尽管或多或少地留有"文革"时代的印记，但较之那些为政治需要而人为制造的"帮派典型"，则客观、平和、生动得多。首先，选材的立意鲜明。这些作品大多是作者在深入采访、长期积累的基础上有感而发的选题，反映现实，有较强的生命力。其次，在形式上尽量做到有所变化，注重典型情节和细节的描写。两极镜头的大胆运用，增强感染力，并能深刻揭示和阐发主题思想，增强艺术感染力，使得这个时期的纪录片在创作技巧上，比前一时期的同类作品有明显的提高。另外值得注意的是，即便带有明显的"文化大革命"的时代痕迹，这些优秀的纪录片作品毕竟记录下了当时重要的社会活动，记录了当时民众的生活环境、生存状态和工作方式，为将来研究这段历史留下了可贵的文献资料。

进入70年代后，中国外交的成功给纪录片的创作带来了生机。国外的一些纪录大师来到中国制作纪录片，把先进的多样的纪录片理念带入中国。无论是安东尼奥尼的冷静审视，还是伊文思的亲切交流，都给中国的新闻纪录片创作者带来很大的启发。北京电视台新闻部派出记者到朝鲜、法国、罗马尼亚、阿尔巴尼亚、加拿大等国访问拍片，相继拍摄了《英雄的人民，光辉的成就》、《关于越南问题的巴黎国际会议》、《罗马尼亚工业欣欣向荣》、《农业合作社夺取好收成》等新闻纪录片。对外交流的逐渐正常化，使得走出国门的纪录片质量有所提高。像"文革"前期那样寄送出去的新闻纪录片被原片退回、甚至被拒收并提出抗议的情况很少发生。

1973年5月1日，北京电视台正式宣布彩电试播。试播一周后，我国第一部彩色电视纪录片《欢庆"五一"》播出。其后，又拍摄了彩色电视新闻片《毛泽东主席会见田中角荣首相》、《中国乒乓球代表团访问美国》等。从此，重大活动的新闻纪录片一般都选用彩色胶片拍摄，或使用彩色电视转播实况。此间，由于设备、技术的改进，电视台开始使用越来越轻便的摄录一体机，使摄影机的纪实作用大大加强。长时间不间断的拍摄、同期声和现场真实音响等，进一步强化了电视纪录片真实反映生活的能力。技术的进步，很大程度上改变了纪录片创作者的观念，人们开始在不断反思的基础上寻求其他的风格和表现方法。"文革"结束初期，纪录片的创作进入初步繁荣时期，从题材到形式内容都开始冲破"左"的禁锢，涌现出了一批好作品：《周总理的办公室》（1978年戴维宇摄制）、《金溪女将》（1978年朱景和摄制）、《牧马姑娘》（1979年马靖华摄制）等。

（四）小结：初级阶段的特色及不足

在这个特殊的历史阶段，我国的纪录片既带有着明显的时代烙印又有着其自身的发展特色。主要表现为：

首先，非审美的目的。"形象化政论"是纪录片创作几十年来的基本思想。纪录片作为意识形态的宣传工具，在战争年代成为有力的斗争武器，发挥了应有的作用；在社会主义建设时期，适应建设需要，也充分表现出了鼓舞人民、调动人民生产积极性的作用。但电视纪录片创作在这一过程中逐渐形成了一整套模式，如主题先行、说教式的长篇解说、声画关系脱离等。这些模式束缚了电视纪录片的进一步发展。虽然在这样的历史氛围中，纪录片创作领域仍出现了不少佳作，但是其发展仍处于起步阶段，有待进一步提高。以社会价值代替审美价值的创作观念，随着时代的发展必然退居到历史的后台。

其次，美化了的日常社会生活。与政论化政策相搭配，这一时期的纪录片内容上多以国家重大政治事件、以及各条战线上先进典型人物为主，以自然、人文、军事类题材为辅，全景式展现人民生活形态。注重大时代下"人民"作为一个整体的生活状态和精神面貌（多是积极的方面），单纯地运用政策标准裁减（甚至美化）生活。不注重作为个体的单个人物的命运和悲喜。对普通人物的描写，均是典型人物的高、大、全式的片面化报道，作品不顾及起码的生活真实，将典型人物塑造成毫无缺点的人们学习的榜样和楷模。由于这个阶段对于人作为个体的生活状况和存在价值的长期漠视，90年代后"普通人"登上荧幕，引起了观众普遍兴趣。

再次，湮没的观念。从制作者的创作观念和手法上来看，这一时期大多数电视纪录片的特点是主题先行，声画分离。很多片子都事先写好解说词再配上画面，从头到尾铺满解说词。甚至有些片子为了"论证"某个"真理"，或者为了"证实"某项政策的正确性，不惜违背纪录片的真实性原则，无视生活真实，摆布被拍摄者。创作者与被拍摄对象缺少平等交流的气氛，不少人以宣传鼓动家的身份自居，以居高临下的态度对待被拍摄者。

最后，教诲式的劝服。从受众层面上来看，观众处于被动的地位，观众的需要不被重视。这一时期的纪录片制作者更关注"应该让观众看什么"而不是"观众需要看什么"。政治宣传教化纪录片大量涌现，这些片子在中国观众中确实产生过不小的影响。但是，长时间的教化和宣讲也使观众更为迫切地呼唤一种突破，呼唤一种平等的沟通和交流，呼唤一种生活本身的真实呈现，这也是80年代之后，我国电视纪录片起飞的动因之一。

作为电视纪录片，从体裁上看，这一时期以新闻纪录片为主要片种；从纪录片类型上看，以解释功能为主要类型；从制作单位上看，只有国家的电视台制作，几乎没有民间独立制作的电视纪录片出现。脱胎于电影纪录片的电视纪录片虽然与电影纪录片之间还有着千丝万缕的联系，但随着电视事业的进一步发展，电视纪录片逐渐成为纪录片的领军人物。

二、20 世纪 80 年代纪录片的逐步繁荣

(一) 文化类大题材的兴起

进入 80 年代，国家的政治经济生活发生了巨大的变化。经过"文革"之后的反思，纪录片的创作也开始进入了一个新的阶段。改革开放，国人打开国门，开阔了视野。对外交流合作也促成了纪录片创作的进步。其中，与日本合拍纪录片《丝绸之路》成为电视纪录片界打破坚冰的第一步。

1979 年 8 月 25 日，大型纪录片《丝绸之路》举行开拍典礼。合作的双方是中国中央电视台与日本广播协会 (NHK)。中文版的《丝绸之路》由于作品长度不一，播出时间不定，缺乏有效宣传，除拍摄环境艰苦、艺术效果最佳的篇章《到楼兰去》专集在日本获得了纪录片大奖之外，其他专集播出之后反响平平。与其形成鲜明对比的是日本 NHK 版的《丝绸之路》，其独具特性的创作理念和周到的宣传意识，使《丝绸之路》播出之后在国际上掀起了一股"丝路热"。中国纪录片制作者在对外合作中开始认识到"记录过程"和"纪实"理念的重要性，对中国纪录片观念的转变起到了一定的推动作用。

1983 年，鸿篇巨制《话说长江》开始播出。《话说长江》采用了明晰、明快、明确的空间结构线索，从长江的源头说到入海口，从天文地理说到风土人情，充满对历史的沉思和对现实巨变的肯定。全片以浓笔重彩、翰墨华章的风格，以一泻千里、磅礴非凡的气势，在海内外引起了巨大反响。其解说词和主题歌登载在国内许多报刊上。《话说长江》也开辟了纪录片与观众建立交流的先河。在播出的 13 天内，全国电视观众的来稿就达 4000 多件。除此之外，它还影响了那个时期中国电视纪录片的形式，引发了一系列的"话说"潮，并且形成了定时定位定人播出大型电视系列片的一种定式。《话说长江》的面向全国观众征集电视片主题歌词的活动，也在很大程度上增强了该片的影响力。

《话说长江》的成功使中央电视台大受鼓舞，几乎是其全套人马，很快转入了《话说运河》的创作。与气势磅礴的《话说长江》的主题歌不同，《话说运河》的配乐采用舒缓婉转的圆舞曲旋律，以体现总编导戴维宇给运河定的基调："长江是狂草泼墨，运河是花鸟工笔"。与《话说长江》相比，《话说运河》有了更多的创作的主动性和观念的自觉性。在创作方面，1. 镜头根据创作的需要进行拍摄；2. 开放式的创作方式，编导随时随地听取观众意见，不断调整节目方案。并采纳观众的建议举办"运河知识京杭两地对抗赛"；3. 主持人开始成为真正的采访者，尽可能与观众沟通。在采访中，甚至把话筒交给观众，让观众有说话的权利。主持人从演播室走向现场，画面和解说和谐流畅，融为一体。在观念方面，创作者们力图真实地、多方位地展现运河及运河流域人民真实生活的状态，以写实的态度，引导观众做深沉的思考。在技术方面，航拍采取两个飞机在两个层次拍摄，使用贴近地面的"小蜜蜂"飞机，以求实现接近观众视角的效果。同时，

保留了现场百姓说话的同期声，不回避看镜头的人。

这一时期，还有几部大型纪录片先后投入拍摄，其中包括中央电视台与青岛电视台合拍的《唐蕃古道》；十四集电视系列片《沿海明珠》；十四集电视系列片《黄金之路》；四川电视台与西藏电视台合拍的《古格遗址》；二十五集电视系列片《蜀道》等。这些大型电视纪录片，类型基本相同。它们的总体结构完整，内容丰富，制作也相当精良，但却都是俯瞰式的、游记型的、以解说为主干的人文地理纪录片，其风格较多地停留在考古探幽和对古文化遗址的重新解读上，较少深入展开对现实生活的人文关怀，只是《话说长江》在观念上的延续。

在这一阶段的纪录片中比较成功的是《雕刻家刘焕章》。不仅在形式和创作技巧上有所创新，更重要的是作品中蕴含着作者对生命个体的关注和对人性的呼唤。它标志着一种文化意识的觉醒，并成为 90 年代初更为蓬勃的纪录运动的启蒙。

（二）80 年代的探索和不足

这时期的纪录片较前期有了很大的进步，内容题材比较广泛，涉及人物、城市风光、宗教、民族、历史文化等；题材形式也突破了单纯报道型的传统新闻纪录片形式，发展成为了散文、音画、调查报告、报告文学的兼容体。但作为电视这种新的传播艺术形式，在相当长的时间里，中国的电视纪录片却是只见其人，不闻其声。综观 80 年代的纪录片作品，绝大多数可以套入一个划一的模式：画面加解说。而关于画面与声音之间关系的发展沿革，也直接反映出了这一阶段对"电视化"传播手段的探索。

首先，解说词与画面：解说词在我国纪录片的发展史上留下了十分重要的印记。中国的电视纪录片在初期是以一种类似于文学的方式进行创作的，纪录片的模式主要是画面加解说。在创作上基本上是主题先行，先撰写解说词，再依据这个文本进行拍摄；去掉画面，解说词往往能够独立成篇，并且还能成为不错的文学作品，出现"声画两张皮"也就不足为怪，画面因此成为了解说词的附庸。电视是诉诸于人类视觉与听觉两种感觉器官的媒体，而这种类似于纸媒的创作无法从根本上充分发挥电视的独特魅力。撰稿人常常是学者、作家，所以制作出来的电视纪录片便成为了"文学电视"、"作家电视"。解说词的文学性一度成为纪录片备受赞誉的重要原因。《西藏的诱惑》在 80 年代风行一时，很大程度上得益于其浓厚的文学色彩和含有深邃哲学意蕴的解说词。电视作为媒介的宣传教化功能无可否认，但如何运用电视手段不着痕迹地教化，还是经历了很长的时间才被认识到，或者说直到今日，我们仍然在探索之中。

其次，同期声与画面："能不能让人们在片子里听到老百姓自己说话的声音呢？"这是周恩来总理当年在审看新闻片时提出的一点意见，但今天看来，这句话对纪录片的创作者来说仍是一个值得思考的课题。直到 80 年代末期，这个创作理念伴随着电视技术的发展才开始受到纪录片创作者的关注。但是 ENG（便携式、一体化新闻采集设备）带来的便利并没有很快地应用于电视纪录片的创作之中。以人物片《雕刻家刘焕章》为例。这部当时优秀的电视纪录片，并未在同期声的使用上做更多的探索。当国外的同行就该片在同期声的使用上提出质询时，才使中国纪录片人大为震惊，开始意识到创作观念上的落伍。然而，落实到创作手法上的真正飞跃又经历了很长的时间。时隔约 6 年之后的 1989 年，一部反映金婚夫妻生活的电视片《半个世纪的爱》，以其纪实手法和平民视角在观众中引起了比较大的反响，但遗憾的是，观众听到的仍然不是片中老人们自己的声音，而是这样的代言：

> 老人走了出来，他们并不在意我们把摄像机对着他们，只是说："我们没有做过什么呀，我们几十年来都是这样普普通通过来的。"
> 我们问二老每天干些什么，他们说："没准儿，比如今天，我们该吃西瓜了，入了秋的西瓜最甜，再不抓紧吃，就该下市了。"（《诱惑与回响》第 410 页）。

此时距离我国最初引进 ENG 设备，已经过去了 10 年多，这期间数量巨大的电视纪录片中之所以听不到同期声早已不是技术上的问题，而是很多编导在创作上缺乏纪录声音和运用声音的意识。从硬件的更新到观念的更新需要一定时间的过渡，在纪录片学者大声疾呼用声音纪实的同时，历史迈入了 90 年代，一场关于纪录片的运动也即将兴起。

三、20 世纪 90 年代以来的发展与成熟

20 世纪 80 年代新现实主义在中国兴起，人们开始接受启蒙思潮的影响，科学精神和科学价值规律悄悄登陆中国。与此同时，巴赞的"纪实美学"理论传入中国，强调电影的独特魅力在于完整地再现和记录未加修饰的现实。克拉考尔在此基础上进一步强化了电影的纪录本性，规定电影的本性是物质现实的复原。这些新电影纪实理论在当时唤起了中国纪录片人对纪录片本体意识的思考，一场电视纪录片领域内的"纪实主义"潮流从《望长城》开始了。

（一）《望长城》：同期声纪录片的力作

1990 年，中日合拍的《望长城》，在北京故宫午门开拍。创作者一改过去的传统记录方式，开拓了我国纪实主义纪录片的先河。在创作理念上，首先，将拍摄对象定位于以人为主，而长城只是一种象征，借长城说人。其次，篇幅上打破了以往纪录片 15～20 分钟的时间框架，每集的时间为 50 分钟。第三，外景地大规模使用主持人。到目前为止，在中国纪录片史上空前绝后。《望长城》中的主持人，在片中既充当了观众的眼睛，又成为了摄像机的镜头，和被摄对象打成一片，使主客体融为一体，共同完成编导所要表达的思想和意境。在叙事技巧上，

一方面开始重视声音的作用以及声画的配合，所有的拍摄素材都必须带有同期声和现场效果声。录音师与摄影师同步，使拍摄意图、主题思想尽可能从被摄对象的口中表达出来。主创人员提出"画面是活动的，声音也应当是活动的"的创作理念。另一方面，重视记录过程。让生活成为创作的源泉，坚持真实地记录。由于主创人员多年的纪录片创作经验的积累并勇于探索，《望长城》播出以后，引起了电视业内人士与电视观众的如潮好评。在中国传媒大学（即前北京广播学院）的研讨会上，师生们既肯定了《望长城》的诸多开创性功绩，也提出了一些中肯的批评：1. 缺少理性的认识，过多展现生活的自然流程。纪实是风格，不是目的。2. 信息量不足。3. 摄制组活动展现过多，淡化了主题。4. 片断胜过整体。5. 有些地方刻意安排的痕迹过于明显。但无论如何，《望长城》在创作观念上已有了可喜的突破，作品把镜头对准了实实在在的普通百姓，真切地记录了他们的生活和生存状况，使观众得以分享被拍摄对象的真情实感，得以透过电视屏幕看到所展示出的现实生活图景，并在此基础上做出自己的价值判断，这是对过去若干年来"主题先行"、"粉饰现实"的创作方法的一种颠覆。由于作品的大容量和央视的高覆盖率，使《望长城》成为中国纪录片新观念的一个标志，为纪实风格的纪录片在全国范围的广泛铺展，奠定了基础。

（二）创作题材与风格的多元化

纵观 90 年代至今的纪录片创作，在题材上主要表现为以下几个方面。

其一，体现国家意识形态的主流纪录片，这类纪录片的题材主要分为两种类型，一类是重大的事件、人物。以《毛泽东》为发端，之后的《邓小平》、《周恩来》、《刘少奇》、《孙中山》等伟人传记片，都在表现其伟大与平凡之间的平衡上取得了成功。除此之外，还有《香港沧桑》、《澳门岁月》等反映重大历史题材的纪录片。

主流纪录片的另一类题材是以小人物反映大主题。它选取的不是重大人物或事件，但却支持主流意识形态，成为隐性主流文化形态作品，从而更易于为大众接受。如《村民的选择》，通过对承德喇嘛寺村村民选举村长的故事，敏锐地反映了发生在中国农村的民主动态，见证了中国政府向民主化迈进的事实。总体来说，主流纪录片是中国纪录片的重要类型，它的产量大、覆盖广、影响深远。相对而言，隐性模式作品比重大题材模式作品在艺术上更趋完整，更易于为观众接受。

其二，与人类学、社会学、民俗学等学科的题材相结合，充满知识分子气息的精英纪录片。精英纪录片的操作者是一些具有知识分子品质的电视人，他们以人文关怀视点寻找被主流文化遗忘或忽略的文化、社会、艺术与人类学景观，发掘生活中被淹没的尊严和价值，并做出自己的思考。其中，较有影响的是：反映鄂伦春族生活习俗的《最后的山神》（孙曾田）；以一位鄂温克族女画家视点记录鄂温克族生活的《神鹿啊，我们的神鹿》（孙曾田）；追寻1000年前消失的王朝的《寻找楼兰王国》（杜培华）；表现黄土地上剪纸艺术老人与民间风俗的《流年》（陈大立）；追寻几百年前蒙古民族英雄的《寻找都仁扎那》（苏敏）；记录汉族民间文化的《阴阳》（康健宁）；记录福建传统风俗与现代演变的《五凤楼》（林力涵、方健文）；反映一位汉族女性嫁到泸沽湖畔生活了大半生的传奇经历的《三节草》（梁碧波）；记录西北民间皮影艺人的《影人儿》（孙杰、王移风）；展示云南一个普通村庄里农民生活变化的《山洞里的村庄》（郝跃俊）；反映川贵滇接壤的大山深处、交通不便之地少数民族马帮的《最后的马帮》（郝跃俊）；反映拉萨一个居委会日常工作状态的《八廓南街16号》（段锦川）；以及张以庆的《舟舟的故事》、《英和白》、《幼儿园》等。文化意识和思考精神是精英纪录片的共同特性，这些作品的编导从大文化观念出发，探讨人类文明的发展。而处于传统农业文明向现代工业文明转型过程的中国现状，为这一类型的纪录片提供了极为丰富的原始拍摄材料。

其三，以反映社会生活为主要内容，以普通人物为主要拍摄对象的大众纪录片，以及纪录片的栏目化。大众文化形态是90年代中国文化格局中最为壮观、最为庞大的一支。纪录片在这一大众文化运动中起到了推波助澜的作用，成为主要的媒介形式。将普通人作为纪录片的主角，打开了由小人物组成的历史画卷。1993年2月，上海电视台开辟了全国第一家以纪录片为主题的栏目——《纪录片编辑室》。该栏目以普通民众的视角，关注改革开放大背景之下的上海和上海人的变化，采取纪实的手法，用跟踪拍摄和大量现场同期声采访，反映普通民众的生活、命运以及内心情感。

同年，中央电视台推出了以"讲述老百姓自己的故事"为口号的《生活空间》。作为一档纪录片栏目，《生活空间》的创作目标是：关注人，关注社会，为未来留下一部由小人物构成的历史，贴近生活，贴近时代。《生活空间》播放的片子基本上分为四类：一类是讲述小人物故事的，如《上班》；一类反映社会上一些热点焦点问题的，如《泰福祥布店》；一类是通过一些事件，透视人物内心及人性的，如《姐姐》；还有一类是故事性比较强的生活事件，如《考试》。栏目化给纪录片提供了生存发展的机会，它的播出时间固定、周期固定、定位明确，可以使观众形成固定的收视习惯。今天的纪录片中，小人物成为了镜头的主角，中国的纪录片栏目在其中起到了很大的推动作用。但另一方面，栏目化也给纪录片带来了限制。为保证播出而形成的一套可操作模式，越来越整齐划一的风格、流水线式的工作程序，相对较短的拍摄周期，大大地限制了栏目纪录片创新和发展的空间，与当今电视上活跃着的许多其他的电视形式相比较，纪录片开始面临着许多继续发展的难题。新世纪伊始，又有一批新的纪录片栏目相继创办。2000年11月，中央电视台创立了《纪录片》栏目。同年，《纪事》作为《东方时空》

的周日版节目开播。2001 年 7 月 9 日，《探索·发现》和《人物》同时在央视第十套节目开播……

播出纪录片的栏目在不断增多，但大部分栏目存在一个共同的问题：现实题材相对缺乏。如《探索·发现》，作为一个大型的自然地理和人文历史纪录片栏目，主要是关于地理、历史、文物、考古的访古探幽；《纪录片》以历史人文为主，视野主要聚焦于偏远的地区，遥远的年代。2003 年 5 月 8 日，《纪录片》改版，栏目名称改为《见证》，栏目定位也发生了变化，开始"追求当代中国现实社会的一种深度写真，通过纪录片特有的独特观察和体验，真正描摹出中国改革时代的历史画卷。努力通过电视纪录片的方式，客观、平实、深入地为转型期的中国留下珍贵的影像记录"。

其四，以表现非主流意识形态为主的、由独立制片人制作的边缘纪录片。边缘文化形态是相对于主流意识形态而言的，由于远离话语中心，因此常常以地下的形式存在。90 年代以后，伴随民主进程的加快和社会透明度的提高，相对宽松的气氛容忍一些非主流意识形态浮出水面。这种影片往往把镜头对准中国社会体制之外的边缘人，倾听他们的心声与情感经历，关注人道关怀和个性特征。吴文光以及他的《流浪北京》等，便是边缘文化形态纪录片创作的代表。

目前，边缘文化呈现出向主流文化回归和妥协的趋势，一方面，主流文化的宽容度越来越大，已经开始有限度地包容边缘思想；另一方面，边缘文化的生存处境也导致了他们的创作者磨平棱角，向主流媒体妥协。

90 年代以来的纪录片发展蔚为大观，除了题材内容丰富，展现了社会的各个生活层面，在创作风格和创作方法上也有许多新的开拓，呈现出了多姿多彩的景象。

1. 关于"纪实主义"

"纪实主义"作为一种创作观念表现在两个方面，从内容上讲是主体的现实性，从表现方式上讲是表现形式所具有的实在性。"纪实"在我国的提出，有着社会独特的经济原因、政治原因，同时，与社会审美心理的发展也密切相连。长期以来，纪录片是"形象化的政论"深深地影响着中国纪录片人的创作，非审美目的和教诲式的宣传形成了理想主义的价值取向，纪实的提出促成理想主义向现实主义的转变。从美学角度讲，纪实风格属于美学的范畴，是用生活来表现生活，用现实表现现实，注重对过程的记录。作为一种特殊的记录形态，纪实强调记录行为空间的原始形状，强调记录声形一体化的行为方式。但是，纪实的目的并不仅限于此，纪实的目的应该是借助实物和实录的方式表现创作者对人生与社会的思考。从这个意义上说，纪实只是一种方法，一种创作的风格，不能单纯为了追求纪实而纪实❶。

《望长城》的成功奠定了纪实手法在中国纪录片创作领域的地位,一时间,"纪实"一词被众多纪录片创作者放到了至高无上的位置,跟踪拍摄、长镜头在大量的作品中被频繁运用。在纪实的基础上纪录片的创作者在后期制作中力求客观、冷静,甚至存在矫枉过正的倾向,以为只要镜头的拍摄是纪实的记录,就可以做到纯客观。由于解说词带有主观色彩,所以尽量避免使用解说词,有的作品宁肯打上一串串的字幕,也不肯说一句话。除此之外,音乐也被认为是过于主观的表现方式而被束之高阁。鉴于此,我们应该认识到纪实只是一种创作手段,而非创作目的。任何一种把创作拍摄技法和风格样式提高到根本原则的做法都是危险的,也必将被未来的实践所否定。

2. 关于"真实再现"

针对作为人类生存之镜的纪录片,理论界很早就开始了对其与真实之间关系的探讨。电视纪录片能否真的能像镜子一样"真实"反映客观现实,在电视纪录片中能否使用真实再现的创作手法,成为这些年来纪录片工作者经常探讨的话题。

1998年,《东方时空》策划并开始制作特别节目——大型历史人物纪录片《记忆》。《记忆》选择若干位在20世纪昭示和影响了中国人言行和思想的人物,将节目的基本情节限定在人物最精彩、最具戏剧性的一年,进而展示出主人公和他所生活的时代。由于那个时代已经远去,如何用电视手段表现这样一个时代和生活于其间的人物,使观众在观看节目时既充满新意又能产生身临其境之感,成为编导们思考的主要内容。有感于BBC创作的系列纪录片《失落的文明》中丰富的视觉语言,《东方时空》的纪录片创作者决定"以'真实再现'作为节目核心的创作理念",在多方搜集真实影像资料的同时,用演员的表演来还原某些场景。如《晏阳初:1930》中这位平民教育家在河北农村以戏剧教育民众的情景;《鲁迅:1936》里鲁迅在生命的最后时刻发生的许多故事;《梁思成:1937》中梁思成在卢沟桥事变发生时于山西五台山发现中国最早木结构建筑内幕;《阿炳:1950》中瞎子阿炳和他的《二泉映月》被中央音乐学院教授发现的前前后后……这些场景都是由演员表演的。这些大胆的尝试在观众中引起了很大的反响,也在纪录片学界和创作领域引发了关于纪录片中能否运用"真实再现"手法的热烈讨论。之后,如何以电视的手段创作纪录片特别是历史类纪录片,怎样避免枯燥、形象地讲述久远年代的故事,成为创作者思考的重要课题,运用"真实再现"这一创作手法的电视纪录片也越来越多。"真实再现"或称"情景再现"并非为再现而再现,它依然只是纪录片表现的一种手法而已。因此,"真实再现"的原则

---

❶　详见钟大年:《纪录片创作论纲》,北京广播学院出版社,1997。

是：为观众提供历史的一种可能性，而非告诉观众——这就是历史。假的就是假的，绝不能以假乱真❶。

3. 关于"主观表现"

历史刚刚步入 21 世纪之时，张以庆的一部《英与白》因其在四川国际电视节上获得了四项大奖而受到纪录片界的广泛关注，掀起了关于"主观与表现"这一创作风格争论的序幕。"主观与表现"的理论一方面来源于台湾纪录片研究者李道明的"纪录片一般是指用个人观点去诠释世界的，以实有事物为拍摄对象，经过艺术处理的影片"的观念；另一方面，来源于英国格里尔逊的观点："纪录片是对真实的创造性的诠释。"《英与白》最大的特点就在于有着明显的主观介入的痕迹，由大熊猫、驯养员以及笼子、电视机等视觉符号组成的场景是刻意营造的，多处还运用了摆拍，这使很多人认为该作品不属于纪录片的范畴，与其说是拍出来的，不如说是编出来的，是创作者个人理性化的观点逐步印证、阐述的过程，是记录者对事实的一种不尊重。对此张以庆则认为纪录片是一种非常个人化、私人的东西，它是作者个人描述、解释世界的一种方式。它在创作上有这样一些特色：首先，视觉符号的运用。《英与白》以及他的又一部力作《幼儿园》中较多地运用了暗示、象征、对比、强化、隐喻等符号语言、修辞手段抒发个人思想；其次，创作者赋予客观存在的事物以深刻的含意，具有较强的可读性，进而激发观众的联想，引发观众再创作的能力。最后，创作者选择和记录的事物成为创作者思想的外化。以张以庆《英与白》、《幼儿园》等为代表的主观表现类纪录片至今仍是理论界争论的话题。但不论如何，这种独特创意至少可以促使我们思考：竭力在作品中隐藏创作者个人主观意念的纪录片并非纪录片唯一的创作模式，纪录片创作者应该重新审视纪录片与真实的关系。除此之外，还有一些独立于体制之外的纪录片创作者，在多元化的今天也在不断地进行着寻求个性、展现个性的尝试。

（三）对当代纪录片发展趋向与不足的思考

从近几年纪录片的现状看，发展停滞已经持续了一段时间，缺乏创新意识、纪录片制作模式化，已经成为了制约纪录片进一步发展的桎梏。如何创造出有思想的纪录片，如何在原有的基础上开拓创新，如何在市场经济的浪潮冲击下立于不败之地，成为当代纪录片工作者思索与探讨的话题。从纪录片的发展趋势上，有以下几个特征：

第一，市场化带来的风格多样化。纪录片在市场因素下开始步入了转型期。当纪录片作为一种大众文化消费品流入市场时，它的创作也开始以满足大众需求为目标。而大众的需求是多方面的，因此纪录片的创作也相应需要更多元化的风

---

❶ 详见张雅欣：《中外纪录片比较》第三章，北京师范大学出版社，1999。

格，包括不同层次、不同形态、不同题材的纪录片创作。同时，市场化又是纪录片走向成熟的关键步骤。它不仅可以使纪录片日常化，而且可以培养越来越多的、越来越有层次的纪录片受众。另外，随着国际交流的频繁和国际市场的渗透，我们纪录片工作者必然可以接收到更多元化更前沿的纪录片创作理念。这些都会成为我国纪录片进一步发展的契机。

第二，创作人员的非职业化带来纪录片创作空间的拓展。由于技术的进步和设备的廉价化趋势，普通民众已经不满足于仅仅作为纪录片的观赏者，他们纷纷拿起机器成为纪录片的创作者。这种趋势的出现一方面会使纪录片越来越成为大众文化的一部分，而不是徘徊在所谓的精英文化群之中；另一方面，群众的智慧必然能够创造出更新颖更富于创新意味的纪录片，从而开阔我们的视野。

第三，发掘新题材的可能性。当前社会正处于一个转型期，社会的各种体制都在经历着或多或少的变革。随着经济的发展，物质生活的提高，人们的精神及情感生活也日益丰富。人们开始探讨社会、思索人生，开始关注从社会生活到自然生态的一切，当这一切与我们上下五千年悠久文化底蕴相融合，必然会撞击出纪录片创作领域新的火花。对于纪录片创作者来说，就是要更多地深入生活、体验生活、思考生活，把生活作为创作取之不尽、用之不竭的源泉。并在此基础上做多层次、全方位、多元化的理解与展示，这必然会促进纪录片明天的繁荣。

中国电视动画片

在今天的世界，从两岁的孩子到二十岁的青年，几乎都是动画片的追随者。可以说，现代青少年是看动画片长大的一代。改革开放以来，数不清的中外动画片伴随着中国的少年儿童度过了美好的青少年时代。在他们的业余生活中，看动画片是莫大的精神享受，小伙伴之间的谈话内容，也多数与动画片有关。他们对现实生活的认识有很多来自动画片，对人类情感的理解和对视觉艺术美感的培养也基本来自动画片。那么，人们会问，动画片为什么对青少年有如此大的吸引力呢？

动画片是现代电子科学与艺术完美结合的产物。动画片的本质基础是绘画，而绘画是人类几千年来用笔描绘物质世界和精神世界的反映物，但它是静态的，无论有再多的绘画风格和方法，静态美的特质是不会变的。现代电子科技根据人眼的视觉滞留原理，将静态的绘画变成了活动影像，创造了绘画的动态美，这就是动画片。虽然仅仅是让绘画由静态变成了动态，但这一变化却具有划时代的意义。静态的绘画作品给人一个宁静的欣赏和想象空间，但对一幅画的想象总是有限的。即使是一幅世界名画，它带给人的想象力也有很大的局限性；动画片则不同，它从一开始就激活了人的想象力，观众的目光停留在屏幕上，但思绪和情绪却跟随着画面的延伸而不断同步运动，不断变化。它同时调动了人的视觉、听觉、逻辑思维和情感体验等多种能力，对观众的心理冲击是全方位的。人的视觉特点是更容易关注和追逐动态的形象，就因为动态的形象更能让人警觉、猜疑、好奇和激动，这也是电影和电视更能吸引观众的魅力所在。成人由于具有比较丰富的阅历和对社会、人性较强的理解能力，就可以在比较复杂的电影和电视剧中获得精神快乐。相比之下，少年儿童由于缺乏对成人世界的了解和理解，许多成人电影和电视剧的内涵他们不容易看懂，甚至缺乏兴趣。而动画片不同，它似乎天生就是为少年儿童创造的视觉艺术品种，它充满童趣的动画形象、充满梦幻色彩的想象力、摒弃了成人世界的色情和暴力，以青少年形象为主角的故事，营造了一个比现实世界更纯净美好的虚拟世界，恰好可以成为少年儿童理想的精神艺术品，同时也成为引导少年儿童了解和理解现实社会的引路者。

动画片是一种艺术品，但同时又是一种商品，爱好影视艺术的人们会对动画片产生许多疑问：它的艺术性体现在哪里？它的商品性又体现在哪里？本文将对动画片这一新型的视觉艺术类型进行全方位的分析和探讨，力求让热爱影视艺术的人们对动画片有一个初步的了解和认识。

第一节　电视动画片概述

一、动画片的界定与分类

动画片是画家使用影视科技所创造出来的、融哲学、科学、艺术等多种学科内容为一体的一种现代美术作品。动画片主要通过手工绘画或电脑绘画的手段表现故事的艺术内容，然后再通过电子技术的后期制作合成使之成为具有趣味动态形象的影视作品。它是电子时代的产物，借助大众传播的威力在 20 世纪成为一种独立的影视艺术品种。

动画片从传播形态上分为电影动画片和电视动画片；从长度上分为动画短片、动画长片和系列动画片；电影中的动画长片一般只有几十分钟，很少有系列片，而电视动画片最有特色的就是系列片，最长的可达上百集，大约数千分钟。

动画片从制作手法上分为两维平面动画片、三维电脑动画片、偶类立体动画片和真人合成动画片。无论在国内还是国外，生产数量最大的是两维平面动画片。近年来，美国相继生产了一批三维电脑动画片，如《玩具总动员》和《海底总动员》等，但由于制作复杂，成本较高，所以数量有限。偶类立体动画片曾出现在一些国家，我国过去几十年里的数量较多，但近年来有所减少；真人合成动画片近年在美国出现了一些，如《精灵鼠小弟》、《加菲猫》等，由于制作有一定的难度，目前生产的数量也比较少。

动画片从内容上分为儿童动画片和成人动画片。儿童动画片按观众年龄的不同在内容和表现手法上有所不同，比如，针对三岁左右儿童制作的动画片故事简单，画面和人物、动物造型也相对简单有趣，但色彩鲜艳绚丽；针对学龄前儿童制作的动画片情节略为复杂，人物有对立矛盾的简单设计，主要是为了教育学龄前儿童培养良好的行为习惯和思想品质；针对青少年制作的动画片是动画片种类里的主体，动画片人物形象有性格特征，造型独特，动物形象有拟人化思维，情节比较复杂曲折，蕴涵比较丰富的人类情感；成人动画片的数量较少，目前中国还很少有专门为成人制作的动画片。在国外，为成人制作的动画片主要是内容上与青少年动画片有明显区别。成人动画片的内容含有较多的色情与暴力色彩，或者以传授各种专门知识为主，如，健康保健知识或设备操作规程等。

动画片在片种上分为故事类影视动画片和漫画类电视动画艺术片。故事类影视动画片是专门为青少年制作的作品，占动画片生产总量的绝大部分，也是本文研究的主体内容；漫画类电视动画艺术片指电视节目中出现的各类动画广告、动画音乐电视作品、各类栏目包装采用的动画表现片断和科教片中的动画演示等。

　　中国的动画片目前从制作手法上分为两类，一类是两维平面动画片，画面内容过去全部都是手工绘制出来，然后逐格拍摄，使之成为动画电影或动画电视片。现在引进了电脑绘画手段，制作速度大幅提高。另一类是偶类立体动画片。此类动画片中的场景、角色造型和道具是用各种工艺材料通过手工制作完成，然后逐格拍摄成动画片。中国的偶类动画片主要分为木偶动画片和泥偶动画片。这些年来木偶片和泥偶片已经比较少见，最引人瞩目的是手工或电脑绘制的电视动画片。

二、动画片的主要特征

　　动画电影或电视片是以绘画和其他造型艺术形式作为造型的表现手段，以动画形象作为艺术形象特征，叙述虚拟的故事，创造虚拟的角色形象和环境。它通过计算机虚拟成像过程呈现物质世界，创造用常规摄制手段无法完成、而结果又要像实拍一样逼真的画面。

　　电脑制作的两维和三维动画片具有与真人表演的影视故事片完全不同的美学特征。它常用来表现虚构的环境或场景，以及难以重现、还原或实现的"真实"世界。动画片创造了一个奇特的视听世界，夸张的角色造型、独特的画面美感、充满想象力的剧情以及色彩缤纷的声、电、光、影等效果产生极强的视听冲击，对观众产生特殊的吸引力。

　　动画片的画面美感表现在画面的形式美和内容美两个方面。从形式美的角度看，不同的动画片有不同的绘画风格，如中国的水墨动画片、漫画、水粉画、水彩画和装饰画等。中国的水墨动画片讲究大写意的虚空境界，只强调主要角色的神情与动态；美国的动画片倾向于用水粉或水彩的绘画方式体现角色形象的质感和写实感；日本的动画片除了用水粉和水彩表现事物的质感之外，还重视背景的细致描画和场景与角色运动的光影变化。不同的动画作品通过自己独特的角色造型、场景描画、动态设计和色彩变化形成自己独特的美术风格，创造了独特的画面美感。动画片的角色造型因为作品的不同美术风格而呈现出不同的艺术特色。如中国的动画片《西游记》或《哪吒》具有中国传统年画或装饰画的特点，强调线条的流畅变化而不刻意表现角色形象的质感；美国动画片《米老鼠和唐老鸭》等在大量使用角色造型的线条夸张变形时，也突出表现事物以色彩等元素所展示的质感；日本动画片很少让角色形象的线条夸张变形，但常常通过繁复细致的景物描画和鲜明的色彩对比表现事物的多重质感。无论采用何种美术风格来体现动画片的画面形式美感，线条、色彩和光影，先进的电脑技术都是重要的呈现手段。

　　动画片的内容美感表现在故事的情节性、情感性和意境等方面。动画片的画面形式美是它的外部形态，而故事主题与情节是形式美体现的基础，只有精彩的故事和可爱的角色才能吸引观众的目光。讲故事是人类古老的信息和情感传播方式，但故事怎样讲却有无尽的学问。纵观中外许多经典的动画片，无一不是由精彩的故事构成。《西游记》和《哪吒》取材于中国古典名著，孙悟空上天入地千变万化的神通与各种神仙鬼怪斗争的故事离奇而妙趣横生；《三个和尚》的故事简单有趣，蕴涵了丰富的哲理。它通过和尚数量的增加却带来工作效率降低的故事，既反映了人性中的奇怪心理，又暗喻了现代社会机构存在的弊端，引起观众的思考。情感美也是动画片不可缺少的魅力元素。如果一部作品里没有情感表现，仅有精美的画面，观众会感到心理空虚。优秀动画片都蕴涵了丰富的情感。如《宝莲灯》里沉香思念母亲的情绪贯穿全剧，他对母亲的赤子之心感动了无数观众；《西游记》里师徒四人之间的复杂感情在剧情中不断变化，也让观众的情绪不断起伏。

中国的动画片还有一个突出的特色，那就是画面与情感高度融合的意境美。美丽的画面中蕴涵丰富的含义，将情感、哲理与环境融为一体，体现了中国传统文化中独有的美学概念——意境美，也形成了中国动画片独特的民族风格。

动画片是一种特殊的电视艺术形态，它融趣味的故事、精巧的美工、优美的声音画面和高科技制作为一体，为少年儿童提供塑造美好心灵的精神食粮，培养了青少年的世界文化意识和道德意识。动画片作为一种世界性的语言，具有广阔的发展空间。另外，动画片具有无国别语言障碍、消费群体庞大、国际化强、市场需求量大、产品生命周期长等特点，成为世界文化市场上的耀眼风景。

由电脑制作完成的两维动画片，是中国动画片种类中目前比较多的类型。国外的三维立体电脑动画片尚未在中国出现，但它将是中国动画片未来探索的方向之一。

中国传统的立体动画片当属偶类动画片。它的特征主要体现在材料质感、形象的立体感和空间感上。中国偶类动画片采用的材料主要有木头、彩泥、布料和软胶等。创作人员将制作好的动画造型固定在钢制的活动框架上，根据剧情设计的需要让造型的动作发生变化，或改变姿态，或改变方向和速度，摄影机将这些过程逐格拍摄下来，然后经过后期制作的各种技术处理，使之成为一部动画作品。

由于偶类动画片的制作材料是人们日常生活中经常见到的材料，动画片中的场景也多是现实生活场景，角色造型的设计呈现立体感，所以此类动画片在某种程度上的视觉效果要优于普通的两维动画片，因为它的材质具有真实性，角色立体形象和运动的空间也具有真实性，这些因素创造出的真实感是两维动画片所无法相比的。

在真实感的营造上，偶类动画片具有多重途径。除了场景、人物造型和道具的材质真实以外，光影效果因为角色运动所造成的真实感也具有特殊魅力。艺术设计的灯光效果是为了尽可能地展现场景、人物、服装、道具和空间光影变化的魅力，虽然偶类动画片是非真人扮演，但也需要在舞台上或是摄影棚里完成，艺术而真实的光影效果在体现场景和角色的质感、线条、色彩和动态方面可以发挥重要作用，使作品呈现独特的魅力。

三、动画片的社会功能

电视动画片是深受青少年喜爱的电视艺术形式之一，它在审美趣味、道德观念和意识形态领域对青少年都有广泛而深刻的影响。创作优秀的中国动画片是加强未成年人思想道德教育的需要；是满足广大青少年观众精神文化需求的需要；是进一步发展文化产业的需要；也是进一步振兴、发展和繁荣国产动画业的需要。

动画片不但是一种影像表达方式，也是一种重要的文化传播方式，它对于引导少年儿童心灵的健康成长有几个重要功能。第一，动画片故事丰富的想象力、可爱的角色形象和千变万化的超现实主义画面能够满足少年儿童的好奇心，给他们带来艺术的享受和心灵的快乐；第二，动画片所蕴涵的丰富知识能够拓展少年儿童的知识面，让少年儿童在潜移默化中接受健康的百科知识；第三，动画片的故事通常以青少年或动物等为主人公，反映他们在成长过程中的曲折经历或传奇故事，与青少年观众的心理成长有相通之处，容易被他们所接受，又能够寓教于乐，让青少年观众在审美愉悦中接受文化的伦理道德教育，培养他们良好的道德意识和文化意识。

给青少年提供足够的文化营养是任何国家都极其重视的社会工作。现代的青少年已经拥有了比较丰富的文化选择，比如，听流行音乐、参加文化活动、看文学作品等等，但是，相对于成人世界丰富多彩的文化，内容最丰富、最适合青少年，也最受青少年喜爱的文化艺术形式还是动画片。所以，创作大量优秀的动画片，是满足青少年精神需要的重要工作，是为国家未来培养大批人才的需要，更是未来提高全民族文化素质的需要。

动画片艺术发展到今天，已不只是少年儿童的专利，因为动画片表达了一种具象、稚气而感性的思维方式，近似于人类最原始的思维方式。许多优秀的动画片画面优美、故事简单、形象生动，而且文化内涵深刻，能为各年龄段的人共享。对于工作节奏紧张、心理压力较大的成年人来说，既可以通过观看动画片得到一种愉悦身心、精神放松的娱乐享受，也可以找回自己童年的乐趣，让自己在复杂的社会生活中保持一点可贵的童心。

四、动画片的产业特质

电视动画片是一种特殊的艺术品，是目前世界流行文化的重要组成部分。在当代，因为它具有极大的市场流通性而同时成为一种商品，这是由它庞大的市场需求所决定的。全世界有 10 亿以上的少年儿童，仅中国就有 3 亿。青少年在成长的过程中，需要有属于自己的精神消费品来满足他们的精神需求，动画片就是他们的首选。因此，动画片由于需要批量生产而具有产业特质。

中国的动画片生产部门以前由于观念和体制的原因，一直将它单纯当作艺术品来对待，没有从产业和市场的角度对它进行研究，只有少量的人从事动画片生产工作，以追求作品的艺术性为目标，生产数量很少。因此，当海外的动画片以大批量的规模化状态进入中国市场后，人们便感到了国产动画片无力与之抗衡的被动和无奈。

需求决定生产规模，动画片形成产业特质的原因，在于它广大的受众数量、受众范围和受众兴趣的持久性。世界各国的青少年都需要看动画片，而能够生产高质量动画片的国家却为数不多，需求大于供给的现实为动画片生产提供了巨大的利润空间，吸引许多国际企业介入其中。

动画片的产业特质包含这样几个要素：1. 规模化生产体系，包括大批动画片创作人员、技术人员、先进的生产设备和科学的管理模式。2. 强大的市场营销体系，包括大批高素质的市场开拓策划人员和市场营销人员。3. 成熟而庞大的销售网络。只有具备了这些要素的企业才能够进入动画片产业竞争的国际市场，或者说才具备动画片的产业竞争力。动画片的产业发展需要三种力量的支撑。一是主体作品的艺术质量，即动画片本身具有在国内或国际流通的艺术与技术水准；二是资金支持，动画片制作和开拓市场进行营销都需要足够的资金储备；三是衍生产品开发、生产与营销，对市场消费潜力的敏锐洞察力与衍生产品设计的创意能力，将决定一条产业链的发展前景。动画片的产业特质还体现在国际性和跨行业性上。优秀的动画片作品可以携带它的衍生产品同时在国内面世，或者走出国门，向世界各地发行和销售。发展它的衍生产品可以带动一大批相关产业形成跨行业的合作，不断开发消费者的潜在消费意识，制作和销售更多更有艺术和商品双重效力的产品。

动画片是青少年时尚文化的引导者。它不仅深受青少年喜爱，一些精品动画片也让许多成年人乐在其中。因此，动画业可以形成庞大的产业链，创造出惊人的利润。因为动画片的版权和形象专有权可以被不断重复使用，就可以在许多领域产生经济效益，比如，与动画形象有关的图书杂志、学生文具、儿童玩具、音像制品、电子游戏、电子教育软件和手机图形下载等。

动画业是现代科学技术发展的产物，是一个世界公认的潜力巨大的文化产业，动画片既可以对青少年的思想意识形态的形成具有强大的影响力，成为青少年不可缺少的精神营养品，又可以作为商品畅销国际市场。以动画片为先导，借助于独特可爱的角色造型商标价值带动图书、音像、玩具、文具、服装、电子游戏以及主题公园等各种商业和娱乐业的开发，早已在世界上形成了一个庞大的动画片文化市场。美国迪斯尼动画片公司在全世界销售有米老鼠、唐老鸭等角色形象的产品已有多年历史,它建立的迪斯尼乐园每年都吸引世界各地百万以上的游客,其收入极为可观。因为动画产业的成功运作,它曾经在世界500强中排名第三。日本动画产业近二十年来也驰骋世界市场,除了直接向世界各电视台销售大量的动画片以外,动画片的VCD、DVD以及与动画片相配套的漫画图书也畅销国内外,另外还有与动画片形象相关的玩具制造业也获取了丰厚的利润。据统计,日本动画产业的年总产值曾经达到400亿美元,在日本国民经济中排行第六位。

十多年来,美国和日本的动画片在中国吸引了大批青少年的目光,赚取了大笔播出费和外延产品的可观利润。美国目前正在把中国的动画片播出市场作为他们产业链的环节,希望在未来从中国获得更大的利润。当年播出的动画片《变形金刚》虽然表面上是免费为中国提供,但他们却从外延产品中赚取了近50亿元。他们用类似的产业策略培养了中国青少年的动画兴趣,传播他们的文化意识和价值观,然后从中国潜力巨大的动画片市场上获取巨大利润。如果未来中国的动画片仍然不能东山再起,中国在动画业方面的文化和经济损失将不可估量。

第二节　中国电视动画片的演变与发展

一、中国电视动画片的诞生与发展

世界上的第一部电影动画短片是1900年诞生于美国的《迷人的图画》;第一部动画长片是20世纪30年代诞生于美国的《白雪公主》。

中国曾经是世界上动画片创作比较早的国家之一,迄今已有80年的历史。早在1926年,上海的万氏三兄弟就创作出了中国的第一部动画片《大闹画室》;1940年他们又创作了著名的亚洲第一部动画长片《铁扇公主》,在国内、东南亚和日本都引起了较大的轰动。

上海美术电影制片厂是中国唯一的美术电影制片厂,新中国成立以来,它生产了五部影院彩色动画长片,分别是:《大闹天宫》、《哪吒闹海》、《天书奇谭》、《金猴降妖》和《宝莲灯》。六七十年代,中国制作了一大批优秀的、具有民族特色的动画片,比如水墨动画片《小蝌蚪找妈妈》、《牧笛》、《三个和尚》、《神笔马良》、《孔雀公主》、《葫芦兄弟》和《黑猫警长》等等。这些优秀的动画片曾经在不同的国际电影节上获得了60多个奖项,其中的水墨动画片在国内外都影响非常大。当年的动画片《哪吒闹海》曾被英国的公司购买了15年的世界发行权。外国的动画专家们当时称中国的动画艺术已经形成了"中国学派"。在20世纪80年代中期,中国也曾有31部国产动画片在各种国际电影节上获得了46个奖项,形成了国际动画影坛上独特的中国风景。

上海美术电影制片厂最早的动画片制作模式是建立剧组的形式。在一个剧组里，有编剧、导演、动画造型设计师、动画绘制人员、动画上色人员、摄影师和编辑等。所有的工作人员在一起工作，以导演为中心，导演对所有的环节和进展状况了然于胸，全面控制。这样的运作模式持续了几十年，被称为是师傅带徒弟的团队式。因为20世纪90年代以前中国的动画片生产服从于计划经济体制，不强调数量的规模化生产，但讲究质量的精美。由于动画片生产数量极少，一年或几年才完成一部动画片，所以团队式操作是切实可行的。但是，市场经济的时代潮流强烈地冲击了中国的动画片市场，国外先进动画片产业的规模化经营将大批具有现代气息的动画片源源不断地输入中国市场，不仅从中国市场获得了可观的利润，也给中国的青少年观众留下了良好印象。在国际动画片创作模式的启发和市场形势的压力下，中国的动画片生产开始尝试产业化经营。他们首先在创作方式上改革：打破了传统的作坊式团队制作法，将动画片的各个环节分解成规模化制作体系，形成产品的流水作业方式，每个环节的专业人员都尝试用国际化的标准来完成自己专业层面的批量任务。因为只有这种模式才能将中国动画片生产的数量提高到接近市场需求的水平。中国的动画片生产机构原来只有上海美术电影制片厂一家，以动画片业务为主，采用前期创作、技术制作和产品营销一体化管理的企业运作模式。现在中央电视台动画中心也已成为中国动画片生产的主力军，它是以动画片制作和播出为主的事业单位管理运作模式。

1995年，上海美术电影制片厂拍摄完成了中国第一部百集动画系列片《自古英雄出少年》。该片不仅表现了中国历史上的民族英雄，而且表现了中国各个领域里涌现出的杰出人物。它向中国的青少年展示了大量古今中外优秀人物的精彩故事，尤其是表现了他们的优秀品格，如勇敢、智慧、宽容、善良、有责任感和吃苦耐劳等。这些品质对青少年的心理影响是巨大的，它对于提高青少年的文化素质，增强爱国意识具有重要意义。这部动画系列片在当时填补了中国动画事业的一个空白，在中国动画片发展低迷的90年代也是一个承上启下的扛鼎之作。

1998年，中央电视台制作完成了52集动画系列片《西游记》。该片是制作有中国特色动画系列片的又一次大胆尝试。无论是从人物造型、动物造型，还是画面色彩、构图等元素的设计制作都令人耳目一新。尤其是片尾主题曲清新活泼、旋律优美，深受广大观众的喜爱。

二、中国动画片的现状

进入20世纪90年代之后，中国的动画业开始停滞不前，一些人认为动画片是小儿科，利润太少，于是便放弃了动画片的创作，加入到利润可观的成人电视节目的制作行列。动画片创作人才严重不足，产量甚少，技术相对落后。这为美国和日本的动画片占领中国动画市场提供了大好机会。日本和美国的动画片大批进入中国，一方面让中国的少年儿童开阔了眼界，受到多元文化的熏陶，但是，美国和日本动画片都不可避免地体现了自己的文化特色，他们的动画片大量占据中国荧屏，也在一定程度上造成了中国青少年在文化心理上的审美偏移，对美国和日本的文化高于对本国文化的认同。十多年来，中国的大多数青少年几乎已经没有中国精品动画片的概念，而把看美国和日本动画片当作不可缺少的精神享受，他们对美国和日本的动画片非常熟悉，可以与同学一起兴趣盎然地评说这些动画片的故事情节，却对国产动画片缺乏兴趣。

创作观念、人才、技术和资金等方面的制约，使国产动画片的产量远远不能满足市场需要。在跨世纪的五年里，我国生产的动画片总量大约为200000分钟。与市场需求相差甚远。再以2001年为例，全国动画片的总产量只有18000分钟，而且创意与制作水平都与外国动画片有较大差距。国产动画片面临严峻的形势，无法与美国和日本的动画片生产抗衡。

2003年，国产动画片开始出现转机。全国共生产动画片700多部，其中，中央电视台、上海美术电影制片厂和湖南三辰影库卡通有限公司三大生产基地成为中国动画片生产的主力军。其中，湖南三辰影库卡通有限公司是一家民营公司，运用市场运营机制实现了动画片的产业化，它的著名科普动画片《蓝猫淘气3000问》的市场销售状况良好。蓝猫授权产品达6600种，产业群销售收入达20亿元。它的传播方式是免费在全国的300家电视台播出。现在，"蓝猫"品牌已经开发出3000多种文具、玩具、教具、食品、服装、鞋帽等，组建了"蓝猫"连锁店，预计在全国将组建5000家。它的动画制作全程计算机网络集成制作系统将形成每天生产30分钟动画片的制作能力，占全国动画片生产能力的一半。这是一家没有国家投资、完全靠企业力量建立起来的动画片制作基地。它研发的动画制作软件平台具有自主知识产权，运作方式与国际接轨，整个动画制作流程已经形成了计算机化和网络化。它在整体运作模式上把生产、发行和销售紧密结合起来，从动画形象设计到产品营销的所有环节都形成了一个庞大的产业链，积极主动地拓展市场空间，取得了令人瞩目的业绩。

近几年国产动画片在制作和产业运作上都取得了一定的成绩，有了一定的突破。国产电影动画片《宝莲灯》的创作使中国的动画片创作达到了一个高度，创下了五个中国动画片之最：1. 投资成本最高，达1200万元；2. 采用了杜比SR.D全数码立体声技术；3. 首次使用电脑特技；4. 首次请到十大中国电影明星为动画人物配音；5. 首次请来中国歌坛顶级歌星演唱主题曲和插曲。另外，第一次运用国际流行的制作方式来表现中国传统文化经典故事并取得了成功。

中央电视台近年来耗资3700万元完成了52集动画系列片《哪吒》和26集动画片《可可、可心一家人》。这两年陆续问世的动画片还有：26集动画片《梦里人》、26集动画片《小虎还乡》、《千千问》、武侠动画片《围棋少年》、《唐诗故事》和《京娃儿与兔儿爷》等。

中国动画界的元老上海美术电影制片厂自新世纪以来也是颇有战绩。2001年的动画片生产量达到 6162 分钟。动画电影《宝莲灯》、《可可的魔伞》、《我为歌狂》和《封神榜传奇》等都受到广泛好评。2002 年，上海美术电影制片厂制作了 52 集科幻传奇动画片《白鸽岛》、52 集古代传奇动画片《小将狄青》、《隋唐英雄传》、《水浒英雄秀》、26 集现代少儿动画片《没头脑和不高兴》。这些作品的问世反映出国产动画片开始进入一个逐渐走向繁荣发展的历史阶段。

目前中国的动画片生产主要有三个基地：中央电视台动画中心、上海美术电影制片厂和湖南三辰影库卡通有限公司。有两所培养动画人才的大学：北京电影学院动画学院和中国传媒大学动画学院。高等院校动画学院的建立，为培养我国大批的动画人才创造了优良条件，也为我国的动画片发展提供了可持续发展的人才保障。

虽然中国的动画业正在崛起，但是，让中国的动画片在市场上产生强大的竞争力还需要付出长期而艰辛的努力，大量高级动画人才的储备、全新的市场观念和庞大销售网络的建立、先进的科技设备与技术力量等都很难在短时期内实现。与世界动画业相比，我国的动画业发展速度还非常缓慢，还不能适应国内外市场激烈竞争的形势。现在，中国的上空已经有五个国家的儿童电视频道等待落地，一旦我国天空开放，这些儿童频道将大面积占领中国的儿童节目市场，包括动画片市场，由此可见，目前中国动画片的市场形势丝毫不容乐观。

三、国产动画片的瓶颈状态与问题

20 世纪 90 年代以来，大量外国动画片进入了中国市场，中国动画片显示出不能与之抗衡的落后局面。而中国的很多青少年又不太喜欢看国产动画片，认为国产动画片故事不精彩，想象力不丰富，动画形象不动人，而且语言充满说教。由于国产动画片的质量与产量都不能满足市场的需要，致使中国的动画片发展进入瓶颈状态。

中国动画片发展的问题主要表现在质量、数量、管理、营销等几个方面：

从质量上看，影响质量的重要原因是对剧本和造型的重要性认识不足，优秀的动画片剧本严重缺乏，许多故事与动画形象的创意能力较弱；在制作管理上缺乏科学和严格的制度，操作不够规范。另外，在投产之前缺乏深入的市场调查和周密的评估分析，造成题材定位和艺术形式的表现不符合青少年观众的心理需求。

中国青少年对外国动画片的普遍评价是：能激发想象力，丰富娱乐生活和开阔眼界；他们对中国动画片的评价是：能培养辨别是非的能力，是学校与家庭教育的补充，在一定程度上丰富了娱乐生活。中国青少年对于动画片的期待是：能够激发想象力，能够启发和培养思维能力，可以开阔眼界，增长知识。相比之下，中国目前的动画片在总体上不能与中国青少年的审美期待吻合，娱乐性较差，只强调教育性，所以不能引起青少年观众的观看兴趣。

除了中国动画片创作理念偏重于教育功能的问题以外，国产动画片的创意能力较低。前期创作薄弱，剧本和造型这两个最根本的要素质量较差，与迪斯尼经典动画片相比，国产动画片的人物造型不可爱，形象不生动、没有生产出具有强大影响力的动画明星，美感不足。故事情节不吸引人而且过于简单，题材不广泛，对题材的文化内涵挖掘也不深，内容说教太多，故事缺乏想象力和幽默感，多数只能面向低幼儿童，因而不能占领中国的动画片市场。另外，由于观念制约，国产动画片在传统题材的发掘和叙事方式方面比较陈旧，较少从传统故事中找到现代意义，发现当代人可以借鉴的元素，缺乏用现代人的接受心理去研究传统题材动画片的叙事方式，所以导致许多动画片严肃有余而娱乐不足。

第二是数量太少。国产动画片产量明显不足，远远满足不了3.7亿少年儿童和上千个电视频道的文化市场需求。如果每个少年儿童每天看60分钟的动画片，（双休日可增加一倍）每月需要看大约2，000分钟的动画片，每年要看大约24，000分钟的动画片。一个电视频道平均每天播出60分钟的动画片，每月播出2，000分钟的动画片，每年要播出24，000分钟的动画片。如果按全国一千个电视频道计算，每年大约需要播出两百万分钟的动画片（含各台轮番播出不同的动画片，实际需要约一百万分钟的首播动画片）。最近两年，国产动画片的年产量为18，000分钟左右，只约占市场需求的百分之一，而其中符合播出要求和市场要求的只有几千分钟，当然远远不能满足市场的要求。可是，少年儿童需要看动画片，怎么办？就只好用外国动画片来填补这个市场空白。目前，全国从事动画片设计、制作和研究的高级人才也比较少，生产能力与欧美国家及日本相比有较大距离；国产动画片的投资和产量都不能满足国内文化市场的需要，总投资每年不到两亿元，也无法形成动画片产业规模。民间资本基本没有进入动画片领域，由于国家对动画产业缺乏政策性扶持，营业税、附加税和企业所得税的政策使民间资金很难有动力进入动画业，造成资金远远不足，所以国内动画片产业的市场没有形成。相比之下，日本的动画片每年投资达12亿美元，相当于100亿元人民币，这些资金对动画片市场的激励必然促进动画片的繁荣。

第三是管理体制比较落后，动画产业的发展缺乏宏观管理机构进行宏观调控，使这个行业呈现分散和混乱状态。因为没有真正将动画片生产纳入市场经济发展的轨道，因而在人才使用、资金来源和技术装备等方面都无法形成良性循环，形成与外国动画片产业抗衡的强大力量。上海美术电影制片厂现在是事业单位企业管理，但事业单位不是市场的主体，在市场的运作方面会有很多制约，所以上海美术电影制片厂必须转制，转成完全的企业体制，才能成为市场的主体，进入动画片国际竞争的轨道。

在技术制作方面，国产动画片的创作普遍采用两维技术，虽然中国在两维动画创作方面历史悠久，水平领先世界。但是，世界动画大国的动画片早就开始采用三维动画方式，采用先进的计算机 3D 动画技术和虚拟高科技，使动画的形象更生动、逼真和流畅，而且还大大降低制作成本。国产动画片目前正在从传统手绘向三维动画和虚拟动画过渡。另外，在技术操作管理上不够细化，还有粗放式经营的痕迹。国产动画片在制作初期发到每一个原动画制作人员手中的镜头没有严格的制作规定，没有发放已经填好的摄影表这一项，而国外恰恰在这一项里对镜头中的人物运动、人物语言和镜头运动的具体时间都严格控制到每一帧，由于国产动画片没有这一项，因此导致动画绘制人员的随意性和不规范性，导演无法准确预见制作进程的状况，后期作品的效果也一定不尽人意。因为简化了前期创作环节，盲目进行生产，这些年曾经粗制滥造了一定数量没有收视率的动画片产品，不但浪费了资金而且还影响了中国动画片的声誉。再者，动画制作机构布局分散，国产动画片制作力量不集中，无法形成国产动画片的生产规模与合力。目前我国动画片生产的各环节中，前期创作与后期合成的力量比较弱，中期绘制加工能力相对较强，形成了不合理的产业结构。

第五，国产动画片还没有形成一个系统的市场营销机制，国产动画片在摄制前，一般只有制片计划和制片预算，很少有营销策划和营销预算。没有产品设计、形象推广、中介代理、物流和销售网络以及广告宣传等经费预算，当然无法大量做宣传。观众无从获取相关信息，动画片也很难有效地进入市场，形成销售热点，丧失了大量商机。另外，全国动画片播出平台太少。目前有动画片节目播出的频道有 170 个，在这些频道里，播出国产动画片的时间大多为 20 分钟以下，而且基本都不在黄金时间。由于播出平台太少而导致广告投放偏少，国际知名品牌公司的广告几乎没有，这些因素都在一定程度上影响了国产动画片市场的健康快速发展。

第六，国产电视动画片目前存在着高成本投入与低利润回收的不合理现象。国产动画片的播出收购价格太低，平均每分钟几十元左右，而国产动画片目前的制作成本大多在每分钟 1 万元以上。中国的动画片专业人员为外国动画片公司承担绘制任务，每分钟的 720 张画里，每张 25 元，每分钟成片的画幅可以获得18000元。可以看出，国产动画片价格偏低的现状严重影响了动画制作业的积极性，这个问题长期得不到解决，也影响了政府和企业投资拍动画片的积极性。

国产动画片这些问题的解决，需要进行宏观调控的系统处理，任何一个局部的改革与进步，都无法彻底改变动画业的落后现状。只有从政府开始重视动画业的市场价值和潜力，进行宏观调控，全面实施动画片制作机构的体制改革，借鉴国外的先进经验，从人才引进、质量管理、技术引进与创新、投资、营销等方面协调整合资源，才有可能使中国的动画业尽快走出低谷，迎来全面振兴和繁荣的明天。

四、外国动画片创作与营销比较

在今天的世界文化市场上,电视动画片已经成为人们非常关注的文化现象。过去人们认为动画片是做给少年儿童看的艺术品,今天人们已经发现许多成年人也加入了欣赏动画片的行列。美国和日本的动画片开发商早就发现了这个契机,他们在几十年的时间里精心制造各类适合各年龄阶层的观众观看的动画片,创造了动画片产业在国际市场上大获全胜的奇迹。

他山之石可以攻玉。通过对美国和日本这两个世界动画片生产大国的经营分析,可以使中国的动画片从业人员对国际市场的动画片形势有更清晰的了解,可以借鉴一些先进经验促进中国动画片产业的快速发展。

首先来看美国动画片的经营之道。迪斯尼动画片的市场目标始终瞄准国际市场,它本着为世界观众制作动画片的理念进行创作,让高起点和国际视野成为他们动画片发展的战略意识。从动画片题材上看,美国动画片的选材非常广泛,《阿拉丁》选自阿拉伯故事《一千零一夜》;《白雪公主》选自德国童话;《花木兰》选自中国民间故事。内容上有科幻题材的《变形金刚》,有动物题材的《狮子王》,有人兽题材的《美女与怪兽》等等。与日本动画片直接反映现实不同,美国动画片更喜欢用拟人的方式,通过动物的视角间接表现人类生活,在作品中处处体现典型的美国式幽默,体现乐观积极的生活态度,给观众带来快乐享受。

美国的动画创作人员在将世界各国的故事改变成动画片的过程中,坚持了美国本土的价值观念和审美意识,同时又体现他国文化的精髓特色,所以他们的作品不但满足了本国观众的猎奇心理,也满足了世界许多国家观众对高品质动画片的审美需求。不是所有具有民族性的作品都可以成为世界性的,但在国际市场上受到青睐的作品,一定有各民族的共同特性和某个民族的鲜明文化特征。反映各民族心理的共性是与各国观众交流的基础,表现他国的文化特点是让作品题材更加丰富、开阔观众眼界的措施。

从动画片的形象塑造来看,美国和日本的动画片人物或动物形象有完全不同的特色。美国动画片的动物身体可以大幅度地夸张变形。他们所坚持的动画片造型原则有:1.弹性原则,这也是迪斯尼体现写实与动画化的宗旨,就是在充分尊重物质变化规律的基础上让形象的动作夸张和变形。2.预感原则。动物在奔跑之前有一个预备动作,一方面是积蓄爆发力,另一方面是吸引观众的注意力。这种细节表现可以增强形象动态的真实感。3.是追随和交搭动作的协调与夸张。人或动物在运动开始或停止的时候,他(它)的附属物象尾巴或身体的某些部位要随后动作,与主体形成配合默契的状态。这也是细节表现特色,可以体现幽默效果和真实感。4.夸张原则。抓住角色的主要特征进行放大,忽略次要特征,强化幽默效果。5.波浪原则。许多形象的运动方式要像蛇运动一样呈现波浪起伏的状态,给观众创造独特的视觉美感。这些造型原则使美国动画片的角色形象在运动中呈现自然流畅感和无限的趣味性。另外，美国动画片的角色形象也非常漂亮，并富于人性特征，比如《猫和老鼠》中的汤姆和杰瑞；《加菲猫》中的加菲猫；《狮子王》中的辛巴；《海底总动员》中的尼莫等等。日本动画片的动物与美国的表现方式完全不同，像《机器猫》中的机器猫则强调它内心世界的可爱，语言比较写实内敛，外形变化幅度不大。《龙猫》中的龙猫形象比较乖巧可爱，语言亲切友好，感情细腻但不夸张。这种差异反映了美国和日本民族心理与性格上的区别。美国人幽默乐观，容易喜形于色，动作性强，具有后现代文化特征，因而动画片中的形象就会有自由放任的想象、夸张的形体动作、幽默的个性化语言和情节喜剧化的表现；而日本人理性内敛，他们的动画片始终具有鲜明的民族特征，片中有隐含的神秘唯美的悲剧意识，有民俗化叙事的哲学内涵，有色彩艳丽精致的影像风格。因为美国和日本的动画片表现了东西方完全不同的文化特征，因此，看《机器猫》观众只会在心里发笑，而看《猫和老鼠》观众则会开心大笑。

　　从动画片节奏来看，美国的动画片运动感强，节奏快，所以画面的背景处理都比较粗犷，主要表现前景上主体的动态，因为快速变化的镜头使它没必要对背景做过于细致的处理，观众也看不清楚；日本的动画片就完全不同，它的画面节奏比较缓慢，需要观众仔细欣赏每一个画面，包括前景和背景，否则观众会感到画面上主体形象单调，变化太慢。日本动画片重视背景的细致描画，也是他们唯美主义意识的反映，他们在动画美学中追求这种色彩和线条具有非常丰富的视觉表现。美国动画片的快节奏侧重表现主体形象的外部动态特征，运动画面简洁流畅，情节离奇，语言幽默；而日本动画片之所以节奏缓慢，是因为他们还要刻意展现主人公的内心世界，体现一种散文化的风格。美国动画片是以动制动，让观众目不暇接，心情振奋；日本动画片是静中有动，营造意境，让观众对画面、对人物回味无穷。

　　在配音方面，美国动画片近年来注重请明星配音，增强广告效应和票房号召力；日本动画片则始终使用优秀的配音演员来完成，注重声音的标准化要求。

　　美国和日本在动画片创作上的创新意识和精益求精的态度是他们的动画片风靡世界的重要原因。但仅有这些是不够的，他们早就开始把动画片业当作一个产业来经营，按照市场规律和企业运作方式，对动画片的发展进行产业链的规划管理。20世纪70年代后期，美国动画片利用自己的资本优势开始把动画片输出到世界各地。他们的产业链包括：动画片策划与投资、动画片创作、动画片制片管理、外包加工、出版发行、市场营销和外延产品开发。美国动画片重视高投入、高科技、明星加盟和大规模的前期宣传。这些手段来自于对好莱坞电影运作的借鉴。由于他们的精心策划和科学的市场运作，美国动画片畅销世界，几乎成了美国的文化名片。截止到2002年，美国的动画片产值达到了310亿美元，占到了全球动画片市场的一半。

以制作动画片起家并在国际市场上拥有绝对优势的美国迪斯尼传媒集团，形成了自己独特的价值链。它的产业由四大部分构成：1. 影视娱乐。2. 媒体网络。3. 主题公园。4. 消费产品。其中媒体网络和主题公园的产值份额占总收入的80％。迪斯尼采用现代企业的管理手段在全球建立了一个庞大的营销网络，在世界经济全球化的形势下，显示出它跨国垄断资本的威力。

日本动画片自20世纪80年代起开始进入国际市场。仅以2002年为例，日本对美国的动画片出口产值就达到了43亿美元，是日本对美国出口钢材产值的4倍。日本动画片的年产量大约为12万分钟，占全球动画片生产总量的60％以上。

日本动画片的市场成功主要有这样几个原因：1. 日本的动画片经营者发现日本人都非常爱看漫画，无论是少年儿童还是成年人，都是漫画市场的消费者，说明日本已经形成了一个成熟的漫画市场。将在市场上非常受欢迎的漫画作品改编成动画片，首先解决了动画片题材的主要来源问题，畅销的漫画作品就是市场检验的结果，再加上经过动画处理，用动画的叙事特点和电脑的表现手法，丰富了漫画的故事性和视觉冲击力。2. 日本动画片在起步时期资金不足，没有政府支持，完全是各动画片公司进行市场竞争，所以降低成本、提高质量是他们的共同选择。动画片的绘图张数越多，人物和动物的表情动作就越细腻，但张数越多，成本就越高，日本为了降低成本，就在故事题材、画面质量和造型创意上下工夫，以最低标准的张数取得最大限度的质量效益，结果形成了日本动画片人物动态不够细腻的现象，但这却变成他们的风格与特色。另外，分包加工既可以加快生产速度，又能降低成本，所以分包加工也是日本动画片降低成本的重要手段。日本有430家动画片制作公司，东京就有359家，成为世界上著名的动画产业区。通过发展动画技术来降低成本也是日本动画片的成功经验之一。目前，日本动画片采用电脑创作和制作动画片，以互联网技术为核心进行全球协作加工，这种方式不仅可以大幅度提高动画片制作的效率，也可以大幅度降低生产成本。3. 开发动画片的经营模式。过去日本只注重动画片的玩具产品开发，如风靡世界的奥特曼玩具产品。但现在，日本的玩具开发商逐渐将成为动画片开发商，利用玩具产品进行动画片的开发。

目前，日本动画业已经把动画片的国际市场开发目标投向了手机上，手机动画片和手机漫画的技术开发已经居世界领先水平。在不久的将来，移动媒体上的动画和漫画需求将是世界动画片产业的一个新热点。

第三节　中国电视动画片的创作方式与探索

一、中国电视观众对动画片的潜在审美期待

中国有 13 亿人口，有 3.8 亿少年儿童，这是一个巨大的动画片消费群体和动画形象相关产品的消费群体。动画片产业的发展空间是巨大的。但是，动画片创作者应该了解中国青少年观众对国产动画片的潜在审美心理期待，避免自以为是的创作方式，否则会造成数量虽然增加了却没有相应的收视率的结果。中国悠久的历史文化是中国动画片生产取之不尽的文化资源，中国的现实生活中也有无穷的动画片题材资源。中国的动画片只有体现中国传统民族文化特色，将现实主义和浪漫主义完美结合，才会在国际市场上获得价值认同。

那么，中国的青少年观众、乃至世界观众对中国动画片的审美期待又是什么呢？

首先是中国文化的独特魅力。五千年的中国文化形成了自己丰富的哲学和美学思想。中国人的爱国精神、亲情观念、谦让美德、智慧的处世态度和独具东方韵味的各门类艺术等等，都是人类共同欣赏的文化特色。国产动画片如果能发挥自己制造视觉奇观的特点，对题材精心筛选，对内容精心处理，对形式精心策划，就有可能创作出轰动世界的动画片作品。第二，动画片的趣味性。看动画片是为了娱乐，超现实主义的形象变形处理往往充满奇特的想象力和幽默感。在观赏中开怀一乐，动画片的漫画式幽默魅力便自然产生。中国的动画片要形成自己具有民族特色的幽默风格，让角色形象更漂亮，故事更精彩。第三，在现实生活中，人们有许多的烦恼和压力，常常感到心灵的孤独与寂寞，动画片如果通过温情的故事和人物关系表现人类的美好内心世界，或是有启发意义的处世哲学，观众会被片中的艺术形象或是故事感动，多一份对生活的兴趣，多一点对他人的仁爱之心。

中国青少年观众对国产动画片的审美期待分为显性和隐性两种。显性的审美期待来自于外国动画片的影响，尤其是美国和日本动画片的影响。美国动画片使他们从故事中发现人生的美好和无限的乐趣。如公主和王子的爱情故事曲折唯美，但结局圆满，让他们感到欣慰和愉快，也认识到人间真情的可贵。动物的人性化处理让他们在开心快乐的同时，也对动物产生了深厚的感情和好奇心，这对于培养他们在现实生活中爱护动物、自觉参与环境保护有积极作用。日本动画片使孩子们学到了许多科学和运动知识，曲折的故事情节中人物命运的坎坷与艰难使他们初步了解到了现实社会的复杂艰辛和勇敢智慧的重要性。显性的审美期待可以概括为：故事中有人类真实美好的情感表现，如爱情故事；情节要曲折离奇，出人意料；人物和动物造型要奇特、美丽或可爱；语言要感情丰富或幽默

诙谐。

中国青少年对国产动画片的隐性审美期待来自于不多的国产精品动画片的文化意识影响。如《西游记》的故事让孩子们从唐僧身上看到了善良和执著，从孙悟空身上看到了勇敢和智慧。《宝莲灯》的画面美丽壮观，声音效果优美动听，使他们看到了国产动画片可以达到的唯美高度。他们对国产动画片的隐性期待可以概括为：对文化修养的熏陶要通过感人的角色形象含蓄体现；情节出人意料又在情理之中，画面美和音乐美要有典型的中国文化特色，否则无法留下深刻印象。

中国电视动画片如果能够在一定程度上满足青少年显性和隐性的审美期待，除了与国际接轨的技术性操作水平的提高以外，在动画片创作的题材、切入角度和审美价值观上需要进行突破。首先是题材，中国动画片几十年来都主要表现历史题材，现实题材的动画片艺术想象力较差。可以在保持传统故事题材优势的基础上，积极开拓现实题材的审美价值。想象力是动画片审美的基本元素，中国的现实社会生活丰富多彩，从生活中选取有典型意义的故事，并根据青少年潜在的心理需求，通过想象将故事的主人公赋予神奇色彩，故事的审美价值就必然会提升。比如，青少年喜欢破案的故事，而这样的故事可以培养青少年的逻辑推理能力和法律意识。制作一部大型破案系列动画片，让小主人公获得特异功能，然后配合公安部门破案，故事就会产生奇幻的效果。比如，青少年都喜爱体育运动，制作单项体育项目的言情动画系列片，让主人公成为运动高手，在各项比赛中经历艰辛曲折，最后以超常的发挥成为国家的运动健将或特殊人才，这样的故事可能会让青少年因为对美好情感向往的潜在心理而产生观看兴趣。再比如，塑造一个爱好考古的青少年，跟随考古专家的父亲走遍中国，让小主人公参观许多中国著名的考古发掘遗址，知晓大量的考古发掘故事，让他在梦幻中穿越中国五千年的历史王朝，遇见许多神奇的历史人物等。青少年观众可以从动画片中学到大量考古知识，也可以跟随主人公的梦幻满足想象的快乐。再比如，制作一部反映中国少数民族故事的系列动画片，主人公是一位青少年纪录片爱好者，具有一项可以让他在天上飞行的神奇飞行帽，他利用自己从小学到高中毕业所有的假期，到中国的边疆拍摄纪录片。这样的故事既展示了中国少数民族的生活风貌，又向青少年观众传达了大量电视片的拍摄知识。

以上的几个设想，是为了从审美价值的角度对中国动画片满足青少年潜在审美期待进行探讨。它反映了这样几个层次：首先是想象力。现实题材的动画片往往因为离青少年的生活太近而无法制造新鲜感，借助想象力，可以让观众看到奇观化的世界，既满足视觉审美，又满足潜在的追求精神自由的意识。第二是知识性。用奇幻的故事情节穿插在系列知识中，如体育运动项目知识、中国考古历史知识、少数民族风情和景观知识等，丰富而系统的知识用浪漫主义的手法来表现，就更容易让青少年接受。第三是哲学思想。在故事中反映中国传统的哲学思想，如"天人合一"的观念，故事中表现古代人的生活和少数民族的风俗习惯都体现了顺应大自然，与自然和睦相处的意识与做法，可以让青少年观众理解人与自然的哲学关系。第四，是人际关系的阐释。青少年对社会生活充满好奇，但对与人相处充满困惑，希望能获得这方面的启发与教诲。故事中主人公犹如青少年的代表，他们与不同的人相处，遭遇不同的人际关系，经历不同的故事，在朋友们的帮助下，用真诚、善良和智慧化解了危机，并掌握了非常重要的为人处世的原则和方法。

动画片的作用是引导青少年发现和欣赏美的世界，欣赏视听艺术，给青少年补充学校以外的社会知识，培养青少年的道德修养。直白的说教是拙劣的动画片经常采用的方法，它们不能给青少年提供有效的审美过程，或者说它们本身就违背了动画片的审美原则。艺术一定是源于生活又高于生活，动画片的高超就在于它的超常性，它取材于人类社会，却可以超越人类的普通生活，这样才能引导青少年体验艺术的审美经历。而从青少年的心理需求出发去发现他们的潜在欲望，从理性的角度去构思故事内涵，再用感性的思维去发展故事，才能创作出满足青少年审美需求的动画片。

动画片其实是个载体，任何能够充分体现动画片优势的内容和形式，都可以满足观众的审美期待，让它发挥巨大作用。关键是创作人员应该具备一定的艺术修养，深刻理解动画片的审美特性，并具有大胆想象的胆识和能力，这样的作品不但影响青少年，而且将有可能影响所有年龄段的成人。

二、优秀电视动画片的构成元素与创作方式

动画片是一种超现实主义的艺术形式，具有幻觉效果，它可以制造现实生活中无法看到的视觉图像。动画片具有生活的游戏感和童心体验的快乐，所以，它的最大特点是情节与形象的夸张性。

动画片根据自己的特点形成了经典的叙事模式。在许多动画片的故事开头，创作者都会给观众一个故事的期待，表现故事的主人公有一个愿望，故事就是表现主人公如何追求他的目标，实现他的欲望。动画片开始的悬念就是主人公心理不平衡的反映，通过跌宕起伏的故事情节，观众在期待中看到主人公最后如何恢复了心理平衡状态。冲突是整个动画片的核心，当一场又一场冲突不断给主人公制造困难，而主人公最终战胜了困难，实现了自己的理想，整个故事就比较有趣。动画片与其他叙事艺术的相同之处就是它的人物性格、故事情节是最吸引观众的地方。

优秀动画片的主要构成元素是剧本和动画人物造型。经典动画片留给观众的，是精彩曲折的故事情节和富于美感的动画角色造型。

剧本是动画片的骨架，剧本的优劣将决定一部动画片的市场前景。纵观世界

动画史上的精品，可以发现，大多数优秀的动画片都出自于名著或著名漫画改编。中国的优秀动画片也基本如此。如，《大闹天宫》、《宝莲灯》、《哪吒闹海》和《西游记》等。优秀的原著为动画片剧本提供了良好的故事基础，动画片再用自己独特的表现手段让名著故事大放异彩，二者相得益彰。现在也有不少动画片是非名著改编的，是对现实生活经过提炼之后创作出来的，比如一些现实题材的作品，像《大头儿子小头爸爸》、《我为歌狂》、《可可、可心一家人》、《白鸽岛》等。

动画片剧本创作有自己独特的规律。首先是艺术的真实性。艺术的真实性表现在虚构的故事和逼真的细节上。这些细节包括情感表达的丰富性和分寸感恰到好处，让观众信任；故事环节的逻辑性让观众可以理解；角色的表情和服饰、动态都细腻生动。现在计算机生成图像技术在两个方面引人注目：一是衣服的仿真与动画；二是人脸的仿真与动画。当代的动画片制作已经进入数字化时代，艺术的真实性是数字化创作的最基本原则。动画片的首要任务是真实地反映客观现象，只有在真实的基础上，剧情所需要的特殊效果才能成立。在动画剧本的创作中应该依据视觉真实性的规律，创作者可以展开想象的翅膀，随意替换事物外部形态的构成因素，然后再按真实性创作原则建构他们相互存在的整体关系。

创作优秀动画片的另一个核心元素是动画形象设计，动画设计也要符合影视创作的基本规律。

第一，画面形象的设计要有主题，设计要服从主题需要。画面的构图、角色的位置、运动的节奏、动作的美感、音乐设计和音响处理都要围绕主题来进行。杜绝漂亮但与主题无关的画面。

第二，在画面形象设计中，通常使用的技巧主要有：夸张法、拟人法、比喻法、较物法、渲染法等。各种创作技巧的综合运用，才能突出作品的主题思想，增强作品的表现力和感染力。

第三，动画形象设计要与电视画面协调统一。在后期创作过程中，一般要以常规影视画面为素材进行设计，或者需要把常规影视画面和动画组接在一起，从而形成完整的视觉效果。在动画设计的过程中，应该充分考虑这两种画面的色彩、光源、虚实、节奏、角度、方向运行等方面的协调统一性。

第四，动画形象设计要符合大众的收视心理和审美趣味。每个民族在各个时期都有自己独特的接受心理和审美习惯，因此，动画形象设计要研究观众心理，了解中国的青少年观众和成年观众对动画形象的喜好。只有符合大众收视心理和审美趣味的形象和故事情节才能受到大众的喜爱。

动画形象的设计要素具体体现在以下几个方面：

（一）新颖独特的构思

只有新奇而富有创意的画面才会有强烈的视觉冲击，才会吸引观众的注意力。创意就是注意力的源泉。人的注意力有三个基本视觉特征：第一是视觉冲击力；第二是视觉导向；第三是视觉流程。在动画片创意的过程中，应该充分考虑到人的视觉特征。丰富奇特的想象力所孕育的动画故事和形象、动作会对观众造成视觉冲击，产生吸引力。相反，司空见惯的形象和故事缺乏竞争力。

（二）生动流畅的镜头语言

视觉语言主要是指构成视觉形象关系的各种表达方式。动画片设计同其他影视艺术一样，在视觉语言上需要处理好三个方面的关系。第一，构图语言。构图的目的和作用就是在画面上处理好三度空间关系，让角色的表现突出主题，增强感染力。画面构图美学要求画面线条简洁明快、生动有趣，有独创性，要设计好新颖的角度。第二，色彩语言。色彩是动画片中重要的造型元素和叙事手段，动画片的色彩体现了主观性，它把视觉中的色彩感受与观众对剧情的理解和欣赏联系在一起。动画片中的色彩可以表现情绪、创造意境。层次丰富的色彩语言要讲究和谐统一，因为它们是整部动画片色彩语言的基调。第三，光效语言。视觉艺术在某种程度上说是光与影巧妙组合的艺术。光效语言主要用来表现环境、烘托各种角色形象和场景气氛。在动画设计中，光效设计的成功与否将会影响到人们对画面的认可，观众需要画面中有真实感的光线亮度或暗度。处理好光影的仿真变化或是超现实变化都会为整部作品增色不少。

（三）逼真丰富的声音表现力

声音是视觉艺术作品不可缺少的表达手段。听觉语言包括人声、音乐和音响。人声的复杂性与独特性是作品的人性化魅力所在。变化多端的音乐善于表达深层的情感，具有强烈的艺术表现力和感染力。在动画音乐设计的过程中，要根据作品的主题思想、风格取向、内容结构和各段落画面的情绪与气氛选择配乐，让特定的音乐对观众产生与故事情节进程相应的联想和想象，产生情感共鸣，加深对主题的理解。现在的动画片比以前更重视声音的多元表现力，它不仅是对作品其他重要元素的陪衬，有时候还可以独立形成美学元素，发挥独特的作用。动画片的配乐比真人电影故事片和电视剧要多许多倍，而且它还强化歌曲的作用，让歌曲参与故事叙事，同时也表达人物的丰富感情。

当代动画片对视听效果的不断开发，都是为了用先进的技术手段创造出更多形式多样、画面逼真、内容多彩的优秀动画片。

音响在动画作品中的作用也不可低估。它主要有营造真实环境氛围、渲染戏剧冲突、表达特定情绪的作用。另外，音响可以使作品的时空进行过渡转换，与前后的情节相呼应。与音乐一样，音响的选择与使用要根据作品中主题和角色情绪的需要，利用人对听觉判断的敏感性制造特殊效果。

（四）配置相宜的声画节奏

节奏是影视作品编辑的章法，是画面运动的内在旋律以及内部组合的艺术规律，体现为时空处理、长短、快慢、张弛的有机组合。节奏主要分外部节奏和内部节奏。故事情节的叙事手法是否精彩与节奏密切相关。悬念与抒情段落的合理安排、音响与音乐的风格化处理都会在一定程度上表现作品的节奏感。符合广大观众心理节奏规律的作品必然是情节与情感表现起伏有致、强弱适当的。节奏的科学与艺术处理也是作品美感的基本保证之一。

动画片在技术制作方面有严格要求，主要体现在分镜头处理的工作上。

动画片的分镜头工作十分重要。与电视剧不同，动画片的分镜头效果就是最终剪辑效果。分镜头阶段不仅确定了故事的讲述方式、镜头的处理风格、人物场景的调度，还要确定语言的节奏和蒙太奇手法。对每一个镜头的最终确定和最终剪辑效果是在剧本后的分镜头阶段确定的，应该做到分秒不差。

世界动画业过去一直以迪斯尼的技术指标——张数作为判断一部作品片级质量的标准。由于每秒钟张数的多少决定了其中物体运动的连贯性，而在确定作品等级时，是以动作的连贯性作为重要因素的，因此，动作越连贯表明每分钟动画片张数的量越大，片子的质量也越高。但是，这种评价是片面、不合理的。日本动画片的成功，就不是以张数以及动作的连贯性取胜，而是靠故事、剧情、视听语言等多种因素。

科学的原动画绘画环节的一个工作镜头包括：镜头长度、镜头内容提示，机位运动提示、镜头中出现的新形象、道具场景图、音乐动效提示，已经填写好的完整摄影表（这个表格包括：在一个镜头内的某个时间段内出现的人物动作提示、人物的口型时间、人物出入画时间和镜头运动的时间）。在严格控制下进行生产加工的原动画人员不需要任何创造性工作，他们只是有一定技能的工作人员。

动画片生产的特点是可以使"零"片比转换为无限片比。这种转换是通过分镜头台本的绘制来实现的。在动画片的生产过程中，决定成败的因素首先是剧本，然后就是分镜头台本的绘制。这个工作在电视剧中由导演、摄影和剪辑共同完成，而在动画片中由导演一人完成，工作十分艰巨，要求导演有很全面的素质。

在今天的动画片生产中，工作人员可以有效地利用计算机，把导演脑海中的节奏、剪辑效果和画面效果都直观地表现出来，让分镜头台不再停留在想象阶段。在工作开始之前，所有的工作环节都可以看到成品的雏形，这被称为"分镜预演"。

分镜预演的过程是：先将台本中的每一个镜头画面都扫描到计算机中，然后按镜头顺序及预测的镜头长度排列好，再将人物的对白在表演的情绪下录入到计算机中，将对白与画面进行对位，导演根据直观的视听感受进行剪辑工作，并适当地加入可以推动剧情发展的情绪音乐及动效。在这项工作中，导演始终处于创作状态，声音与画面的处理手段逐渐从模糊到清晰，所有的因素导演都可以修改，直到满意为止，这项工作体现出动画片生产的无限片比性。

分镜预演工作的完成，使整部作品趋于完整。根据分镜预演，技术工作人员可以取得精确的数字，如：每一个镜头的长度、镜头移动的起止时间、人物对白在一个镜头中的具体位置，以及人物表演的情绪程度等。分镜预演可以细化每一个镜头的内容。

利用计算机辅助手段完成的分镜预演工作具有效果直观性，改变了中国动画片传统操作方式中技术处理由想象操作导致的不确定性。国外有些动画片甚至是先期配音、配乐、先期填写详细的摄影表，使中期加工的工作可以简单执行，可以将中期工作交给其他制作公司完成。

分镜预演工作可以有效地控制动画片的生产成本，全面保证动画片生产的质量和进程，使动画片生产更加科学规范。

优秀动画片的创作和制作方法有自己的规律，但也不是一成不变的。动画片工作者始终在不断创新，从理念、审美的时代性以及手法上大胆尝试。艺术无止境，探索也将永无止境。

三、中国民族文化精神在动画片中的渗透

中国动画片的创作从一开始就力图摆脱外来形式的影响，让流动的影像背后透出深刻的民族性。中国早期的动画片艺术家们不断探索，创作出具有中国民族文化特色的动画片。许多作品汲取了中国传统绘画、戏曲和其他民间艺术的表现形式及表现手法。（包括民间音乐、曲艺、舞台戏曲表演风格、剪纸、木偶、民间舞蹈等）。20 世纪 50 年代的剪纸片、60 年代的水墨动画片《小蝌蚪找妈妈》、《牧笛》，以及后来的工笔重彩式、民族漫画式等等，都充分体现了中国的民族文化特色。民族文化内涵与风格形式的探索，使中国动画片找到了自身独特的话语表达系统，也确立了中国动画片在国际舞台上的地位和价值。中国动画片的意境与中国文化一脉相承，如追求写意、以形写神、虚实相生、形神兼备等。

水墨动画片《小蝌蚪找妈妈》使当代中国水墨画大师齐白石笔下的青蛙和鱼虾等形象有了生命力，《牧笛》以豪放的笔墨和抒情的格调描绘了牧童和水牛之间的细腻情感。写意化的表现使影片充满了诗情画意，每一幅画面都是水墨画的精品。剪纸动画片《南郭先生》和《猴子捞月》运用中国民间传统的剪纸手法，格调古朴典雅，朴拙中透出民族风味。《大闹天宫》和《哪吒闹海》在造型表现上吸取了中国传统年画和壁画的线条和设色手法，线条造型生动流畅，设色富丽浓郁。《三个和尚》采用了中国式的漫画风格，像现代的国画人物小品，简约而富有概括性，在对形象的抽取、提炼和变形之中，将传统与现代很好地结合在一起，朴拙的线条与造型中流露出现代的意念之美；同时在故事的叙述和表现上充分发挥动画片的特点，充满童趣、稚雅的故事风格，形象、简洁的叙事手法，具

有现代美感的造型形式,以及民间音乐曲调的运用,使形式和内容完美地结合在一起,成为中国动画片中的经典。

纵观中国动画片发展的历史,曾经辉煌的主要原因是在把握动画片特性的基础上注重对民族文化特点的挖掘与表现。艺术作品只有发现属于自己的独特个性,才能找到自身存在的价值。美国与日本动画片在国际上的强势,就是因为他们的动画片作品中有强大的民族文化背景作为支撑,独特的民族精神弥漫在动画片中。

民族性的注入不应仅仅是表面的形象,也不是对民族传统时尚化的改造或考古式的照搬。民族精神与内涵应该与动画片的内容及形式融为一体。时代在发展,观众的审美意识与趣味也已发生了许多变化,在继承和发扬民族文化传统的同时,应该将民族精神与时代内涵相结合,在现代文化的语境下探索属于中华民族的动画话语表现方式。现代艺术总是在民族化和现代化两种语境的统一中寻找自己的立身之处和发展空间。

第四节　中国电视动画片的振兴之路

一、宏观调控的关键所在

振兴中国的动画产业,首先要开拓市场;其次要加大投资,扩展企业规模;吸纳社会资金,增强国际合作;提高国产动画片的质量。

中国动画业正面临着前所未有的机遇和挑战,振兴中国的动画业需要科学的宏观战略和微观策略。具体表现为:

(一)体制上政企分开。振兴中国动画业的关键,是要进行体制改革,打破行业界限,借鉴国际动画业的成功经验,按照动画业发展的特点,进行全国性的资源整合。

(二)提高管理水平。必须把质量好坏、效益高低和企业发展、个人收益直接挂钩;实行制播分离;建立制播分离体制,鼓励民营和中、小企业参与竞争;设立国产动画片专项奖,成立国产动画片管理机构;设立动画片政府奖和民间奖,建立专门的管理机构,结束中国动画片制作自生自灭的无序状态;建立动画片分级制度,使原创国产动画片有更强的针对性和收视人群,如0—6岁、7—15岁、16—19岁、20岁以上四个等级,尽早结束国产动画始终低幼化的状态。

(三)政府要为动画片业的发展创造条件,多开办动画片频道;大力扶持民营动画业的发展;实行跨部门、跨行业、跨地区和跨所有制经营动画产业;对动画业给予税收方面的优惠;出台保护动画片快速发展的政策,如动画节目广告价格和时间的优惠政策等。政府可以出台对动画片制作单位税收优惠政策,减免营业税和附加税,减免30%的企业所得税,给动画片公司3—5年的保护期;出台动画公司资质优惠政策，把申请注册资金从目前的 300 万元降低到 50 万元，以利于民间小动画公司的开办；出台对动画片产业的促产优惠政策；不论是国有还是民营公司，政策上一律平等，均享有引进指标和引进权，让动画公司先靠引进外国动画片赚来的钱弥补开发国产动画片的亏损。

（四）国家要对动画业的发展给予直接的财政投入，增加对动画业的投入，使动画业有坚实的经济基础和财力支持；鼓励民间资金、民营企业和外资投资国产动画片或合拍国产动画片，扩大题材范围，鼓励和支持国产动画片进入国际市场。

（五）强化市场观念和市场意识。全球化电视市场的竞争使中国动画片的产业化面临挑战。中国动画业要积极迎战，从宏观上制定动画片创作和营销的战略，塑造市场主体；对动画片制作机构进行企业化管理；创建动画节目的交易和联播效应，促进动画节目市场的形成，如举办中国动画节、中国动画片大赛、中国动画研讨会、中国动画节目交易会等。要在进行市场运作的过程中，建立强大的营销队伍。扩大市场规模，促进市场发展，就要搭建动画片播出平台，增加动画片播出的总时间，刺激企业去生产动画片。要开办更多的动画片频道。全国将在 31 个省级电视台陆续开办少儿频道，这将有利于动画片播出平台的扩大，有利于动画片交易市场的形成。

（六）重视人才培养。人才是任何事业发展的重要力量。要改变国产动画片的质量状况，首先要培养和造就一大批动画片人才，尤其是高级主创人才，以及动画片经营管理人才。培养大批专业人才，包括制作与营销人才，按照市场规律进行运作，只有这样，中国的动画业才可能真正发展壮大。到 2003 年为止，全国有 93 所高等院校开设了动画专业，这些院校、基地和人才队伍将是振兴中国动画片的希望所在。

（七）加强对国产动画片题材规划的宏观管理。每年召开全国动画片题材规划会，宏观理顺供需关系和产业链条。

二、微观管理的科学措施

在选材和创作上，要创新思路。中国五千年悠久的历史文化中，蕴含着取之不尽的动画片故事资源。要善于从传统文化的题材里发现现代意义，比如，制作动画片版的《宰相刘罗锅》、《白蛇传》或《射雕英雄传》等，用夸张、变形、渲染的手法表现传统文化，这样的作品会受到世界各国观众的喜爱。

编剧方面，在遵循叙事规律的基础上敢于突破传统的思维模式，创造新的叙事结构，让故事情节具有更新颖脱俗的表现力。

作品风格表现方面，要善于创新。内容具有神秘感、喜剧感、悲剧感或唯美感，追求极致的审美感受。

技术处理方面，要创新手法。既借鉴国际通行的技术手段，又研究具有中国特点的技术表达方式，如创作中国工笔画动画片或版画的表现方式，从中国的连环画作品和其他美术作品中汲取营养，借助电脑技术传播中国的美学思想。

制作流程方面，要研究国际流行的优秀动画片的技术手段，采取分包制作的方式，降低成本，提高效率，形成链条式运作模式，最大限度地实现市场化操作的效益。

开发外延产品方面，要建立全国乃至国际的网络体系，产品设计讲究文化性和趣味性相结合。广开思路，将尽可能多的生活用品都进行动画片形象的设计，而且对不同国家销售的产品有专门针对性的形象设计。

中国的动画片事业具有巨大的潜力和美好的前景，关键是每一个宏观战略和微观操作是否能实施到位，科学发展观不仅仅是一种意识，而且还包括科学的管理和严格的监督。否则，再好的战略和策略都将只停留在蓝图上。

动画片目前在国际市场上已经产生了巨大的文化影响力，世界动画强国都在积极寻找更大的市场商机，力求获得更大的经济利益。中国目前是世界上最大的文化消费市场，也是世界动画强国的战略目标。未来中国的动画片市场将会进行更加激烈的产品竞争，正在崛起的中国动画片已经进入了一个不见硝烟的战场。中国动画片未来的发展方向将会朝着民族化与国际化相融合的轨道前行。在创作领域，中国动画片将保持和发扬中国民族动画片的传统，在中国传统艺术风格上加强探索，发掘中国文化的美学和哲学意识，发掘五千年悠久历史和当代现实生活的精彩故事进行创作，同时还可以借鉴外国的著名故事进行本土化处理变成中国产的动画片经典；在制作领域，中国的动画人才将借鉴国际先进经验大胆实践，用最先进的技术制作出享誉世界的动画片精品；在市场领域，中国的动画片生产机构将与企业家联手，借鉴企业管理的先进模式和企业投资，对优质动画片进行国际营销，从原创产品到衍生产品都有科学而周密的营销战略，让中国的动画片在未来十年内走遍世界。

中国的动画片曾经创造过自己的辉煌，虽然在近几十年经历过挫折和磨难，但中国的动画产业并没有沉沦，而是以更大的勇气与美国和日本的动画片产业展开竞争，只要有政策的扶持、体制的更新和资金的保证，中国的动画片就可以在国际上再次闪亮登场，以大量的精美产品创造自己新的辉煌。

第 七 章

中国音乐电视

音乐电视是电视艺术的一个重要组成部分，是电视和音乐有机结合的交叉艺术形态。音乐电视最早出现于 20 世纪 70 年代，它的出现源自人们对音乐艺术可视化表现的追求。经过数十年发展，音乐电视已经在世界范围内得以普及，音乐电视也已成为最受欢迎的音乐传播方式。

音乐电视从 80 年代末开始传入中国内地，之后随着流行音乐的兴盛，音乐电视在中国逐步繁荣起来。中国音乐电视的创作开始于 90 年代初，经过十数年的发展，中国音乐电视取得了长足的发展，成为颇具特色的电视艺术门类。

第一节　音乐电视概述

一、音乐电视的界定与分类

音乐电视（即 Music Video，简称 MV 或 MTV）是以电视、互联网以及手机等视频媒体为传播介质，以声画合一的影像手法来表现完整的歌曲或音乐的影音艺术形态。

从文化属性看，音乐电视是音乐制作机构为了推销完整的音乐商品（如唱片、磁带等）、包装宣传歌手和乐队、扩大受众认知度，达到获取商业利润的目的而制作并在电视和网络媒体播放的音乐录像片。

从创作形态看，音乐电视以确定的声乐或器乐作品作为承载的主体形象，依据音乐体裁不同的特性进行视觉创意设计，确立作品空间形象的形态、类型特征和情境氛围，使画面与音乐在时空运动中融为一体，形成鲜明和谐的视听结构。

从音乐电视的起源看，音乐电视源自商业性电视广告，具有浓厚的商业色彩。而其承载的音乐作品和所需要的精良的画面制作，又使音乐电视成为了别具特色的影音艺术。因此，音乐电视兼有艺术、娱乐、广告和意识形态工具等多种性质，属于多重的、复杂的艺术形态。

二、音乐电视的主要特征

音乐电视是特殊的视听艺术，是音乐和电视的结合。但是，音乐电视并不只是音乐和电视的简单的物理相加，而是二者的有机结合和创造。从这个方面说，音乐电视有以下这些特征：

（一）音乐性是音乐电视的首要特性

音乐是音乐电视的主体，音乐电视首先是音乐作品，其次才是电视作品。音乐电视是音乐作品表现形式的拓展和延伸，是用声画结合的电视手法来诠释和表现音乐作品。因此，音乐是音乐电视的核心和灵魂，电视只是音乐电视的表现手法和传播载体。

（二）音乐电视具有直观性、可视性

与电视的紧密结合使音乐电视区别于其他任何形式的音乐作品，它可以借助丰富的画面形象来演绎音乐的内涵与意境，推动音乐情绪的发展，以空间形式来完成音乐形象所赋予的多维时空的意象。因此，音乐电视是视觉音乐，是直观的、可视的音乐作品。

（三）音乐电视具有普遍的功利性

从诞生之初，音乐电视就与电视广告密不可分。音乐电视的首要功能是展现和推销音乐作品及其相关商品，是一种艺术化的特殊广告作品。

（四）音乐电视是综合性的艺术作品

除了音乐造型之外，音乐电视还需要运用光、色、构图、运动等各种造型元素，利用电子编辑、三维动画和数码剪辑系统等后期技术制作手段，利用各种影像剪辑手法，将声音、画面、诗性空间有机地融为一体，充分表现音乐作品的内涵，给予观众良好的审美体验。可以说音乐电视是综合艺术。

除了从音乐和电视这二者的结合来看音乐电视，我们还可以从与其他"音乐＋电视"产品的对比中去看其特性。

首先，与卡拉OK相比，音乐电视的传播方式是单向的，它没有受众参与的可能；而卡拉OK则更多地有受众参与，甚至受众同时也是创作者和传播者。

其次，与电视广告相比，音乐电视是完整的音乐作品，要更多地体现出艺术性。可以说，艺术的审美性是音乐电视作品的首要目标，创作者也有比较大的创作自由。而电视广告最重要的任务在于传达产品信息，从而达到推介和销售的目的，电视广告的艺术性服从于其商业属性，广告的创作也更多地受到产品和厂家的制约。

再次，与教育性、公益性的电视音乐专题片相比，音乐电视具有推销音像制品的作用。前者更注重社会效益，而后者还必须考虑经济效益。商业属性是音乐电视的一个特性，使它在作为一件艺术品的同时也肩负着实现市场价值的任务。

最后，与音乐故事片相比，音乐电视一般没有叙事性对白和画面叙事语言。在音乐故事片中，音乐只是表现故事、吸引观众的手段之一。而在音乐电视中，有些干脆没有故事，只有一些配合音乐情绪的画面组合；有些虽然有故事，但故事不是主角，而只是被用来加深和渲染音乐的情绪。

随着时代的发展、新媒体的崛起，音乐电视本身也经历着发展与变化。比如随着网络的兴起，原先只能借电视传播的 MV（Music Vedio）出现了新的传播载体。音乐电视的内涵和外延在这变化中不断扩展和延伸，对其特征的描述也不断增添新的内容。

三、音乐电视的诞生简史

20 世纪六七十年代，摇滚音乐在很多欧美国家兴起并迅速风靡全世界，这种起源于"节奏与布鲁斯"的美国黑人音乐一时间成为一种世界性的音乐文化现象。这种流行风潮背后无限的商机吸引商人介入这一文化风潮。"披头士"（The Beatles）是那个年代摇滚乐队的代表，他们影响了整整一代的青年人，至今余波未平。正是这批自称"甲壳虫"的年轻人把摇滚音乐的影响力推向顶峰。然而他们最终的成功背后却是依赖于一位嗅觉灵敏的唱片制作商——一位叫布赖恩的英国商人在"甲壳虫热"中起到了关键的推动作用。与此同时，金钱也深深地在音乐这片"净土"打上了烙印。摇滚音乐的风行不仅是对世界传统文化的一次冲击，更极大地促进了唱片工业的发展。在当时的欧美国家，流行的摇滚音乐作品在流水生产线上被复制成无数唱片，成为商品。这就是音乐电视产生的大背景。

既然是商品，就只有在销售中才能实现价值。为了提高唱片的销量，唱片制造商想到了做唱片广告。电视作为六七十年代最强势的媒体自然而然被选中为唱片广告的载体。于是，电视上开始出现摇滚乐唱片广告。这种广告就是音乐电视的雏形。

但是，传统的广告虽然也在一定程度上促进了唱片的销售，效果却并不显著。英国人首先打破了这个局面。1975 年，英国一支由四个男孩组成的"女王（Queen）"摇滚乐队出版了他们的第三张专辑《歌剧院的一夜》（*A Night At The Opera*），为了促销这张专辑，其中的一首《波西米亚狂想曲》（*Bohermian Rhapsody*）被制作成电视录像片（Music Video）在电视上播出。这是历史上第一部真正意义上的电视音乐录像片。音乐电视就这样诞生了。

和传统的广告相比，电视录像片明显地带有"艺术"的色彩，完整的音乐作品、精美的画面和精致的制作都掩盖了它作为"广告"的本质，因而有了更为成功的促销效果。电视录像片的播出使《波西米亚狂想曲》这支歌曲连续九周占据英国流行音乐排行榜第一名的记录，并成为英国有史以来销量最大的单曲之一。这种巨大的成功使音乐商人们找到了推销音乐唱片的最好方式，电视音乐录像片由此开始投入大规模的商业制作和应用。

音乐录像片的出现引起了很大的反响，除了它的本身目的——商业利润之外，也在客观上深刻地影响了音像业、传播业并在音乐和文化层面都引起了变化。而这些潜在的影响真正成为广泛的客观事实，还是在专门播出此类录像片的专业电视频道即音乐电视频道（the channel of music television）出现之后。世界上第一个音乐电视频道出现于 1981 年 8 月 1 日的美国。这一天，美国华纳——阿迈克斯公司有限电视网开发了一个 24 小时播放热门流行音乐的频道，简称为"MTV"。这个频道除了播送与音乐有关的新闻、访谈、闲聊和广告之外，还每天播放约两个小时的"音乐流"（music loop），这个节目主要播出每部长 3—5 分钟的热门流行歌曲录像带。作为世界上第一个专门传播音乐录像片的频道，它在音乐电视发展史中具有里程碑的意义。这个音乐频道也因为及时把握了新鲜事物的发展、顺应规律，而在有限的时间内有了很大发展，覆盖了很多个国家和地区。音乐频道的开播使音乐录像片有了展出和交流的平台，对全世界都产生了深远的影响，"音乐电视"的概念也最终成熟。

和其他有着悠久历史的传统艺术不同，音乐电视的发展和成熟是在短短几年内完成的。黑人歌手迈克·杰克逊的《恐怖之夜》（*Thriller*）是一部标志音乐电视成熟的作品。1982 年，在唱片公司的策划下，迈克推出了《恐怖之夜》的歌曲专辑。为了宣传和销售这张唱片，音像商斥巨资邀请好莱坞恐怖片大师约翰·兰地斯来导演这个音乐电视作品。这部作品把恐怖电影的模式成功地嫁接到音乐电视中，它所采用的碎片式拼贴剪辑、梦幻式的画面语言都成为后来音乐电视作品的一个范本。《恐怖之夜》的出现最终使音乐电视从一个模糊的概念转换为独具风采的艺术样式。它的成功不仅体现在艺术手段上的突破，更在于它巨大的商业利益而掀起的音乐电视制作的高潮和成熟。音乐电视至此初步完成了作为一门艺术和一种产业的进化过程，也完成了行业自身规则和特点的初步形成。

第二节　中国音乐电视的发展

一、中国音乐电视的萌生期（1986—1992）

1986 年，曾任中央电视台节目主持人的靳羽西编辑了一组美国的流行歌曲录像节目，打算作为自己主持栏目的某一期节目播出，但由于种种原因，节目没有通过审查。音乐电视与中国观众擦肩而过。

1988 年，在中央电视台的《潮——来自台湾的歌》节目中，播出了张雨生《我的未来不是梦》、王杰《一场游戏一场梦》、姜育恒《再回首》等一批港台一线艺人的音乐作品。这是中央电视台第一次公开播出音乐电视作品，也是音乐电视在中国内地的第一次亮相。这批音乐作品的播出让内地音乐人眼界顿开，大家认识到，除了广播播放、磁带发行之外，还可以通过电视这个窗口进行音乐作品推介。遗憾的是，在此后几年中，内地的电视台并没有继续播出这类音乐节目。

1991 年 8 月，亚洲卫星电视开播，被国人称作"MTV"的音乐电视在该台的大量播出对国内观众产生了极大的影响。受亚洲卫视的启发，国内音乐界也开始加紧制作和播出自己的以"民族化"为导向的音乐电视作品。

1992 年，经过甲丁策划、电视人白志群导演，中国内地第一批音乐电视作品出炉。在电视专题片《风》中，共汇集了 9 首北京题材的京味歌曲，演唱者囊括了毛阿敏、那英、解小东、张强等当红的内地歌手。在这个电视专辑中，虽然为广大观众所熟知的音乐作品并不多，但作为内地第一批真正意义上的音乐电视作品，《风》的出现宣告了中国音乐电视的诞生，音乐电视作为一种新兴的艺术样式开始在国内得到认可。

当然，由于是第一批音乐电视作品，《风》虽然借鉴了许多港台甚至国外的音乐电视拍摄手法，但无论是从创意、拍摄还是制作来看，这些作品都还显得十分稚嫩。就表现手法来说，编导大多采用的只是简单的画面配歌词，没有太高的艺术表现力。

二、中国音乐电视的繁荣期（1993—1995）

《风》之后，1993 年开始，中国音乐电视步入飞速发展期，呈现出良好的发展势头。这一年，中央电视台与地方电视台合作拍摄了为数不少的音乐电视作品，如董文华演唱的《长城长》、李丹阳演唱的《穿军装的川妹子》、张海迪演唱的《轮椅上的歌声》、蒂姆演唱的《我是中国人》等等。此外，国内大多数省级电视台、部分市级电视台和许多音像出版公司也拍摄了总数达 400 部以上的音乐电视作品，比如《流浪的燕子》、《月亮船》、《好大一棵树》等流传甚广的优秀作品。在这一年摄制的音乐电视作品中，部分作品已经达到相当高的艺术水准，在音乐创作上既汲取了港台、西方音乐的流行元素，又保持了独特的民族风格和文化韵味；在艺术构思、构图、剪辑等制作技巧上，也足以和国外的优秀作品相媲美。

这一年，与音乐电视创作交相辉映的，是音乐电视栏目的开播和音乐电视大赛的推出。

1993 年 3 月，中央电视台《东西南北中》栏目正式开播。这是一个弘扬民族文化、突出地方特色的文艺栏目，是地方电视台文艺节目在中央电视台的播出窗口。栏目第一期播放了上海电视台青年导演王国平执导的音乐电视作品《青春寄语》。栏目开播之初播出的音乐电视作品还有李丹阳演唱的《穿军装的川妹子》、周洁演唱的《奉献》等等。《东西南北中》的开播，为音乐电视提供了固定的播出平台，开创了中国音乐电视栏目化的先河，为此后音乐电视栏目的大量出现奠定了良好的基础。

1993 年 12 月，中央电视台在《东西南北中》播出成功的基础上，借鉴该台举办的年度性"青年歌手电视大奖赛"的经验，推出"首届中国音乐电视大赛"，为中国音乐电视提供了评比和交流的平台。这一届比赛中，全国数十家电视台、音像公司和文艺团体共选送了 100 余部参赛作品。大赛评出金奖 12 个，银奖 15 个，铜奖 20 个，推出《穿军装的川妹子》、《牵手》、《好大一棵树》、《小芳》等很多优秀作品。值得一提的是，"音乐电视"作为一个专用名词在这次比赛中首次被正式提出，"音乐电视"从此成为家喻户晓的新名词。

此外，同样于1993年开播的《东方时空》子栏目《金曲榜》也对中国音乐电视的发展起到突出的推动作用。1994年，《金曲榜》投资拍摄"中国民歌经典"音乐电视系列100首以及"中国民族经典歌曲"音乐电视50首，以"老歌新唱"的方式，开始了音乐电视的规模化生产。这些音乐电视作品借助中央电视台强大的影响力，产生了极大的社会反响，显示了民族音乐电视作品的魅力，也标志着中国音乐电视在民族化的道路上迈开了重要的一步。

1994年，随着第二届"花城杯"中国音乐电视大赛在北京的举行，中国音乐电视迎来了又一个创作高峰。在本届"花城杯"大赛上，参赛作品共470余部，参赛单位170多家，参赛歌手近500人。大赛评出金奖15个，银奖26个，铜奖35个。获奖作品包括《我们是黄河泰山》、《祝你平安》、《爱情鸟》等广为传唱的优秀作品。

从这一年开始，中国音乐电视逐步走向成熟。比如刘青词曲、"同志"导演、孙悦演唱的《祝你平安》。音乐电视《祝你平安》表现出对人与人之间理想关系和美好情感的祝愿。编导采用叙事手法演绎了一个真实的感人故事。以一个聋哑儿童学校年轻女教师为主体形象，表现出对人间真情的美好祝愿。作品的独到之处在于对环境造型的成功运用和对歌曲内涵的准确把握。聋哑学校的教室、走廊、阶梯等主要空间以及天坛寰丘、高楼楼顶、大街街景等次要空间根据事件的发生顺序先后出现，营造了一种朴素自然的环境风格。作品的尾声部分，编导以一组纪实镜头——百姓、教师、民警、修车老人等的活动影像充分表现出了"祝你平安"广泛的指向涵义，提升了作品的意蕴。《祝你平安》的这些特点，已经大大突破了简单的"歌词＋画面"的拍摄模式，在艺术表现、作品风格等方面体现出成熟之势。

三、中国音乐电视的成熟期（1995—2000）

1995年，中央电视台投资250万元，制作了"'95新歌"音乐电视系列40余部，这是首次由国家大规模投资拍摄流行音乐电视作品。1996年，中央电视台拍摄"东西南北大拜年"春节系列以及"五一"系列音乐电视节目，并在年底举办了"首届全国儿童音乐电视大赛"，陆续推出了100首音乐电视作品。这些音乐电视作品和大赛的推出，显示了中国音乐电视的持续繁荣局面。

中国音乐电视步入成熟阶段的最显著标志，是优秀作品获得的国际认可。1995年秋天，广州电视台女导演薛芳芳执导的《阿姐鼓》（何训友词，何训田曲）在美国获得全美音乐电视网最佳外语片提名。1996年，中央电视台导演崔亚楠执导的、以反映中华五千年文明为题材的作品《黄河源头》（石顺义词，孟庆云曲）在同年7月罗马尼亚举行的第九届"金鹿杯"国际音乐节上获得大奖。2000年，在布达佩斯"二十一世纪国际影视艺术节"上，中央电视台导演孟欣和于晓洋分别获得"导演成就奖"和"最佳导演奖"，参赛的音乐电视作品《蝶儿飞》的演唱者陈俊华则获得"最佳演唱奖"。这些作品的问世及获奖，标志着中国音乐电视走向成熟。

这个时期比较有国际影响的作品中，何训友词、何训田曲、薛芳芳导演、朱哲琴演唱的《阿姐鼓》有一定的代表性。

歌曲《阿姐鼓》是歌手朱哲琴的成名作品，也是最能体现其艺术风格的歌曲。《阿姐鼓》以直白朴实的唱词，以世界音乐（World Music）的音乐元素，营造出一种空灵、缥缈的意境，充满了浓郁的宗教色彩和哲理意蕴。

歌曲《阿姐鼓》表达的是一个藏族少女对她早逝的哑巴姐姐的怀念之情。音乐电视《阿姐鼓》没有拘泥于对歌词表象含义进行简单的模仿和图解，而是以西藏地区独特的自然生活空间为情境依托，运用内涵丰厚的造型语言，抒发出歌词蕴涵的情感意绪。作品中，蓝天下凝重的寺庙、风中飘逸的经幡、逆光下搁置在玛尼堆上的牛角、雄伟的群山、美丽的湖泊、草地上赤身蹒跚的儿童、涌向坡顶的僧侣、划向彼岸的牛皮筏等等影像元素勾勒出极具抽象意味的民族生活和心理、心灵空间，形成一个流畅而又多变的视觉流，既创造出视觉上的强大冲击力，又流露出观念性的思想意义。

《阿姐鼓》中，编导把"鼓"作为一个意象支点，以一种凝聚和环绕自然与生命之声的脉动节奏，作为祈祷的符号不断浮现在歌手、藏族少女和藏族老人之间，构建了作品具象与抽象的空间形态，造成表现形式与心理独白的前后一致，达到虚与实、纪实与象征、写实与写意之间的和谐统一。

精致唯美的画面、富含哲意的造型、空灵飘逸的意境，形成了音乐电视《阿姐鼓》独特的艺术风格。作品成功地渲染和提升了歌曲丰富的内涵和精神，给予观众渗入心灵的审美体验。《阿姐鼓》也因此成为中国音乐电视最出色的作品之一。

作为一个全新的艺术形态，中国音乐电视的成熟主要体现在三个方面：

首先，独特的民族化风格。中国音乐电视开创之初，就以民族化为导向。这个时期的音乐电视作品在音乐创作与画面风格上大多采用了民族化的手法，体现出独特的民族风格。《阿姐鼓》和《黄河源头》获得国际性音乐机构的瞩目和承认，也主要得益于其鲜明的民族化音乐与画面风格。

其次，题材和体裁广泛。以题材而论，除传统的爱情题材之外，还有民族与民俗、乡情、时事、历史、怀旧、贺岁、文化、政治等。在音乐体裁方面，则兼容了中国传统民歌和民族歌曲、欧洲风格的抒情歌曲、港台风格的通俗歌曲及摇滚风格的歌曲等多种样式。在唱法上也兼容了民族、美声和通俗三种风格。

最后，在文化功能方面，商业性作品与公益性作品并举。这一时期中国音乐电视制作主题包括电视台和音像公司两者。前者注重社会效益，而后者更倾向于商业效益。因此这个时期的作品在功能上也体现出两种不同的取向，其中也不乏两者并重的作品。

经过这几个时期的发展，中国音乐电视在形态上做了大量有益的探索。逐步形成了以下类别：

（一）按唱法分类

根据音乐电视中歌曲的唱法，可以分为民族唱法音乐电视、美声唱法音乐电视和通俗唱法音乐电视。

民族唱法是以民族语言为基础，嗓音甜脆嘹亮为特征，情、声、字、腔融为一体，并伴以形体表演的一种演唱方法。民族唱法音乐电视的代表作品有《好日子》、《辣妹子》、《幸福山歌》等。

美声唱法以音色优美、富于变化、声部区分严格、重视音区的和谐统一、发声方法科学、音量的可塑性大、气声一致、音与音的连接平滑匀净为特点。美声唱法音乐电视的代表作品有《军营飞来一只百灵》、《节日欢歌》等。

通俗唱法是借助音响扩大效果，以闪耀变化的舞台美术灯光渲染气氛，用各异的演唱方法，集舞蹈表演、伴唱、伴舞、电声乐器伴奏、说唱于一体的演唱艺术。通俗唱法音乐电视的代表作品有《懂你》、《知心爱人》等。

除了歌曲音乐电视，还有一部分纯粹器乐的音乐电视，如《伞》、《帕图》等。

（二）按题材分类

按照表现的题材，音乐电视可以分为历史题材（如《阿诗玛》、《霸王别姬》)、时事及演义题材（如《八一起义小唱》、《兰花花》)、政治与战争题材（如《送郎当红军》)、情感题材（如《野花》)等等。

（三）按风格分类

按照所展现的不同风格，可以分为叙事风格的音乐电视、抒情风格的音乐电视和纪实风格的音乐电视等。

叙事蒙太奇运用在音乐电视画面的剪辑上，就产生了叙事风格的音乐电视。如《同一首歌》、《流浪的燕子》、《小桃红》、《追缘》等等。这类风格的音乐电视有一种"讲故事"的意味在里面，但是限于音乐电视自身的特质，叙事风格的音乐电视与一般的电影或电视剧的叙事有着很大的差别。音乐电视的叙事往往具有抽象、简约、不完整时空和时空调度自由等特点。

抒情是迥异于叙事的另一种风格。虽然在具体的音乐电视作品中，这两种风格有交叉和重叠，但二者有着严格的划分界限。抒情风格音乐电视的画面创作意图是抒情而不是叙事，画面意义也不是由逻辑性的情节连缀而是由彼此相对独立的非逻辑性情境拼贴而成。如《黄河源头》、《高级动物》、《牵手》、《知心爱人》、

《天唱》等音乐电视作品均属抒情式音乐电视。

纪实风格的音乐电视主要记录歌手表演行为空间的原始状态。这类的音乐电视作品一般不会通过画面来演绎音乐唱词中派生出来的情节，也不会有角色化的人物形象。歌手很少跳出演唱现场进行情绪化的表演。由于这类音乐电视的场景空间比较集中，歌手的演唱、乐队的演奏、伴舞者和现场观众一般就是画面表现的主要元素。此类作品有《梦回唐朝》、《公元一九九七》、《星期天》、《万岁，祖国》等。

四、中国音乐电视的现状

进入 21 世纪，随着音乐创作的多样化以及音乐传播方式层出不穷，音乐电视呈现出多元化的发展趋势，音乐电视的内涵也得到了延伸。在创作方式上，随着数码技术的出现，数字摄像机（DV）的普及，影视创作已逐步走向平民化、大众化，个人创作影视成为可能。音乐电视作为影视艺术的一个特殊门类，亦呈现出个人化的创作趋势，音乐电视已不再是专业机构和专业人员的"专利"产品。在传播方式上，互联网的普及和计算机技术的成熟，使音乐电视有了更方便、更快捷的传播渠道，互联网已成为电视之外音乐电视最主要的传播方式。同时，基于网络传播的 Flash 音乐也赋予了音乐电视新的涵义。

与此同时，中国音乐电视在走过短暂的发展期和成熟期之后，开始逐渐步入平稳发展期。这种平稳的发展主要表现在创作队伍、作品数量以及受众群体的稳定。

（一）中国音乐电视的创作队伍趋于稳定

经过十余年的发展，中国音乐电视培养了一批音乐电视从业者，也催生了一批专业制作机构的出现，拥有了一整套完善的集创意、制作和发布为一体的操作系统。与发展之初相比，中国音乐电视的创作队伍无论从规模上还是创作水平上，均逐步趋于稳定，音乐电视的创作机制也日益健全。

（二）在作品的数量上和质量上，中国音乐电视也呈现出稳步提高的整体趋势

进入 21 世纪，中国音乐电视的作品数量没有出现 90 年代中后期大幅上升的局面，有些年份的作品数量还有所减少，但同时也出现了若干部优秀的代表作品（如汤灿的民歌系列作品），显示出中国音乐电视在质量上的稳步提升。

（三）受众群体的稳定促进了中国音乐电视的稳步发展

从诞生开始，欧美国家的音乐电视就把目标受众定位于 14 岁至 34 岁的人群。中国音乐电视自诞生以来一直缺乏明确的受众定位，创作者更多的是依照自己对音乐的理解或唱片公司、歌手的要求来创作音乐电视作品。近年来，随着大众传媒的分众化发展，中国音乐电视也逐步拥有了一批固定的受众群体。满足以青少年为主的观众群体的观赏需求成为音乐电视工作者的首要任务。而这些稳定

的受众群体的存在，有力地促进了中国音乐电视的稳步发展。

中国音乐电视在稳步发展的同时，也暴露出了诸多问题。

首先，作品主题单一而沉重。音乐电视是特殊的音乐作品，具有天然的娱乐属性。中国音乐电视由于特殊的政治需要，部分主旋律音乐电视作品也有着一定的教化、宣传功能。但是，许多非主旋律的音乐电视作品在主题选取和艺术表现上，依然呈现出主题单一、教化色彩浓厚的特征，使得音乐电视作品变得沉闷而又沉重。

其次，大部分作品只重形式，不重内容；只重外延，不重内涵。优秀的音乐电视作品是内容与形式、内涵与外延的完美结合。由于对音乐内涵理解的不到位，使得很多音乐电视作品只是对音乐进行简单的图解和加工，不能体现音乐的深刻内涵和意境。

再次，作品脱离生活、脱离社会。由于部分创作者缺乏真诚、负责的创作态度，一味追求前卫风格和自我表达，使得许多音乐电视作品严重脱离生活、脱离社会，成为曲高和寡的低劣之作。

另外，大部分作品缺乏别具一格的精彩创意。音乐电视在本质上是音乐作品的广告，目的是打动观众，获取观众对音乐作品的认同。因此，音乐电视作品的创意显得格外重要。与国外的优秀作品相比，中国音乐电视作品大多缺乏创意、简单而平庸。

最后，创作缺乏理论支撑，对音乐电视的深层理论研究乏善可陈。

这些问题的存在，在一定程度上阻碍和制约了中国音乐电视的健康发展。但从总体上看，中国音乐电视的发展日趋理性化，前进态势也更趋稳健。

从诞生到繁荣、到稳步发展，十数年的发展历程显示出中国音乐电视顽强的生命力。作为一门独特的影音艺术，中国音乐电视在促进民族音乐文化传播、提升大众娱乐文化生活水平等方面均有着积极的影响和作用。对音乐电视的合理引导和扶持，可以有效地促进这门大众艺术的发展、促进先进文化的建设。

第八章

中国电视广告艺术

　　广告具有悠久的历史，自有商品生产与交换就有了广告。受社会经济条件的限制，最初的广告很简单，主要是将商品陈列出来，这种形式就是实物广告。还有口头广告，老北京的叫卖大王就是这种广告的传播者。也有在门框上挂着的旗帜广告，最多的要数酒家的酒旗。还有灯笼、招牌、彩楼等广告形式。随着社会发展，先进技术的出现给广告的制作和传播提供了条件，报纸、杂志广告丰富了广告的形式与传播途径。进入电子时代，广播广告更是扩大了广告的传播范围，缩短了广告的传播时间。电视广告历史最短，算是年轻的一代。但由于电视广告兼具视听功能，一经出现，就成为众多广告形式中最能吸引人的一种。我国的电视广告出现较晚，从 1979 年上海电视台播出的我国电视史上第一例商业广告"参桂补酒"算起，只有 20 多年的历史。历史虽然不长，但电视媒体的优势和影响力，为电视广告日新月异的发展创造了条件。如今，新闻、文艺、广告已经是所有电视台不可或缺的节目构成。电视广告的表现形式与风格呈现出多元化的发展，为电视银屏增添了新的艺术形式。

第一节　电视广告艺术概述

一、电视广告艺术的界定与分类

（一）电视广告艺术的界定

　　每天各个电视频道播出的内容林林总总，哪些属于电视节目，哪些属于电视广告，观众一眼就能辨别出来。因为电视广告表现的内容、播出的目的有别于电视节目，观众很容易区分。电视节目包含的内容很多，简单地说有电视新闻、电视剧和各种类型的娱乐节目。新闻反映的是真实事件，满足人们对资讯的需求；电视剧和娱乐节目主要满足人们精神生活的需要；而电视广告是为了推销商品（服务）。我们可以简单地用一句话来概括：电视节目之外的时段播出的内容都属于电视广告。电视广告的类型有商业广告、形象广告、公益广告等等。一般来讲，观众所说的广告主要是指商业广告。电视商业广告是由特定的出资者（广告主）以付费的方式获得电视媒体特定时段的使用权，对其商品、服务信息及形象进行宣传、推广的电视广告。"付费播出"是其最明显的特征。根据商业广告传播的信息内容不同，又有商品广告和形象广告两类。商品广告就是传播商品或服务信息的电视广告。这是最常见、数量最多的一种电视广告。如某某品牌的电脑、日用品、生产资料等，或是商家为消费者提供的某些具体的服务内容。形象广告是采用隐喻、暗示、通感的手法，表现企业总体或媒体总体的形象，其目的是塑造自身品牌的亲和力，比如一些烟草集团的形象广告和电视频道自身的形象宣传片。

电视广告既是广告家族的成员，又是电视家族的成员，因而有别于其他的广告形式。它综合了平面广告和广播广告的视听优势，借助于电视媒体，通过各种艺术技巧和形式的表现，以视觉形象和听觉形象相结合的形式来传递信息，使广告具有生动形象的美感和较强的感染力，可以使消费者在美的享受中接受广告信息，因此电视广告对于消费者的影响高于其他媒体的广告。电视广告与其他媒体广告相比主要有以下几个特点：

1. 覆盖面广，收视率高

电视媒体的传播范围相当广泛，在电视跨入太空传播时代更是如此。电视广告传递迅速，不受时间、空间的限制，并有娱乐性，所以每天接受电视广告宣传的人数日益增多。观众不论性别，年龄，职业，民族，修养等，只要收看电视都会成为电视广告的传播对象。

2. 声像兼备，注意率高

电视广告综合了多种艺术手段，兼有报纸、广播和电影的视听特色，能够以感人的形象、优美的音乐、独特的技巧给观众留下强烈的印象，可以说是迄今为止最引人注目的广告形式。

3. 稍纵即逝，重复播出

与广播媒体一样，电视也是瞬时媒体。传播稍纵即逝，广告信息不易保存，要提高电视广告的效益，必须重复播出。

4. 诉求单一，针对性弱

电视广告摄制和播出的费用较高，时间限制较大，一般不超过一分钟，因此对商品的性能、特点、规格等不可能作详细的说明。电视广告传播范围虽然广泛，但有些受众不可能成为广告主的顾客，对象针对性不强。

在区分了电视广告与电视节目、电视广告与平面广告、广播广告的不同后，可以对电视广告艺术进行概括。电视广告艺术是以电视媒体为传播途径、以影视技术为手段，运用音画组合的表达方式，传播特定广告内容的一门艺术。它具有电视节目的特质，又具有营销工具的功用。

（二）电视广告的分类

按照不同的标准，电视广告有不同的分类。

1. 按发布方式分

插播广告：在节目与节目之间播出或在节目中间播出，是电视广告的一种常规发布形式。

冠名广告：电视节目出卖给广告主，冠以广告主企业或商品的名称，如××节目由××特约播出或××独家赞助等形式。

贴片广告：随电视节目或电视剧播出的广告，在提交给电视台时已编排好，大多数是资助节目或电视剧拍摄、制作的企业的广告，还有的是供片商为电视台免费提供节目时募集的赞助广告。

2. 按体裁分

电视商品广告：是以电视音画结合的表达方式、通过电视媒体向电视受众传播商品或服务信息的广告形式。

电视形象广告：区别于具体产品和服务的广告，是企业或媒体借以宣传自身品牌形象的电视广告。包括企业形象广告和媒体形象广告。

电视节目广告：电视台（频道）宣传自身某些具体栏目（节目）或某些具体服务的电视广告。如节目预告、栏目宣传广告等。

电视公益广告：主要指不以获取经济利益为直接目的，紧紧围绕社会公德、职业道德、家庭美德等主题，承担社会教化责任，对公众行为进行有益引导的电视广告形式。电视公益广告的发布主体一般是政府或政府部门、社会团体或国际组织，也有一些厂商借助公益广告来提升自身形象。

此外还有一些常见的分类，如：按制作材料分为电影胶片广告、电视磁带广告、电脑合成广告、幻灯片广告；按传播范围分为国际广告、全国性广告、区域性广告和地方性广告等。

二、电视广告艺术的主要特征

电视广告实质就是视听广告，即以电视作媒介，以视觉形象和听觉形象相结合的形式来传递信息的广告，属于一种视听传播行为。电视广告从图像和声音两个方面向观众传播信息，时效性强，直观性强，宣传效果好，可以在短时期内迅速提高企业和产品的知名度。一条电视广告的时间一般有5秒、10秒、15秒、30秒、45秒、60秒等。由于电视广告必须在有限的时间内吸引观众，所以为了更有效地传播信息，电视广告往往注重提供超常的视听刺激。如何唤起人们对广告中所熟悉的元素的独特感受，成为电视广告创作的主要任务。

（一）电视广告的要素

图像、声音、时间构成电视广告的三大要素。

图像，即呈现在电视屏幕上的映像。所谓看电视，确切地讲是看图像，即视觉的部分。它们由具体的、动态的人物、景物、文字等形状与色彩构成，具有鲜明、生动、具体、直观、动作连续、蒙太奇组接等特征，往往一个镜头就可以综合多样视觉信息。好的电视广告画面既能给观众以视觉上的享受，又能对广告产品产生最佳表现作用。科学家研究发现，人们通过视觉获取的信息占所获得信息的83％。由此可见，图像在电视广告中占有绝对重要的地位。

声音，是各种声音信息的再现，包括人声、音乐、音响，是电视广告表现的另一个重要因素。声音在电视广告中担负重要的传播信息的角色，声音与图像配合，向观众提供丰富的信息，具有很强的表现力，能够提高观众的注意力和记忆力。电视广告的口号、主题曲、广告歌，都是靠声音"深入人心"的。

时间，是电视广告的结构组织者。视觉和听觉这两个要素，通过时间构成变化和节奏。所有传达的信息都要存放在时间的流程中，离开了时间因素，信息就无法传达。这里的时间不是指电视广告播出的时间段。电视广告的时间有三个含义：其一是指广告的实际长度。比如同一个商品广告，一条5秒，一条30秒，很显然，时间长的信息量多，时间短的信息量少；其二是指镜头（包含画面和声音）的时间顺序。同样的几组镜头，衔接的时间顺序不同，表达的意义就不同，甚至完全相反；其三是每一个镜头的时间长短。电视广告是以秒为计算单位的，每个画面的叙述都要有时间概念。镜头不能太多，必须在有限的时间内，传播出所要传达的内容。就像一篇文章，主题部分时间肯定长，其他部分相应短一些。

（二）电视广告的主题

电视广告最终需要一个主题来贯穿。电视广告主题像一条红线贯穿在整个广告之中，它使电视广告的各个要素有机、和谐地组成完整的广告作品。电视广告的目的是向观众推销商品、服务或理念，由于时间短，其主题要求准确、鲜明、独特、统一、易懂、易记。所以主题最终会提炼成一句具有冲击力的广告语，或者说是一句口号。比如"洗得干净不褪色"（雕牌透明皂），"来电，看得见"（步步高无绳电话）。

（三）电视广告的创意

所谓创意，就是用简洁生动的语言（电视画面和文字），将某些人们熟悉的基本材料以陌生的方式进行新的组合，构成特定意境，使消费者置身其中，对广告内涵产生认同与共鸣，从而留下较深的印象。电视广告创意的主要之点在于"说什么"和"怎么说"。"说什么"不是一般化地说说该广告的品牌、质量、优点等等，而是要力求说出商品独特性格来。"怎么说"就是要用简洁生动的画面和语言，构成一个使广告受众"对广告内涵产生认同与共鸣"的特定意境，即要把"商品性格"艺术化，要说得妙趣横生、诗意盎然，令人过"耳"难忘。

（四）电视广告的文案

图像怎样叙述和描写、声音怎样与图像结合、镜头与镜头怎样组接需要电视文案来描述。电视广告文案在写作过程中除了运用一般的语言文字符号外，还必须掌握影视语言，运用蒙太奇思维，按镜头顺序进行构思，这颇似电影文学剧本的写作，因而又被称为电视广告脚本。电视广告脚本是电视广告创意的文字表达，是体现广告主题、塑造广告形象、传播广告信息内容的语言文字说明，是广告创意的具体体现，因而是现代广告文案写作的重要组成部分。然而，它又与报刊等平面广告文案的性质有明显的区别：它并不直接与受众见面，因为它不是广告作品的最后形式，而是为导演再创作提供的详细计划、文字说明或蓝图，是电视广告作品形成的基础和前提。因此对未来广告作品的质量和传播效果具有举足轻重的作用。电视广告脚本包括既相互连接又各自独立的两种类型：一是文学脚本，二是分镜头脚本。文学脚本是分镜头脚本的基础；分镜头脚本是对文学脚本的分切与再创作。前者由文案撰写者（编剧）撰写，后者由导演完成。影视语言不仅是电视广告的信息传达手段，也是电视广告形象得以形成、体现的必不可少的先决条件，因而是电视广告的基础和生命。

（五）电视广告的摄影

这是指通过摄影机获得与广告有关物体运动影像的过程。电视广告摄影作为一种记录手段，能够在时间和空间两个向度上最大程度地真实再现产品的物理特征和运动形态，又可以通过光线、色彩、构图、运动的把握和处理，创造出艺术的含义与效果。

（六）电视广告的镜头

是电视广告作品基本的表意单元。它既有二维平面表现三维立体的空间特性，又具有影像连续运动的时间特性。电视广告镜头可根据不同的标准分类：1. 根据画框内表现出的视域范围可分为：远景镜头、全景镜头、中景镜头、近景镜头、特写镜头。不同的镜头形式由于展示空间范围不同，在广告表现时具有不同的功能。2. 根据摄影机和被摄体的角度可分为：仰角镜头、俯角镜头、平视镜头、顶角镜头等。角度不同的镜头由于具有不同的透视效果和构图形式，因此具有不同的艺术表现力。3. 根据摄影机的运动情况分为：固定镜头、摇镜头、移镜头、推拉镜头以及变焦距镜头。运动镜头使画面更为生动、丰富，增强视觉动感，有助于形成富于表现的艺术节奏与气氛。4. 根据镜头的长短分为：长镜头、短镜头、闪镜头等。不同长度的镜头对表现情绪效果有不同的作用。不同类型的镜头在电视广告中会给消费者以不同的感受，因此，要根据电视广告的诉求重点，从整体出发，运用各种镜头的组合，以达到预定的广告效果。

（七）电视广告的字幕

是电视广告画面上显示的文字。它可以叠印在画面上，也可以出现在单色的衬底上。电视广告字幕主要用来增加表意范围，对广告画面起说明、补充、强调、概括等作用。根据不同的制作方式又可分为：1. 拍摄字幕：用摄像机对手写的字幕进行拍摄，这种方法获得的是静态字幕。2. 特技字幕：用电子特技机制作的字幕，这种字幕可以表现出二维运动的形式，如扩大、缩小、移动等。3. 电脑字幕：用电脑字幕机或计算机动画机制作的字幕，这种字幕可以表现出三维立体的运动形式。屏幕上的字幕要求文字规范、语言精练、简洁醒目，并应注意使字幕在画面中的位置适当、富有变化，成为画面构图的有机组成部分。

（八）电视广告的特技

是电视广告制作的一种重要手段。随着科学技术的发展，电视广告制作可以在后期编辑过程中，对所拍摄的图像进行放大、变小、转换等处理，甚至使电视广告画面出现拉伸、压缩、扭曲、分割、运动、变色等各种各样神奇的特技效果。这些特技效果统称为电视广告特技。适当地使用特技效果，可以有利于增强广告的吸引力，对理解和增强画面信息十分有利。但是在使用电视广告特技时一定要有明确的意图，不能仅为了新奇而运用，那样会使人在眼花缭乱之中失去视觉重点，不知画面在表现什么。另外，特技效果不能代替内容本身，它只能改变某种视觉效果。目前，电视广告特技在电视广告制作中运用得相当普遍，但只有把特技效果与视觉感受和内心情感紧密相连，才能获得成功。

（九）电视广告的标版

电视广告的最后几秒时间，一般用来推出广告产品的名称、企业集团名称或广告口号等重要内容，这样的电视广告画面被称为"标版"。标版可以用来突出产品和企业的形象、强调诉求重点、加深消费者对广告的记忆，是电视广告片最后的点睛之笔。

第二节　中国电视广告艺术的发展

中国电视广告发展迅速，具有惊人的发展潜力。中国第一家电视台建于 1958 年，但中国的第一条电视广告在 20 年后才出现。与世界电视广告发展历程相比，我国的电视广告传播仅有 20 多年的短暂历史。1979 年 1 月 28 日，上海电视台在黄金时间播出了我国电视史上第一例商业广告——"参桂补酒"广告。这一天成为中国电视广告的诞生日。同年，中央电视台播出第一条自制广告——首都汽车出租公司广告。3 月 15 日，中央电视台首次播出外商广告"西铁城－星辰表，誉满全城"，拉动各地电视广告的发展。由于受计划经济以及政治意识形态领域中极"左"思潮的影响，电视广告在中国的发展起步较晚。国外电视业与商业电视广告几乎是同步发展的，而我国电视广告的出现却与电视的首播相差 20 年。

中国电视广告是解放思想的产物。从 1979 年春北京市的"民主墙"变成"广告墙"到同年 1 月上海电视台播放中国大陆第一条商业电视广告，标志着在中国大陆社会生活中电视广告已不知不觉地被当成一种时代角色，成为"开放、改革"的象征。1979 年 11 月，中共中央宣传部正式批准新闻单位承办广告。初期的电视广告分三种形式：一种是介绍商品的，一种是介绍厂商的，还有一种是外商提供的带广告性的节目（如纪录片）。

随着大众传播工具新的变化，电视机进入千家万户，电视广告取代杂志、报刊广告而成为主要的广告形式。截至 2003 年，全国有电视广告从业人员近 80 万人，电视广告收入 225 亿，每年播出的电视广告 2 万多条。如今，一打开电视，形形色色的广告无孔不入。虽然大多数人对过多的电视广告很不满，但电视广告仍然越来越渗透到人们生活的各个方面，直接或间接地影响着人们的生活观念。从观众对电视广告的不满可以看出，人们需要的不是乏味的产品叫卖，而是一种能带来美的感受的电视广告。当前我们的电视广告仍然是呆板单调的信息广告居多，用艺术手法渲染、以艺术构思创作的广告很少。要想打动受众，让大家喜欢广告，体验广告，就必须加强广告的艺术性与娱乐性。从现代公众在接受广告影响的情况来看，广告作品越贴近生活、越具有民族文化就越容易被接受。具体地讲，优秀的电视广告作品必须视觉冲击力强，角度新颖，富于趣味性，信息鲜明，具有感染力。即广告作品构思必须与众不同，信息必须准确、突出，具有一种令人信服的力量，经得起在电视中反复播放并得到观众认可，使消费者采取购买行动。

电视广告包含声音、图像、色彩、活动等多种元素，直接作用于人的感观和心理，可以说是迄今为止最能打动人心的信息传播手段。每一则电视广告都应该有一定的情节、构思和艺术内涵，通过一定的情节将信息融合到艺术中，使人在接受电视广告的同时得到艺术享受，这样的电视广告才会具有强烈的艺术吸引力和感染力，也才能让观看电视广告成为一种文化消费。成功的电视广告应该是一件精美的艺术作品，在追求广告宣传和情感诉求目的的同时，应该给受众带来美的享受和情感愉悦、精神陶冶。

由于广播电视是重装备、高消费的信息产业部门，所以电视广告费用比较昂贵。另外电视广告转瞬即逝，要想提高电视广告的效益、给观众留下深刻的印象，必须重复播出。重复性决定了耐人寻味的电视广告才是吸引观众的好广告。

中国电视广告从一出生就赶上了好时光，20 多年来，随着我国社会主义市场经济的发展，电视广告的整体水平也不断提升。在电视机成为人们日常生活的必需品和大众传媒主流的时代，"电视广告"与我们的生活息息相关，它的艺术性也越来越受到关注。这 20 多年是中国经济文化迅猛发展的时期，市场供求关系的变化、人们消费需求和消费观念的改变、电视广告从业人员素质的提高、新技术设备的广泛使用、大量国际广告理论的进入、国内各层次广告协会的成立、外商代理的逐步加入，都为中国电视广告业的发展创造了条件。

从电视广告类型来看，最初只有商品广告，发展到现在的形象广告、节目广告、公益广告、MTV 广告等。从创意制作水平来看，也有了翻天覆地的改观。从最初呆板、直白的"自我表现"到今天对独特卖点的理性诉求和品牌形象的情感诉求。从电视广告表现形式来看，从最初自我表现型、叫卖式发展到名人式、引证式、音乐舞蹈式、现场表现式、故事式等多种形式。

总体来看，中国电视广告艺术发展可以分为以下几个时期：

一、1979—1984：自我表现期

从 1979 年我国第一则电视广告播出到 20 世纪 80 年代前期，我国的电视广告在计划经济条件下迈开了蹒跚的步履。1979 年 12 月举行的中共中央十一届三中全会，确定了把全党的工作重心转移到以经济建设为中心上来，为我国电视广告的起步创立了政策环境。从物质匮乏中走过来的中国人民，生活水平有了显著改善，社会经济的发展拉动了电视广告的发展，电视广告发行量比其他媒介有较迅速的增长。这几年是我国商业广告的复兴期，电视广告既受到经济体制改革的积极推动，也受到社会主义计划经济体制的束缚。社会主义计划经济的大背景决定了企业以生产为中心，市场以卖方为中心。受生产观念和市场观念的制约，大多数广告都是站在生产者的立场上，介绍生产者引以为骄傲的事，以商品功能为诉求重点，画面大多是企业的厂门、车间和奖状。"誉满全球"、"实行三包"、"省优部优国优"等口号式广告语不绝于耳。由于电视广告刚刚起步，缺乏相应的理论知识和经验指导，将平面广告生硬地搬上电视，"信息告白＋产品图像"就成了主要广告模式，总体上十分粗糙，其主流形态为"自我表现型"。电视广告是以秒为计时单位的，其从构思到拍摄的思维方式与以分为计时单位的影视节目大不相同，有其自身的创作规律。而这段时间，电视广告人大都是从电视台的新闻部门等转岗过来，所以他们的电视广告创作中大量存留着电视节目的痕迹。以下就是当时常见的电视广告形式。

解说词：本厂系某某重点工厂，历史悠久，技术力量雄厚。本厂生产的某某产品，荣获国家某某奖，畅销欧美等几十个国家和地区。本厂讲究信誉，服务周到，交货迅速，实行三包。厂址：×××　电话：×××　厂长：×××　联系人：×××

电视画面：一般都是厂房、生产线、产品检验、奖状锦旗、产品展示

这种简单直白的电视广告，缺乏创意，无艺术性可言，就是画面加文字的信息宣传，可以说是生产者的自我表白、自我欣赏，很难引起消费者的共鸣。这种形态，我们可以从那些年代流行的广告语中感受到。

广告流行语：西铁城领导钟表新潮流、石英技术誉满全球（西铁城）

国内首创、驰名中外（珍珠霜）

飞跃目标——世界先进水平（飞跃电器）

质量第一、用户第一（金星电器）

味道好极了（雀巢咖啡）

燕舞、燕舞，一曲歌来一片情（燕舞收录机）

……

但我们也会发现，这段时间电视广告的发展也是很快的。专业广告公司的发展，特别是当一批影视界的行家里手介入，给电视广告带来了新的景象。比较有代表的如江苏盐城无线电厂的"燕舞"广告。"燕舞"以当时流行的"霹雳舞"音乐节奏，配以动感的舞蹈动作，最后落到"一曲歌来一片情"。这就完全区别于当时单纯叫卖的广告，其创意和表现形式令人耳目一新，引起了观众的注意。"燕舞"牌录音机一时名声大噪，首次进京展销就被一抢而空，引起轰动。当时对中国广告界影响最大的要算是"雀巢"广告。这是上海广告公司为瑞士雀巢广告代理的广告。针对中国市场和中国国情，上海广告公司对雀巢公司提供的广告片进行了修改，将原广告中两名外国模特儿改为中国人，并提炼出"味道好极了"这一甜美的口头语作为广告语。广告一经播出，引起强烈反响。一方面"味道好极了"风靡一时，另一方面，给中国电视广告创作以重大启示——广告的目的是推销商品，因此广告的设计要能够引起消费者的兴趣。

二、1985—1992：产品推销期

1984 年，中共中央十二届三中全会做出《中共中央关于经济体制改革的决定》，把实行"对外开放"定为基本国策，第一次正式提出"社会主义商品经济"的概念。中国开始了由计划经济向市场经济的过渡，市场的性质也随之发生了根本的变化。此时，供不应求的卖方市场开始转向为买方市场，企业的广告意识大大加强，开始注重电视广告的推销作用。在推销观念主导下，我国电视广告开始更多地考虑到如何吸引消费者的注意，电视广告质量有了很大的提高。这段时期，影视专业广告公司快速成长。北京、广州、上海等地相继出现一批专业性中外合资影视广告公司，既引进先进的观念和手段，又打破了媒体独家经营的局面。大量国际广告理论的进入、国内各层次的广告协会的成立，及外商代理的逐步加入，促使了我国电视广告法制的建立和规范。1984 年 6 月，中国广告协会电视工作委员会成立。自 1985 年开始，每年举行全国优秀电视广告评比活动。1987 年 7 月，中央电视台成立广告部，下设业务科、制作科、财务科，专门承担电视广告的编辑、制作、播出和管理工作，并分别在第一套节目和第二套节目中开辟了《榜上有名》和《名不虚传》等栏目，提出了"重信誉，创优质服务"的电视广告传播原则。1990 年，全国电视广告获奖作品定名为政府级"印象奖"。这些都为中国的电视广告创造了良好的发展条件。电视广告的创意设计开始突破告知型和自我表现型的窠臼，广告传播开始重视对产品、市场和目标对象的分析研究，逐渐从纯主观的艺术创作倾向中摆脱出来。注重感性诉求和人情味、突出商品个性、主题定位准确、信息传达清晰、广告语精练的作品增多。

电视公益广告的出现是这一时期的一个创举。1986年，贵州电视台率先播出了以节约用水为主题的公益广告，引起了广告界的注意。1987年10月，中央电视台以"广而告之"为题系统播送公益广告，丰富了电视广告的类型。这种公益性的广告为电视台树立了良好形象，在人们追逐金钱的浪潮中，电视公益广告的出现带来了一股清新之风，营造了人与人之间的理解、同情和温馨，唤起了真、善、美的社会美德，赢得一致赞扬，很快在全国推广。

但是，这个时期由于市场规则的不完善、相关法规的不健全、假冒伪劣商品开始肆虐市场。广告创意设计中出现了一些吹嘘造假的现象。

这一时期较有代表性的较成功的广告语：

大宝，天天见（大宝）

万家乐，乐万家（万家乐电器）

当太阳升起的时候，我们的爱天长地久（太阳神）

两片，史克肠虫清（中美史克）

精心创造，精心服务（金星电视机）

挡不住的感觉（可口可乐）

今年二十，明年十八（白丽美容香皂）

容声，容声，质量的保证（容声冰箱）

只溶在口，不溶在手（巧克力）

用了都说好（达克宁霜）

她工作，您休息（凯歌全自动洗衣机）

高高兴兴上班去，平平安安回家来（公益广告）

喝了娃哈哈，吃饭就是香（娃哈哈）

一股浓香，一缕温暖（南方黑芝麻糊）

人人求健康，长寿505（505神功元气袋）

……

名人电视广告出现。1989年，李默然为"三九胃泰"作广告宣传，被称为"中国大陆明星广告之先"。还有"霞飞"请电影明星潘虹拍广告，"容声"冰箱请香港影星汪明荃作广告，"健力宝"以体育明星李宁为形象代言人。名人电视广告的出现丰富了电视广告的形式。

企业形象广告出现。80年代末，在国外风靡40多年的CI（企业形象识别）潮登陆中国。太阳神CI通过电视广告传遍大江南北。企业销售额从1988年的500万元增长到1989年的4,300万元，1991年更是达到8.5亿元。太阳神CI电视广告打造的神话，在全国掀起了CI热潮。企业形象广告的出现丰富了电视广告的类型。还有一种电视广告类型也在此间出现，那就是电视公益广告。

电视公益广告。电视公益广告的诞生当以 1986 年的电视广告"节约用水"为标志。贵阳市节水办公室与贵阳电视台合作摄制的"节约用水"，首次通过电视这一现代传播媒体来宣传公益观念。广告以生动的画面代替了过去干巴巴的标语口号，通过专业性创作，以艺术表现手法密切配合主题，唤起人们的节水意识。电视画面上，在汩汩流泻的河水和晶莹翻飞的浪花的宏大背景下，推出一个红色醒目的"水"字特写。接着出现一个个人们日常生活中急需用水的镜头。突然，画面上河流水落石出，湖泊水位下降，渲染出缺水的紧张气氛。同时旁白阐述全球性水源危机，水与人们日常生活休戚相关，引发紧迫感和危机感，最后是一句忠告"请君注意节约用水"。广告播出后，曾在市民中引起强烈反响，人们自觉节水，全市第四季度自来水消耗量比上年同期减少 47 万吨。不过公益广告在当时所占比例太少。到 1994 年中央电视台广告部在山东曲阜召开全国首届电视公益广告研讨会，公益广告才真正逐步受到重视。

故事广告。由无数个画面构成的电视广告，能表现出一种过程，这种过程又表述出情节的发生、发展、高潮、结尾，如同一篇微型小说。于是广告的商业目的被隐藏在故事中，观众收看电视广告的过程变成了艺术欣赏的过程。"南方黑芝麻糊·回忆篇"，可以说是这个时期电视广告中极具艺术价值的代表。

这是对遥远童年的回忆。画面一开始，便是一条无论南方还是北方城镇都有的长长街巷，昏暗的灯影，伴着一阵"黑芝麻糊"的叫卖声，出现了一位肩挑芝麻糊、沿街叫卖的大嫂及一位小女孩。之后镜头一转，一个可爱的、带着西瓜帽的男孩出现了，伴随着一个动情的男声"小时候，每当听到……"画外音，男孩离家跑向了芝麻糊摊。接下来是买卖过程的几个画面：大嫂盛满一碗冒着热气的芝麻糊递给了伸出双手的男孩，大嫂微笑着看着男孩，双手在搅拌芝麻糊的小女孩。此时，高潮出现了。只见已经喝完一碗芝麻糊的男孩，十分留恋地用舌头去舔沾在碗四周边上的芝麻糊……那真切、自然、极富生活感的镜头，足以令每一位成年观众想起自己的童年，也足以让每一位少年观众感觉那黑芝麻糊是多么好吃。之后又有一个感人的情节，大嫂给男孩又添了一勺芝麻糊，那种暖暖的爱意，展现出人情的美。整个广告情感动人，充分反映了中华民族"尊老爱幼"的美德，使人在一个小小故事回忆中不知不觉地接受了商品信息的传递。

这段时期，中国电视广告逐步摆脱了单纯的叫卖风格，广告的类型、形式得到丰富发展，广告创意设计、表现手法有了较大提高。将商品信息的传达艺术化，具有艺术感染力的电视广告受到观众的认可和喜爱。总的来看，虽说具有艺术水准的电视广告仍属凤毛麟角，但毕竟标志着中国电视广告进入了崭新的发展阶段。

三、1992—1995：策划创意期

1992年，中共十四大确立了社会主义市场经济体制。邓小平在南巡讲话时指出"我们应该有自己的拳头产品，创出我们中国的名牌，否则就要受人欺负"。这就从战略高度提出了创立中国名牌产品的重要性。在市场本土经济和西方现代广告理论的压力和启示下，一些企业厂家和广告经营者深感以传统的方式做广告已力不从心，于是开始尝试新的广告方式，并迅速接受了西方的现代营销观念，形成了以"现代市场营销为核心"的广告理念。要使电视广告成为面对面的销售方式，就要在创意方面加倍努力，以独特的技巧和富有吸引力的手法传达广告讯息，"用户就是上帝"，站在消费者的立场上做广告、说消费者关心的事成为广告主的主要诉求方法。

这个时期，可口可乐、肯德基、宝洁、柯达等国外品牌大举进军中国，在中国市场上拉开了品牌营销的战幕。市场竞争日益激烈，广告已不再单纯是孤立的推销手段，更进而成为所有现代企业保持生存的重要手段。面对以消费者为主体的市场，企业开始注重电视广告的策划。于是，各企业纷纷聘请广告策划人和广告公司为其出谋划策，根据产品的主要特点，确定对消费者的有利之处，决定广告诉求重点，突出产品的主要特点和能使消费者得到好处的明显理由，决定诉求方式，电视广告的创意设计水平明显提高。许多广告代理公司和专业影视、戏剧、音乐等文艺界人士纷纷参与电视广告的创意与制作，逐步开始了较为专业化的运作。同时拥有一流人才与设备的专业广告制作公司逐步增多，使得我国电视广告制作水平开始与国际接轨。名人式、引证式、音乐舞蹈式、现场表现式、故事式等说服效果好、制作精美的电视广告在电视屏幕上大放光彩。

　　　　广告流行语：新飞广告做得好，不如新飞冰箱好（新飞电冰箱）

　　　　　　　　　康师傅方便面，好吃看得见（康师傅）

　　　　　　　　　太空时代的饮品（果珍）

　　　　　　　　　拥有健康，当然亮泽（潘婷洗发水）

　　　　　　　　　羊羊羊，发羊财（恒源祥）

　　　　　　　　　今天你喝了没有？（乐百氏）

　　　　　　　　　海尔，真诚到永远（海尔电器）

　　　　　　　　　望子成龙，小霸王学习机（小霸王电脑学习机）

　　　　　　　　　省优、部优、葛优？（双汇火腿肠）

　　　　　　　　　汽车要加油，我要喝红牛（红牛饮料）

　　　　　　　　　孔府家酒，叫人想家（孔府家酒）

　　　　　　　　　我们为你想得更多（格力空调）

做女人真好（太太口服液）

......

　　这段时期，电视广告从单纯推销产品，变成了为营销战略服务。广告更多地站在消费者的立场，赋予产品文化的人性的含义，同时开始注重与民族文化的结合。比如："海尔，真诚到永远"（海尔电器），"我们为你想得更多"（格力空调）等广告创意注重情感诉求，追求生活化、人情味，以服务与承诺争取消费者，起到很好的宣传说服效果。又如"省优、部优、葛优？"（双汇火腿肠）葛优和冯巩以其幽默的表演收到了很好的宣传效益。而"小霸王"则以儿歌的形式迅速俘虏了孩子们和望子成龙的家长们的心。"你拍一，我拍一，小霸王出了学习机；你拍二，我拍二，游戏学习在一块儿……"。康师傅、恒源祥、海尔、双汇等品牌，通过电视广告深入人心。

　　每个民族都有其独特的民族文化与群体心理特征，利用消费者的民族文化心理创意设计电视广告，往往都能获得成功。中华民族是一个具有"怀旧"、"孝悌"、"念家"、"关爱"、"同情"等传统观念的民族。这种民族文化心理影响着国人对人对事的认知与态度，制约着国人的情感与行为，也自然影响到公众对于广告的注意、评价与接纳。"回家团圆"对中国人来说具有特殊的意义，从每年春节的回家潮可以看到这种社会文化的积淀。"孔府家酒·回家篇"充分把握了中国传统的民族文化：画面一，离家在外的游子（王姬饰）在一个大雪纷飞的除夕之夜回到家中，画外音乐"千万里，千万里，我一定要回到我的家……"。画面二，全家喜庆团圆的气氛中，画外音乐"我的家，永生永世不能忘……"。画面三，王姬拿出孔府家酒，敬给父母并意味深长地说出"孔府家酒，叫人想家"。当时，电视剧《北京人在纽约》热播，女主角王姬本身代表了海外游子。广告通过一系列的电视画面，刻意营造出一种游子思乡、归家以及祥和温馨等有关"家"的氛围，唤起了观众民族文化心理中"家"的情绪。其中的广告歌脱胎于《北京人在纽约》的主题曲"千万次的问"，琅琅上口，易唱易学，再加上王姬、刘欢的名人效应，使得这条广告迅速传遍大江南北。"孔府家酒·回家篇"在"花都杯"首届中国电视广告大奖赛中夺得"金塔大奖"、"公众大奖"和"最佳广告语奖"三项大奖，并在1995年全国第四届广告作品展上获电视类唯一金奖。

四、1996 至今：创意定位期

　　高速运转的经济速度令现代人生活得匆忙而疲惫。广告从业人员面临的最大考验是如何寻找独特的"这一个"来定位商品广告，才能在信息爆炸时代抢占焦点脱颖而出。1994年11月，中央电视台首次在北京举行广告段位招标，"孔府宴"酒以最高价3,099万元中标，成为第一届"标王"，由此点燃了为争夺"标王"的广告大战。之后是各同类行业争夺市场的广告大战，彩电大战，DVD大战，饮料大战、洗衣粉大战等等。这个时期，"市场整合营销传播"的观念传入中国。许多企业认识到，企业之间的竞争不再是局部的产品竞争、价格竞争、信息竞争、意识竞争等，现在已发展到整体性企业形象竞争。电视广告要在吸引观众注意力的基础上，通过文化的、情感的、人性的冲击，让观众对品牌产生认同感。电视广告的艺术追求，应当成为产品品牌价值的延伸。因此，电视广告进一步成为企业整合营销的重要组成部分。国际互联网的出现及日渐普及，使广告业者开始尝试新的课题。网络广告在形态、形式上的突破，刺激了电视广告产生新的创意。此时，各电视台之间为争夺广告市场，也纷纷开始注重自身定位、自身宣传，出现了频道形象宣传片。频道形象宣传片的出现，丰富了电视广告的内容，其中不乏好作品。广西电视台的形象宣传片《山·水·海篇》获得2001年第31届莫比广告奖影视广告金奖。"做自己民族的广告"成了广告人追求的目标。中国电视广告在形式和内容上出现了空前的多样化。

广告流行语：维维豆奶，欢乐开怀（维维豆奶）

科技以人为本（诺基亚）

穿金猴皮鞋，走金光大道（金猴皮鞋）

没有最好，只有更好（澳柯玛冰柜）

来电，看得见（步步高无绳电话）

牙好，胃口就好，身体倍儿棒，吃嘛嘛香（蓝天六必治）

保护嗓子，请选用金嗓子喉宝（金嗓子喉宝）

喝汇源果汁，走健康之路（汇源果汁）

农夫山泉有点甜（农夫山泉）

呼机、手机、商务通，一个都不能少（商务通）

泻痢停，泻痢停，痢疾拉肚一吃就停（泻痢停）

沟通从心开始（中国移动通信）

新北京，新奥运（北京申奥）

不走寻常路（美特斯·邦威）

今年流行第五季（健力宝第五季）

我的地盘听我的（中国移动动感地带）

我就喜欢（麦当劳）

一切皆有可能（李宁）

......

以品牌形象建设为主的"情感定位路线"：随着科技进步，许多同类产品的异质减小，电视广告的创意定位就选择以情感诉求寻找商品与受众的心理契合点。这样的心理契合，实际上更是一种文化层面上的契合。最为有代表性的作品当属"百年润发·周润发篇"。

"百年润发"电视广告品牌形象的独特定位、商业性和文化气质的完美结合，以及给人心灵的震撼，堪称是具有中国特色的经典之作。白头偕老的结发夫妻，这在中国历史上本身就有着深沉的文化内涵，"100 年润发，重庆奥妮!"——把中国夫妻从青丝到白发、相好百年的山盟海誓都融入了"100 年润发"中。在京剧的音乐背景下，"百年润发·周润发篇"给观众讲述了一个青梅竹马、白头偕老的爱情故事：男女主人公从相识、相恋、分别和结合都借助于周润发丰富的面部表情表现了出来：爱慕状、微笑状、焦灼状、欣喜状。洗发液一般是女人买给男人用，生活中通常也都是女人照顾男人。而在这则广告里，大胆进行了角色互换，让男主人公周润发一往情深地给"发妻"洗头浇水。这个创意点破了女性内心深处的渴求，也把周润发的魅力推到极至。明星名字与品牌名称的一语双关，曲折的男女情感，人生际遇的悲欢离合，京戏般的音乐，唯美的画面，再加上周润发英俊潇洒的梦中情人形象、细腻深情的演绎，使短短的广告片似乎蕴涵了一部故事片的丰厚内容，那句"青丝秀发，缘系百年"的广告语又把这个故事与产品巧妙结合起来，简直是神来之笔。在"百年润发"广告里，"文化气"和"商业气"在这里天衣无缝地结合，融汇成中国情感的、中国式词汇的民族品牌，这与国产商品"洋名风"、"霸气风"形成鲜明对比，有助于记忆度的加强，辨识率的提高。据当时一项调查显示，这条广告为企业创造了近 8 个亿的销售收入。

逢年过节晚辈给长辈送礼、亲朋好友互赠礼品，是中国人的传统。以送礼为号召力的"脑白金"——一种名不见经传的产品通过电视广告迅速占领市场。"送礼就送脑白金"、"收礼还收脑白金"的电视广告，一夜之间铺天盖地。对此，人们褒贬不一。称赞者认为，关爱父母符合中国国情；批评者认为，制作低劣、高密集轰炸令人头痛。不管如何，一个"礼"字加一个"情"字，其创意定位在中国市场大获成功。

与消费者用心对话的"亲和力定位路线"：借助在年轻人中具有广告号召力的影视歌星，利用他们的形象来打动追星族。比如张惠妹做的雪碧广告"我就是我"，周杰伦为动感地带做的广告"我的地盘我作主"。明星的亲和力拉近了广告与消费者的距离。

"爱立信·沟通篇"是成功运用亲和力的典范。一男孩在一家音像店躲雨。他想买一首歌曲的 CD，却忘记了歌名，于是他把曲调哼给女店员听。女店员微笑着听，没有说话。他以为自己唱得不好，于是又唱了一遍。没想到，女店员是聋哑人，她用手势和含混不清的话告诉他"我听不到，但我能感受到你的音乐"。回到家，男孩用手机拨通电台的电话，为这位听不见的女孩点播了他寻找的那首歌，他知道，她能够用心听到。在悠扬的歌声中，他们在不同的地方聆听同一首歌。广告语 "Make yourself heard" 点明爱立信手机与人沟通的重要性。深情浪漫的演绎方式，赋予冰冷手机更多的人情味，形成了打动人心的亲和力。

产品"差异性定位路线"：相同功用的产品，在进行广告传播时，对商品功能的传播重点和传播主题必然不同，这就是电视广告的差异性策略。"排毒养颜胶囊"用名称启动定位路线，在保健品市场开了一个很好的先例。市场上饮料、洗发水等同类型的产品就采取了差异性定位，创造产品差异，与竞争对手争占市场份额。"农夫山泉"以其天然品质来定位；"脉动"以维生素水概念迎合人们对健康的渴求；海飞丝洗发水注重去头屑的功能；夏士莲诉求黑亮光泽的滋润效果。还有，由于受到广告法的有关规定的制约，香烟广告都以曲折的手法来定位。白沙烟"我心飞翔"，黄山烟"一品黄山、天高云淡"，大红鹰"胜利之鹰"等等，力争在消费者心中留下自己的位置。

随着中国市场经济与国际化接轨程度的加深，市场成熟度越来越高，广告与营销结合的程度也越来越紧密。传统的广告形式已远远不够，需要新的专业队伍来繁荣电视广告艺术的创作。

我国的电视广告起步晚，与世界先进国家相比有一定距离，学习先进的世界广告创意经验、引进更多的设计技巧、提高广告从业人员的整体素质是直接而有效的方法。现代科技手段为电视广告的设计制作开辟了广阔的前景。多媒体技术的运用可以实现创作者更大胆、丰富的创意梦想。电视广告中广泛运用动画、特技、音效等技术，能够将主题诉求表现得更大胆、夸张、鲜明，形成强烈的视听冲击，使电视广告艺术更具观赏性。当然，多媒体技术只是辅助手段，要想成就一个观众喜爱、市场看好的电视广告，需要有好的"点子"。好"点子"哪里来？对市场、消费者进行深入调查分析，寻找商品独特的卖点，为广告设计出与产品内在气质相符合的独特形象，在表现这一独特形象时需要很好地与民族文化和大众审美相联系，这样才能为观众所接受。

有一个故事：一个国家有两个技术高超的木匠，国王要他俩比赛雕刻老鼠，看谁的技术第一。两人将自己精心制作的老鼠拿到大殿上，第一个雕刻得惟妙惟肖，栩栩如生，第二个只是一个老鼠的大概形状。大家一致判定第一个人获胜。第二个人不服，说：老鼠是否逼真应该由猫来选。国王同意了，放出几只猫。没想到，几只猫都扑向那只简陋的老鼠。于是第二个人获得了荣誉。国王不解，询问原因，第二个人回答：我只是雕刻的材料不同。我没有用木材雕刻，用的是鱼骨头。可见，任何精巧的技术都比不过人性化的设计。当然，这只是一个比喻。我们的电视广告有先进的技术设备支撑，但最关键的是要有独到的创意设计。独到的确很难，要有对民族文化精神的准确把握，才能形成来源于生活的人性的构思，才能创作出观众喜爱的广告艺术作品。

第九章

中国电视艺术理论建设

中国电视艺术的发展实践必然催生出中国电视艺术理论。中国电视艺术发展史的每一页都留下了中国电视艺术理论批评与美学建设的发展足迹。随着电视艺术创作不断繁荣，电视艺术理论建设也不断向广度和深度拓展。

第一节　中国电视艺术理论建设的发端（1958—1977）

一、中国电视艺术理论的初步探讨

从 1958 年北京电视台（中央电视台前身）成立到 20 世纪 70 年代末期，整个国家广播电视事业基本上处于起步摸索阶段，电视机在全国范围内的普及率相当低，整个电视艺术的创作与传播还处于相当幼稚的时期。电视艺术实践的贫乏必然导致电视艺术理论的匮乏，严格而言，这个时期只能算是中国电视艺术理论建设的发端期，专门针对电视艺术实践的理论批评相当有限，电视艺术理论建设尚待拓荒。

当时数量有限的电视观众通过"观众来信"的方式向电视台表达他们对电视节目的看法，并提出批评和建议，成为早期中国电视最直接的电视评论活动。此举标志着人们已经开始学会用理性的目光注视电视屏幕，不满足于只是充当被动的接受者，而是根据自己的生活经验、审美体验、艺术趣味、思维方式，对电视节目的制作与播出提出自己的看法。由于当时国家把广播电视业界定为宣传教育事业机构，对广播电视工作有着明确而严格的意识形态要求，因此，从国家主流意识形态的需要出发，以当时的中国国家电视台——北京电视台为代表的中国电视，承担的主要任务就是时事新闻发布、政治政策宣传以及普及社会教育，在此基础上提供必要的文化娱乐，丰富人民群众的日常文化生活。于是，当时的中国电视节目常是以新闻节目和社教节目为主，电视文艺节目的制作与播出相对有限。在这有限的电视艺术实践活动中，缺乏在审美层次和社会反响上都较成熟的典范作品，电视与传统艺术形式的结缘停留在相当粗糙的阶段。从根本上说，当时的电视文艺创作还不足以成为一种独立的以电视为媒介基础的艺术形态。因此，在当时电视理论研究视野中，电视艺术只是一处边缘风景。1955年10月创刊的全国性理论刊物《广播业务》截止到1964年底，共出版85期，先后发表研究广播电视理论的业务文章和有关材料1，456篇，其中261篇是研究电视的文章，而且绝大多数电视评论文章集中于讨论电视技术与电视新闻宣传方面的问题，如《足球和足球比赛中的实况转播》、《电视广播宣传中的几种方式方法》、《电视报道的人物选择和刻画》、《电视经济新闻的出路》、《电视新闻不能表现过去怎么办?》等，对电视媒介可能具备的艺术表现形式的理论探讨相当有限。《电视剧可否采用象征性的背景》、《试评诗朗诵〈海誓〉的电视播出》、《电视节目〈告别山城〉观后》等评论文章在一定程度上推动了早期电视艺术评论活动的开展，但是理论深度显然不够。1959年，著名剧作家田汉先生针对当时表现青年工人参加首都十大建设的电视剧《新一代》展开评论，在《人民日报》上著文称"电视剧是文艺战线的轻骑兵"。这一期间，还有裴玉章、康荫、许欢子、李子先等一批早期广播电视人针对当时的电视制作与传播的实际工作，撰写了不少评论和介绍性的文章。可以说，他们是中国电视评论的奠基人。这些带有对电视节目研究和讨论性质的文章陆续在刊物上发表，为处于萌芽状态的电视理论（包括电视艺术理论）探讨能够逐步在更大范围内产生影响，起到了推进的积极作用。

1966年"文化大革命"开始，电视台的正常工作一度中断。虽然后来恢复播出，但是所有电视节目都只能为"文化大革命"的政治目的服务，电视艺术的创作活动走进狭窄的死胡同，而电视艺术理论批评也必然地走向沉寂。当时所谓的一些电视评论文章，也基本上是"极左"政治路线的产物，紧密配合"文革"的中心工作，文风充满标语化、口号化的浮夸色彩，对于电视艺术理论的探讨没有贡献。

二、中国电视艺术理论发端期特征

发端期的中国电视艺术理论特征是与早期中国电视艺术的发展状况紧密联系的。

这个时期，中国内地电视机的家庭拥有量太少，电视传播的覆盖面有限，电视对于人们社会生活的影响非常小。因此，电视作为一种传播工具的价值和它作为一种文化艺术现象的意义都远没有引起理论批评界的重视。

这个时期，电视艺术的实践还极其单一贫乏，电视艺术的受众极其有限。因此，作为一种媒介艺术，它还远没有能力构建起属于自己的独特的美学特征。因而，当时对于电视节目的艺术评价，常常需要借鉴和套用戏剧美学、电影美学、小说美学等艺术理论话语，而且这种借鉴与套用也还是相当有限的。

这个时期，电视台的节目制作与播出都处在实验阶段。从根本上说，当时的电视节目所能够给予受众的审美体验是有限的，电视节目制作上的普遍粗糙以及电视传播技术上的落后，使得电视节目无法达到一个较高的审美水准，更谈不上有太多热烈的社会反响。如此一来，电视艺术理论批评活动也就无法获得自己丰富多样的研究个案。这显然不利于电视艺术理论思维的培育。

综上所述，这一时期中国电视艺术在电视艺术传播的社会影响力、电视艺术作为独立艺术形态的创新力、电视艺术典范的审美吸引力三方面的匮乏与不足基本上使得电视艺术理论研究还是一个待开垦的处女地，建设电视艺术理论体系的任务无论是主观上还是客观上都还缺乏条件。

第二节　中国电视艺术理论建设的复苏与拓展（1978—1992）

一、中国电视艺术理论建设的复苏（1978—1986）

电视作为现代社会最重要的大众传播媒介，具有传播速度快、覆盖面广、渗透力强、影响力大等其他媒介无法比拟的突出特点。各种艺术形式与电视媒介结缘，不仅是对传统艺术和审美观念的更新，也促使电视艺术成为一种新的艺术形态，具有独特的审美价值，开始介入到一般民众的精神文化生活领域。20 世纪 70 年代末，中国开始实行改革开放政策，电视事业得到了快速发展。电视节目内容与形式、数量与质量等诸多方面都得到很大提高和发展，电视文化的影响力日益增强。丰富的电视实践为电视理论批评工作（包括电视艺术理论研究）提供了丰富多样的研究对象。伴随着电视理论批评活动的重新开展，电视艺术理论建设也开始步入复苏阶段。

（一）专业刊物与论文的增加

1978 年以来，电视研究刊物逐渐增加，公开发行的有《北京广播学院学报》（1995 年更名为《现代传播》）、《新闻广播电视研究》、《中国广播电视学刊》；广播电视部主办的《广播电视战线》；电视艺术委员会主办的《电视文艺》；天津《广播电视杂志》；浙江《大众电视》；湖北《电视月刊》；福建《中外电视》等。

到 1984 年底，全国已有地方性广播电视研究刊物 54 种，还有相当一部分新闻期刊也分别辟有电视专栏。中央电视台 1984 年 8 月开始筹划《电视业务》刊物，1985 年初正式创刊（后更名为《电视研究》）。这些刊物的涌现，为电视理论批评的研究成果提供了发表阵地，推动了电视理论研究的发展。刊物所发表的研究文章内容涉及电视基本规律与基础理论、电视节目制作、电视传播、电视艺术特征等各个方面。就电视艺术创作而言，《试论电视片创作中的情感问题》、《论陈汉元的解说词创作》、《用镜头说话》等文章都开始具有了一定的理论水准，显示出人们正在努力把对电视艺术创作与传播的理性认知与思考推向更深的层次和更宽泛的领域。电视艺术理论建设开始具有更强的理论辨析色彩。

（二）专业研究机构与研究队伍陆续建立

随着我国改革开放和经济建设的快速发展，整个电视事业无论在深度还是广度上都得到了大发展。全国各省、（地）市级电视台纷纷建立，部分县（市）也建立了电视台。中央电视台到 1986 年时已开办了 3 套电视节目。丰富的电视实践急切需要电视理论、批评的建设。在现实的呼唤与推动下，电视理论研究机构与研究队伍的建立，为正逢其时的电视理论建设的全面开展奠定了良好的基础。

为适应电视事业的发展，1985 年中国电视艺术家协会成立。1986 年中国广播电视学会成立，各级电视媒体、电视教育部门也都纷纷成立学会的分支机构。除了在电视台系统建立专门研究机构以外，中国社会科学院、中国人民大学、北京广播学院（现名中国传媒大学）、复旦大学等科研机构及高等院校也陆续建立了相应的电视研究机构。各类电视研究机构的建立，团结了一大批有志于从事电视研究的理论工作者，使电视理论研究队伍迅速扩大。

（三）电视艺术理论研讨活动的开展

从中央到地方各级电视台、电视学术研究机构积极组织各种选题开展学术研讨活动。相应地，电视艺术理论研讨也全面展开。这一时期，全国召开的一些有影响的电视艺术理论研讨活动主要有：

1981 年 2 月，全国电视剧编导经验交流会在北京召开。这次会议对《凡人小事》等一批优秀电视剧的创作进行了讨论，提出电视剧艺术应对观众产生引导作用。

1981 年 5 月，全国电视"文化生活"专题座谈会在昆明举行，与会人员就文化生活节目的题材范围、表现形式等进行了研究。

1983 年 1 月，全国电视剧导演艺术理论座谈会在北京召开。会议提出加强电视剧的研究和评介工作。

1984 年 5 月，全国电视文艺座谈会在北京召开。会议就如何办好电视文艺节目进行了讨论。

1985 年 10 月，全国提高电视剧质量研讨会在北京举行。会议就电视剧艺术的基本规律等问题展开了研究。

这些活动针对当时电视艺术创作中所反映出的问题进行研讨，以产生一批理论性、学术性较强的理论批评文章为成果，对于推动电视艺术创作的发展以及电视艺术理论建设都具有十分重要的作用。

（四）电视节目评奖活动的开展

从 1981 年起，全国性的电视节目评奖活动陆续举行。电视剧"飞天奖"始于 1981 年；电视文艺"星光奖"始于 1987 年，由中国广播电视学会和中国电视艺术委员会组织。每次电视评奖活动既是对节目的评价，也是一次认真的经验总结，更是一次理论的提升。评奖本身就是一次电视文化价值的判断、评价和选择的过程。评奖以后，就会有一批针对电视节目评奖的评论文章问世。在评奖过程中，大家从不同角度分析研究了作品所体现的思想价值和艺术价值，肯定作品取得的成绩，指出作品存在的问题。

总体说来，这一时期电视研究刊物与理论文章的增多，各级各类研究机构的建立与研究队伍的扩大，各种研讨与评奖活动的开展，都预示着电视（艺术）理论研究开始得到前所未有的重视，中国电视（艺术）理论研究体系的建设正在步入一个新的发展阶段。

二、中国电视艺术理论建设的拓展（1987—1992）

电视艺术理论建设的拓展得益于整个电视理论研究领域的拓展。伴随电视制作观念的进一步解放、电视制作技术的进一步提高，中国电视节目的品种与类型逐渐变得丰富多样。这为方兴未艾的电视理论研究提供了更多的研究对象。

（一）电视艺术创作渐成研究热点

这一时期，电视文艺类节目发展很快，电视屏幕上出现了许多新的艺术表现形式。电视小说、电视散文、电视诗歌、电视报告文学、电视风光片、电视专题文艺、电视文献片、电视纪录片、电视小品、电视短剧、电视连续剧、电视系列剧、电视综艺、电视戏曲、音乐电视等等多样化的电视文艺形式，令观众目不暇接，为电视理论批评活动提供了阐释的空间。

针对电视文艺快速发展的态势，出现了一批有代表性的研究成果：《寻找与观众深层的心理对应》（彭加瑾）、《关于电视文艺的几点思考》（宋春霖）、《光、色与电视美学》（王若芳）、《论电视文艺的编排艺术》（欧泽纯）、《春节晚会与春节文化》（孟繁树）、《电视艺术中的几个美学问题》（曹利华）、《试论邓在军电视导演艺术风格》（范建国）、《音乐电视节目的选择》（陈志昂）等。

这一时期的电视纪录片无论是主题内涵，还是艺术表现形式都有新的开掘与变革。电视纪录片研究渐成热点，批评活动十分活跃。《试论电视纪录片纪实风格的新发展》（张俊德）、《电视纪录片及其社会作用初探》（徐炳才）、《电视专题界说》（陶皆良）、《电视专题节目刍议》（张建堂）、《从专题节目的发展看专题节目的界定》（秦素芬）、《电视专题片探微》（刘文俊）、《电视专题片刍议》（张家滨）、《专题节目的综合性》（张哲西）、《专题节目也是一种节目类型》（林杰谦）、《电视纪录片界定和创作》（任远）、《电视纪录片与电视专题片界说》（高鑫）、《电视纪录片特征辨析》（钟大年）、《从昨天到今天——谈纪录片的观念及中国电视纪录片的发展与走向》（路海波）等都是当时具有一定影响的理论研究文字，这些成果对于推动中国电视纪录片的发展起了一定的作用。

从这个时期开始，电视剧艺术研究开始显示出其突出的地位。不同题材与体裁的电视剧都进入了研究者的理论视野中。《儿童电视剧漫谈》（徐家察）、《童心、美育、宏观目标——谈儿童电视剧创作中的三个问题》（蔡骧）、《儿童意识与审美创造》(徐宏)、《论表现儿童心态的三个语言特征》(邹嘉仁)、《如何提高革命历史题材电视剧创作水平和艺术质量》(阮若琳)、《怎样把辉煌的革命历史变为辉煌的艺术》(王愿坚)、《论戏曲电视剧》(孟繁树)、《在屏幕上再现戏曲艺术》(安葵)、《对"地域"特色的几点看法》(钟艺兵)、《地域特色电视剧与地域文化》(高鑫)、《〈渴望〉的轰动效应及其思考》(周金华)、《幽默对大家都宽容》(童道明)、《谈行业电视剧的进步意义》(陈慧娟)、《双重文化语境中的中国大众文艺》(陶东风)等等。1987年3月在太原召开了"全国电视剧美学研讨会"。会议结合我国电视剧创作探讨了电视剧的美学特征、电视剧美学研究方法以及未来电视剧美学的走向,从而拓宽了我国电视剧理论的发展道路,促进了电视剧创作者走向理论的自觉意识。1988年11月中国电视艺术家协会组织召开了"革命历史题材和当代人物传记电视剧研讨会",会议评价和审视了近年来此类题材的创作情况,认为这方面的创作还不够理想,抓得好的剧目比较少,艺术质量偏低的居多。

(二) 电视艺术理论研究思路拓宽

电视艺术理论研究思路拓宽的一个重要标志就是理论思维得到加强。这一时期的电视艺术理论研究开始从电视艺术的审美特征出发,研究和分析电视艺术的语言特色、思维方式与创作风格。研究者借助对电视艺术作品的鉴赏与评价,使受众在思想认识与艺术体验两个方面都获得新的较高层次的起点。研究者开始普遍把自己个性化的思辨意识、厚重的文化意识和深刻的审美意识作为评判电视艺术作品是否成功的重要标准。这本身就表明电视艺术理论研究的深度得到新的开掘,研究者面对丰富多样的研究对象时,没有只是停留在对作品进行简单的优劣评判上,而是着力从哲学、审美、历史、文化的高度阐释电视艺术现象,辨析电视艺术的主题与内蕴。

长篇室内电视连续剧《渴望》的出现,引起了批评家的关注。在电视剧播出前后的一段时间,全国各报刊杂志编发了大量评价文章,据对当时公开出版的11家刊物统计,在同一期号上就曾发表了18篇文章,对《渴望》产生的意义、创作风格、艺术表现力等进行分析研究。这种现象表明电视批评已走向立体化的批评方法,走向了更高层次。拓宽批评路子,还表现为给一些在电视创作上取得成就的著名记者、编辑、艺术家召开个人创作研讨会。如1990年4月《当代电视》杂志社等单位联合举办的"胡连翠戏曲电视剧导演研讨会";1991年6月中央电视台研究室主持召开的"黄一鹤电视艺术研讨会";同年11月召开的"邓在军电视艺术研讨会"等。研究艺术家个人创作风格和艺术特色,是电视文艺批评走向成熟的标志,推动了整个电视艺术理论的建设。丰富的电视艺术实践,促进了理论研究的开展。一批优秀的电视艺术理论研究成果在电视业界引起较大反响,不断更新着电视文化艺术观念,推动着电视艺术的改革创新。

还有 1991 年中央电视台《神州风采》100 期研讨会，《地方台 30 分钟》研讨会、电视艺术片研讨会、首届中国电视节目展播评选、《望长城》研讨会等等，注重于批评中坚持理论联系实际，及时总结电视传播中的经验，并将其升华为科学理论来指导电视的传播。

（三）电视艺术理论研究专著的大量涌现

这一时期涌现出一批电视艺术理论研究的专著，它们为构筑电视艺术理论体系打下良好的基础。

中央电视台出版的著作有《屏前点评录》、《话说电视节目主持人》、《电视剧论集》、《电视专题论集》、《电视声画论集》、《电视制作论集》、《屏前点评录》（第二集）、《黄一鹤的艺术道路》等。

电视剧评论文集有：《电视剧的探索》（徐宏 著）、《王云缦荧屏艺术文集》（王云缦、果青 编）、《"飞天"与"金鸡"的魅力》（仲呈祥 著）、《荧屏内外》（朱汉生 著）、《电视剧评论十人集》（陆文杰 编）、《悲剧的魅力》（汤恒、陈卡 编）等。

其他电视艺术理论著作有：《电视文化学》（田本相 著）、《电视剧艺术论》（宋家玲 著）、《电视剧通论》（壮春雨 著）、《电视剧美学》（路海波 著）、《电视剧导演创作与理论》（高洋、汤恒 著）等。

中国广播电视学会每年还出版电视节目评奖中评析获奖作品的著作。

20 世纪 80 年代后期，电视专题片《河殇》的出现，在电视理论批评界引起了较大的反响，并诱发了关于《河殇》的争鸣。此次争鸣提出了怎样评价中国传统文明以及在电视艺术片创作中，我们应该坚持什么样的政治观、历史观等问题。这一时期出版了《重评〈河殇〉》、《〈河殇〉的批判》等批评著作、论文集。《河殇》的讨论，不仅涉及到创作手法，还涉及到创作理念、指导思想等一系列有关电视艺术创作的思想性、艺术性方面的问题。通过争鸣，大家更明确了电视艺术创作，特别是专题片、纪录片创作应该始终坚持历史唯物主义创作态度，积极弘扬中华民族传统文化精华的认识。

综观这个时期电视艺术理论研究的成果，首先，电视艺术批评理论文章和专著的数量有了大幅度增加，充分表明电视艺术作为一种新兴的独立的媒介艺术形态，正越来越多地引起理论批评界的关注。其次，改革开放以来，日益丰富的电视艺术创作实践，极大地促进了电视艺术理论研究活动的开展，新的艺术观念与批评观念拓展了电视艺术理论建设的思维空间。再次，处于迅速恢复与快速发展时期的电视艺术实践也推动着电视艺术理论研究范围与领域的日益扩展，为中国电视艺术理论建设走向自觉与深化的新阶段奠定了基础。

第三节　中国电视艺术理论建设的
自觉与深化（1993—2005）

一、中国电视艺术理论建设的自觉（1993—2001）

（一）争鸣与创新

理论争鸣意识的增强是 20 世纪 90 年代以来中国电视艺术理论建设的特色，也是电视艺术理论建设进入自觉期的重要标志。

通过争鸣，对于在中国电视艺术理论建设过程中的一些带有根本性和全局性的问题，逐渐达成共识，例如：电视艺术创作与传播须始终坚持正确的导向性，弘扬"主旋律"，提倡多样化；坚持电视艺术创作的思想性、民族性、当代性、综合性、创新性，整合宣传、教育、娱乐、服务等多种电视媒介功能，更好地满足广大人民群众日益增长的精神文化需求。

90 年代初，纪录片《望长城》的成功，引起了理论研究界长时期的关注与思考。该片的创新意识在研究界掀起了一个关于"纪实"与"写意"的持久、广泛而热烈的理论争鸣。当时，以北京广播学院为代表的观点认为：《望长城》具有现代纪录的纪实品格，它质朴而深情地表现中国人，给人以内在的审美享受，它是真正意义上的纪录片；也有研究者对此持保留意见认为，"电视设备的先进性放纵了《望长城》的随意性"，长镜头的盲目性削减了《望长城》的整体信息含量。《望长城》引起了人们对纪实作品的赞美，也引起了对某些写意式作品（如《西藏的诱惑》）的批评。

电视连续剧《渴望》以传统的人伦情感既迎合了市民的传统文化心理又同主导文化的导向要求保持了一致。有关方面围绕这一现象，邀请有关专家学者、剧组人员等进行研讨，在理论争鸣中，把电视剧艺术的"娱乐性"作为一个重要的美学概念进行强调，希望电视剧创作能够在艺术与娱乐、高雅与通俗之间寻找最适合的平衡点，从而进一步繁荣电视荧屏。

（二）电视艺术理论研究的专业化

20 世纪 90 年代中后期以来，电视艺术理论研究进一步趋向专业化。这个时期，以《中国广播电视学刊》、《现代传播》、《电视研究》、《中国电视》、《当代电视》等为代表的专业刊物在全国已经发展到 40 多家，一些科研院校办的刊物也专门辟有电视艺术理论研究方面的专栏。大量专业刊物的发展，使电视艺术理论的研究成果有了更多专业化的传播载体，进一步繁荣了电视艺术理论的专业化研究。

1. 电视艺术基础理论研究

电视艺术基础理论的全面构筑和系统建设关系到电视艺术理论的整体发展和

学术地位的提升。电视艺术基础理论是以电视艺术的整体作为研究对象，全面介绍关于电视艺术的发生发展、视听元素、鉴赏批评等知识和理论，系统构筑电视艺术理论框架和体系，重点探讨电视艺术的审美特质，以求在宏观上把握电视艺术自身发展规律，给研究者和从业者以思考和启迪。由于电视艺术基础理论研究高度重视对于电视艺术审美特质和艺术规律的归纳与探索，因此，这项研究对于电视艺术这个新兴的专业显得尤为重要。

这个时期，全面系统地对电视艺术基础理论进行梳理和论述的著作，较为突出的有《影视艺术新论》（张凤铸　编著）、《电视艺术12讲》（胡辛　主编）、《镜头前的艺术》（任远　主编）、《电视理论研究》（冷冶夫　著）、《电视审美文化研究》（於贤德　著）、《电视艺术的观念》（丁海宴　著）等。

在电视艺术基础理论研究方面，为加强对电视艺术专业性的认识与理解，出现了电视艺术与电影艺术的比较研究和综合研究。这方面的代表成果有作比较研究的《影视艺术比较论》（宋家玲　编著）和《文化的交响——中国电影比较研究》（颜纯钧　著）；有作综合研究的《中国影视美学丛书》（8本）（黄会林　主编）、《中国影视艺术理论研究》（周星　著）、《影视文化学》（陈默　著）、《影视摄影艺术》（郑国恩　著）、《影视艺术新论》（张凤铸　编著）、《影视艺术欣赏》（高鑫　主编）、《影视文化论稿》（胡智锋　著）、《影视录音学》（姚国强　著）、《影视光线艺术》（刘永泗　著）、《中国影视艺术论》（莫德建　著）等。

2. 电视艺术实务研究

电视艺术的实务研究讲究实践性与可操作性，是一种直接以指导电视艺术创作实践为目标的理论研究，具有较强的专业价值与现实意义。电视艺术的实务研究，既包括对电视艺术本体的研究，如对电视艺术视听表现元素的研究；也包括对电视艺术创作的过程研究，如对节目策划、剧本创作、场景调度、后期编辑、数字特效等方面的研究；还包括了对电视艺术传播形态与传播规律的研究等。

这个时期的电视艺术实务研究所取得的新成果，所表现出的新趋势、新特点，主要表现在一批研究丛书的涌现，其中有：北京电影学院专家撰写的"实用影视艺术丛书"；北京广播学院电视系组编的"电视学系列教程"、"电视节目制作教材"；北京广播学院文艺系组编的"广播电视文艺系列丛书"、关玲主编的《中国电视文艺20年》；广电总局组编的"广播电视职业教育丛书"；北师大艺术系组编（黄会林　主编）的"影视艺术学科基础系列教程"；电视艺术丛书编委会组编的"电视艺术丛书"；上海复旦大学组编的"21世纪电视业务前瞻丛书"等。这些丛书对电视艺术的应用理论和技巧有着深入浅出的系统阐述，具有较强的实用性和可操作性。

电视应用理论研究的纵深和开拓，使电视学（包括电视艺术学）理论体系走向完善化。1997年《中国应用电视学》的出版，标志着"第一次建立起电视作为一门学科的理论框架",电视理论初步有了一个较为完整的框架和体系。随着电视学理论研究不断地运用新的思路和视角,开拓新领域,总结新经验,取得了新的理论成果,电视学作为一个学科体系的完整性得到增强。

3. 电视艺术史研究

虽然中国电视艺术史的研究同整个电视史研究一样,都还处在起步阶段,但这重要的一步却是理论研究自觉意识的深刻体现。电视史(包括电视艺术史)是一门发展中的新学科,研究工作刚刚起步,同我国电视发展规模的需要相比,同其他专业史学研究的丰硕成果相比,还存在相当大的差距,任重而道远。同时,中国电视艺术史研究处于初级阶段不仅表现在研究规模上,也表现在研究层次上。已经问世的中国电视艺术史论著,包括这个时期的代表性成果:《中国电视艺术发展史》(钟艺兵、黄望南 主编)和《中国电视艺术通史》(陈志昂 主编),基本上还处于历史事实的描述阶段。两部论著对中国电视艺术史料作了整理,对部分电视艺术作品作了初步的价值评判,对电视艺术作品的发展轮廓和轨迹作了粗略勾勒,并进行了初步的探讨与分析。然而,从治史、修史的史学规范和史著的价值来看,这些工作远远不够。尽管这样,这些研究著作的出现仍旧具有重大意义。因为研究工作不可能一蹴而就,只有先对历史发展的真实面貌给予客观的描述,使人们得知其来龙去脉,才有可能从这基础性的研究中作进一步的研究,从历史发展的回顾中总结规律、经验与教训,进而展望未来趋势和走向。而这一时期这些具有代表性的著作无疑担负起了这样一个厚重的基础性工作。《中国电视艺术通史》对中国电视艺术发展历程进行详尽的描述,收编了许多宝贵而翔实的历史资料。与之相似,《中国电视艺术发展史》也对整个中国电视艺术发展历程进行了初步的分门别类的历史叙述。从这个意义上说,中国电视艺术史研究应以这些著作为基础,站在一个新的起点,迈入新的研究阶段。

4. 电视艺术批评研究

这一时期的《现代影视批评艺术》(周安华 著)和《电视批评论》(欧阳宏生 著)都着眼于把电视批评作为一门学科来进行系统研究。电视艺术批评作为电视批评的一个必然的有机组成部分,在这些学术理论著作中得到了深入的阐释,在大量中国电视批评实践的基础上,作者从电视批评的一般原理与规律出发,探讨了电视艺术批评的本质、特征、发展史、美学内涵等一系列基本问题,并试图建设具有本土特色的包括电视艺术批评在内的中国电视批评理论体系。这些学术理论著作以其丰富全面的电视现象解读、电视理论批评思维的开放性与创新性、多学科背景的科学性等特点提升了电视批评(包括电视艺术批评)的理论水准,及时总结了大量源于本土电视创作实践、发展现实以及文化思潮的批评研究方法,为电视批评进入新的层次提供了话语支持。

5. 电视艺术理论研究的多层次与全方位

伴随中国经济的持续快速发展以及各项社会事业取得的长足进步，人们对于精神文化生活的需求空前旺盛，而作为社会大众最重要的文化生活方式的电视艺术已经深深介入到了人们的日常生活领域，为人们的精神世界带来审美和娱乐享受，并且提升和陶冶了人们的思想情操。无论是电视剧艺术、电视艺术片、电视综艺晚会、电视综艺娱乐，还是音乐电视，各以其独特的艺术样式和美学形态在丰富了电视荧屏的同时，也呼应着对当代社会生活准确而鲜明的把握和认识。当代中国，是一个正在经历重大社会变革的时代，各种现代意识与传统观念交织撞击。中国电视艺术站在新旧世纪转换的历史交叉点上，真诚面对纷纭复杂的社会现实，深入开掘现代文明与传统文化的丰富资源，及时反映转型社会一般大众的心理变迁，用电视艺术独特而鲜明的审美特征构筑着当代中国丰富多元的电视文化格局。而广大电视观众对于这种电视文化格局产生了审美心理上的接受惯性，以巨大的收视热情和参与意识同电视艺术进行着广泛而积极的互动，进一步提升着当代中国电视艺术的审美品位。

而电视艺术实践的全面展开和艺术水准的不断提高，也促使电视艺术理论研究领域出现许多新的热点、难点问题，这些研究热点或难点使研究工作呈现出多层次、全方位的发展态势。主要理论成果集中表现为：

（1）电视剧研究

这个时期是电视剧理论研究的一个重要收获期。有关电视剧的评论文章与理论专著都开始涌现，这些成果涉及到了丰富多样的电视剧作品，并且把思维的触角延伸到了电视剧艺术形态的深层，对电视剧艺术发展中的重要理论命题都进行了切实的思考与研究，把电视剧理论建设推向了一个新阶段。主要成果有：《电视剧论集》（陈汉元　主编）、《电视剧长短录》（赵群　编著）、《电视剧赏析》（高鑫、吴秋雅　著）、《苦涩的辉煌——刘扬体电视剧评论选》（刘扬体　著）、《电视文本写作学》（黄会林　主编）、《戏曲电视剧艺术论》（孟繁树　著）。

这个时期，对于电视剧理论研究而言，更重要的现象是理论研究的积淀已经为电视剧艺术的学科建设提供了新的可能性。《电视剧原理·本质论》（曾庆瑞　著）系统探讨了电视剧作为一种独立艺术形态的本质特征与本质规律。作者在"总论"中指出：一、电视剧原理是一门新兴的人类社会艺术的科学；二、电视剧原理阐释电视剧艺术的总体特征和规律；三、电视剧原理的科学理论意义及其艺术实践价值；四、研究电视剧艺术阐释电视剧原理的科学方法论。这种系统研究的理论架构深化拓展了电视剧理论研究的思路，实际上已经为电视剧艺术学的研究提供了本质对象论与科学方法论。《中国电视剧发展史纲》（吴素玲　著）则作为建构电视剧艺术学科的另一个重要环节，强调对研究对象——中国电视剧艺术的历史发展脉络有一个清晰的梳理和充分的认识。作为对中国电视剧第一次做独立的史学研究的专著，该成果填补了电视剧研究的空白，也标志着电视剧研究在学科构架上的日益完善。从中国电视剧的诞生，40余年间的重要创作现象、重要作品、宝贵的经验规律都在发展史中进行了系统阐述。

还有《中国电视剧的审美艺术》（曾庆瑞、卢蓉　著）、《王扶林电视剧导演艺术论》（吴素玲　主编）、《电视剧剧作艺术》（周靖波　著）、《电视剧的戏剧冲突艺术》（秦俊香　著）等。这些成果都从不同的角度为奠定电视剧艺术研究的学科体系进行着夯实基础的工作。此外，某些学术论文如曾庆瑞的《论电视剧艺术学的研究方法》、李传华的《电视剧艺术学建构在文化嬗变中的先锋意识概说》等都从不同角度提出了有关电视剧艺术研究的学科建构问题。

（2）电视叙事学研究

《电视虚构叙事导论》（周靖波　著）从叙事结构学的理论角度，对电视叙事作品给予了全新观照，为电视文学创作理论研究提供了新的启示。

（3）电视纪录片研究

纪录片研究一直是这个时期的电视节目形态研究中的一个热点。众多纪录片创作者与研究者一直都以强烈的主体意识，对纪录片进行艺术观照，探询纪录片的艺术创作规律。这个时期主要的理论成果有：《纪录电影文献》（单万里　编）、《电视纪录片——艺术、手法与中外观照》（石屹　著）、《镜头像自己的眼睛一样》（吴文虎　著）等。

（4）音乐电视研究

音乐电视（MTV）是电视艺术实践中的一道靓丽的风景线，但是显然对这个艺术类型的理论研究还很薄弱，更谈不上系统的理论建树。这个时期出版的《音乐电视导论》（何晓兵　著）和《音乐电视（MTV）编导艺术》（杨晓鲁　著）在这个领域作出了难能可贵的开拓性工作。

（5）电视综艺娱乐节目研究

电视综艺娱乐节目自20世纪90年代后期以来一直是中国电视荧屏上的一道道流动的璀璨风景。《现代传播》、《中国广播电视学刊》、《中国电视》、《当代电视》等电视专业刊物都刊载了多篇关于电视娱乐节目研究的论文。朱羽君、殷乐的《减压阀：电视娱乐节目——电视节目形态研究之一》系统阐述了电视娱乐节目的产生背景与文化语境、节目意义的生产与传播、节目制作与运作方式等问题；李菁的《忧思成人游戏节目》、张同道的《解析"快乐旋风"》、谭敏的《电视游戏节目探讨》、庄富文的《撩开荧屏娱乐风的面纱》、唐玉籍的《对荧屏娱乐风的冷思考》等都主要针对以"快乐大本营"与"欢乐总动员"为代表的娱乐节目，对这些有一定代表性的电视综艺娱乐节目个案或现象进行了思辨与解析。

（三）学科建设培育专业人才

中国电视艺术的蓬勃发展促进具有中国特色的电视艺术学科建设取得新的成

绩。从 20 世纪 90 年代后期开始，电视艺术理论研究的学科建设意识成为自觉。国家教育部于 1998 年公布了新设"广播电视艺术学"硕士研究生专业的新决定。广播电视艺术学作为一门年轻的、锐不可当的新型学科，无论是应用还是理论体系的建立，都为全国高校学科建设及硕士点、博士点的申报所瞩目。不仅专业院校，更多的综合性大学都开始重视创建新兴的电视艺术学科，广泛深入地开展电视艺术理论的研究。北京师范大学的影视学科起步早，起点高，成长快，于 1993 年被批准设立了全国综合大学第一个"影视艺术与技术"硕士学位授权点；于 1994 年招收了首届影视教育专业本科生；于 1995 年经国务院学位委员会批准，建立了全国高校第一个影视学博士学位授权点并有了影视学科全部覆盖的 2 个硕士学位点，被誉为"三年三大步"；此外，北京广播学院依托专业院校优势，在电视艺术学科建设方面也成绩显著。

面对繁荣的电视艺术荧屏，中国电视艺术学科建设在人才培养及理论建设方面的成绩最为突出。

人才是电视艺术事业的核心资源。当前，一支人员组成涵盖面广、有一定专业水准和较强理论思维能力的学科队伍已基本形成。通过他们对具体作品和艺术现象的历史文化研究和美学研究，提升了中国电视艺术的文化品位和艺术水准，也为全社会营造了良好的电视文化环境；在长期的理论研究与实践的互动交流过程中，学术视野不断扩展，增长见识，积累规模，从而进一步奠定了电视艺术学科的专业性和权威性，使得学科影响力不断增强。

理论建设是电视艺术学科的生命。理论阵地丰硕的建设成果、大量优秀的电视艺术评论文章和理论著述的出现，既体现了与时俱进的理论创新能力，也进一步证明了电视艺术学科的专业性和学术性。

电视艺术呼唤电视艺术学科。随着电视艺术学科建设的不断深入，必将为新世纪中国电视艺术创作的不断繁荣提供可靠的智力支持和思想保障。

二、中国电视艺术理论建设的深化（2002—2005）

新世纪以来，中国电视艺术活跃的发展格局、丰富的创作实践都不断导引着电视艺术理论研究向纵深处发展。深化期的中国电视艺术理论建设既取得了丰硕的成果，又面临着新的挑战。

（一）深化期中国电视艺术理论建设的主要成果

1. 电视美学研究的深化

电视美学是对电视美的本质特征、电视美的创作以及电视美的传播接受等基本规律的哲学思考。自 20 世纪 80 年代中后期始，关于电视的美学思考一直未曾中断，但多是一些零散的评论与局部的探讨，针对电视美学的系统思考与整体研究还很不够。90 年代后期以来，一些研究者开始致力于电视艺术独特审美品格的追寻，努力站在进一步建构学科体系的高度来展开对电视美学的研究，相继出现

了一批理论专著，如《电视艺术美学》（高鑫　主编）、《电视美的探寻》（胡智锋
著）、《电视艺术哲学》（苗棣　著）等。这些研究成果都致力于站在更高的理
论平台上，以更全面的学术视野梳理、提炼电视艺术本体的美学形态与美学内
涵，并朝着建立"中国电视艺术美学体系"的学术目标迈进。

　　进入新世纪，电视美学作为一门新兴学科再次显示出了它的创新性与多元
性。这里既有宏观的整体把握，亦有微观的精致探微；既渗透着研究者深厚的理
论功底和理论积淀，也凸现着他们的当代意识和宏阔视野，为电视美学研究走向
深入起到了积极的作用。

　　深化期的电视美学研究，有以下几个主要特点：

　　首先，这个时期的电视美学研究始终强调对学科体系的建设，力求以多元的
视角和深入的理论思辨，直面电视美学研究领域的重要命题，在论述电视美学的
整体特征与发展趋向的基础上，进一步勾画出电视美学的理论架构。《电视美学
大纲》（胡智锋　著）重视电视艺术发展的整体性，强调电视艺术美学品格的独
立性。以电视美的本体、创作、接受及理论建设四个方面为基本理论框架对电视
美学的基本特征和一般规律进行"多维透视"，提出了一系列既有理论意义又有
实践价值的新思路、新观点和新方法。《电视艺术美学》（高鑫　著）从电视、艺
术、美学、前沿四个方面切入研究对象，作者以自己多年来从事电视美学研究的
深厚积累进一步尝试用更加清晰明确的概念与学术逻辑来结构电视美学的学科研
究体系。《纪录与诠释：电视艺术美学本质》（贾秀清　著）通过把电视艺术放置
在人类艺术发展这个宏阔的学术视野里进行理论分析与考察，挖掘电视艺术内在
的本质规律，探讨电视艺术美学的本质所在。

　　其次，这个时期的电视美学研究在影视合流的思路指引下，特别凸显电视美
学的独特内涵。《影视美学》（彭吉象　著）便很好地体现了这种特点。它继承以
往的影视合论，但赋予电视与电影以同等的地位，并由静态的研究转向动态的研
究，在历史的流变中、在全球化语境中来探讨影视的审美特征、审美心理，探讨
影视文化的当下意义和基本走向，具有历史穿透力和时代前瞻性。《"后现代语
境"与影视审美文化》（金丹元　著）是一部影视审美与文化研究的论文集，作
品从审美和文化的视角，结合中国传统思想，对当下中国的影视进行了独到的分
析和阐释，在影视合流的基础上，强化了对电视艺术独特审美特质与文化意义的
论述。《中国的狂欢节——春节联欢晚会审美文化渗透》（耿文婷　著）对中国的
春节晚会这一独特的文化现象进行个案剖析，从中折射出具有民族特色的电视审
美文化特征。

　　再次，这个时期电视美学研究深化的趋势在电视剧美学研究方面表现得尤为
突出。《电视剧社会学》（吴辉、张志君　著）、《电视剧审美文化研究》（戴清
著）等论著阐述了电视剧艺术的文化美学特质，进一步探讨了电视剧艺术发生发

展的文化语境，把文化背景与审美思辨相结合，从不同角度充分论述了有关中国电视剧艺术本土化、民族化的美学命题。而陈晓春的《电视剧理论与创作技巧》、姚扣根的《电视剧写作概论》、杨新敏的《电视剧叙事研究》、宋家玲、袁兴旺的《电视剧编剧艺术》、卢蓉的《电视剧叙事艺术》等论著，则主要是从叙事的角度展开对电视剧艺术的研究，对电视剧创作进行了较系统的论述。

此外，还有一些研究成果尝试从广义的电视文化学视角观照电视艺术的美学特征，使电视美学研究更具丰富的内涵和宽广的视野。主要成果有《阅览时空——电视艺术审美散论》（王啸文　著）、《多元文化视阈中的影视艺术》（林少雄　主编）、《展望世界的窗口——电视艺术纵横谈》（田美丽　著）、《电视艺术文化学》（赵凤翔等　编著）、《电视审美文化论》（胡智锋　著）等。

2.电视艺术史研究的深化

总体说来，由于我国广播电视事业的发展历程非常有限，而且还经历过一个长时期的摸索与停滞期，因而电视艺术史研究还相当薄弱。新世纪以来的电视艺术史研究的成果数量依然不多，但都在一定程度上表达了电视理论工作者对于建立电视艺术发展的历史观念的执著态度。

《中华人民共和国广播电视简史》（徐光春　主编）、《20世纪中国电视剧史论》（高鑫、吴秋雅　编著）、《二十世纪中国动画艺术史》（张慧临　著）、《理解电视——电视节目类型的概念与变迁》（大卫·麦克奎恩　著，苗棣等　译）等是其中比较有代表性的成果。

《20世纪中国电视剧史论》是我国第一部对20世纪中国电视剧进行全景式审视的史论著作。作者以史学家的眼光和科学的判断能力，遵循历史唯物主义和辩证法观点，对电视剧历史长河中的典范作品，给予了专题论述。论著选择具有独特创作风格和一定历史地位的优秀导演加以深入剖析，勾勒出中国电视剧观念更新和理论建设的历史轮廓。该书还力图从中国电视剧的发展历程中总结、提炼出具有艺术规律性的东西，它不是简单的电视剧发展的编年史或"大事记"，而是一部以史带论、史论结合的重要专著。

《二十世纪中国动画艺术史》是一部专门研究中国动画艺术历史的论著，填补了中国动画艺术史研究的理论空白。论著以中国动画艺术史上具有代表性的经典作品为纲，配合丰富的历史、图片资料，考察了整个中国动画艺术的历史进程，对中国动画片发展的各个历史阶段进行宏观把握，为中国动画艺术近80年的历史变迁梳理了清晰的发展脉络。

《理解电视——电视节目类型的概念与变迁》则是以英国电视的发展实践作为考察样本，回顾梳理了一些主要电视节目类型以及电视传播概念与理论的变迁史，在较松散却又充实的历史叙述中，探求的是电视节目传播的一般规律与普遍遵从的文化理念，为电视艺术的史学研究带来了新的方法论指导。

这几部史论著作开创了新的电视艺术史研究的先例。但从整体上看，论著数量较少，研究范围也有一定的局限，电视艺术史的研究视野还有待拓展，研究方式还须继续进行多样化的探索。

3. 电视纪录片研究的深化

伴随这个时期纪录片创作的更加多元化以及纪录片栏目化的尝试，电视纪录片研究继续向更加深入的理论层面进行新的开掘。

张同道主编的《大师影像》与央视合作，采取影像与文字相结合的方式，全面、系统、深入、新颖地探究世界纪录片艺术大师们的美学创造、文化意义与历史价值。吕新雨的《纪录中国——当代中国新纪录运动》一书对近十年来中国影视界掀起的所谓"新纪录运动"进行了现象描述和理论分析。

众多电视理论刊物如《中国广播电视学刊》、《现代传播》、《电视研究》等都围绕"纪录片"研究开辟了专栏，集中讨论了有关电视纪录片创作的观念与手法、意义与价值、市场化运作、民间立场等几方面的热点问题。何晓兵的《讲一点真实的故事——关于电视文艺纪录片的使命与命运》、罗江辉的《关于电视纪录片发展的思考》、周进的《关于"纪实"本质的探索》等论文都继续推进着对电视纪录片"真实性"问题的理论探讨。陈刚的《人类学纪录片与纪录片发展》、《什么是人类学纪录片》、《人类学纪录片与其本体——"人类学"和"纪录片"》等系列论文紧紧围绕着"人类学纪录片"这个概念，对其进行美学与文化学的理论观照与阐释。

纪录片创作的栏目化构成了对于电视纪录片创作的双重影响：一是栏目化把电视纪录片创作作为了一种节目类型，为这种类型化的节目提供了日常化、规模化、市场化制作的可能性；但从另一个角度来看待纪录片创作的栏目化，会发现栏目化又难免在一定程度上限制了纪录片创作的独立意识与自由空间。何苏六的论文《直面市场：中国纪录片当前境况描述》通过对近几年电视纪录片创作的现象回顾，对实施栏目化的电视纪录片创作所面临的新的机遇与挑战进行了较系统全面的描述。

（二）中国电视艺术理论建设的新课题

1. 中国电视艺术理论体系的"民族化"构建

"全球化"作为当代最重要的社会文化特征之一，已经成为世界范围内的一个热门话题；作为一种文化理念也已经在中国学术界引起广泛讨论。当今世界，各国在经济、贸易、金融等方面的联系日益紧密，日益呈现出互相交融的趋势，而且这种趋势也正在文化、思想、观念领域蔓延。不同文化间的联系日益紧密，各国文化间的界限已不存在鸿沟。而互联网络、卫星电视、移动电话等等高科技信息手段的广泛应用，更是大大地改变了人们原有的时空观念。在信息时代的今天，我们生存的地球已然变成了一个"地球村"。然而，在这个所谓的全球化时代，各民族国家文化的发展并不平衡，交流也并不平等。于是，"全球化"又必然推动和强化了"民族性"话语的崛起。在全球化浪潮里，我们如何保持文化的主体性、确立自己的文化身份，这类问题正变得更加焦灼而迫切。"全球化"与"民族性"之间的互动已经成为我们无法回避的现实语境。

对"全球化"与"民族性"的讨论同样波及到了电视艺术理论建设领域。电视作为大众传播媒介在全球化语境下正成为一种"跨文化"媒介，作用变得越来越重要，已经渗透到社会生活的方方面面，对人们的物质生存空间和精神生活领域发挥着深刻影响。正是由于在当前语境中，电视媒介具有特殊而重要的位置，我们就不能不对这种"媒介艺术"保持高度的关注和思考。由于全球化语境的客观背景是文化交流的不平等状况，"它（全球化）实际上意味着世界资源和财富的不断的再分配，也意味着在文化和社会领域的国际性不平等，它既提供了巨大的期待和发展的可能，也存在巨大的风险。它带来的变化往往是我们无法把握的。"❶ 因此，电视媒介对文化艺术的传播既要融入全球化的现代性进程，同时又要警惕文化的霸权，保持民族文化艺术的主体性和独特性，努力实现全球化与民族性的整合。

在题材上，中国电视艺术积极更新和拓展民族丰厚而悠久的历史文化遗产，立足于本民族的文化土壤，汲取艺术创作的不竭源泉；在主题表达方面，电视艺术以民族化的思想、情感特征为基本主题内涵，以丰富多彩的艺术样式和自由灵活的艺术手段观照生活，思考社会，弘扬对真善美的艺术追求；在艺术表现上，中国电视艺术和其他各艺术门类一样，把民族文化及其所孕育出的美学思想作为艺术创作内在的灵魂。民族化的电视美学实践使中国电视艺术逐渐形成了自己独特的审美方式和审美价值取向，并深刻体现在电视艺术创作和观众评价之中。新世纪的中国电视艺术继往开来，它深刻领会民族文化艺术的宝贵经验，向博大精深的民族文化传统寻求滋养，古为今用，洋为中用。在全球化时代，中国电视艺术用自己独有的传播方式实践着重新确立民族文化形象这一历史命题。

在这种电视艺术民族化实践的背景下，中国电视艺术理论体系的"民族化"构建成为新世纪中国电视艺术理论建设的一个重大挑战。伴随电视艺术理论研究的进一步深化以及电视艺术创作的更趋繁荣，更多的学者意识到本土化、民族化是中国电视艺术发展的立足之本。中国电视艺术创作要取得扎实的、长足的发展，不是靠数量，也不能靠不加分析地一味迎合观众。本土化、民族化才是根本的道路。中国电视传媒在融入世界传媒经济大潮的同时，更应重视继承和发扬本民族文化传统，中国的文化艺术根基是我们中华民族深厚博大的文化财富。中国电视艺术必须考虑到中国国情，观照中国社会现实，遵循中国电视媒体自身的运

❶ 张颐武：《全球化的文化挑战》，载《文艺争鸣》，1999（4）。

行规律，尊重中国电视受众的接受心理与精神需求，组织、制作与传播具有民族特色与中国气派的电视艺术节目。

早在21世纪即将到来之际，北京师范大学就建立了"中国影视美学研究"课题组，从中国文化的基本精神出发，对传统美学进行深入的分析考察，从中国美学的特殊角度观照中国影视乃至世界影视，总结建立中国本土的影视美学理论。1998年末，课题组约请《中国社会科学》、《文艺研究》、《电影艺术》、《中国电视》、《新华文摘》等刊物的有关专家连续召开座谈会，围绕"中国影视美学与传统文化"命题进行深入探讨，取得了一些共识。该课题组总负责人黄会林教授认为：向悠久的中国文化传统寻求滋养，建立富有民族特色的电视文化主体，将是中国电视今后的发展方向。如何在未来的信息竞争和文化传播领域里确立中华民族的文化形象，应当成为我们特别关注的课题。中国电视与中国的经济、文化一起，面临着无限的机遇与挑战。加入"WTO"，媒体面对新的生存环境，新型的产业化经营，机制与体制的创新，电视节目——栏目——频道的大发展时期来到眼前……凡此种种，无不检验着中国电视的现实状态与发展潜力。中国电视应始终不忘自己最重要的使命："为中国百姓服务"、"对子孙后代负责"，为此必须坚持自己的民族化道路，用中国人的眼睛与头脑去拥抱世界，汲取世界文明的优秀成果以丰富自己。电视艺术直接关系着全民的审美教养，属于不可忽视的、亟待进一步开发的领域。

2. 中国电视艺术的产业经济学研究

文化产业的建立越来越成为国家经济发展大格局中的一个重要的战略导向。党的十六大报告明确指出要发展文化产业，而电视产业化是文化产业不可缺少的组成部分，中国电视艺术产业化又是整个中国电视产业化的必然环节。经济的繁荣使社会大众对于电视艺术产品的文化消费需求有了大幅度的增长。把电视传媒业建设成为推动国家经济发展的一个新的增长点，已经具备了现实基础和可能性。

电视艺术作为附着在电视媒介上的一种艺术样式，首先是一种精神产品，具有审美愉悦、教育激励、知识补偿的积极作用。电视艺术能够产生广泛而持久的社会效益；电视艺术生产需要一定的资金投入，生产出的节目成品需要交换，在这种意义上电视艺术节目又是一种商品，它能产生很好的经济效益。准确把握电视艺术产品的经济效益与社会效益两者间的辩证关系，是社会主义市场经济条件下电视艺术生产实现产业化运行的重要条件。因此，随着对电视艺术的艺术规律、文化消费属性和宣传事业属性的认识与理解的进一步深化，电视艺术创作在美学、市场、政府三者间寻找着平衡。中国电视艺术作为一种复杂的媒介艺术，在履行宣教职责的同时最大程度地实现了电视艺术所负载的认识价值、教育价值、娱乐价值和审美价值之间的有机联系，并在一定程度上凸显电视艺术的大众娱乐属性和审美属性，展示电视艺术应有的生动性、丰富性、多样性，努力实现有艺术的思想和有思想的艺术的和谐统一。为实现这一目标，中国电视艺术创作以自身的辉煌业绩走出了一条被实践证明是行之有效的道路，即在坚守自己的文化立场和精神家园的同时，充分运用大众文化的生产与传播规律，理解大众文化消费的价值观念和审美趣味，面向市场求发展，力求在产业化浪潮中做大做强。

如今一大批制作精良、艺术精湛、思想精深，熔思想性、艺术性、观赏性于一炉的电视艺术作品开始积极进入电视节目交易市场，强化节目营销意识，大胆竞争，向市场要效益，实现社会效益和经济效益的双赢。那些质量好、水准高的作品市场前景十分看好。这个趋势也使得很多民营资本开始介入到电视艺术的生产制作中来，进一步拓宽了电视制作的融资渠道。《电视剧产业化期待突破》（李稚田）、《产业化经营是电视业发展的趋势》（梁和）、《意义、生产与消费：当代中国电视剧的政治经济学分析》（尹鸿）等论文都开始从计划经济向市场经济转型这一特定的时代语境出发，意识到电视艺术（特别是电视剧艺术）作为一种依托于电视媒介来展现和传播的特殊艺术样式，首先是一种精神文化产品，具有审美、娱乐、宣传、教育多方面的积极作用。毋庸置疑，电视艺术的生产与传播能够产生难以估量的社会效益；而它的生产与传播又必然伴随着电视艺术成品的生产与交换过程，其商品属性必将产生巨大的经济效益。只有准确把握电视艺术经济效益与社会效益的辩证关系，才能在社会主义市场经济条件下将电视艺术纳入电视文化产业的构架之中，以实现其文化与产业的双重价值。这又再次提醒我们：坚守电视艺术的宣传阵地，以"商业化"作为电视艺术创作的基本策略，以"大众化"作为电视艺术创作的价值理念，以"市场化"作为电视艺术创作的产业导向，以"精品化"作为电视艺术创作的宏观把握，有可能成为未来中国电视艺术创作的主流路线。

除了电视剧艺术的产业化经营之外，电视综艺娱乐节目（栏目）的市场化运作也成为中国电视产业化经营的一大亮点。电视媒体的收入，主要来自于广告、节目发行和付费电视。电视综艺娱乐节目自 20 世纪 90 年代以来，广告市场不断扩大，在全国范围内掀起的电视娱乐热潮为娱乐节目和栏目带来了不菲的收入。广告的集中投放刺激了娱乐节目的市场，使品牌娱乐栏目快速形成了一套适应市场的运作体系。比较成功的范例是欢乐传媒制作的《欢乐总动员》。它采取了制作、发行、回收成本、扩大投资规模的基本模式，将栏目销售给全国多家电视台。《幸运 52》、《开心词典》依靠国家级电视台的覆盖优势，提高广告价格，与电信机构联手，进行现场热线电话等方式增加收入，也取得了良好收益。

中央电视台的其他综艺娱乐节目和省级电视台的综艺娱乐节目也逐渐采取市场运作机制来促进节目的良性发展。综艺娱乐节目的市场变化与节目本身的质量和收视率密切相关，一批品牌娱乐节目保持旺盛发展的势头，如《幸运 52》、《开心词典》和《周末喜相逢》等。品牌节目的市场效益体现了市场经济时代的必然发展规律，也探索出了一条具有中国特色的综艺娱乐节目的市场运作模式。新世纪以来，越来越多的民营电视制作机构看准了综艺娱乐节目所蕴藏的商机，在电视综艺娱乐节目制作方面逐渐形成了自己的优势。现今，在国内电视市场上已经具有一定知名品牌的综艺节目大多由民营制作机构出品，如光线传媒的《娱乐现场》、欢乐传媒的《欢乐总动员》、嘉实传媒的《影视新干线》等。此外，央视的品牌综艺栏目《幸运52》、《开心辞典》等也有民营电视节目公司参与制作。以光线传媒、欢乐传媒等为代表的民营电视节目制作公司，直接面对市场，在激烈的竞争中求得生存和发展，它们大都全力以赴精心做好每个节目，对于进一步提升电视综艺娱乐节目的质量，更好满足观众的收视需求作出了很大贡献。在民营公司参与节目制作的过程中，综艺娱乐节目是最被市场看好的。

但是，我们又必须清醒地看到，目前，我国的电视艺术发展正处于向市场经济转轨的初始阶段，电视艺术生产的市场机制仍处于培育时期，如果一味强调"电视艺术产业化"必然是欲速则不达，得不偿失。事实上，在当前推行产业化政策的过程中，某些模糊的甚至是错误的认识不仅没有提高电视艺术节目的市场竞争力，相反，还导致了电视艺术创作盲目迎合市场，追逐时尚，走向浅薄、媚俗、浮躁的发展歧途。

大步走向市场的电视艺术，首要的还是须在艺术上大胆创新，把创作的触角伸入社会各个层面，努力把握时代的发展脉搏。通过创作出大批质量上乘、观众喜欢的优秀电视艺术作品来提升电视艺术产业的核心竞争力，使电视艺术走上健康发展的轨道。那些脱离中国电视艺术具体客观的发展实际、盲目提出"电视艺术完全产业化"的论调，显然违背了社会主义电视艺术自身的发展规律，导致电视艺术的畸形发展。

围绕中国电视艺术产业化经营的正反两方面的实践经验都更加提示我们的电视艺术理论研究工作者，十分有必要对中国电视艺术的发展进行系统的产业经济学观察与研究。而这个领域恰恰又是我们在电视艺术理论建设方面比较薄弱的环节，在理论建设过程中常常忽视了以市场经济的观念结合产业经济学理论来观照中国电视艺术的发展。有关电视艺术的产业经济学思考，电视艺术生产与传播的策划、制作与管理，电视艺术节目的市场营销等领域都期待着要在电视艺术理论建设过程中实现突破。

新世纪的中国电视艺术事业发展异常迅猛，创作高度活跃。面对繁荣的电视艺术荧屏，电视艺术理论建设工作依然任重而道远。同任何理论建设工作一样，中国电视艺术理论的建设和发展要从当代丰富多样的电视艺术创作实践中寻找理论思考的命题与理论建构的基点，努力把现实的电视艺术生产与传播的实践经验提升到理论范畴内。同时，由于理论建构所面对的研究对象是新兴的与传统艺术门类相关联的媒介艺术形式——电视艺术，因此，还必须要借鉴和吸收其他艺术研究领域甚至其他学科领域的理论成果。只有从纵向的实践积累与横向的多学科交叉的综合视野出发，才有助于电视艺术理论建设的进一步科学化与专业化，推动电视艺术理论思维更加注重整体性与学术性。在此基础上，与时俱进，实现中国电视艺术理论建设的人才创新与理论创新。

结　语

　　顾名思义，《中国电视艺术发展史教程》自然包含着中国的、电视的、艺术的、发展的、历史的内容。因此，本书以"中国"为指向，即使涉及"外国"，也仅为对比的意义；同时，本书理应包括香港、台湾、澳门的相关内容，但限于时间、精力与水平，仅在一些章节有非系统性的收纳，一时尚未能通盘把握，只能留待以后弥补。

　　从电视艺术的角度，我们舍弃了在电视领域内不直接与"艺术"相关的其他品类，如电视新闻、电视科教等等，仅仅包容了如章节回目所显示的：电视剧、电视综艺节目、电视专题文艺、电视动画片、音乐电视、电视广告艺术、电视艺术理论等专章。书中列出的似有歧义的其他章节，如电视谈话节目，经过认真地反复探讨，以其多元审美意义与主持人和嘉宾的人格及语言魅力、节目具有的巨大而潜在的美感精神力量，从而满足广大观众的审美期待之角度，归入本书论述的范围，但新闻类谈话节目如《新闻会客厅》等除外；再如电视纪录片，则以其"通过非虚构的艺术手法，直接从现实生活中选取形象和音响素材，直接地表现客观事物以及作者对这一事物的认识的纪实性电视作品"的定性纳入书中。

　　从历史发展的角度，我们注意"史"的纵向线索，力求在"绪论"中就其道德取向与叙事风格，凸现其"史"的特质；各章节的主导部分皆有重点地叙述各自的发展历程，并就其不同的发展阶段特色，进行大时期的划分，以及具体时段的细分。如第一章"中国电视剧艺术"大的划分是"20世纪80年代以前"与"20世纪80年代以来"；其具体细分则有"80年代以前"的"起步"、"停滞"与"复苏"；"80年代以来"的"发展"、"转型"，与90年代的"创作概观"（包括题材、风格、体裁）与"重要现象"（包括平民化世俗化的追求、文学作品改编电视剧、历史题材电视剧、新英雄主义电视剧）。而第二章"中国电视综艺节目"大的划分为"综艺晚会"和"娱乐节目"；其具体细分则各自有"萌生初创"、"干扰停滞"、"复苏勃兴"、"多元取向"时期与"萌芽期"、"成长期"、"繁荣期"。皆因其发展实况的不同而分别进行综合归纳。

　　从教程的角度，我们特别注重于"教材"的特性，因而在"绪论"中专门设置一节"学习中国电视艺术发展史的目的与方法"。其中，既有关于"学习目的"之"感性体认"、"理论价值"、"受众为本"的不同层面，又有关于"学习方法"之"实践视野"、"民族视野"、"文化视野"等具有方法论意义的提示。同时，因其教程的特点，在各个章节的安排中，首先分列出"概述"，以简明扼要的笔触，就各章的领域范畴，分别陈述其"界定"、"分类"及"主要特征"。此外，根据需要有的章节还增加了"存在形态"、"瓶颈问题"、"前景展望"、"出路探索"等内容。如第三章"中国电视专题文艺节目"中专门设立了关于"形态"的第三节，意在将电视艺术片与电视文艺专题区别开来；又专立了第四节"展望"，将"电视专题文艺节目"综合归纳为：（一）成绩与挑战；（二）出路：文化性与民族性。再如第四章"中国电视谈话节目"中，特辟第三节"主持人"，就其"特殊素质"、"个性魅力"、"基本现状"分别进行论析；又辟第四节"文化与理论特质"，就谈话节目的"交流心理"、"场效应"、"民族文化精神的渗透"分别进行论述。并在第五节中预示其"未来走向"：一、"对中国电视观众潜在审美期待的研究将得到加强"；二、"中国文化特色谈话节目的强势推进"；三、"谈话节目将成为中国电视节目的主要表达方式之一"。凡此皆属于围绕"教"与"学"两个方面而作出的设计。

综上所述，我们的这部教材集中了参与编写者的集体智慧，并努力使之成为一部适合国内综合大学进行"中国电视艺术发展史"课程使用的基本书籍。其中存在的种种不如人意之处，尚有待于今后的不断完善。

2005 年 6 月

249

主要参考书目

1.《中国影视美学丛书》，黄会林/主编，北京师范大学出版社，2001

2.《黄会林影视戏剧艺术论集》，黄会林/著，北京师范大学出版社，2002

3.《传播学总论》，胡正荣/著，北京广播学院出版社，1997

4.《中国电视文艺学》，张凤铸/主编，北京广播学院出版社，1999

5.《电视节目学概要》，壮春雨/著，浙江大学出版社，2001

6.《电视栏目解析》，石长顺/著，华中科技大学出版社，2003

7.《电视娱乐节目：理念、设计与制作》，宗匠/著，中国广播电视出版社，2003

8.《美学散步》，宗白华/著，上海人民出版社，1981

9.《毛泽东著作选读》，毛泽东/著，人民出版社，1986

10.《脱口秀、广播电视谈话节目的威力与影响》，［美国］吉妮·格拉汉姆·斯克特/著，苗棣/译，新华出版社，1999

11.《脱口成风——谈话的力量》，于丽爽、宋茜/著，中国编译出版社，2004

12.《艺术人生》（1、2），《艺术人生》栏目组/编著，中国青年出版社，2002

13.《实话实说》，时间/主编，上海文化出版社，1999

14.《不过如此》，崔永元/著，长江文艺出版社，2002

15.《一笑了之——锵锵三人行》，窦文涛/主编，现代出版社，1999

16.《心情档案——31位魅力主持人情感告白》，曹晓岚、任青/主编，北京出版社，2001

17.《音乐电视导论》，何晓兵、郭振元/著，中国广播出版社，2001（5）

18.《音乐电视编导艺术》，杨晓鲁/著，世界知识出版社，2000（4）

19.《理解电视——电视节目类型的概念与变迁》，［英］大卫·麦克奎恩/著，苗棣、赵长军、李黎丹/译，华夏出版社，2003

20.《电视与社会》，［英］尼古拉斯·阿伯克龙比/著，张永喜、鲍贵、陈光明/译，南京大学出版社，2000

21.《童年的消失》，［美］尼尔·波兹曼/著，吴燕莛/译，广西师范大学出版社，2004

22.《艺术问题》，苏珊·朗格/著，腾守尧、朱疆源/译，中国社会科学出版

社，1983

23.《镜与灯》，M. H. 艾布拉姆斯/著，郦稚牛等/译，北京大学出版社，2004

24.《文化的解释》，克利福德·格尔茨/著，韩丽/译，译林出版社，1999

后 记

　　这部教材属于北京师范大学出版社隆重推出的"新世纪高等学校教材"之中《影视艺术学科基础教程系列》。

　　2004 年，中国电视艺术家协会牵头承担国家"十五"规划项目、国家艺术科学重点课题（立项批准号 03AC006）《中国电视艺术发展报告》（蓝皮书），北京师范大学艺术与传媒学院院长黄会林教授为课题领导小组成员。随后，我们接受了"蓝皮书"主干部分"跨世纪五年中国电视艺术的发展"及"电视文艺节目的发展与现状"的编撰工作。为此组建了课题小组（12 人），分别就"跨世纪五年中国电视艺术的发展"（黄会林、阎立峰、梁玖）、"电视综艺晚会的发展与现状"（马茜、梁玖、赵建国）、"电视综艺节目的发展与现状"（李君、沈鲁、王卓明）、"电视专题文艺节目的发展与现状"（阎立峰、缪力、李国芳）、"音乐电视节目的发展与现状"（罗军、周雯）等部分开展工作。经过将近一年的奋斗，如期交出文稿。此时，又正值上述系列教程开始组织重新修订或重新编写，大家讨论后认为，可以在"蓝皮书"大量搜集并占有原始资料、以及撰写"蓝皮书"书稿 1～8 稿的基础上，再次集中可能参与的力量，完成系列教程中的《中国电视艺术发展史教程》。于是，除去由于或已毕业离校、或另有重要任务者之外，由原课题组 7 人、新加入者 3 人共同进行新书稿的撰写。再经过将近 4 个月中 6 次研讨、3 次修改，终于完成了这部教程。参与编撰者按照章节顺序有：黄会林、张德祥、阎立峰、吴秋雅、马茜、沈鲁、缪力、李君、张雅欣、罗军。全书由黄会林负责从教材的总体策划到整体结构多次通读、反复修改和最后统稿。但必须强调指出的是，此书从确定任务到最后完成，所有参与者都付出了巨大的心血与汗水，它确为集体智慧的结晶。由于时间紧迫和水平局限，书稿必定还有许多不足之处，我们敬候方家的鼎力帮助与指正。

2005 年 6 月于北京师范大学